Maria Oberndörfer
Bergamasker Alpen

Maria Oberndörfer

Bergamasker Alpen
Tourenführer

Mit Beschreibungen aller wichtigen Täler, Talorte,
Hütten, Pässe, Gipfel, Höhenwege und Klettersteige
mit 23 Farb- und 25 Schwarzweißfotos
sowie 13 Kartenskizzen

Verlag J. Berg

Umschlagfoto:
Rif. Calvi mit Pizzo del Diavolo di Tenda, Diavolino
und Monte Grabiasca.
Foto: M. Oberndörfer

Bild gegenüber Innentitel:
Fungogruppe in der Grigna.
Bild Seite 8:
Baita Presponte im Valgoglio mit Monte Farno.
Alle Fotos stammen vom Verfasser.

Kartenskizzen: Landkartentechnik K. Becker, Gernlinden,
in Zusammenarbeit mit dem Ingenieurbüro für Kartographie
A. Sommer, München.

Umschlaggestaltung: Wolfgang Lauter.

ISBN 3-7634-1050-3

© 1991 Verlag J. Berg
in der Südwest Verlag GmbH & Co KG, München
Alle Rechte vorbehalten.

Satz: Fotosatz Christiane Mann, Beyharting
Druck und Bindung: Kösel, Kempten

Vorwort

Am Südrand der Alpen erhebt sich zwischen Comer See und Iseo-see aus der lombardischen Tiefebene das vielschichtige, vielge-sichtige und faszinierende Gebirge der Bergamasker Alpen, das im deutschen Sprachraum fast unbekannt ist. Bisher gab es aus-schließlich italienische Führerwerke, die jeweils nur Teile der B.A. erfaßten und mit Ausnahme der Grigne-Führer und der beiden kleinen Führer von Gamba vergriffen sind. Mit der Tendenz der Bergsteiger, die bekannten, überlaufenen Gebiete zu meiden und dafür weniger spektakuläre aufzusuchen, wurde die Frage nach einem deutschsprachigen Führer durch die gesamten B.A. laut. Zudem zeigte auch der CAI Bergamo Interesse an der Entstehung eines neubearbeiteten, flächendeckenden Führers. Daraus ergab sich eine fruchtbare Zusammenarbeit mit dem Ergebnis, daß dieser deutschsprachige Führer umfangreicher als zunächst geplant (wenn auch immer noch stark gekürzt) erscheinen darf und auch als Lizenz-Ausgabe in italienischer Sprache verlegt wird.

Die B.A. stellen ein wunderbares Urlaubsgebiet und reiches Betäti-gungsfeld für Bergfreunde aller Schattierungen dar: Wanderer fin-den Hunderte von leichten Gipfelanstiegen und eine Reihe von Wanderwegen, die in angenehmen Tagesetappen von einer Hütte zur anderen führen, in denen auch Familien mit Kindern gern gese-hene Gäste sind. Geologen und Botaniker können in diesem Dora-do nach Herzenslust forschen, Höhlenspezialisten haben reichlich Gelegenheit, sich in den ausgedehnten, nur teilweise erforschten Höhlensystemen zu tummeln, und auch der Trekker muß nicht un-bedingt nach Nepal reisen: Auf der Nordseite der Orobie führt ein 10-Tage-Weg auf einer teilweise nur gedachten Linie durch Wildnis und Einsamkeit. Dem Felsgeher bieten sich Klettersteige und her-vorragende Klettergebiete, z.B. in der Grigna mit ihren Dutzenden von Felstürmen, an der kilometerlangen Kalkmauer der Presolana mit ihren senkrechten Nordwänden und an den hohen Gipfeln der Orobie mit rassigen Grattouren wie der „Cresta Corti" an der Punta di Scàis und mit großen Kletterfahrten über den Gletschern wie der klassischen Überschreitung „Traversata delle Sei Cime". Auch im kleinsten Gasthaus der Talorte wird großer Wert auf traditionelle Eß-kultur und gepflegte Küche gelegt, und das Herausfinden der ver-schiedenen Geschmacksnuancen der einheimischen Käsesorten, die in jedem der vielen Täler andere Geschmackskomponenten auf-weisen, kann ebenso zur Leidenschaft werden wie die Suche nach

Kristallen und edlen Steinen. Superlative, Sensationelles und Spektakuläres wird man in den B.A. nicht finden; und das dürfte auch der Grund sein, warum der Massentourismus – zum Glück – an diesem Gebiet vorbeigeht!

Vor 12 Jahren, von Freunden mitgenommen, lernte ich die B.A. kennen, die mich faszinierten und nicht mehr losließen. Aus der vergeblichen Suche nach deutschsprachiger Literatur über dieses Gebiet entstand allmählich der Wunsch, diese Lücke zu schließen. Das Ergebnis von sieben Sommern rastlosen Erkundens (in denen ich jeden Weg selbst gegangen bin) und sieben Wintern mühseliger Kleinarbeit am Schreibtisch ist das vorliegende Werk. Und nun nimmt es dank des Interesses des Verlages J. Berg Gestalt an und findet seinen Weg in die Öffentlichkeit.

Führerautoren sind nicht unfehlbar, und so wird trotz aller Sorgfalt auch dieser völlig neu geschriebene Führer Fehler enthalten.

Deshalb richte ich an die Benutzer die eindringliche Bitte, mich darauf aufmerksam zu machen und mir zu helfen, diese Fehler zu korrigieren. Mein größtes Anliegen ist nun, allen jenen Dank zu sagen, die in selbstloser Weise mitgeholfen haben, dieses Werk zu vollenden: Allen voran meinem Mann für seine große Toleranz, Unterstützung und Hilfe bei den Korrekturen; der Sektion Bergamo des CAI und hier vor allem dem derzeitigen Präsidenten Nino Calegari und dem Sekretär Angelo Gamba (beide erfolgreiche Autoren von Führern und Bergbüchern); meiner Schweizer Seilgefährtin Marta Fischer, meiner Wegbegleiterin Maria Zellner; meiner Tochter Eva für ihre kritische Korrekturarbeit; dem Blumenkenner Wilhelm Neumeier, der das Kapitel über die Flora geschrieben hat; meinen vielen während dieser Arbeit gefundenen italienischen Freunden, die mir mit bezaubernder Gastfreundschaft und großer Hilfsbereitschaft Wege geebnet und Türen geöffnet haben.

Pöcking bei Starnberg, im Winter 1990/91   Maria Oberndörfer

Inhaltsverzeichnis

I. Einführender Teil

1. Geographischer Überblick

Lage, Begrenzung und Gliederung

Die Bergamasker Alpen (B.A.) tragen in Italien folgende Bezeichnungen: Alpi Orobie für den nördlichen und Prealpi Bergamasche für den südlichen Teil. Sie bedecken mehr als 3500 km² Fläche, liegen zur Gänze in der norditalienischen Region Lombardei und unterstehen den Provinz-Verwaltungen von Bergamo, Como, Sondrio und Brescia. Die geographische Begrenzung ist eindeutig gegeben durch den Comer See im W, das Addatal (Veltlin) und den Passo d'Aprica im N, das Val Camonica und den Iseosee im O und die lombardische Tiefebene im S. Das Rückgrat dieses Gebirges bildet die kompakte, wasserreiche Nordkette der Orobie, die sich von W nach O, vom Comer See über 80 km Luftlinie bis zum Val Camonica erstreckt. In ihr liegen die höchsten Gipfel des ganzen Gebietes, wovon drei – Pizzo di Coca (3052 m), Punta di Scàis (3038 m) und Pizzo di Redorta (3038 m) – die Dreitausendergrenze überschreiten. Über ein Dutzend kurze, steile Täler fallen zwischen hohen Graten vom Hauptkamm 2000–2700 m tief nach N zum Veltlin ab, während sich das Gebirge nach S sanfter in Stufen zu den „Prealpi Bergamasche" und zur Tiefebene absenkt. Von Bergamo, das am Südrand der Alpen liegt, ziehen sich zwei große Täler mehr als 50 km weit in das Gebiet: Valle Brembana und Valle Seriana. Sie machen mit ihren Nebentälern den größten Teil des Gebietes von S her zugänglich. Von N überquert nur eine einzige Fahrstraße am Passo San Marco die geschlossene Kette der Orobie.

Die zur besseren Orientierung in diesem Führer vorgenommene Einteilung der B.A. in neun Gruppen mit Untergruppen, die den geographischen Grenzen folgt, ist auf der Übersichtskarte dargestellt.

Verkehrsmäßige Erschließung

Bahnverbindungen:
1. München–Brenner–Verona–Bergamo
2. Mailand–Bergamo
3. Mailand–Como–Sondrio
4. Zürich–St.Gotthard–Mailand–Bergamo
5. Scuol–Berninapaß–Tirano–Sondrio

Straßenverbindungen:

1. München–Brenner–Verona–Bergamo
2. München–Landeck–Pontresina–Berninapaß–Sondrio
3. München–Landeck–Pontresina–Berninapaß–Passo d'Aprica–
   Edolo–Darfo–Valle di Scalve
4. München–Landeck–St.Moritz–Malojapaß–Chiavenna–Lecco
5. München–Landeck–St.Moritz–Malojapaß–Chiavenna–
   Morbegno–Passo San Marco–Valle Brembana
6. Bregenz–Chur–Splügenpaß–Chiavenna–Veltlin
   oder Lecco–Bergamo
7. Zürich–St.Gotthard–Como–Bergamo

Busverbindungen:

Das ganze Gebiet verfügt über ein ausgezeichnetes Netz von Buslinien, in das alle Talorte eingebunden sind.

2. Geologie

Die B.A. sind ein hervorragendes Studienobjekt für den Geologen.
Er begegnet dort fast allen Epochen der Gebirgsbildung, von den
ältesten bis zu den jüngsten, die von N nach S gestaffelt sind. Die
beiden großen Begrenzungstäler Addatal (Veltlin) und Val Camonica münden in die Gletscherbecken des Comér bzw. des Iseosees
und sind eindrucksvolle Zeugen für die Einwirkung der Eiszeiten
auf die Gestalt der Berge und die Formen der Täler.

Geologisch betrachtet zählen die B.A. zu den südalpinen Gebirgen,
die südlich der markanten tektonischen Trennlinie liegen, die all-
gemein als „alpino-dinarische Linie" bezeichnet wird und im Bereich des Veltlins den Namen „insubrische Linie" trägt, die die
Südalpen von den Zentralalpen trennt. Parallel dazu verläuft ein
Bruchsystem, von der Mitte des Comer Sees nach O in das obere
Valle Seriana und dann nach NO, das die geologischen Formationen des Mesozoikums im S von den viel älteren des Paläozoikums
im N trennt. Im ganzen stellen die B.A. ein tektonisches Gebäude
dar, das an seinem Nordrand, der orobischen Kette, am stärksten
herausgehoben wurde, so daß dort der kristalline Sockel entblößt
ist, während südlich davon, bei stufenweisem Absinken, permische,
mesozoische und tertiäre Sedimente und Vulkanite erhalten sind,
die ihrerseits unter den jüngeren Formationen der oberitalienischen
Tiefebene verschwinden.

Die im Norden liegenden Alpi Orobie bestehen also im wesentli-
chen aus einer Reihe sehr alter, kristalliner Gesteine. Sie setzen

sich zusammen aus Gneisen, Schiefern, Quarzen und Phylliten, die durch Metamorphose von älteren, sedimentären Formationen und aus endogenen Gesteinen (teilweise sogar aus dem Archäozoikum) entstanden sind, wie z.B.: Orthogesteine, Amphibolite (vorherrschend Hornblenden), Orthogneise ("Gneis chiaro" genannt), die Granodiorite des Valle di Biandino, die Gneise von Fioraro und magmatische Injektionen. Äußerst interessant sind die Pegmatite von Ogliasca bei Piona am Comer See, deren Merkmal die Fülle und Größe der Turmalin- und Beryllkristalle ist; es handelt sich dabei um das Endprodukt des Erstarrungsprozesses von tiefer Magma, das sich als geschichtetes Gestein mit sehr grober Körnung zeigt. Hierzu gehören auch die Granite des Valsassina und die quarzhaltigen Porphyre, die vermutlich auch aus dem Paläozoikum stammen. Jünger, aber ebenfalls kristallin sind die Dioritporphyrite des Valle d'Ambria und Valmorta aus dem Triaszeitalter. Noch jünger sind die tertiären Dioritporphyrite des Valle degli Orti (Valle di Scalve). Aus dem Tertiär stammen die Spessartite der Cima del Medasc, die als Randerscheinung der magmatischen Tonalite des Adamello zu betrachten sind.

In der letzten Periode des Paläozoikums, dem Perm, überflutete das Meer den größten Teil des kristallinen Unterbaues und verursachte die Bildung der Überlagerungen aus Tonen, Sandsteinen und Schiefern, die unter dem Namen "Scisti di Collio" (Schiefer von Collio) bekannt sind und eine Mächtigkeit von 2000 m erreichen. Gelegentlich zeugen Tuffsteine und andere Eruptivgesteine von der starken vulkanischen Aktivität dieser Periode. In das untere Perm sind auch die "Schiefer von Carona" zu datieren, die eine lokale Sedimenterscheinung der Scisti di Collio darstellen. Gegen Ende der Perm-Zeit bildeten sich bläulichrote und grüne Quarzkonglomerate, die mit "Verrucano alpino" bezeichnet werden. Sie bestehen aus quarzhaltigen Porphyren, Tuffsteinen und Gesteinen des Sockels. Die Stärke dieser Schichtung nimmt von West nach Ost zu und erreicht im Bereich des Monte Cabianca ein Maximum von 800 m. Im Süden schließen die Dolomitkalk-Sedimente des mittleren und oberen Trias an, die im Valle Brembana und im Valle Seriana auftauchen. Am Südrand des Gebirges über der lombardischen Ebene folgt dann eine von Überschiebungen begleitete Flexurzone entlang der die Schichten in der dritten von West nach Ost verlaufenden Bruchlinie der B.A. steil nach Süden einfallen. Die Schichtfolge vom Jura über die Kreide bis zum Tertiär steht hier auf kurzer Entfernung an, und es treten u.a. Korallenkalke, Lias-Kieselkalke, Majolika und Scaglia entlang dieser Verwerfung zutage.

Eine besondere Stellung nimmt die Gebirgsgruppe der Grigne am Comer See ein durch ihre fossilen Lagerstätten in der Umgebung von Esino-Lario beim Passo del Cainallo und bei Pasturio. Im Valsassina, im oberen Val Calolden und im Val Grande finden sich Eisen-, Blei- und Zinkminerale, die seit der Zeit der Römer ausgebeutet wurden, wovon der durchlöcherte Boden an manchen Stellen heute noch Zeugnis ablegt.

3. Flora

So wenig attraktiv und spektakulär das Gebiet der B.A. vielen Bergsteigern erscheint, so bekannt und geschätzt ist es als Traumland der Botaniker. Aufgrund der Eigenheiten der geographischen Lage und der Vielfalt der geologischen Gegebenheiten präsentieren uns die B.A. eine artenreiche Pflanzenwelt. Aus der Fülle können in diesem Rahmen nur die interessantesten Vertreter der Bergamasker Vegetation aufgeführt werden.

Faszinierend ist der fast geschlossene Gürtel der Edelkastanienwälder an den Nordabhängen zum Veltlin sowie im Val Varrone, Val Sassina und Val Camonica. In der montanen Stufe beeindrucken die prächtig gelbblühenden Goldregenbüsche und der leuchtend rote Blütenflor der Alpenheckenrosen.

Unter den perennierenden und verholzten Pflanzen der montanen und alpinen Stufe fallen besonders ins Auge: Paradieslilie, Feuerlilie, Knabenkräuter, Alpenrosen, Steinröserl, Edelweiß, seltene Primelarten, verschiedenste Veilchen, Anemonen, Enziane, Steinbreche, Steinschmückerl, Teufelskrallen, julischer Lein und Himmelsherold. Die Besonderheit der Bergamasker Flora ist jedoch nicht die Vielzahl der vorkommenden Arten oder die Ausbildung großer Bestandsdichten, die es auch andernorts gibt, sondern das Vorhandensein einer Reihe von Reliktpflanzen. Dank seiner Formation und der günstigen Lage am Rand der lombardischen Tiefebene blieb dieses Gebirge auch während der stärksten eiszeitlichen Vergletscherung weitgehend eisfrei und wurde zu einem Zufluchtsort für die bedrohte Tertiärvegetation. Einige Arten, die sich nach dem Abschmelzen der Gletscher nicht mehr über ihr Refugium hinaus ausbreiten konnten, entwickelten sich zu lokalen Endemiten. Als interessantester Endemit ist hier der Presolana-Steinbrech (Saxifraga presolanensis) zu nennen, der in üppigen Halbkugelpolstern bis 0,5 m Durchmesser an schattigen, feuchtkalten, jedoch regengeschützten Felswänden herabhängt. Kaum weniger interessant ist das erst 1948 entdeckte zierliche, gelbblühende Bergamasker Leinkraut (Linaria tonzigii), das auf hochgelegenen Kalkschutthalden nur in einem kleinen Areal vorkommt.

Auf gefestigtem Schutt wächst der seltene, jedoch an mehr als einer Stelle vorkommende Südalpenlauch (Allium insubricum), der durch seine nickenden violetten Blüten auffällt. An trockenen Kalkwänden im Bereich des Presolanapasses und der Dezzo-Schlucht gedeiht die unscheinbare Presolana-Nabelmiere (Moheringia dielsiana), ein Nelkengewächs.

An einigen wenigen Stellen der orobischen Kette kann man schließlich die attraktiven kleinen rosaroten Blüten von Comollis Veilchen (Viola comollii) beobachten. Außer diesen fünf im Gebiet der B.A. – d.h. dort und nur dort – vorkommenden Endemiten seien noch weitere Reliktpflanzen genannt, die über das Gebiet zwischen Comer See, Iseosee und dem Veltlin hinausgreifen: Insubrische Glockenblume (Campanula raineri), Bergamasker Wiesenknopf (Sanguisorba dodecandra), Arera-Labkraut (Galium montis arerae, erst 1956 entdeckt!), Charpentiers Mannsschild (Androsace brevis), Laserpitum nitidum (ein Doldenblütler), Meergrüne Primel (Primula glaucescens), Vandell-Steinbrech (Saxifraga vandellii), Minuartia grinensis (eine Miere), Bergamasker Geißklee (Cystisus emeriflorus), ein laubwerfender kleiner Strauch.

Die meisten der hier genannten seltenen Blumen findet man an dem Höhenweg „Sentiero dei Fiori", einem Rundweg durch die Westflanke des Pizzo Arera. Er wurde auf Anregung des Botanikers Prof. Claudio Brissoni angelegt und beschildert (siehe R 1142 und 1143). In dem Büchlein „Sentiero dei Fiori" (herausgegeben von der Provincia di Bergamo Assessorato al Turismo) ist mit vielen farbigen Blumenabbildungen dieser Lehrpfad ausgezeichnet beschrieben. Noch mehr Wissenswertes über die Flora der B.A. findet man in dem Blumenbuch „Vivere con i Fiori" von Claudio Brissoni.

4. Geschichte, Menschen, Sprache und Kultur

Die Täler, die die B.A. begrenzen, und auch diejenigen, die in das Gebirge hineinlaufen, wurden bereits in prähistorischer Zeit besiedelt. Davon zeugen im Val Camonica die Felszeichnungen der Camuni (deren älteste um 8000 v.Chr. entstanden, siehe R 43/46); in der Tiefebene, in den von Süden weit in das Gebirge reichenden Tälern Valle Seriana und Valle Brembana und im Veltlin Spuren der Ligurer und Etrusker; im Valsassina Funde aus der Eisenzeit. Die Täler waren wegen ihrer Fruchtbarkeit und der Bodenschätze im Laufe der Geschichte immer wieder umkämpft, erlebten häufigen Besitzerwechsel und unterlagen den verschiedensten Einflüssen.

Die geschichtliche Entwicklung Bergamos bestimmte den größten Teil der B.A. (siehe R 58). Abweichend davon brachte die verkehrstechnische Isolierung dem Valle di Scalve den Vorteil der Unabhängigkeit in Form der „Antica Repubblica di Scalve" und verschonte dieses schöne Tal von Industrialisierung und Massentourismus. Statt dessen konnte sich dort in den letzten 150 Jahren ein „sanfter Tourismus" entwickeln. Auch das Veltlin erlebte bewegte Zeiten: Im Mittelalter war es heftig umkämpft, gehörte lange Zeit zu Mailand, ab 1512 zu Graubünden und kam 1797 endgültig zur Lombardei. Im zweiten Weltkrieg war das ganze Gebiet der B.A. von Partisanenkämpfen stark betroffen, wobei die meisten Hütten zerstört und viele Bergbauernhöfe und Almen niedergebrannt wurden.

Aufgrund der vielen Einflüsse von außerhalb entwickelte sich im Bereich der B.A. eine Mischbevölkerung, die – fleißig und weltoffen – in Landwirtschaft, Handwerk und Kunsthandwerk, vor allem aber im Handel ihr Auskommen fand. Neben der italienischen Sprache entstanden ausgeprägte Dialekte, die Elemente der fremdländischen Herrschaftseinflüsse enthalten. Das sind z. B. im Veltlin die Wörter *Rucksack* sowie *kermes* für Kirchweih; im Bereich des Comer Sees Wörter und Namen französischen Ursprungs, wie *le Colonne di Pescée* (für eine Gruppe von Felstürmen im Val Scarettone) und um Bergamo deutsch- österreichische Ausdrücke wie *smesser* (ital. coltello) für Messer, *stoccfissi* für Stockfisch usw. Die in den Bergtälern gesprochenen Dialekte klingen sehr unitalienisch, so viele Ö- und Ü-Laute und harte H-Laute dominieren darin.

Entsprechend den aufgezeigten Gegebenheiten begegnet man in diesem Gebiet vielen kultur- und kunstgeschichtlichen Zeugen der Vergangenheit. Um nur einige davon zu nennen: die bereits erwähnten Steinzeichnungen im Val Camonica, die Città alta in Bergamo, die Sonnenuhr von Pietro Fanzago (1583) an der Südfassade des 1008 errichteten Rathausturmes in Clusone, die Höhlenkirche in Sant'Omobono Imagna und das Fresco „Homo Salvadego" in Sacco im Vallo dol Bitto di Gerola.

5. Bergsteigerische Erschließung

Die bergsteigerische Erschließung der B.A. ist weitgehend unbekannt. Sicher sind Jäger und Hirten schon früh auf die leicht zugänglichen Gipfel gestiegen, jedoch liegen Daten und Angaben über Erstbesteigungen erst ab 1870 vor. Im Jahrbuch des SAC 1896 berichten Purtscheller und Blodig von der führerlosen Besteigung des Pizzo di Redorta, Punta di Scàis und Pizzo del Diavolo di Malgina an einem Tag! Steinitzer schildert in der Zeitschrift des Deutschen und Österreichischen Alpenvereins von 1897 die Durchquerung der B.A. in 17 Tagen, ein Stück davon mit dem Bergführer und

Erschließer der B.A. Antonio Baroni. Die interessanten Gipfel wurden allesamt im Zeitraum von 1870 bis 1900 von Mitgliedern des CAI erstiegen, und aus dieser Zeit stammen auch die ersten Hütten. Heute ist das Gebiet mit 35 Hütten des CAI und anderer Bergsteiger-Vereinigungen, ebensovielen privaten Hütten, 15 Bivaccos und einigen als Stützpunkte geeigneten Berggasthäusern, einem guten Wegenetz, 8 Höhenwegen und einer Reihe von Klettersteigen bestens erschlossen.

6. Klima, beste Tourenzeit

Das warme Klima des Südens wirkt in den B.A. besonders in den nach Süden geöffneten Tälern und begünstigt die Entwicklung der üppigen Flora. In der Zone über 2000 m herrscht ein alpines und auch in den nordseitigen Tälern ein rauhes Klima vor. Die Folge der Lage am Alpenrand ist wechselhaftes Wetter, das nur selten längere Schlechtwetterperioden aufweist. Die längsten Schönwetterperioden mit klarer Sicht gibt es im Spätsommer und Herbst. Schneefälle vor Weihnachten sind selten, in der Höhe gibt es jedoch bis März/April ergiebigen Schneefall, der gute Voraussetzungen zum Skibergsteigen schafft. So ist das Klettern in den Vorbergen, z. B. am Coltignone, am Resegone und an den Südhängen der Grigna von Februar bis Dezember bzw. ganzjährig möglich, ebenso südseitige Wanderungen bis maximal 2000 m. Für die höheren Gipfel der Nordkette beginnt die Saison Mitte Juni und kann bis Ende November ausgedehnt werden. Dabei ist zu berücksichtigen, daß die meisten Hütten im Frühsommer und Spätherbst geschlossen sind. Allerdings sind die B.A. gerade dann eine Oase der Stille und Einsamkeit. Gestört wird diese Ruhe jedoch im Oktober durch die mittlerweile gesetzlich stark eingeschränkte Jagdzeit, die für den Bergsteiger nicht ganz ungefährlich ist und in der empfohlen wird, farbig auffallende Kleidung zu tragen.

7. Umwelt und Naturschutz

In den letzten zwölf Jahren war zu beobachten, daß durch die Öffentlichkeitsarbeit der Naturschutzbehörden und des CAI in den B.A. das Bewußtsein für den Schutz der Natur sehr stark gewachsen ist. Zahlreiche Schilder weisen auf geschützte Pflanzen und umweltfreundliches Verhalten hin. Die Jagd auf Singvögel wurde generell verboten (sie wird jedoch an abgelegenen Flecken mit Hilfe von Lockvögeln manchmal noch betrieben, wobei Störungen durch

Bergsteiger den Vögeln zugute kommen). Bislang sind folgende Zonen als Natur- bzw. Landschafts-Schutzgebiete ausgewiesen: Parco delle Orobie, der fast die ganzen Alpi Orobie und einen großen Teil der Prealpi mit Ausnahme der dicht besiedelten Täler umfaßt; Parco Valentino am Monte Coltignone (Lecco) mit dem Blumengarten Giardino Carissimi; Riserva Naturale Val Brandet/Campovecchio in der Telenekgruppe. Außerdem sind Bestrebungen im Gange, auch die Veltliner Seite der B.A. weitflächig unter Naturschutz zu stellen.

8. Bergrettung

In dem Teil der B.A., der zum Verwaltungsbereich der Provinz Bergamo bzw. zum Wirkungskreis der Sektion Bergamo des CAI gehört, gibt es ein hervorragend organisiertes Netz des Rettungswesens bei Bergunfällen. Das jederzeit erreichbare Meldezentrum befindet sich in Clusone, Tel. 03 46 / 2 31 23. Mit dieser Zentrale sind acht auffällige, orangefarbene Funktelefone verbunden, die an folgenden Stellen zu finden sind:

1) nordöstl. des Pizzo dei Tre Signori im obersten Teil des Valle d'Inferno, oberhalb der Kreuzung des Sentiero delle Orobie Occidentali (Weg Nr. 101) mit dem von Ornica heraufkommenden Weg Nr. 106, in der Nähe der Sfinge;

2) am Passo Branchino;

3) am Passo Publino;

4) am Passo di Valsecca;

5) in der Südflanke des Pizzo di Coca, etwas westl. unterhalb der Bocch. di Polledrino;

6) am Lago Naturale Barbellino (Lago Superiore del Barbellino);

7) bei der Cappella Savina am Fuß der Südwand der Presolana (R 264); 8) am Punkt „ol Simàl", 2712 m, dem höchsten Punkt des Sentiero delle Orobie, in der Südflanke des Pizzo di Redorta.

Auf der Veltliner Seite der B.A. gibt es die Meldestellen

1) Morbegno: Tel. Nr. 03 42 / 67 05 18 – 61 01 71

2) Sondrio: Tel. Nr. 03 42 / 21 68 77 – 21 48 23 – 52 23 10 – 51 09 09

3) Aprica: Tel. Nr. 03 42 / 74 61 84 – 74 61 13 – 74 62 22 – 74 64 15

In den Grigne sind alle Hütten Unfallmeldestationen, und auch hier gilt die Telefonnummer „113" für den allgemeinen Notruf.

Ist die Alarmierung der Bergrettung durch die am Unfall beteiligten Personen selbst nicht möglich, muß durch das international geltende Notsignal Aufmerksamkeit erregt werden. Dabei werden **sechs-mal innerhalb einer Minute** in regelmäßigen Abständen, mit jeweils einer Minute Unterbrechung, akustische (d.h. hörbar durch Rufen, Pfeifen) oder optische (d.h. sichtbar durch Blinken mit Taschenlampe) **Signale** gegeben. Solange wiederholen, bis Antwort erfolgt mit **dreimaligen Signalen je Minute**. Die Angaben zum Unfall sollen kurz und genau sein nach dem Schema: **Was ist passiert? Wann? Wo? Wer? Wetter? Jeder Bergsteiger ist verpflichtet, solche Notrufe unmittelbar an die nächste Unfallmeldestelle weiterzugeben!**

9. Abkürzungen

In diesem Führer werden folgende Abkürzungen verwendet:

CAI	=	Club Alpino Italiano
TCI	=	Touring Club Italiano
N, O	=	Norden, Osten
S, W	=	Süden, Westen
NO, NW	=	Nordosten, Nordwesten
SO, SW	=	Südosten, Südwesten
nördl., östl.	=	nördlich, östlich
südl., westl.	=	südlich, westlich
Ww.	=	Wegweiser
Mark.	=	Markierung
mark.	=	markiert
bez.	=	bezeichnet
Rif.	=	Rifugio (Hütte)
Biv.	=	Bivacco (Biwakschachtel)
bocch.	=	bocchetta, Sattel
m	=	Meter
km	=	Kilometer
Hm	=	Höhenmeter
P.	=	(Höhen-)Punkt
Min.	=	Minute
Std.	=	Stunde
ganzj.	=	ganzjährig
R	=	Randzahl
Jh.	=	Jahrhundert
orogr.	=	in Fließrichtung
Einw.	=	Einwohner
E-Zentrale	=	Elektrizitätswerk
ENEL	=	Ente Nazionale per l'Energia Elettrica (Nationale Elektrizitätsgesellschaft)

10. Literatur und Kartenmaterial

Literatur, sowohl verwendete als auch zu empfehlende:

Saglio, Corti, Credaro: Alpi Orobie; aus der Reihe der Guida dei Monti d'Italia, CAI und TCI, 1957.

Saglio: Prealpi Lombarde, da Rifugio a Rifugio; TCI und CAI, 1957.

Gamba: Itinerari Escursionistici nelle Alpi Orobie; Tamari, Bologna, 1975.

Gamba: 90 Itinerari sulle Montagne bergamasche; Moizzi Editore, Bergamo, 1986.

Mauri: Escursioni nelle Grigne; Nr. 27 aus der Reihe Itinerari Alpini, Tamari, Bologna, 1976.

Cima: Scalate nelle Grigne; Nr. 24 aus der Reihe Itinerari Alpini, Tamari, Bologna 1975.

Azienda di Promozione Turistica del Lecchese: Alta Via delle Grigne; CAI Lecco und CAI Mandello, 1988.

Gandola: Sentieri e ferrate lecchesi; Edizioni Il Gabbiano, Cremnago (Como) 1984.

Gandola: Denti della Vecchia e dintorni; Edizioni Agielle, 1981.

Mozzanica: Zuccone Campelli, le trenta vie più belle; CAI Barzio, 1986.

Savonitto: Scalate Scelte nel Bergamasco; Melograno Edizioni, Milano, 1986.

Boscacci: Ascensione Classiche in Valtellina, Edizioni Il Gabbiano, Cremnago (Como), 1986.

Miotti/Mottarella: Alle Porte della Valtellina; Comunità Montana di Morbegno, Melograno Edizioni, Milano.

Boscacci: Sci alpinismo nelle orobie valtellinesi; Bissoni Editore Sondrio.

TCI/CAI: Valli delle Grigne e del Resegone; Milano, 1986.

Tomasi: Il Massiccio della Presolana; Montagna Viva Edizioni, Bergamo, 1987.

Provincia di Bergamo, Assessorato al Turismo: Orobie Estate.

Brissoni: Sentiero dei Fiori; Provincia di Bergamo, Assessorato al Turismo, 1989.

Comunità Montana di Scalve: Conoscere la valle di Scalve: le escursioni.

Guida Turistica della Provincia di Sondrio; Stefanoni, Lecco, 1979.

Bergamo e le sue valli; Gruppo Editoriale Flash, Bergamo, 1985.

Calegari/Radici: 88 immagini per arrampicare, Edizioni Bolis, CAI, Bergamo, 1985.

Brissoni: Vivere con i Fíori; Editrice Cesare Ferrari, Clusone, 1983.

Comunità Montana di Valle Camonica: Terra di Valle Camonica; Editoriale Ramperto, Breno, 1984.

Terzi/Capellini: Alpi Bergamasche (Bildband); Editrice Cesare Ferrari, Clusone, 1984.

Höhne: Die Alpen zwischen Allgäu und Gardasee: Knaurs Lexikon für Bergfreunde, Droemer Knaur, München, 1986.

Karten:

CAI Bergamo: „Le Orobie", 2 Blätter 1:50.000

Kompass: 105 „Lecco, Valle Brembana" 1:50.000

Kompass: 104 „Foppolo, Valle Seriana" 1:50.000

Kompass: 94 „Édolo-Aprica" 1:50.000

Kompass: 103 „Le tre Valli Tresciana" 1:50.000

Istituto Geografico Militare, Firenze:
Blatt 055 „Morbegno" 1:50.000 (im Druck)
     056 „Sondrio" 1:50.000
     057 „Malonno" 1:50.000
     076 „Lecco" 1:50.000
     077 „Clusone 1:50.000
     078 „Breno" 1:50.000
     098 „Bergamo" 1.50.000
     099 „Iseo" 1:50.000

CAI Bergamo: Kartenskizze „Alpi Orobie" zona 1–4 (4 Blätter)

Comunità Montana: Nr.13 „Valle Brembana" 1:50.000

Comunità Montana: „Valle Seriana" 1:50.000

Istituto Geografico Centrale, Torino: Val Brembana, Valsassina e le Grigne, 1:50.000

TCI: Gruppo delle Grigne 1:20.000

CAI Sondrio: „Orobie Valtellinese, Sentiero Bruno Credaro" 1:50.000

II. Täler und Talorte

Die Täler werden mit den wichtigsten Ortschaften und den als Ausgangspunkten erwähnenswerten Talorten, von W nach O beginnend und im Uhrzeigersinn weiterlaufend, beschrieben.

● **1**   **Addatal = Veltlin (Valtellina)**

Die Adda, längster Nebenfluß des Po, entspringt in den Livigno- Alpen, durchfließt das Veltlin und mündet bei Còlico in den Comer See. Von Tresenda bei Tirano bis Còlico bildet das tiefliegende, dicht besiedelte Tal (200–400 m) die nördl. Begrenzung der B.A. Der unterste Teil des Veltlins war ursprünglich ein Seitenarm des Comer Sees, der durch das Geschiebe der Adda aufgeschwemmt wurde. Der breite Talboden war früher sumpfig, und Siedlungen entstanden zunächst fast nur auf den Terrassen der sonnigen Nordseite; später wurde unter österreichischer Herrschaft die Adda reguliert und damit der fruchtbare Talboden nutzbar gemacht. Durch die an den Südhängen gezogenen Weinsorten Grumello, Inferno und Sassella wurde das Veltlin weithin bekannt. Die Eisenbahnlinie, die am Comer See entlang und durch das Veltlin verläuft, endet bei Tirano. Bei der Flutwasserkatastrophe im Juli 1987 wurden große Teile des Tales schrecklich verwüstet. Die wichtigsten Talorte sind: Delebio, Andalo, Morbegno, Albosaggia, Sondrio, Piateda, S. Giacomo und Tresenda.

● **2**   **Delebio,** 218 m, 6 km östl. der Mündung der Adda in den Comer See; 2400 Einw. Sehenswert: S. Domenica. 1 km östl. von Delebio liegt das kleine Dorf Andalo; beide Orte sind Ausgangspunkte zum Val Lésina, und in Andalo beginnt auch der Höhenweg „Sentiero Bruno Credaro".

● **3**   **Val Lésina,** 6 km lang, südl. Seitental der Adda, das bei Delebio/Andalo beginnt und sich oberhalb der engen Felsschlucht auf etwa 600 m in zwei gleichnamige Äste teilt. Die Quellen des westl. Astes liegen in den Geröllkesseln unter Monte Legnone und Pizzo Alto, die des östlichen unter dem Monte Rotondo. Im Westteil des lediglich mit Geländefahrzeug zugänglichen Tales liegt die Almsiedlung Canargo (920 m, mit dem Rif. Capanna Vittoria), in dem nur zu Fuß erreichbaren Ostteil die Baita del Sugherone (1826 m, R 168), die primitive Unterkunft bietet.

● **4**   **Morbegno,** 262 m, alte Stadt mit historischem Stadtkern im unteren Veltlin; 10.200 Einw.; bedeutender Handelsplatz mit berühmter Käse-Messe alljährlich im Oktober. Auffahrt zum Passo San Marco.

● **5**   **Valle del Bitto,** 1,5 km lang, südl. Seitental der Adda, das von Morbegno durch eine gewaltige Felsklamm aufsteigt und sich auf etwa 350 m in zwei bedeutende Taläste teilt: Valle del Bitto di Gerola und Valle del Bitto di Albaredo.

● **6**   **Valle del Bitto di Gerola,** 10 km lang, stellt den westl. Ast des von Morbegno aufsteigenden Valle del Bitto dar. Auf 770 m mündet von SO das Valle di Bomino ein, das zum Passo di Verrobbio aufsteigt. Auf 1100 m spaltet sich das Valle del Bitto di Gerola zum Valle della Pietra, das von den Wassern der Stauseen Lago dell'Inferno und Lago di Trona gespeist wird, während das nun Valle di Pescegallo genannte Haupttal am Passo Salmurano endet. Dicht besiedeltes Tal mit guter Fahrstraße. Der Hauptort des Tales ist Gerola Alta (1053 m, 430 Einw.). Am Ende der Fahrstraße liegt Pescegallo (1454 m), eine Feriensiedlung mit Appartementhäusern, Hotels und Skiliften.

● **7**   **Bema,** 793 m, 217 Einw. Bergdorf am Nordhang des Grates, der sich vom Monte Verrobbio nach NW zieht und das Valle del Bitto di Gerola vom Valle del Bitto di Albaredo trennt. Zufahrt auf schmaler Straße, die auf halber Höhe zwischen Morbegno und Arzo von der Straße zum Passo San Marco abzweigt.

● **8**   **Valle del Bitto di Albaredo,** 9 km lang, stellt den östl. Ast des von Morbegno aufsteigenden Valle del Bitto dar. Durch die Hänge auf der Ostseite des nur im unteren Teil besiedelten Tales führt die kurvenreiche, asphaltierte Straße zum Passo San Marco. Hauptort des Tales ist Albaredo (950 m, 487 Einw.).

● **9**   **Val Tartano,** 14 km lang; 5 km östl. von Morbegno mündet der Torrente Tartano aus einer engen Felsschlucht mit einem riesigen Schuttkegel in die Adda. Beim Hauptort des Tales, Tartano (1210 m, 134 Einw., Pfarrkirche, zwei Hotels), teilt der Gratrücken, der sich von der Cima di Lemma über den Monte Scala bis zum Dosso Tacher erstreckt, das Val Tartano in Valle Lunga und Val Corta. Das Valle Lunga öffnet sich nach SO, steigt zu den Laghi di Porcile auf und wird im O von dem mächtigen Grat begrenzt, der sich vom Monte Cadelle nach N erstreckt. Nach SW öffnet sich das Val Corta, das durch den kurzen Nordgrat des Monte Tartano nochmals

Kapelle bei Cedrasco im Veltlin

geteilt wird in Val di Lemma und Valle di Budria. Letzteres endet am Passo di Pedena und wird im W durch den Nordgrat des Monte Pedena vom Valle del Bitto di Albaredo getrennt. Die Straße in das Val Tartano zweigt zwischen der großen Brücke über die Adda und dem Dorf Sirta (mit auffallender Kuppelkirche) ab. Der mark. Fußweg beginnt in Sirta und führt durch das romantische Val Fabiola ins Tal. Schönes Wandergebiet!

● **10   Fusine,** 285 m, 740 Einw., 9 km westl. von Sondrio südl. der Adda an der Mündung des Val Madre in das Veltlin.

● **11   Val Madre,** 12 km lang, südl. Seitental des Veltlin, durchflossen vom Torrente Madrasco, das durch eine Felsschlucht von Fusine steil aufsteigt und sich erst im oberen Teil ausweitet. Fahrbarer Wirtschaftsweg über den Waldrücken der Foppa degli Uccelli östl. der Schlucht, der bei der Almsiedlung Valmadre (1195 m, Kirche, Friedhof) endet. Ein Fußweg führt von Valmadre talaufwärts bis zum Passo di Dordona, der zwischen dem Monte Cadelle und dem Monte Toro liegt, deren lange Nordgrate das Val Madre nach W (Val Tartano) und O (Val Cervia) umsäumen. Einsames, stilles Tal.

● **12   Cedrasco,** 287 m, 438 Einw.; 7,5 km westl. von Sondrio, südl. der Adda an der Einmündung des Val Cervia in das Veltlin.

● **13** **Val Cervia,** 11 km lang, südl. Seitental des Veltlin, das von Cedrasco bis auf etwa 1100 m als enge, ungangbare Schlucht aufsteigt und sich erst am Talende zu einem Kessel ausweitet. Primitiver Fahrweg am waldreichen Nordhang des Dosso Morandi von Cedrasco bis auf etwa 1000 m. Zur Almsiedlung Campelli (1265 m, mit Ferienhäusern und Kapelle mit Säulenvorhalle) führt ein Saumpfad hinauf, der danach auf der Ostseite des Tales, an den Häusern von Arale vorbei, erst bei der Baita Serra (1490 m) den Talgrund berührt. Das Tal endet am Passo di Valcervia, der zwischen Monte Toro und Corno Stella liegt.

● **14** **Caiolo,** 335 m, 511 Einw., zwischen Albosaggia und Cedrasco an der Mündung des Valle del Livrio in das Veltlin.

● **15** **Valle del Livrio,** lokal auch Valle del Liri genannt; 12 km langes südl. Seitental des Veltlin, das durch eine Felsklamm von Caiolo aufsteigt, ab etwa 800 m flacher wird und an seinem Ende zwei Talkessel bildet. Der westl. Kessel wird von Corno Stella, Passo di Publino und Pizzo Zerna umrahmt, der östliche mit dem großen Stausee Lago di Publino von Monte Masoni und den Cime dello Scoltador. Zugang: Von Albosaggia bis auf etwa 1000 m (in Richtung S. Salvatore) befahrbar, dann führt ein mark. Saumpfad an der Almsiedlung Costa (1425 m) vorbei bis zum Talende. Die beiden Grate, im W der Nordgrat des Corno Stella mit Passo del Tonale und Cima Sasso Chiaro, im O der Grat von den Cime dello Scoltador bis über den Pizzo Meriggio, bieten schöne einsame Gratwanderungen mit reizvollen Panoramablicken. Ganz bezaubernd liegt der Lago delle Zocche nordwestl. unter dem Pizzo Meriggio.

● **16** **Albosaggia,** 490 m, 300 Einw., Dorf prähistorischen Ursprungs südwestl. von Sondrio am flachen Nordhang der Orobie. Sehenswert: Palazzo dei Paribelli, 13. Jh. Von Albosaggia führt eine schmale Schotterstraße nach S. Salvatore (1311 m, Fresken aus dem 13. Jh.) und Bedolessi (1429 m) im Nordwesthang des Pizzo Meriggio.

● **17** **Campelli,** 1316 m, Streusiedlung mit Almen und Ferienhäusern, südl. von Sondrio am Nordhang der Punta della Piada, dem nördl. Endpunkt des Grates, der das Valle del Livrio vom Valle di Venina trennt. 6,5 km kurvenreiche Schotterstraße von Albosaggia, zwei Skilifte, kaum Parkplatz.

● **18** **Sondrio,** 310 m, 22.000 Einw., Provinzhauptstadt am Nordufer der Adda an der Mündung des Valmalenco in das mittlere Veltlin. Sehenswert: Santi Gervasio e Protasio, Palazzo Sassi-Lavizzari, Palazzo Sertoli, Castello di Masegra, winklige alte Gassen wie z. B. die Via Scarpatetti. Der Ort wurde bei der Flutwasserkatastrophe im Juli 1987 arg in Mitleidenschaft gezogen.

● **19 Piateda,** 304 m, 922 Einw., östl. von Sondrio am Südufer der Adda. Unterhalb von Piateda alta (709 m) zweigt die Straße in das untere Valle di Venina ab.

● **20 Valle di Venina,** 15 km lang, südl. Seitental des Veltlin. Der untere Abschnitt des Tales beginnt etwa 3 km östl. von Sondrio und steigt als enge Schlucht 7 km nach S auf, bis zur E-Zentrale Venina (bei Vedello, 1032 m), wo sich die Abflüsse der Stauseen Lago di Venina und Lago di Scàis vereinigen. Das Valle di Venina läuft nun nach SW weiter nach Ambria (1325 m, wo das Valle di Ambria nach S abzweigt) und steigt danach endgültig zum Talboden mit dem schönen, langgestreckten Lago di Venina auf (1823 m). Das Tal, in dem früher Eisenerz abgebaut wurde, endet am Passo di Venina, der zwischen Monte Masoni und Pizzo di Cigola liegt.

● **21 Ambria,** 1325 m, malerisches kleines Bergdorf mit eng zusammengedrängten Häusern an der Mündung des Valle di Ambria in das Valle di Venina. Die Kirche San Gregorio, auf die Reste einer noch älteren gebaut, wurde 1620 geweiht.

● **22 Valle di Ambria,** 6 km lang, verläuft von Ambria (1325 m) im Valle di Venina nach S zum ausgetrockneten Lago di Zappello (1502 m) und endet in dem großen Geröllkessel, der im S von Pizzo di Cigola, Monte Aga und Pizzo del Diavolo di Tenda überragt wird. Zwischen Monte Aga und Pizzo di Cigola liegt der Passo di Cigola, ein früher viel benutzter und heute zwar von der Südseite oft berührter, jedoch selten überschrittener Paß. Einsames, lichtes Tal mit großartiger Gipfelumrahmung!

● **23 Agneda,** 1228 m, früher ganzjährig, heute nur noch im Sommer bewohntes Bergdorf im untersten Teil des Valle di Scàis. Bis oberhalb von Agneda befahrbare Straße von Piateda.

● **24 Valle di Scàis,** auch Valle di Caronno genannt, 9 km lang, steigt von der Mündung in das Valle di Venina bei Vedello (1032 m) nach SO zum schönen Talboden von Agneda auf. Es teilt sich oberhalb beim Stausee Lago di Scàis in zwei Äste, deren südl. das Valle di Vedello bildet, während das Valle di Scàis von der Ostecke des Sees nach O weiterläuft. Sich nochmals verzweigend endet es schließlich über dem langen Gletscher Vedretta di Scàis an der Bocch. di Scàis, die zwischen Pizzo di Redorta und Punta di Scàis liegt. Die mächtigen Felsgrate von Redorta, Scàis, Caronno, Scotes und Rodes bilden die grandiose Umrahmung des Tales. In der Südflanke des Pizzo di Rodes liegt das Rif. Mambretti.

● **25   Valle di Vedello,** 3 km lang, einsames Tal, das vom Südrand des Lago di Scàis nach S verläuft und dessen Abschluß die düstere Nordwand des Pizzo del Salto bildet. Der Passo del Forcellino, zwischen Pizzo del Salto und Pizzo Ceric, öffnet einen bequemen Übergang in das Valle di Ambria, über den der Höhenweg „Sentiero Bruno Credaro" führt.

● **26   Casacce,** 378 m, 514 Einw., Dorf zwischen Piateda und San Giacomo, an der Mündung des Valle d'Arigna in das Veltlin.

● **27   Briotti,** 1041 m, Bergdorf auf einer Moränenterrasse im Nordhang der Punta Santo Stefano, der wegen seines günstigen Klimas (die wilden Kirschen blühen hier früher als auf der besonnten Nordseite des Veltlin) mit kleinen Dörfern, Almen und Ferienhäusern besiedelt ist. Von Briotti schöne Wanderung zu den Laghi di Santo Stefano, auf der „strada" zur Baita di Quai im Valle d'Arigna und Aufstieg zum Rif. Donati.

Valle d'Arigna
mit Coca-Gruppe

● **28   Arigna,** 814 m, 81 Einw., altes Bergdorf im Valle d'Arigna mit Kirche aus dem 17. Jh. Fahrstraße von Casacce, kurz vor Arigna Abzweigung nach Briotti. Busverbindung.

● **29   Valle d'Arigna,** 11 km lang, steigt von Casacce im Veltlin nach S zum Pizzo di Coca (3050 m) auf. Es wird vom Torrente Armisa durchflossen, der von den Gletschern des weitgefächerten Talkopfes und den Wassern der Laghi di S. Stefano gespeist wird. Fahrstraße von Casacce an Arigna und am abrutschenden, verlassenen Dörflein S. Matteo vorbei zur E-Zentrale Armisa (1050 m). Ein nur für Geländefahrzeuge geeigneter Wirtschaftsweg führt weiter nach Forni (1296 m, Almen und Sommerhäuser am kleinen Stausee). In den weiten Wiesenhängen nordwestl. des Pesciola liegen die schönen Almen von Prataccio und Micheline. In dem von Gletschern geformten Kessel mit dem Lago di Reguzzo, der von Pizzo di Rodes und Pizzo Biorco umrahmt wird, steht auf rundgeschliffenen Felsen das Rif. Donati (2500 m); unter dem Passo di Coca, am Westrand des Vedretta del Lupo, befindet sich das Bivacco Corti (2499 m) und nordöstl. davon, 500 tiefer an einer Felsrippe, das Bivacco Resnati. Das Valle d'Arigna ist eines der interessantesten und kontrastreichsten Täler auf der Nordseite der B.A.

● **30   Castello dell'Acqua,** 664 m, 54 Einw. Die Gemeinde ist das Zentrum der Streusiedlungen am Nordhang von „La Motta" zwischen dem Valle d'Arigna und dem Val Malgina. Von hier führt ein Fahrweg nach Paiosa (687 m) am Eingang in das Val Malgina.

● **31   Val Malgina,** 9 km lang, südl. Seitental des Veltlin. Das sicherlich wildeste und unberührteste Tal auf der Nordseite der Orobie beginnt bei S. Giacomo (374 m) im Veltlin und steigt nach S bis zum Passo della Malgina (2621 m) auf. Der Fahrweg von Castello dell'Acqua nach Paiosa (687 m) biegt danach in das Tal ein und setzt sich als Saumpfad auf der orogr. linken Bachseite fort. An den Baite Carro (826 m) und Campo (979 m) vorbei führt er zur obersten bestoßenen Alm, der Baita Paltani (1215 m). Ein verfallender Pfad führt auf der orogr. rechten Seite zur aufgelassenen Baita Muracci (1821 m) und zum Passo della Malgina hinauf.

● **32   Val Bondone.** Südl. über dem Veltlin, zwischen dem Val Malgina und dem Val Caronella, liegt dieses kurze, vom Torrente Bondone durchflossene Tal, das erst ab etwa 1000 m aufwärts einen nennenswerten Taleinschnitt darstellt. Auf 1209 m liegt das mit Fahrzeug von Carona erreichbare Bergdorf Bondone. Oberhalb 1600 m weitet sich das Tal zu einer breiten Mulde, die über 2000 m allmählich in eine gletschergeschliffene Felslandschaft mit vielen Wasserlöchern und kleinen Seen übergeht. Wie auf Aussichtsbalkonen über den Tälern liegen die Almen Streppaseghel (2094 m) und Cantarena (2071 m), die der Höhenweg „Sentiero Bruno Credaro" berührt.

● **33   Carona,** 1145 m, Bergdorf über dem Veltlin auf der Westseite des Val Caronella. Von der schmalen Straße, die von S. Giacomo am Hang entlang zum Valle Belviso führt, mit Fahrzeug erreichbar.

● **34   Val Caronella,** 7,5 km langes südl. Seitental des Veltlin. Der das Tal durchfließende Torrente Caronella mündet bei Tresenda in die Adda. Von Carona führt ein mit Geländefahrzeug befahrbarer Wirtschaftsweg zu den wunderschönen Wiesen Pra di Gianni und Pra della Valle. Als mark. Saumpfad setzt er sich fort, führt über den Talboden der Malga Caronella (1858 m) und endet über den Firnfeldern am Passo di Caronella (2612 m), einem bequemen Übergang zum Rif. Curò im Valle Seriana.

● **35   Valle Belviso,** 15 km langes südl. Seitental des Veltlin, durchflossen vom gleichnamigen Bach, der unter dem Passo di Belviso entspringt, den langen Stausee Lago di Belviso durchfließt und westl. von Tresenda in einen Seitenarm der Adda mündet. Vom Ponte di Ganda (1015 m, auf dem die Straße von Carona zum Passo d'Aprica den Torrente Belviso überquert) führt ein befahrbarer Schotterweg bis unter den Staudamm. Hinter der gewaltigen Bogenstaumauer „diga di Frera" (138 m Höhe!) erstreckt sich der tiefblaue Lago di Belviso, der im W vom Monte Torena, im S von Monte Gleno und Monte Demignone und im O von Monte Sellero, Monte Telenek und Dosso Pasò umrahmt wird. Der Höhenweg „Sentiero Bruno Credaro" umrundet das ganze Tal.

● **36   Aprica,** 1172 m, Wintersportort am gleichnamigen Paß, 1000 Einw., Hotels, Seilbahnen und Lifte zur Malga Magnolta, Malga Palabione und zum Monte Baradello. Ausgangspunkt für Touren auf die Gipfel im Bereich des Lago di Belviso und Endpunkt des Höhenweges „Sentiero Bruno Credaro".

● **37   Valle di Corteno,** 14 km lang, auch Val dell'Ogliolo genannt, westl. Seitental des Valcamonica, das den östlichsten Teil der B.A. nach N gegen die Ausläufer der Ortlergruppe abgrenzt. Durch das vom Torrente Ogliolo durchflossene Tal läuft die Straße vom Passo d'Aprica nach Édolo im Valcamonica.

● **38   Sant'Antonio,** 1127 m, kleines Bergdorf im Valle di Sant'
Antonio, einem südl. Seitental des Valle di Corteno. Es liegt am
Nordrand des „Parco Naturale Val Brandet-Campovecchio", der die
hufeisenförmig angeordneten Gipfel der Telenek-Gruppe ein-
schließt. Ausgangspunkt zu den Rif. Campovecchio und Brandet
und für viele Wanderungen. Die auf den Karten und Tafeln angege-
benen numerierten Wege, mit Ausnahme des Weges Nr. 129 zum
Lago di Piccolo, existieren in dieser Form nur teilweise oder gar
nicht.

● **39   Valle di Campovecchio,** 9 km lang, westl. Arm des Valle
di Sant'Antonio, der erst nach SW zur Almsiedlung Campovecchio
(1311 m, mit der gleichnamigen Hütte) aufsteigt und im S am Passo
del Sellero endet.

● **40   Valle Brandet,** 7 km lang, östl. Arm des Valle di Sant'
Antonio (mit der Almsiedlung Brandet, 1287 m), der sich im oberen
Teil fächerförmig verzweigt. Im westl. Ast, der am Passo del Torsole-
to endet, liegt der schöne Lago di Piccolo, der mittlere, der zum
M. Torsoleto aufsteigt, ist völlig unberührt, und der östl., in dem die
selten besuchten Laghetti del Torsolazzo liegen, endet am Grat vom
Pizzo Svolt zum Monte Palone del Torsolazzo.

● **41   Corteno Golgi,** 925 m, nach dem Arzt und Nobelpreis-
träger benanntes Dorf auf der Südseite des Valle di Corteno, 1200
Einw.; Pfarrkirche S. Maria Assunta. Der Ortsteil Santicolo (3 km
weiter östl.) ist zweckmäßiger Ausgangspunkt zum Piz Tri, zur Porta
di Barbione usw.

● **42   Édolo,** 699 m, östl. Endpunkt der Straße über den Passo
d'Aprica und nördl. Endpunkt der Eisenbahnlinie, die von Brescia
kommend am Iseosee entlang das Val Camonica durchläuft. Altes
Städtchen mit 4400 Einw., das 917 bereits urkundlich erwähnt wurde. Sehenswert: S. Giovanni Battista, S. Maria Nascente (14. Jh.),
Altstadtkern und Burgruine.

● **43   Val Camonica**

Etwa 100 km langes, vom Fiume Oglio durchflossenes Tal, das in
den Iseosee mündet und die B.A. nach O zur Adamello-Gruppe hin
abgrenzt. Wichtige Verkehrsader mit Straße zum Tonale-Paß und Eisenbahnlinie von Brescia nach Édolo. Prähistorische Besiedlung
durch die „Camuni", die zahlreiche Felszeichnungen hinterlassen
haben. Die berühmtesten davon wurden bei Capo di Ponte
entdeckt.

● **44 Malonno,** 590 m, 2700 Einw. Altes Städtchen am Westufer des Fiume Oglio, oberhalb der Mündung des Val Paisco in das Val Camonica. Sehenswert: Altstadtkern mit Türmen aus dem 13. Jh. und die Pfarrkirche Ss. Faustino e Giovita. Im Ortsteil Forno Allione (Eisenwerk 4,5 km südl. von Malonno) zweigt die schmale und kurvenreiche Straße zum Passo del Vivione ab.

● **45 Val Paisco,** 12 km lang, südwestl. Seitental des Val Camonica. Es wird vom Torrente Allione durchflossen, der unter dem Monte Sellero entspringt und bei Forno Allione in den Oglio mündet. Die Straße zum Passo del Vivione berührt den Hauptort des engen, waldreichen Tales, Paisco (853 m, 200 Einw., Abbau von Bariumsulfat). Weiter talaufwärts finden sich in reizvoller Hanglage die mit Fahrzeug erreichbaren Bergdörfer Grumello (1256 m) und Loveno (1300 m).

● **46 Capo di Ponte,** 362 m, liegt im Val Camonica und hat mit dem Ortsteil Cemmo 2100 Einw. Der Ort wurde durch die zahllosen prähistorischen Steinzeichnungen der Camuni bekannt, die von 8000 v. Chr. bis zur Zeitwende entstanden und teilweise im „Parco Nazionale Incisioni Rupestri" besichtigt werden können. Ansonsten sehenswert: die romanischen Kirchen S. Salvatore und S. Siro di Cemmo.

● **47 Cividate Camuno - Malegno,** 328 m. An einer Biegung des Oglio liegt Cividate Camuno am Ostufer, Malegno am Westufer. 2500 und 2200 Einw. In Malegno beginnt die Bergstraße, die nach Borno und weiter über die Paßhöhe „Croce di Salven" eine Verbindung zum Valle di Scalve herstellt und von der auch die Straße nach Lozio abzweigt.

● **48 Lozio,** weitflächige Gemeinde westl. über dem Val Camonica in dem großen Talkessel, der von dem Gratbogen zwischen Cima della Bacchetta und Pizzo Camino umschlossen wird. Sie besteht aus den Bergdörfern Laveno (Gemeindeamt), Sommaprada (1045 m), Sucinva und Villa (1002 m), die Ausgangspunkte zum Rif. Laeng und zum Biv. Baione darstellen. Zufahrt von Malegno.

● **49 Borno,** 912 m, 2700 Einw., westl. von Malegno am Südost-Ausläufer der Cima Moren. Der alte Ort mit prächtigen Gebäuden und winkligen Gassen wurde urkundlich bereits im 11. Jh. erwähnt. Die landschaftlich reizvolle Umgebung ist durch modernen Ferientourismus (samt Skiliften am Monte Altissimo) unschön zersiedelt. Ausgangspunkt zum Rif. S. Fermo, Rif. Laeng und zu den Gipfeln der Caminogruppe.

● **50   Darfo – Boario Terme,** 221 m, größter Ort im Val Camonica, der an der Mündung des Valle di Scalve in das Val Camonica liegt. 12.000 Einw., wichtiges Industrie-, Kultur- und Erholungs-Zentrum. Der Kurort Boario Terme verdankt seine Bedeutung vier Heilquellen, die Kaliumsulfat und alkalische Erden enthalten.

● **51   Valle di Scalve**

Westl. Seitental des Val Camonica, 26 km lang, durchflossen vom Torrente Dezzo, das unter dem Passo del Vivione beginnt, sich im oberen Teil bis zur Verengung bei Dezzo landschaftlich ungemein reizvoll mit dolomitenartigem Charakter entfaltet, danach, im Valle del Dezzo genannten Teil, die engen Felsschluchten der „Via Mala" passiert und im letzten, sich ausweitenden Abschnitt auch Valle di Angolo genannt wird. Als zuverlässige Verkehrsverbindung gibt es nur die Straße über den Passo della Presolana, da die Via Mala früher nicht befahrbar und auch heute nicht immer passierbar, die schmale Paßstraße über den Passo del Vivione nur im Sommer offen und für Transporte ungeeignet ist. Die wichtigsten Talorte sind: Schilpario, Vilminore und Còlere.

● **52   Schilpario,** 1124 m, 1420 Einw., beliebter Erholungsort in reizvoller „Dolomitenlandschaft" im Valle di Scalve am Westufer des Dezzo. Von Schilpario steigt die Straße zum Passo del Vivione auf. Der Ort ist Ausgangspunkt zu Pizzo Camino, Cimone della Bagozza, Rif. Tagliaferri und Endpunkt des Höhenweges „Itinerario Naturalistico Antonio Curò". Sehenswert: Barocke Pfarrkirche, Dorfplatz und Gassen.

● **53   Vilminore,** 1018 m, 1520 Einw., Verwaltungszentrum des Valle di Scalve mit historischem Ortskern an der Einmündung des Val di Gleno und Valle Nembo in das Valle di Scalve, mit den Ortsteilen Vilmaggiore, Pianezza, Bueggio, Pezzolo, Teveno und Nona. Sitz des CAI Valle di Scalve.

● **54   Còlere,** 1013 m, 1070 Einw., früher Bergwerksdorf, heute Erholungsort mit Skiliften zu Füßen der Nordwände der Presolana. Ausgangspunkt zum Rif. Albani, M. Ferrante, zu den Kletterrouten an der Presolana und für den Sentiero delle Orobie und Sentiero della Porta.

● **55   Lòvere,** 208 m, 6050 Einw., Ferienort und Industriezentrum mit Gußstahlwerk am Nordwestufer des Iseosees, nördl. der Mündung des Val Borlezza. Verkehrsknotenpunkt mit wichtigen Straßenverbindungen: durch das Val Camonica zum Tonale-Paß, durch das Val Cavallina am Lago di Endine entlang nach Bergamo und durch das Val Borlezza nach Clusone.

● **56   Val Borlezza,** 12 km lang, weites Tal, das vom Nordwestufer des Iseosees nach NW ansteigt und sich zum Talbecken von Clusone hin öffnet. Von der Straße Lòvere–Clusone zweigt in Sòvere die kurvenreiche Straße zum schön gelegenen Bergdorf Bòssico ab, das Ausgangspunkt zum Monte Colombina und Rif. Magnolini ist.

● **57   Val Cavallina,** 23 km lang. Das tiefliegende Tal zweigt in der Nähe des Iseosees vom Val Borlezza nach SW zum Lago di Endine ab und senkt sich danach, durchflossen vom Torrente Cherio, allmählich zur Tiefebene hinab. Durch das Tal verläuft die Straße Lòvere–Bergamo.

● **58   Bergamo,** 250 m, Provinzhauptstadt am Südrand der B.A., 122.000 Einw. Die aus prähistorischer Zeit stammende Siedlung der Ligurer wurde etwa 800 v. Chr. etruskisch und um 550 v. Chr. von den Galliern erobert. Die römische Herrschaft dauerte dann bis ins 5. Jh. Im frühen Mittelalter wurde der von Hunnen, Goten, Langobarden und Franken umkämpfte römische Ort zerstört und bekam um die Jahrtausendwende das Gesicht einer mittelalterlichen Stadt. Später wurde Bergamo in die Parteikämpfe der Guelfen und Ghibellinen verwickelt, war von 1428 bis 1797 venezianisch und gehörte ab 1815 (Wiener Kongreß) mit dem lombardisch-venezianischen Königreich zum Kaiserreich Österreich, bis es sich 1859 zum vereinten Italien bekannte. Die auf einem steilen Hügel liegende mittelalterliche „Città Alta" mit einer Fülle kunsthistorischer Kostbarkeiten überragt weithin sichtbar den ihr zu Füßen liegenden Gürtel der modernen Industriestadt. Bergamo ist Ausgangspunkt für die großen nach S geöffneten Täler Valle Seriana und Valle Brembana.

● **59   Valle Seriana**

Östliches der beiden großen nach S geöffneten Täler, 58 km lang, durchflossen vom Fiume Serio. Dieses längste Tal der B.A. steigt von Bergamo nach SO auf und ist im unteren Teil dicht besiedelt und industrialisiert. Der landschaftlich reizvolle obere Teil mit dem Barbellino-Stausee endet über den Quellen „Sorgenti del Serio" am Passo del Serio, dessen Nordseite in das Veltlin abfällt. Der Talkopf wird umrahmt vom Kranz der höchsten Gipfel der B.A.: Pizzo di Redorta, Punta di Scàis, Pizzo di Coca, Pizzo del Diavolo di Malgina, Monte Torena und Recastello. Der mittlere Teil wird von schönen

Kalkgipfeln flankiert: Im O von Presolana und Pizzo Formico, im W von der Arera-Alben-Gruppe. Jährlich ereignet sich oberhalb von Valbondione ein volksfestartig gefeiertes Naturschauspiel, wenn im Juli die Wasserfälle „Cascate del Serio", gespeist aus den Wassern des Barbellino-Stausees, zu Tale donnern. Mit einer Fallhöhe von 315 m in drei Abschnitten ist dies, wie es heißt, der höchste Wasserfall Italiens, der zweithöchste Europas und der fünfthöchste der Welt. Die aus bergsteigerischer Sicht erwähnenswerten Talorte sind: Vèrtova, Ponte Nossa, Clusone, Villa d'Ogna, Ardesio, Gromo, Gandellino, Fiumenero und Valbondione/Lizzola.

● **60   Selvino,** 962 m, Ferienort nordwestl. über Albino im unteren Valle Seriana, in einer Talmulde westl. unter der Wasserscheide zwischen Valle Seriana und Valle Brembana. Zufahrt von Nembro im Valle Seriana und von Zogno/Bracca aus dem Valle Brembana. Selvino ist Ausgangspunkt für den Monte Padona, den Grat vom Corna Bianca bis zum Canto Alto, und (vom Ortsteil Aviatico) zu Monte Cornagiera und Monte Zucchello.

● **61   Vèrtova,** 397 m, mittleres der drei ineinander übergehenden Straßendörfer Gazzaniga, Vèrtova und Colzate, die das Industriezentrum des unteren Valle Seriana bilden. Hier mündet von W das Val Vèrtova, das von S den Zugang zum Monte Alben öffnet.

● **62   Val del Riso,** 10 km langes westl. Seitental des Valle Seriana, durchflossen vom Torrente Riso, das vom südl. Ortsrand von Ponte Nossa zum Colle di Zambla aufsteigt. Durch das fruchtbare Tal mit den Gemeinden Gorno und Oneta führt die kurvenreiche Straße zum Col di Zambla, der einen Übergang vom Valle Seriana zum Valle Brembana darstellt.

● **63   Ponte Nossa,** 465 m, 2300 Einw., altes Dorf, das sich am Westufer des Serio hinstreckt. Zentrum der metallverarbeitenden Industrie des mittleren Valle Seriana. Zeuge des bodenständigen Handwerks ist eine instand gehaltene mittelalterliche Schmiede mit wassergetriebenen Fallhämmern. Außerdem bemerkenswert: Die Madonna delle Lacrime auf dem Corno Falò südöstl. über Ponte Nossa, bei der am 1. Mai ein im Tal gefällter Baum zur Madonna hinaufgetragen, mit Seilen über die Felsen gezogen, dann oben aufgestellt und am 1. Juni als riesige lodernde Fackel abgebrannt wird.

● **64   Val Nossana,** 8 km lang. Wasserreiches, dicht bewaldetes, unbewohntes Tal, das von Ponte Nossa nach NW aufsteigt. Nach etwa 5 km zweigt nach NW das „Val Gorgolina" ab, das unter der Cima di Valmora endet, während die Bäche des Haupttales im N unter der Cima del Fop und dem Monte Secco entspringen. In dem Talkessel unter der Cima del Fop liegt das Rif. Leten.

● **65 Clusone,** 648 m, 8050 Einw., in der Römerzeit bereits blühendes Städtchen am Nordrand der Hochebene zwischen dem Südwest-Ausläufer der Presolana und dem Pizzo Formico. Reizvoller Ferienort, Handelszentrum und Verkehrsknotenpunkt der Buslinien Richtung Ardesio, oberes Valle Seriana, Valcanale, Valle di Scalve, Lòvere am Iseosee und Bergamo. Sehenswert: die berühmte Sonnenuhr an der Südfassade des 1008 errichteten Rathausturmes, die prächtige Basilica Santa Maria Assunta und der Stadtkern mit verwinkelten, malerischen Gassen. Von Clusone führt die Straße über den Passo della Presolana in das Valle di Scalve.

● **66 Castione della Presolana,** 869 m, 3100 Einw., Fremdenverkehrsort im Val di Gera am Fuß der Presolana mit Skiliften am Monte Pora, die vom Ortsteil Bratto erreichbar sind. Von der Malga Pora am Ende der Straße führt ein Weg zum Rif. Magnolini.

**Altes Bauernhaus
in Piazzola
im Valle del Rino**

● **67   Villa d'Ogna,** 554 m, 1630 Einw., reizvoll gelegener Urlaubsort mit Industriebetrieben an der Mündung des Valle di Valzurio in das Valle Seriana.

● **68   Valle di Valzurio,** 12 km lang, östl. Seitental des Valle Seriana, durchflossen vom Torrente Ogna. Das stille, nur im unteren Teil besiedelte Tal steigt von Villa d'Ogna nach NO auf (Hauptort Valzurio, 813 m) und endet am Passo Scagnello, nordwestl. der Presolana. Schönes Wandergebiet mit reicher Alpenflora, vor allem am wenig besuchten Südwestgrat der Presolana, der das Tal nach S begrenzt.

● **69   Ardesio,** 608 m, 3600 Einw., altes Städtchen abseits der verkehrsreichen Talstraße, sehr schön auf einer Terrasse über der Mündung des Torrente Rino, auf der orogr. linken Seite des Valle Seriana gelegen. Sehenswert: Historischer Ortskern, die Wallfahrtskirche Madonna delle Grazie mit einer der besten Orgeln der Lombardei, San Pietro und San Giorgio.

● **70   Val Canale,** 11 km lang, westl. Seitental des Valle Seriana, das nördl. von Ardesio mündet und dessen oberer Teil auch Val della Corte genannt wird. Das besiedelte Tal wird im S von den hohen Kalkgipfeln von Monte Secco bis Pizzo Arera, im N vom Höhenrücken Cima di Bani bis Monte Corte begrenzt und endet am Passo dei Laghi Gemelli. Hauptort des Tales ist Valcanale (987 m), das Ausgangspunkt zum Rif. Alpe Corte ist.

● **71   Gromo,** 676 m, 1300 Einw. Schönes Dorf keltischen Ursprungs an der Mündung des Valle del Goglio und des Valle dei Molini in das Valle Seriana. Im 18. Jh. zerstörte ein Bergrutsch 32 Schmieden, 18 Häuser und tötete 62 Menschen. Sehenswert: Mittelalterlicher Ortskern mit Rathaus, Castello Avogardi, Castello Ginami; im Valle dei Molini, südl. über dem Ferienort Spiazzi, auf 1440 m „Büs di tacoi", eine an Stalaktiten und Stalagmiten reiche Höhle.

● **72   Valle del Goglio,** 5 km lang. Westl. Seitental des Valle Seriana, reich an Bodenschätzen und Wasser von den Stauseen in der Pradellagruppe, das zur Stromerzeugung genutzt wird. Hauptort des nur im unteren Teil besiedelten Tales ist Valgoglio (929 m). Westl. davon zweigt das 7 km lange, sehr stille Val Sanguigno nach W ab, das unter dem Passo del Farno endet, während das kurze Haupttal steil nach NW zu den sieben Seen zwischen Monte Pradella und Monte Cabianca aufsteigt. Valgoglio ist Ausgangs- und Endpunkt des Höhenweges „Giro dei Laghi".

● **73   Gandellino,** 685 m, 1150 Einw., Dorf keltischen Ursprungs an der Mündung des Valle Sedornia. Nordöstl. darüber liegen am Westhang des Monte Calvera die Bauernhöfe und Ferienhäuser von Tezzi Alti (969 m).

● **74   Valle Sedornia,** 6 km lang, östl. Seitental des Valle Seriana, das bei Gandellino mündet und in weitem Bogen nach O und N zum Grat zwischen Monte Vigna Soliva und Monte Sponda Vaga aufsteigend den Stock des Monte Vigna Soliva weitgehend separiert. Einsames, zum Wandern einladendes Tal.

● **75   Fiumenero,** 791 m, bescheidenes Dorf an der Mündung des Val del Fiume Nero in das Valle Seriana. Ausgangspunkt zum Rif. Brunone.

● **76   Val del Fiume Nero,** 6 km langes westl. Seitental des oberen Valle Seriana, das im unteren Teil (wo das Valsecca von W einmündet) eine enge Schlucht durchläuft und sich oberhalb zu einem riesigen Talkessel ausweitet. Dieser wird von dem Gipfelkranz von Pizzo del Diavolo di Tenda bis Pizzo Redorta umschlossen. In seinem Grund vereinigen sich das Val del Salto, Val dell'Aser und Val Secreti samt etlichen Seitenbächen zum Fiume Nero.

● **77   Valbondione,** 888 m, 1400 Einw., höchstgelegene Gemeinde im Valle Seriana mit den Ortsteilen Fiume Nero und Lizzola (1258 m). Valbondione und Lizzola sind Ausgangspunkte zum Rif. Coca und Rif. Curò.

● **78   Valle Brembana**

Es ist das westliche der beiden großen Täler, die die B.A. von S zugänglich machen, 53 km lang, durchflossen vom Brembo. Aus den sehr weitgefächerten Quellgebieten unter der Nordkette der Orobie strömen die Wasser in den drei Flußarmen „Brembo", „Brembo di Valleve" und „Brembo di Mezzoldo" der Vereinigung bei Branzi und Lenna zu. Außerdem speisen eine Reihe wasserreicher Bäche, vor allem aus den großen westl. Seitentälern, Val Torta, Val Taleggio und Valle Imagna, den Brembo, ehe er als ansehnlicher Fluß nordwestl. von Bergamo die lombardische Tiefebene erreicht. Im unteren Teil ist das Valle Brembana stark industrialisiert, die mittleren und oberen Bereiche existieren von Landwirtschaft und bescheidenem Fremdenverkehr. Die um 1890 gebaute Schmalspurbahn von Bergamo nach Piazza Brembana wurde in den sechziger Jahren stillgelegt. In alle drei Talarme führen gute Straßen; die durch den westl. Arm (am Brembo di Mezzoldo entlang) führt zum Passo San

Marco mit Übergang ins Veltlin. Die wichtigsten Talorte sind: Zogno, S. Pellegrino, S. Giovanni Bianco, Piazza Brembana, Branzi und Carona.

● **79   Valle Imagna,** 17 km lang, westl. Seitental des Valle Brembana, das von der Mündung bei Villa d'Almè nach NW bis unter den Resegone aufsteigt. Das stark gegliederte, ellipsenförmige, waldreiche Tal war bereits in der Bronzezeit besiedelt. Aus römischer Zeit haben sich Reste von Aquädukten und Befestigungen am Talausgang erhalten. Die Bewohner des von Armut geprägten Tales lebten bis vor etwa 150 Jahren von Metall-, Woll- und Seidenverarbeitung, nach deren Niedergang eine Auswanderungswelle das Tal entvölkerte. Bemerkenswert: Heilquelle in S. Omobono, Fossilienfunde in den Karsthöhlen. Die obersten Talorte, Valsecca unter dem Corna Camozzera, Brumano am Fuß des Monte Resegone und Fuipiano unter „i Canti" sind Ausgangspunkte für Wanderungen.

● **80   Sant'Omobono Imagna,** 450 m, 2865 Einw., Gemeinde mit vielen Ortsteilen und Hauptort des Valle Imagna an der Einmündung des Valsecca in das Haupttal. Heilquelle. Sehenswert: Höhlenkirche „Santuario della Cornabusa".

● **81   Ubiale Clanezzo,** 335 m, 1180 Einw. Dorf am Westufer des Brembo zwischen den Einmündungen von Valle Imagna und Valle Brembilla. Sehenswert: Ghibellinisches Castell an der Mündung des Torrente Imagna in den Brembo. Der Ortsteil Sopra Corna (544 m) ist Ausgangspunkt zum Monte Ubione.

● **82   Valle Brembilla,** 9 km lang, westl. Seitental des Valle Brembana, durchflossen vom Torrente Brembilla, das von der Talenge nördl. von Sedrina nach NW aufsteigt und unter der Forcella Bura, dom Straßenübergang zum Val Taleggio, endet. Der Hauptort des waldreichen Tales ist Brembilla (421 m, 4100 Einw.).

● **83   Zogno,** 374 m, 8500 Einw., Industrie- und Handelszentrum des mittleren Valle Brembana an der Innenseite einer scharfen Biegung des Brembo, überragt von der Wallfahrtskirche Sant' Antonio Abbandonato auf einer Anhöhe im NW. Nach O zweigt die Straße nach Poscante ab, dem Ausgangspunkt zum Höhenrücken vom Canto Alto bis zum Corna Bianca. Von S. Antonio Abbandonato führt ein Sträßchen weiter nach Catremerio (988 m), dem Ausgangspunkt zum Rif. Lupi und Castello della Regina.

● **84   Val Serina,** 13 km lang, östl. Seitental des Valle Brembana, im oberen Teil durchflossen vom Torrente Serina, der unterhalb der Einmündung des Valle Ambriola den Namen Torrente Ambria annimmt. Das Tal zweigt 2 km nördl. von Zogno nach NO ab und steigt dann nach N bis unter den Monte Vaccaregio auf. Hauptort des Tales ist Serina.

● **85   Serina,** 823 m, 2030 Einw., Sommerferienort in einer großen Talmulde im Valle Serina, westl. des Monte Alben. Die Straße durch das Tal, die bis Serina dem Bachlauf folgt, wendet sich oberhalb des Ortes nach O und schlängelt sich an den Nordhängen des Monte Alben über dem Val Parina zum Colle di Zambla, dem Übergang in das Valle Seriana.

● **86   Oltre il Colle,** 1038 m, 1300 Einw. Schön gelegener Fremdenverkehrsort am Nordhang des Monte Alben, gegenüber der Cima di Menna und des Pizzo Arera.

● **87   Zorzone,** 1016 m, kleines, altes Bergdorf in der Südflanke der Cima di Menna über dem Val Parina, gegenüber Oltre il Colle. Ausgangspunkt zur Cima di Menna, zum Passo Branchino, Corna Piana und Pizzo Arera.

● **88   Zambla Alta,** 1197 m, Dorf unter dem Colle di Zambla, zu dem auch Zambla bassa (1105 m), das auf einem Hügel über dem Val Parina liegt, gehört. Ausgangspunkt zum Monte Alben, Pizzo Arera und zur Cima di Grem. Über dem Ostrand des Dorfes neuer Zeltplatz „Camping Zambla".

● **89   San Pellegrino Terme,** 358 m, 5460 Einw., Thermalbad im mittleren Valle Brembana. Die Kuranlagen und großen Hotels entstanden in der „Belle Époque" Anfang unseres Jahrhunderts, als sich S. Pellegrino zu einem mondänen Kurort entwickelte. Durch die beiden Weltkriege verlor es jedoch wieder an Bedeutung.

● **90   San Giovanni Bianco,** 408 m, 4700 Einw., alter Ort an der Mündung des Val Taleggio in das Valle Brembana. Hier zweigt nach O eine Straße nach Dossena ab, die den Übergang nach Serina und Oltre il Colle ermöglicht. Sehenswert: Historischer Ortskern.

● **91   Val Taleggio,** 16 km lang, westl. Seitental des Valle Brembana, durchflossen vom Torrente Enna, der am Fuß des Resegone entspringt und vor der Mündung in den Brembo bei San Giovanni Bianco, zusammen mit der Talstraße, die imposante Felsschlucht „Orrido d'Enna" durchläuft. Oberhalb dieser Schlucht fächert sich das Talbecken ungemein weit, mehr in die Breite als in die Länge, auf. Vier große Bacharme mit zahlreichen Nebenbächen gliedern das grüne Tal, das, überragt von der Barriere der Kalkgipfel vom Monte Venturosa bis zum Monte Sornadello, auch „Kleine Bergamasker Schweiz" genannt wird. Außer von San Giovanni Bianco ist das Val Taleggio auch von Gerosa im Valle Brembilla über die Forcella di Bura und über den Culmine San Pietro von Lecco her erreichbar. Die Gemeinde Taleggio ist der Sammelbegriff für die vier Dörfer Olda, Peghera, Pizzino und Sottochiesa. In Vedeseta zweigt die Straße zum Culmine S. Pietro ab. Das Dorf Morterone im westl. Winkel des Tales ist mit Fahrzeug nur von W aus dem Valsassina über die Forcella d'Olino erreichbar.

● **92   Camerata Cornello,** 570 m, 540 Einw. Großflächige Gemeinde nördl. von San Giovanni Bianco, westl. über dem Valle Brembana, am Rande der ausgedehnten, fruchtbaren Hochflächen, die sich zwischen dem Venturosa-Stock und dem Valle Brembana erstrecken. Sie besteht aus den Ortsteilen Cornello, Cespedosio und Brembella. Aus Cornello stammt die berühmte Familie Tasso, die 1290 den ersten Postdienst einrichtete, zuerst in der Republik Venedig, und ihn dann auf die Niederlande, Spanien, Frankreich und Deutschland ausdehnte. In Cornello mittelalterliche Gebäude mit Torbogen und Säulengang und die Kirche S. Antonio mit alten Fresken.

● **93   Val Parina,** 15 km lang, östl. Seitental des Valle Brembana. Das im unteren Teil unzugängliche Tal zweigt 4 km nördl. von S. Giovanni Bianco nach O ab und steigt, eingezwängt in Klammen und Schluchten, zu den sanfteren, besiedelten Talhängen zwischen Pizzo Arera und Monte Alben auf und endet unter der Forcella Valmora.

● **94   Lenna,** 509 m, 738 Einw., selbständige Gemeinde, die an den Südrand von Piazza Brembana angrenzt. Ausgangspunkt zum Passo dell'Ortighera.

● **95   Piazza Brembana,** 553 m, 1100 Einw., Handelszentrum, Ferienort und Verkehrsknotenpunkt mit Busbahnhof an der Abzweigung des Valle Brembana di Mezzoldo vom Valle Brembana. Schöner Ortskern mit malerischen Winkeln und Torbogen. Nach O geht der Ort fast nahtlos über in die Dörfer Valnegra und Moio de Calvi.

● **96   Roncobello im Val Secca,** 1009 m, 490 Einw. Das früher nur Ronco benannte Dorf durfte aufgrund der Begeisterung, die Vittorio Emanuele II. für den schön gelegenen Ort zeigte, das „bello" an seinen Namen anhängen. Es liegt im Val Secca, einem östl. Seitental des Valle Brembana, das 3 km nordöstl. von Piazza Brembana nach O abzweigt und, im oberen Teil nach N biegend, am Passo di Mezzeno endet. Roncobello bzw. der Ortsteil Capo Valle ist Ausgangspunkt zur Cima di Menna, zum Passo Branchino, Passo della Marogella und Passo di Mezzeno.

● **97   Branzi,** 874 m, 850 Einw., großes Bergdorf am Zusammenfluß des Valle Brembana di Valleve mit dem Valle Brembana. Ausgangspunkt zum Rif. Gemelli. Oberhalb von Branzi zweigt die Straße nach Foppolo ab.

● **98   Carona,** 1116 m, 450 Einw., höchstgelegenes Dorf im Valle Brembana, in dem aus den bekannten „Scisti di Carona" schöne Schieferplatten hergestellt werden. Carona ist Ausgangspunkt zum Rif. Longo, Rif. Calvi, Rif. Gemelli und zum Pizzo del Becco. Eine schmale, nur nach Zeitplan wechselweise befahrbare Einbahnstraße führt bis unter den Staudamm des Lago Fregaboglia.

● **99   Valleve,** 1141 m, 177 Einw., bescheidenes Bergdorf im Valle Brembana di Valleve am Fuß der Osthänge des Monte Pegherolo. Von der Straße, die talaufwärts nach Foppolo führt, biegt nach 2 km, beim Tunnel an der scharfen Rechtskehre, eine kleine Straße zur Skistation S. Simone ab, einem guten Ausgangspunkt zum Passo di Tartano und den umliegenden Gipfeln.

● **100   Foppolo,** 1508 m, 210 Einw., höchster Wintersportort der B.A., der im Stil kolossaler Großstadtarchitektur als Fremdkörper in das von Monte Toro, Monte Cadelle und Monte Valegino umrahmte schöne Talbecken gesetzt wurde. Durch die Skipisten wurden die berühmten Alpenrosenhänge des Montebello größtenteils zerstört. Foppolo ist Ausgangspunkt zum Corno Stella, Monte Toro und zu den drei Übergängen auf die Veltliner Seite: Passo di Porcile, Passo di Dordona und Passo di Valcervia, außerdem Stützpunkt des Höhenweges „Sentiero delle Orobie Occidentali".

● **101   Olmo al Brembo,** 556 m, bescheidene Ortschaft an der Einmündung des Valtorta und des Val Mora in das Valle Brembana di Mezzoldo. Ausgangspunkt zum Monte Venturosa.

● **102   Val Torta,** 9 km lang, westl. Seitental des Valle Brembana di Mezzoldo, durchflossen vom Torrente Stabina, das bei Olmo al Brembo mündet. Das zunächst enge Tal weitet sich an seinem Ende unter dem Pizzo dei Tre Signori zu einem schönen Talkessel mit dem Hauptort Valtorta aus.

● **103   Cassiglio,** 602 m, 130 Einw., altes Bergdorf im Val Torta, bei dem das Valle di Cassiglio von S einmündet. Am See südl. des Dorfes beginnt der Höhenweg „Sentiero delle Orobie Occidentali".

● **104   Ornica,** 922 m, 320 Einw., Bergdorf. Es liegt im Val di Ornica, das beim Zusammenfluß des Valle d'Inferno mit dem Val Salmurano bei Ornica entsteht und 3 km westl. von Cassiglio von N in das Val Torta einfließt. Ornica ist Ausgangspunkt zum Pizzo dei Tre Signori, Rif. Benigni und Passo Salmurano.

● **105   Valtorta,** 935 m, 440 Einw., Hauptort des gleichnamigen Tales und Ausgangspunkt zu den Piani di Bobbio und zum Rif. Grassi.

● **106   Santa Brigida,** 805 m, 680 Einw., alte Streusiedlung im Val Mora, das bei Olmo al Brembo von NW in das Valle Brembana di Mezzoldo mündet.

● **107   Cusio,** 1040 m, 400 Einw., Ferienort nordwestl. von Santa Brigida mit Häusern aus dem 14. und 15. Jh., als Cusio veneziani-sche Zollstation war. Cusio ist Ausgangspunkt zum Rif. Benigni, Passo Salmurano, Monte Valletto und Monte Ponteranica mit den reizvollen Seen.

● **108   Piazzatorre,** 868 m, 500 Einw., Ferienort mit Skiliften am Monte Torcola, der auf einer Geländeterrasse östl. über dem Valle Brembana di Mezzoldo liegt. Ausgangspunkt zum Monte Secco und Monte Pegherolo.

● **109   Mezzoldo,** 830 m, 340 Einw., höchstgelegene geschlos-sene Ortschaft im Valle Brembana di Mezzoldo an der Straße zum Passo San Marco, die durch den Bau der „strada Priula" als Zoll-station Bedeutung erlangte. Zeuge jener Zeit ist die „Casa della Dogana". Zur Gemeinde gehören die oberhalb an der Paßstraße liegenden Ortsteile Ponte dell'Acqua und Castello.

Orte am Comer See und im Valsassina

● **110   Calolziocorte,** 241 m, 14.500 Einw., Industrie- und Frem-denverkehrs-Gemeinde mit mehreren Ortsteilen, die auf einer Schwemmterrasse am Ostufer des Lago di Olginate, dem süd-lichsten Wurmfortsatz des Comer Sees (Lago di Lecco – Lago di Garlate – Lago di Olginate), am Ausfluß der Adda in die Tiefebene liegt. Von Calolziocorte führt nach NO die Straße zum Bergdorf Erve, dem Ausgangspunkt zu den Hütten am Monte Resegone.

● **111   Lecco,** 220 m, 52.000 Einw., geschäftige Industrie- und Handelsstadt am Ostufer des Südendes des Lago di Lecco, dem Südost-Arm des Comer Sees. Es ist umgeben von den interessanten Kletterbergen Resegone, Corno Medale, Coltignone und Grigna Meridionale. Von Lecco führt nach NO die Straße durch das Val del Gerenzo zum Valsassina hinauf.

● **112   Valsassina,** 39 km langes, bekanntes Tal, das die Gruppe der Grigne von der Masse der B.A. abtrennt und strenggenommen diesen Namen nur von Ballabio bis Taceno trägt. Der Abschnitt zwischen Lecco und Ballabio heißt Val del Gerenzo und der nördlichste Teil, der sich von Taceno nach Bellano hinabzieht, Val Muggiasca. Die wichtigsten Talorte sind Ballabio, Barzio, Introbio und Taceno.

● **113   Ballabio,** 661 m, 500 Einw., Dorf nordöstl. von Lecco, an dessen Südrand nach O die schmale Straße abzweigt, die durch das Val Boazzo über die Forcella d'Olino nach Morterone führt. Vom Westrand des Dorfes schlängelt sich in vielen Kehren die Zufahrt zu den Piani dei Resinelli hinauf.

● **114   Piani dei Resinelli,** 1278 m, landschaftlich sehr reizvoll gelegene Streusiedlung aus Gast- und Ferienhäusern, Hütten und Geschäften auf einer Hochfläche in der Südflanke der Grigna Meridionale. Durch die Initiative des TCI wurde am Monte Coltignone der „Parco Valentino" mit dem Blumengarten „Giardino Carissimi" angelegt. Die Piani dei Resinelli sind Ausgangspunkt zum Rif. Porta, Rif. Rosalba und für alle Wege an der Grigna Meridionale einschließlich des Höhenweges „Alta Via delle Grigne".

● **115   Colle di Balisio,** 723 m, kleine Siedlung mit Zeltplatz am Scheitelpunkt des Valsassina, der östl. der Grigna Meridionale liegt. Der Sattel ist Ausgangspunkt zum Rif. Tedeschi und zu den Gipfeln der Grigne.

● **116   Barzio,** 769 m, 1700 Einw., ausgedehnter Ferienort mit den Ortsteilen Cremeno, Cassina und Moggio auf einer Geländeterrasse östl. über dem Talgrund des mittleren Valsassina am Fuß des Zuccone dei Campelli. Von Barzio Seilbahn zu den Piani di Bobbio und von Moggio zu den Piani d'Artavaggio, zwei weiten Hochflächen mit Hütten und Skiliften. Barzio und die Bergstationen der Seilbahnen sind Ausgangspunkte zu den Hütten Rif. Grassi, Rif. Ratti, Rif. Lecco und Rif. Cazzaniga.

● **117   Pasturo und Baiedo,** 640 m, 800 Einw. Nachbardörfer mit alten Ortskernen, die westl. über dem Talboden des Valsassina, gegenüber von Barzio liegen. Ausgangspunkte zum Rif. Tedeschi, Rif. Riva und zur Grigna Settentrionale.

● **118 Introbio,** 588 m, 1100 Einw., Hauptort des Valsassina an der Einmündung des Valle Biandino, das sich vom Pizzo dei Tre Signori herabzieht. Introbio ist Ausgangspunkt zu den Hütten Rif. Bocca di Biandino, Madonna della Neve, Santa Rita, Grassi, Buzzoni und zum Pizzo dei Tre Signori.

● **119 Val Biandino,** 9 km lang, östl. Seitental des Valsassina, das im unteren Teil bis zur Bocca di Biandino eigentlich Val Troggia heißt und von Introbio in weitem Bogen nach N und O bis zum Westhang des Pizzo dei Tre Signori aufsteigt. Schönes Wandergebiet mit den Hütten Rif. Bocca di Biandino, Rif. Tavecchia und Rif. Madonna della Neve.

● **120 Cortenova,** 477 m, kleines Dorf im Valsassina am Westufer des Torrente Pioverna nördl. der Grigna Settentrionale. Dort zweigt die Straße ab, die weit nach NW ausholend den Gratausläufer der Grigna Settentrionale umrundet und nach Ésino Lario bzw. Cainallo führt.

● **121 Taceno,** 507 m, Ferienort im Valsassina in schöner Hanglage über der Einmündung des Torrente Malodiga, der von der Sella di Piazzo (914 m), dem Scheitelpunkt zwischen Valsassina und Val Varrone, herabfließt. Über die Sella di Piazzo führt die gut ausgebaute Straße in das Val Varrone.

● **122 Mandello del Lario,** 214 m, 9000 Einw., großer Industrie- und Urlaubsort auf einer Schwemmterrasse, die die Wasser aus der Westflanke der beiden Grigne, vereint im Torrente Merla, am Ostufer des Lago di Lecco gebildet haben. Mit den Ortsteilen Maggiana (340 m, mit dem Torre di Barbarossa), Rongio (409 m) und Sonvico (399 m) dehnt sich die alte Stadt über dem See an den landschaftlich ungemein reizvollen und fruchtbaren Westhängen der Grigne aus. Die genannten Ortsteile sind Ausgangspunkte für die Wege zum Rif. Rosalba, Rif. Elisa, Rif. Bietti und den Höhenweg „Alta Via delle Grigne".

● **123 Varenna,** 220 m, 5800 Einw., beliebter Tagungsort mit mehreren Ortsteilen am Ostufer des Comer Sees auf dem Mündungskegel des Torrente Ésino. Von Varenna führt durch die Westflanke des Gratausläufers der Grigna Settentrionale eine Straße nach Ésino Lario.

● **124 Ésino Lario,** 834 m, Bergdorf hoch über dem Comer See in der Westflanke des Gratausläufers, der von der Grigna Settentrionale nach NW abfällt. Das Dorf ist von Varenna am Ostufer des Sees und von Cortenova im Valsassina erreichbar. Vom Ortsteil Piazzonaga führt die Straße weiter nach Cainallo, dem Ausgangspunkt zum Rif. Bogani und Rif. Bietti.

● **125 Bellano,** 230 m, 2900 Einw., altes Städtchen am Ostufer des Comer Sees auf einer Schwemmterrasse an der Mündung des Valsassina. Außer der Straße in das Valsassina beginnt nördl. des Val Muggiasca am Ostrand von Bellano die schmale Straße, die nach Vendrongno und Giumello am Südhang des Monte Muggio führt.

● **126 Dervio,** 204 m, 1200 Einw., Dorf am Ostufer des Comer Sees auf einer Schwemmterrasse an der Mündung des Val Varrone. In Dervio beginnt die Straße, die über dem Val Varrone an den steilen Südhängen des Monte Lengoncino und Monte Legnone nach Tremenico und (schmaler) weiter über Pagnona nach Premana im Val Varrone führt.

● **127 Val Varrone,** 19 km lang, durchflossen vom Torrente Varrone. Das wasser- und waldreiche, tief eingeschnittene, enge Tal senkt sich vom Talkessel unter der Bocca di Trona nördl. des Pizzo dei Tre Signori nach W bis zum Comer See ab. Hauptort des Tales ist Premana, das man auf guter Straße von Bellano über Taceno und Margno erreicht. Von Dervio verläuft eine schmale, romantische Straße über Tremenico an den sehr steilen Südhängen des Monte Legnone entlang nach Premana.

● **128 Premana,** 951 m, 1700 Einw., geschäftiger alter Ort im oberen Val Varrone. Von Dervio kommend glaubt man am Ende der Welt zu sein und betritt statt dessen einen erstaunlich großen Ort am Steilhang über dem Val Varrone, der durch den Betrieb der zahlreichen Messerschmieden und eisenverarbeitenden Werkstätten pulsiert. Premana ist Ausgangspunkt zum Rif. Pizzo Alto, Rif. Varrone, Monte Legnone, Pizzo Alto, Monte Rotondo, Pizzo dei Tre Signori, Pizzo d'Alben usw. Sehenswert: Ortskern mit Pfarrkirche, enge winklige Gäßchen mit Torbogen und Treppen, Schmiedewerkstätten.

● **129 Còlico,** 209 m, 2100 Einw., weitflächiger Ort am Ostufer des Comer Sees, südl. der Mündung des Addatales, am Nordwestfuß des Monte Legnone, bei dem die neue Tunnel-Autobahn nach Lecco beginnt. Còlico ist einer der Ausgangspunkte zum Monte Legnone.

III. Hütten und Stützpunkte

Beschrieben werden hier alle Hütten des CAI und die Privathütten, Bivaccos und Berggasthäuser, die als Ausgangs- oder Stützpunkte erwähnenswert sind. Die Aufzählung folgt der Einteilung der B.A. in Gruppen und Untergruppen (siehe Übersichtskarte).

In der Legnone-Gruppe:

● 151 **Rifugio Varrone, 1672 m**

Am Westrand des obersten Talkessels des Val Varrone liegt die schöne, auch Rif. Casera vecchia di Varrone genannte Hütte am Fuß des Südwesthanges des Pizzo Mellasc, flach in den Hang geduckt. 1978 durch eine Lawine zerstört, 1981 wieder aufgebaut. Sektion Premana des CAI, 24 Betten, Juli/August durchgehend, davor und danach an den Wochenenden geöffnet. Auskunft in Premana entweder beim Hüttenwart Sig. Nevicato, beim Präsidenten der Sektion Sig. Codege Rocco oder in der Bar Roma, Via Risorgimen-

Gipfel des Grignetta mit Biwak.

to 31. Die Hütte ist Stützpunkt an dem Höhenweg „Alta Via della Valsassina".

Gipfel: Pizzo Cavallo, Pizzo Larec, Pizzo Mellasc, Pizzo Varrone, Pizzo dei Tre Signori.

Übergänge: Zum Rif. Falc wie bei R 1105; zum Rif. Benigni über die Bocch. di Varrone und Bocch. dell'Inferno; zum Rif. S. Rita wie bei R 181; auf der „Alta Via della Valsassina" zum Rif. Roccoli Lorla bzw. zum Rif. Grassi.

● **152 Von Premana** (951 m)
3 Std., markiert.

Westl. des Dorfes zweigt nach SO die Straße nach Margno ab. Von dort hinunter zur großen Brücke über den Torrente Varrone, vor der links eine Schotterstraße zum Parkplatz (etwa 760 m) abbiegt. Ein Fahrweg mit Mark. Nr. 2 führt zweimal die Bachseite wechselnd zu der ehemaligen Almsiedlung Forno (1120 m). Durch reizvolles Gelände wandert man weiter, überquert auf 1380 m nochmals den Bach und steigt in Kehren zum weiten Talkessel, an dessen Westrand der Weg zum letztenmal den Bach kreuzt, und erreicht kurz darauf die nördl. des Baches flach in den Hang gesetzte Hütte.

● **153**   **Rifugio Falc, 2100 m**

Der Name setzt sich aus den Anfangsbuchstaben von „ferant alpes laetitiam cordibus" zusammen (Freude bringen sie den Herzen, die Berge!). Die kleine Hütte mit grünem Blechdach steht wenige Meter unterhalb der Bocch. del Varrone, dem Übergang vom Val Varrone zum Lago dell'Inferno, der nördl. unter dem Pizzo dei Tre Signori liegt. Eigentum der Società Alpinistica falc und des CAI, 16 Lager, soll im August geöffnet sein, worauf man sich jedoch nicht verlassen kann (nächste Unterkunft im Rif. Varrone).

Gipfel: Pizzo dei Tre Signori, Pizzo di Trona, Pizzo Varrone. Übergänge: Zum Rif. Varrone oder Rif. Grassi auf dem Höhenweg „Alta Via della Valsassina", R 1105; über die Bocch. dell'Inferno zum Rif. Benigni.

● **154 Vom Rif. Varrone** (1672 m)
1¹/₂ Std., markiert.

Auf dem Höhenweg „Alta Via della Valsassina", R 1105.

● **155 Von Gerola Alta** (1053 m)
2¹/₂ bis 3 Std., markiert.

Durch das Valle della Pietra wie bei R 428.

● **156** **Rifugio Pizzo Alto, 1396 m**

Ehemalige, 1962 zur Hütte umgebaute Alm mit leuchtend rotem Dach im Almdorf Premaniga, nordöstl. über Premana am Südwesthang des Pizzo Alto. Teils privat, teils Eigentum des CAI Premana, 8 Schlafplätze, Juli/August durchgehend, im Herbst nur an den Wochenenden bewirtschaftet. Hüttenwart: Sig. S. Gianola, Premana, Tel. 03 41 / 89 02 01, ansonsten Auskunft wie bei R 151.

Gipfel: Monte Legnone, Pizzo Alto und Monte Rotondo. Übergänge: Über den Monte Legnone zum Bivacco Ca' de Legn' und Rifugio Roccoli Lorla; über die Bocch. del Legnone nach Còlico oder Canargo.

● **157** **Von Premana** (951 m)
    1¹/₄ Std., markiert.

An der oberen Straße in Premana beginnt ein Saumpfad, der mit gelber Mark. nach NO durch den Südosthang des Sasso Alto aufsteigt. Auf etwa 1150 m mündet der Steig ein, der vom Ostrand des Dorfes (dort bessere Parkmöglichkeit) erst als breiter Weg eben nach NO verläuft (10 min.), dann als Steig nach N abbiegt und ziemlich steil durch Wald aufwärts zu dem von W kommenden Saumpfad führt. Die Mark. folgt dem Saumpfad bis zu den nächsten Almen, wendet sich dort nach NW zu weiteren Almen und zum oberen Ende eines Materialaufzuges und quert schließlich nach NO zur Almsiedlung Premaniga.

● **158** **Rifugio Roccoli Lorla, 1463 m**

Im Westgrat des Monte Legnone, der in der breiten Senke der Bocch. dei Roccoli Lorla seinen tiefsten Punkt erreicht, ehe er sich zum Monte Legnoncino aufschwingt, steht am Ostrand der Senke mit kleinem See die Hütte des CAI Dervio im lichten Lärchenwald. 1888 zur Bergsteigerunterkunft ausgebaut, im zweiten Weltkrieg völlig zerstört, danach neu gebaut. 44 Schlafplätze, Juni bis Ende Oktober bewirtschaftet. Zufahrt von Tremenico im Val Varrone.

Gipfel: Monte Legnoncino und Monte Legnone. Übergänge: Bei der Hütte beginnt der Höhenweg „Alta Via della Valsassina" zum Rif. Varrone und Rif. Grassi; zum Rif. Pizzo Alto bis zur Bocch. di Deleguaccio auf dem Höhenweg „Alta Via della Valsassina" mit Abstieg wie bei R 416.

● **159** **Vom Rif. Bellano** (1280 m)
    1 Std., markiert.

Auf gutem Weg quert man durch die bewaldete Nordflanke des

Monte Legnoncino zur Bocch. dei Roccoli Lorla (1420 m) und an dem See in der Senke vorbei zur Hütte.

● **160** **Rifugio Bellano, 1280 m**

Private Hütte am Nordwestgrat des Monte Legnoncino hoch über dem Comer See. 20 Schlafplätze, in den Sommermonaten geöffnet. Zufahrt mit Auto von Dervio über Sueglio und von Tremenico. Tel. 03 41 / 85 05 56.

Gipfel: Monte Legnoncino und Monte Legnone. Übergang: Zum Rif. Roccoli Lorla.

● **161** **Capanna Vittoria, 920 m**

Hütte der Pfarrei Delebio in der Nordostflanke des Monte Legnone, im Almdorf Canargo; 20 Betten, Auskunft beim Pfarrer von Delebio. Tel. der Hütte 03 42 / 68 51 14.

Gipfel: Monte Legnone und Pizzo Alto. Übergänge: Über die Bocch. del Legnone in das Val Varrone; über die Bocch. di Deleguaccio zum Rif. Pizzo Alto.

● **162 Von Delebio** (218 m)
1¹/₂ bis 2 Std., markiert.

Am Südrand des Dorfes bei der E-Zentrale westl. der Lésina-Schlucht beginnt der gepflasterte, nur mit Geländefahrzeug befahrbare Saumpfad, der mit Mark. Nr. 1 und 4 am bewaldeten Hang zum kleinen Stausee auf dem Piazzo Minghino (532 m) und weiter am Osthang über der Schlucht zur Almsiedlung Canargo aufsteigt, an deren oberem Rand die Hütte steht.

● **163** **Bivacco Ca' de Legn', 2146 m**

Anstelle der Ruine des alten Rif. Legnone im Westgrat des Monte Legnone 1983 aus Anlaß des hundertjährigen Bestehens der Sektion Dervio des CAI gebaute, massive Steinhütte, die nur als Notunterkunft gedacht ist.

Gipfel und Übergänge siehe Rif. Roccoli Lorla, R 158.

● **164 Vom Rif. Roccoli Lorla** (1463 m)
2 bis 2¹/₂ Std., markiert.

Der gut mark. Weg folgt dem Westgrat des Monte Legnone, sich meist in der Südflanke haltend, erst durch lichten Lärchenwald und dann über Wiesen zu den Almen der Piazza Agrogno (1675 und 1845 m). Danach steigt er etwas steiler zum Felsendurchlaß „Porta dei Merli" (2129 m) und quert von dort auf der Südseite unter dem Grat zum Bivacco.

● **165   Von Còlico/Acqua la Ferva** (456 m)
4 bis 5 Std., markiert, Trittsicherheit!

Wie bei R 412 nach „Acqua la Ferva", dort Ww. „Alpe Rossa, Alpe Temnasco, Monte Legnone, Nr. 1 A". Nach etwa 300 m Asphaltstraße (Ww.) zweigt links der Weg ab und führt durch Wald zum „Monte Croci" (535 m, Schild), wird schmaler und kreuzt oberhalb einen Forstweg (Ww.). Danach am bewaldeten Hang an mehreren Almhütten vorbei nach S zu dem Ww. „Montoc" (etwa 780 m), dessen Höhenangabe mit 924 m an dieser Stelle nicht stimmt. Der schmale Pfad führt hier durch unübersichtliche, steindurchsetzte Grashänge mit Buschwerk und dann durch Hochwald zur freien Fläche der Alpe Rossa (1122 m). Oberhalb im Wald quert der Steig ein Stück in die Ostflanke des Val Inganna und kehrt später wieder zurück zu dem Rücken, der das Tal nach W begrenzt. Auf diesem Rücken steigt man dann zu einer Wiesenmulde und zur Alpe Temnasco (1528 m, Ww.) auf. Von dort führt der schmale, jedoch gut mark. Pfad Nr. 1 A durch lichten Lärchenwald und Buschwerk am ziemlich steilen, grasigen Nordhang nach SW. Schließlich ein Stück in einer Rinne aufwärts, die man nach rechts (W) verläßt, und um eine Felsnase zum Westgrat des Monte Legnone, den man in der Nähe des Ww. auf 1740 m betritt. Weiter wie bei R 164.

● **166   Baita del Sugherone, 1826 m**

Almhütte im östl. Zweig des Val Lésina zwischen den Nordgraten von Pizzo Alto und Monte Rotondo, die bescheidene Unterkunft bietet. Als Hochleger der Casera di Mezzana von Ende Juli bis Ende August bewirtschaftet, ansonsten offener Raum, Holzpritschen mit etwas Stroh, offene Feuerstelle, Bank und Tisch. Wasser im Bach östl. der Hütte. Auskunft auf der von Mitte Juni bis Mitte September bewirtschafteten Casera Mezzana (notfalls auch dort Unterkunft möglich).

Gipfel: Monte Pim Pum, Pizzo Alto, Monte Rotondo, Monte Stavello und Monte Rosetta. Übergänge: Über den Pizzo Alto oder die Bocch. di Taèggio in das Val Varrone; über den Monte Rotondo oder wie beim „Sentiero Bruno Credaro" in das Valle del Bitto di Gerola.

● **167   Von Andalo bei Delebio** (232 m)
4 bis 5 Std., markiert.

Etwa 150 m östl. des kleinen Kirchplatzes in Andalo beginnt hinter den letzten Häusern des Dorfes ein gleichmäßig steigender Saumpfad mit Mark. Nr. 2, der erst in einigen Kehren am Hang und dann gerade nach S zu den Häusern von Revolido (883 m) hinaufführt. Von dort geht man auf der Ostseite der tiefen Schlucht eben bis in den Talgrund des Val Mezzana und überquert auf der Brücke „Ponte delle Guardie" (889 m) den Bach. Der schmaler werdende, jetzt reichlicher mit Nr. 2 und 8 mark. Saumpfad wendet sich bald vom Bachbett ab, führt in vielen Kehren durch dichten Wald (bei Wegteilung links) und schließlich zur großen Sennerei „Casera di Mezzana" (1430 m, 3 Std.). Im breiten Tal steigt man nun, auf der gleichen Bachseite bleibend und der Mark. 8 und 9 folgend, an der Baita del Saldarello (1619 m) vorbei, nach der der Steig Nr. 9 rechts abzweigt. Geradeaus weiter durch Buschwerk und einen Latschengürtel am rechten (westl.) Rand der Felsbarriere, von der zwei Bäche herabströmen, zum Grashügel mit den Almhütten hinauf.

In der Tre-Signori-Gruppe:

● **168**   Ca' San Marco, 1830 m

Ehemalige Säumerei an der Straße zum Passo San Marco, der bereits im Mittelalter ein wichtiger Handelsweg war. Über den Paß verlief die Grenze zwischen den Republiken Venedig und Mailand. An die bedeutende Vergangenheit der Ca' San Marco erinnern die geflügelten Löwen der Serenissima von Venedig, eine Steintafel aus dem Jahre 1594 und die alten Gewölbe mit Brunnen innerhalb des Hauses. Massive Hütte mit Speiselokal und 40 Schlafplätzen in Mehrbettzimmern. Von Mai bis Dezember durchgehend geöffnet. Tel. 03 45 / 8 60 20. Wirt ist Sig. Balicco Claudio, Via G. B. Salvani 8, 24010 Mezzoldo, Tel. 03 45 / 8 60 17. Die Hütte ist Stützpunkt für die Höhenwege „Sentiero delle Orobie Occidentali" und „Sentiero Bruno Credaro".

Gipfel: Monte Ponteranica, Monte Verrobbio, Pizzo Segade und Monte Fioraro. Übergänge: Nach S. Simone und Foppolo oder zum Rif. Benigni auf dem „Sentiero delle Orobie Occidentali"; in das Valle del Bitto di Gerola über den Passo di Verrobbio und „Il Forcellino"; nach Tartano über den Passo di Pedena.

● **169   Von Valmoresca** (854 m)
        2¹/₂ Std., markiert.

In Valmoresca (erreichbar von Olmo al Brembo über Averara) beginnt der Weg Nr. 110, der durch das Val Mora am gleichnamigen Stausee (1546 m) vorbei zur Hütte führt.

● **170   Von Mezzoldo/Sparavera** (1039 m)
        2¹/₂ Std., markiert.

Bis zum südl. von Mezzoldo am Osthang liegenden Albergo Soliva

(1039 m) kann man fahren. Auf dem Weg Nr. 113 steigt man dann durch die bewaldete Ostflanke des Corna nach NW zu dessen breitem Nordgrat, weiter durch die Ostflanke des Dosso Gambetta und des Montù zur Casera Ancogno (1759 m, Straßenkehre) und erreicht danach die nördl. gelegene Hütte.

● **171   Von Ponte dell'Acqua** (1250 m)
1¹/₂ Std., markiert.

An der Straße zum Passo San Marco befinden sich nördl. von Mezzoldo oberhalb der Felsenenge die Häuser von Ponte dell'Acqua. Dort zweigt auf der Westseite des Brembo mit Wegweiser „114, Ca' San Marco" ein Fahrweg nach S ab und setzt sich als Saumpfad fort, der auf der Trasse der alten „Via Priula" in großen Kehren am bewaldeten Hang nach W zu den freien Wiesenflächen führt. Dort in weitem Bogen zur Casera Ancogno (1759 m) hinauf, wo der Weg Nr. 114 an der Straßenkehre in den Weg Nr. 113 mündet, und am Wiesenrücken nach N zur Hütte.

● **172   Rifugio Salmurano, 1848 m**

Private Hütte mit Selbstversorgerraum an der Bergstation des Sessliftes südöstl. über Pescegallo am Nordrand der großen Hochfläche Foppe di Pescegallo unter dem Passo Salmurano. 37 Betten, vom 15.2. bis 15.5 und vom 15.6. bis 15.9. bewirtschaftet. Tel. 03 42 / 69 00 14.

Gipfel: Monte Valletto, Monte Ponteranica Orientale. Übergänge: Über den Passo Salmurano nach Ornica, Cusio und zum Rif. Benigni; auf dem „Sentiero delle Orobie Occidentali" oder über Il Forcellino und Passo di Verrobbio zur Ca' San Marco.

● **173   Von Pescegallo** (1454 m)
1 bis 1¹/₄ Std., markiert.

Wie zum Passo Salmurano (R 449) auf die Hochfläche Foppe di Pescegallo und nach O zur Hütte, oder wie bei R 455 bis zur Casera di Pescegallo Lago (1778 m), wo ein Steig mit gelber Mark. nach S abzweigt und an den Lawinenverbauungen entlang zur Hütte führt.

● **174   Rifugio Cesare Benigni, 2222 m**

Kleine gemauerte Hütte, 1984/85 vom CAI Bergamo erbaut, zwischen dem Passo Salmurano und der Bocca di Trona am kleinen Lago di Piazzotti, östl. des Pizzo di Trona auf einer breiten Schulter gelegen. 20 Schlafplätze und Winterraum mit 6 Betten, vom 15.6. bis 15.9. durchgehend bewirtschaftet. Hüttenwart: Sig. Mauro Aritti, Via Verde 31, 24100 Bergamo. Funktelefon Nr. 03 45 / 8 90 33. Die

Hütte ist Stützpunkt für den Höhenweg „Sentiero delle Orobie Occidentali" und u. a. Ausgangspunkt für die Kletterrouten an den Mezzaluna-Gipfeln und den Denti della Vecchia (beschrieben von Gandola in „Denti della Vecchia e dintorni").

Gipfel: Pizzo di Trona, Pizzo Tronella, Torrione di Mezzaluna, Denti della Vecchia. Übergänge: Zum Rif. Grassi oder zur Ca' San Marco auf dem „Sentiero delle Orobie Occidentali"; zum Rif. Varrone über die Bocch. dell'Inferno und weiter über die Bocch. del Varrone; zum Rif. Salmurano über den Passo Salmurano.

● **175   Vom Passo Salmurano** (2017 m)
   ³/₄ Std., markiert, unschwierig.

Der Weg Nr. 101 quert vom Paß den Wiesenhang nach SW und führt dann rechts durch eine Felsrinne ziemlich steil aufwärts. Bei der Wegteilung oberhalb zweigt mit Ww. der Steig zur Hütte nach N ab und führt durch eine Mulde und über Grasbänder zu ihr.

● **176   Von der Bocch. dell'Inferno** (2306 m)
   1¹/₂ bis 2 Std., markiert.

Man steigt auf dem Weg Nr. 106 nach SO ab, bis man bei den roten Felsen unterhalb der Sfinge auf den Höhenweg „Sentiero delle Orobie Occidentali", Weg Nr. 101, trifft. Weiter wie bei R 1112.

● **177   Von Cusio/Curva degli Scioc** (etwa 1515 m)
   2 Std., markiert.

Nach der Rechtskehre „Curva degli Scioc" der neuen Straße von Cusio zu den Piani dell'Avaro zweigt mit betonierten Treppenstufen (Ww.) der Weg Nr. 108 nach W ab und quert am Hang zur Alm auf 1640 m. Danach durchläuft er eine Mulde, steigt rechts (orogr. links) vom Torrente Salmurano aufwärts und mündet auf etwa 1750 m in den von Ornica heraufkommenden Weg Nr. 107. Auf etwa 1800 m beginnt sich das Tal zu dem Kessel der Baita del Piano zu weiten, an dessen Ostseite der Weg zur Wegteilung unterhalb des Passo Salmurano führt. Weiter wie bei R 175.

● **178   Von Ornica** (922 m)
   3 Std., markiert.

Vom Nordrand des im Zwickel zwischen Valle di Ornica und Val Salmurano liegenden Dorfes folgt man dem mit Nr. 107 mark. Saumpfad , der zunächst auf der Westseite des Val Salmurano zur Almsiedlung Chiusuro und dort über die neue Brücke auf die andere Bachseite führt. Am Gegenhang führt er nach N, kehrt auf etwa 1260 m auf alter Steinbrücke über eine Klamm auf die Westseite zurück und steigt dort im Wald aufwärts. Auf etwa 1550 m verläßt der gut mark. Weg den Wald, quert oberhalb einer Felsklamm den Bach zum drittenmal und trifft danach auf den Weg Nr. 108. Weiter wie bei R 177.

● **179**　　**Rifugio Albergo Monte Avaro, 1704 m**

Privates Gasthaus auf einem Hügel in den schönen Hochflächen der Piani dell'Avaro, die sich südl. der Ponteranica-Gipfel ausdehnen. Skilifte, 70 Betten, im Juli und August durchgehend, davor und danach an Sonn- und Feiertagen geöffnet, mit Fahrzeug erreichbar. Ausgangspunkt zu den Laghi und Monti di Ponteranica.

● **180**　　**Rifugio Santa Rita, 1988 m**

Große Alm und ehemalige Knappen-Unterkunft an der Bocch. della Cazza im Westgrat des Pizzo Varrone, der das obere Val Varrone vom Val Biandino trennt. Eigentum der Pfarrei Introbio, 30 Schlafplätze, von Mitte Juli bis Ende August bewirtschaftet.

Gipfel: Pizzo Varrone, Pizzo dei Tre Signori, Pizzo Cornagiera, Pizzo d'Alben und Cimone di Margno. Übergänge: Über die Bocch. di Piazzocco und weiter auf dem Höhenweg „Alta Via della Valsassina" zum Rif. Grassi. Auf dem Höhenrücken „Sponda di Biandino" zur Bocch. d'Olino und zum Pian delle Betulle nach Paglio (reizvolle Höhenwanderung!).

● **181**　**Vom Rif. Varrone** (1672 m)
　　　　3/4 bis 1 Std., markiert.

Auf dem Zugang zum Rif. Varrone von Premana geht man talwärts bis zur Brücke über den Bach. Auf dessen orogr. linker Seite zweigt mit Ww. am Stein der Weg Nr. 48 ab, der am Hang nach SO in eine Mulde mit kleiner Alm und dann nach S zu dem Sattel führt, hinter dem die Alm- und Hüttengebäude liegen.

● **182**　**Vom Rif. Madonna della Neve** (1595 m)
　　　　3/4 bis 1 Std., markiert.

Wenig oberhalb der Hütte beginnt der mark. Steig, der sich in gerader Linie nach ONO über die Wiesenhänge hinaufzieht und sich erst auf den letzten Metern nach N zur Hütte wendet.

● **183**　　**Rifugio Madonna della Neve, 1595 m**

Im großen Talkessel des oberen Val Biandino liegt die Hütte der Pfarrei Introbio in einer aus mehreren Gebäuden bestehenden Häuserzeile, in der die Kirche mit Glockenturm dominiert. 30 Schlafplätze, Juli/August geöffnet. Tel. 03 41 / 98 02 75.

Gipfel: Pizzo Cornagiera, Pizzo Varrone, Pizzo dei Tre Signori. Übergänge: Zum Rif. Santa Rita und Rif. Varrone; zum Rif. Grassi über die Bocch. del Vagh di Sasso: talaufwärts am Baitello del Lago (1844 m) vorbei; bei Wegteilung (etwa 1900 m) nach S und SW, unter der Cima del Castel di Reino hindurch zur Bocch. del Vagh (2110 m) und zur Hütte (2½ Std.).

● **184   Von Introbio** (573 m)
4 Std., markiert.

Wie bei R 186 zum Rif. Bocca di Biandino und weiter auf dem Fahrweg, der nordwestl. des Baches im Bogen nach O zum Hügel mit der kleinen Kirchsiedlung führt.

● **185   Rifugio Bocca di Biandino, 1484 m**

Große Hütte (früher CAI Lecco, jetzt privat) auf einer Felsrampe am Beginn des Talbeckens des Val Biandino, umgeben von hohen Bäumen. 12 Betten, 30 Lager, vom 1. Juli bis Ende September durchgehend, ansonsten an Sonn- und Feiertagen geöffnet. Tel. im Tal 03 41 / 98 04 51, Tel. Hütte 03 41 / 98 04 66, Transport mit Jeep möglich.

Gipfel: Pizzo Cornagiera und Pizzo dei Tre Signori. Übergänge: Zum Rif. Grassi über den Passo del Camisolo; zum Rif. Madonna della Neve; zum Rif. Varrone über Rif. Santa Rita.

● **186   Von Introbio** (558 m)
2½ Std., markiert.

Von der Via del Ceppo in Introbio zur Kapelle Sant' Uberto am Beginn des Saumpfades. Der Mark. Nr. 40 nach N folgend trifft man später auf die Schotterstraße, die ins Val Biandino führt (deren erstes Stück wegen Steinschlaggefahr für Fußgänger gesperrt ist). Auf etwa 800 m zweigt rechts ein Weg zum Rif. Buzzoni ab (Ww.). Der flache Fahrweg wechselt dann auf die Westseite des Torrente Troggia, während der Fußweg noch bis zu einem Mahnmal für gefallene Partisanen auf der Ostseite bleibt. Danach quert man den Bach, steigt am Gegenhang etwas auf, geht auf einem alten Saumpfad weiter taleinwärts und gelangt auf etwa 970 m wieder auf die Schotterstraße. Kurz nach einem großen Brunnenhaus verläßt der mark. Weg erneut die Straße und führt geradeaus am Hang entlang. Nach der Querung einer Bachrinne und von Geröllzungen kommt man zu den Wasserfällen und steigt auf einen Felsbuckel (auf der Gegenseite Alpini-Hütte, 1315 m). Schließlich an zwei kleinen Almhütten vorbei zur Straßenbrücke, wo man auf die Ostseite wechselt, und auf einem Steig zur Hütte auf dem bewaldeten Hügel hinauf.

● **187** **Rifugio Dino Tavecchia, 1493 m**

Private Hütte im Val Biandino, ein wenig talaufwärts vom Rif. Bocca di Biandino, 80 Schlafplätze, im Sommer durchgehend, ansonsten an Sonn- und Feiertagen geöffnet. Tel. 03 41 / 98 05 72. (Zufahrt mit Jeep).

Gipfel und Übergänge siehe Rif. Bocca di Biandino.

● **188** **Von Introbio** (573 m)
3¹/₂ Std., markiert.

Wie bei R 186 bis unter das Rif. Bocca di Biandino und auf der Fahrstraße nach der Brücke noch ein wenig weiter talaufwärts.

● **189** **Rifugio Alberto Grassi, 1987 m**

Hütte der S.E.L. (Società Escursionisti Lecchesi) auf der Ostseite unter dem Passo di Camisolo am Ende des Westgrates des Pizzo dei Tre Signori bei den alten Abbauhalden von Bleiglanz. 1944 bei Partisanenkämpfen zerstört, 1946 wieder aufgebaut und 1955 erweitert. 30 Betten, von Anfang Juli bis Mitte September geöffnet, davor und danach nur an Sonn- und Feiertagen. Hüttenwart: Sig. Buzzoni Mauro, Introbio, Tel. 03 41 / 98 07 66. Die Hütte ist Stützpunkt für die Höhenwege „Alta Via della Valsassina" und „Sentiero delle Orobie Occidentali".

Rifugio Grassi mit Pizzo dei Tre Signori.

Gipfel: Zuc di Valbona, Pizzo dei Tre Signori. Übergänge: Zu den Piani di Bobbio oder zum Rif. Benigni auf dem „Sentiero delle Orobie Occidentali"; über den Passo di Camisolo zum Rif. Bocca di Biandino; auf dem „Alta Via della Valsassina" zum Rif. Varrone.

● **190   Vom Rif. Bocca di Biandino** (1485 m)
   1¹/₂ Std., markiert.

Von der Hütte kann man direkt auf einem gelb mark. Steig zum Weg Nr. 40 hinaufsteigen, der vom Rif. Tavecchia rechts über eine kleine Brücke und nördl. am Rif. Bocca vorbei zu einem breiten Sattel führt. Danach ziemlich steil im Wald zum ehemaligen Rif. Pio X. (jetzt Jugendheim der Pfarrei Lecco), dann über eine Geländerippe mit Lärchen und weiter am Hang nach SW hinauf zum Passo del Camisolo (2011 m). Über Schotter und Wiesen erreicht man rasch die darunterliegende Hütte.

● **191   Von den Piani di Bobbio** (1620 m)
   2 bis 2¹/₂ Std., markiert.

Von der Bergstation der Seilbahn zu den Piani di Bobbio auf dem Fahrweg ein kurzes Stück nach O und N, bis der mit Nr. 36 und 101 mark. Höhenweg „Sentiero delle Orobie Occidentali" links abzweigt. Weiter wie bei R 1110 beschrieben.

● **192   Von Valtorta, Ortsteil Costa** (1135 m)
   3 bis 3¹/₂ Std., markiert.

Am Ortseingang von Valtorta biegt rechts die Straße nach Costa ab, bei der folgenden Straßenteilung links mit Ww. und Mark. der Weg Nr. 104 (bis Costa fahrbar). Nach den Häusern von Costa zweigt der Weg Nr. 104 links in spitzem Winkel ab und führt flach in den Talgrund des Valle Grobbia. Dort quert er den Bach und führt im Bogen nach SW bis NW zu den Almen am Südgrat des Pizzo di San Giovanni. Am Hang quert man dann nach NW zum Val Barac und steigt wiederum erst nach S ausholend zur nordwestl. gelegenen Alm „Caserone" (1859 m) hinauf. Nun flacher, mehr nach W haltend, erreicht man den Talschluß von Foppabona, in dem man durch Rinnen und Mulden auf die breiten, freien Geländestufen und zur Hütte gelangt.

● **193   Rifugio Guiseppe Buzzoni, 1590 m**
Die gemütliche Hütte des CAI Introbio liegt unter dem Passo del Gandazzo auf der Alpe Motta (deshalb auch Rif. Motta genannt), östl. Über Introbio am Westhang des Grates, der das Val Biandino vom Val Torta trennt. Großartige Aussicht. 40 Schlafplätze, im Juli

und August durchgehend, ansonsten nur an Sonn- und Feiertagen geöffnet. Biwakraum mit 4 Feldbetten, Kamin und Trinkwasser.

Gipfel: Zucco di Corvo, Monte Foppabona und Pizzo dei Tre Signori. Übergänge: Vom Passo Gandazzo auf dem „Sentiero delle Orobie Occidentali" nach N zum Rif. Grassi oder nach S zu den Piani di Bobbio.

- ● **194   Von Introbio** (573 m)
  2¹/₂ bis 3 Std., markiert.

Nach der Kapelle Sant'Uberto (R 186) biegt rechts der Saumpfad Nr. 25 ab und führt nach O durch einen Kastanienwald. Nach einer weiteren Wegteilung mit Ww. zu einer Schotterstraße hinauf, der man nach rechts bis zur nächsten Kehre folgt. Nun weiter im Wald auf der orogr. rechten Bachseite unter einem Druckleitungsrohr hindurch, an den Felsen der Klamm entlang (rechts unten das Staubecken der E-Zentrale von Introbio) zum Zusammenfluß von Daggio und Teagiolo, den man auf mehreren Holzbrücken überquert. Im Wald steigt man nach O weiter, kreuzt auf etwa 1150 m den Canale Teagiolo und steigt am Gegenhang im Zickzack nach S zu einer Grasschulter mit mächtiger alter Buche und den Almruinen der Alpe Tè (1383 m) hinauf, wo der Weg Nr. 19 von Barzio einmündet. Auf dem Rücken geht man nach O weiter, quert am bewaldeten Hang die Bachrinne eines Seitentales und gelangt, zweimal ein weiteres Bachbett querend, zur Baita Motta (1560 m) und zur Hütte.

- ● **195   Vom Passo del Gandazzo** (1651 m)
  10 Min., markiert.

Vom lokal auch Passo Gandassi genannten Sattel (R 1110) geht man auf dem Weg Nr. 19 nach SW über Wiesen zur Hütte hinab.

In der Pegherolo-Stella-Gruppe:

- ● **196   Rifugio Casera Monte Lago, 1510 m**

Sennerei mit Hüttenbetrieb an der Straße von Morbegno zum Passo San Marco, oberhalb der Kurve im Taleinschnitt des Valle di Lago. 15 Schlafplätze, vom 15. Juni bis zum 30. September geöffnet. Hüttenwart: Sig. Michele Mazzoni, Tel. 03 42 / 61 29 18.

Gipfel: Monte Culino und Monte Lago.

- ● **197   Rifugio Beniamino, 1485 m**

Ehemals Rif. Arale und Rif. Prealpi genannte private Hütte im Valle Lunga, 4 km oberhalb des Dorfes Tartano am Westhang zwischen

Rifugio Beniamino im Val Tartano.

Almen. Großer Gastraum, aber nur 6 Betten. Von Mitte Juni bis Ende September durchgehend, davor und danach an den Wochenenden geöffnet. Tel. 03 42 / 21 36 30.

Gipfel: Monte Scala, Cima di Lemma, Cima Vallocci und Monte Seleron. Übergänge: Über den Passo di Tartano nach San Simone, über den Passo Dordonella in das Val Madre und weiter über den Passo di Dordona nach Foppolo.

● **198   Von Tartano** (1210 m)
1 Std., Fahrweg, dann markiert.

Die im Juli 1987 zerstörte und danach neu angelegte Straße in das Valle Lunga führt bis unter die Hütte (Parkplatz). Von dort über einen östl. Seitenbach (10 min.).

● **199   Baita Camoscio, 1824 m**

Private Hütte im Talkessel von San Simone, dem nordwestl. Talkopf des Valle Brembana di Valleve, am oberen Parkplatz der Skistation. Keine Übernachtungsmöglichkeit, aber erwähnenswerter Ausgangs- und Rastpunkt in der langen Etappe Ca' San Marco – Foppolo des Höhenweges „Sentiero delle Orobie Occidentali".

Gipfel: Monte Cavallo, Pizzo Cavallino, Monte Pegherolo, Pizzo Rotondo, Cima di Lemma und Pizzo Scala. Übergänge: Zur Ca' San

Marco oder nach Foppolo auf dem „Sentiero delle Orobie Occidentali"; nach Mezzoldo über den Passo San Simone; zum Rif. Beniamino über den Passo di Tartano.

In der Pradella-Gruppe:

● **200**   **Rifugio Alpe Corte Bassa, 1410 m**

Schöne Hütte des CAI Bergamo im Val Canale, 30 Betten, vom 16.6. bis 16.9. durchgehend, vom 15.3. bis 4.11. an Sonn- und Feiertagen geöffnet. Tel. 03 46 / 3 32 67. Die Hütte ist der erste Stützpunkt am Höhenweg „Sentiero delle Orobie".

Gipfel: Pizzo Arera, Corna Piana, Cima del Fop, Monte Corte und Monte Zulino bis Cima di Bani. Übergänge: Über den Passo Branchino und auf dem „Sentiero dei Fiori" zum Rif. Capanna 2000; über den Passo della Marogella zu den Baite di Mezzeno und nach Roncobello; zum Rif. Gemelli auf dem „Sentiero delle Orobie"; über den Passo del Re zum Rif. Leten.

● **201**   **Von Valcanale** (987 m)
   1 bis 1¼ Std., markiert.

Von Valcanale bzw. vom Parkplatz am Ende der Straße (etwa 1050 m) auf dem Saumpfad mit Mark. Nr. 220 nach W bequem zur Hütte hinauf.

● **202**   **Rifugio Laghi Gemelli, 1968 m**

Große Hütte des CAI Bergamo auf einem Hügel nordwestl. der Staumauer der Laghi Gemelli, in einem landschaftlich besonders reizvollen Gebiet. 70 Betten, von Mitte Juni bis Mitte September durchgehend, davor und danach an den Wochenenden bewirtschaftet. Tel. 03 45 / 7 12 12. Heizbarer Winterraum mit 6 Lagern im Gebäude der ENEL, jenseits der Staumauer, am Weg Nr. 214 (Ww. „Invernale"). Hüttenwirt ist Sig. G. Vitali, Tel. 0 35 / 54 06 36. Das Rif. Gemelli ist Stützpunkt an den Höhenwegen „Sentiero delle Orobie" und „Giro dei Laghi".

Gipfel: Cima del Becco, Pizzo Farno, Monte Corte, Monte Spondone, Pizzo dell'Orto und Monte Pradella. Übergänge: Auf dem „Sentiero delle Orobie" zum Rif. Alpe Corte oder zum Rif. Calvi; wie beim „Giro dei Laghi" über den Passo d'Aviasco zur Baita Cernello oder über den Passo del Farno nach Valgoglio.

● **203**   **Von Carona** (1116 m)
   2½ bis 3 Std., markiert.

Vom Parkplatz an der Ostseite des kleinen Stausees unterhalb des

Dorfes steigt man auf dem Weg Nr. 211 im Wald nach SO, links (orogr. rechts) vom Bach bis etwa 1350 m, wechselt dann auf die andere Bachseite, passiert die Hochfläche der Baita Foppone (1574 m) und fädelt, nachdem man nochmals den Bach gequert hat, in den „Sentiero delle Orobie" (Weg Nr. 213) ein, der zum Lago Marcio (1841 m) führt, den man westseitig umgeht. Zum Lago Casere (1816 m) steigt man etwas ab und am Gegenhang durch eine Mulde schließlich hinauf zur Hütte.

● **204 Von Branzi** (874 m)
3 bis 3¹/₂ Std., markiert.

Vom Parkplatz unterhalb des Municipio quert man auf der Fußgängerbrücke den Brembo und danach, gleich rechts davon, den östlichen Seitenbach, an dessen Südufer der Weg Nr. 212 (Ww.) nach SO aufsteigt. Auf etwa 985 m kreuzt er eine Bachrinne und führt im Wald mit vielen Kehren zur Baita dei Grassi (etwa 1400 m). Danach mehrmals den Bach querend steigt der Weg durch Lärchen und Latschen und am Abraum der ENEL vorbei zur Staumauer des Lago Casere (1800 m), die man überquert. Über dem Nordufer des Sees zu den Gebäuden am Lago Marcio, wo man in den Höhenweg „Sentiero delle Orobie", Weg Nr. 213, einfädelt, der von Carona heraufkommt (Ww.). Weiter wie bei R 203.

● **205 Von den Baita di Mezzeno** (1591 m)
2 Std., markiert.

Wie bei R 504 zum Passo di Mezzeno und auf dem Weg Nr. 215 über dem Westufer des Sees zur Hütte.

● **206 Vom Rif. Alpe Corte** (1410 m)
3 Std., markiert.

Auf dem Höhenweg „Sentiero delle Orobie", siehe R 1121.

● **207** **Rifugio Fratelli Calvi, 2015 m**

Hütte des CAI Bergamo, die den vier Brüdern Calvi aus Piazza Brembana gewidmet ist, von denen drei im Krieg 1915-18 fielen und der vierte 1920 beim Alleingang durch die Nordwand des Adamello abstürzte. Sie liegt im Talkopf des Valle Brembana, reizvoll über dem Lago di Fregaboglia und dem kleinen Lago Rotondo. Von N bis SW umsäumt ein Kranz markanter Gipfel den Talgrund, von denen der pyramidenförmige Pizzo del Diavolo di Tenda der höchste ist. 1935 erbaut, 1982/84 erweitert und modernisiert, 85 Schlafplätze und zentralbeheizter Winterraum mit 8 Betten, von Juli bis Ende September durchgehend, davor und danach an den Wochenenden bewirtschaftet. Tel. 03 45 / 7 70 47. Hüttenwirte: Sig. Aurelio Bortolotti, Via Fratelli Cervi, 24021 Albino, Tel. 0 35 / 75 28 47, Sig. Sergio Azzola, Via Sicilia 12, 24100 Bergamo, Tel. 0 35 / 31 58 91. Die Hütte ist Stützpunkt am „Sentiero delle Orobie" und Endpunkt des „Sentiero delle Orobie Occidentali".

Gipfel: Pizzo del Diavolo di Tenda, Il Diavolino, Pizzo Poris, Monte Grabiasca, Monte Madonnino und Monte Cabianca. Übergänge: Zum Rif. Longo über den Lago del Prato oder den Monte Aga; auf dem „Sentiero delle Orobie" zum Rif. Gemelli oder zum Bivacco Frattini und weiter zum Rif. Brunone; über den Passo d'Aviasco zum Rif. Gemelli, über den Passo di Portula zur Baita Cernello und nach Valgoglio.

- **208 Von Carona** (1116 m)
  3 Std., markiert.

Auf dem Fahrweg: Vom Nordrand des Dorfes folgt man der Schotterstraße mit Mark. Nr. 210 nach NO und O durch Pagliari (1313 m), quert das Valle Sambuzza und geht zum Lago del Prato (1650 m), wo nach links der Fahrweg zum Rif. Longo abzweigt, während der Weg zum Rif. Calvi in weitem Bogen nach rechts (O) zur Staumauer des Lago di Fregaboglia führt (unterhalb Gebäude der ENEL und Parkplatz). Vom linken Rand der Staumauer wandert man über dem Nordufer des Lago di Fregaboglia bequem zur östl. des Sees liegenden Hütte.

- **209 Von Carona** (1116 m)
  2¹/₂ Std. markiert.

Auf dem Sommerweg: Vom Fahrweg zweigt vor Pagliari (1330 m) der „Sentiero estivo" (Weg Nr. 247, Schild) rechts ab, berührt die unteren Häuser von Pagliari und führt zum Bach hinunter. Auf der Gegenseite steigt er am bewaldeten Hang mit reichlicher Mark. nach O, quert um die 1600 m Höhe in Auf und Ab bis vor eine Bachrinne, steigt ein kurzes Stück nach SO aufwärts und führt dann durch langgestreckte Mulden zu einem schmalen Sattel am Dosso dei Signori (1770 m), vor dem er sich mit dem „Sentiero delle Orobie" vereinigt. Weiter wie bei R 1123.

- **210 Vom Lago del Prato** (1650 m)
  1¹/₂ Std., markiert.

Auf dem „Sentiero delle Orobie Occidentali", siehe R 1120.

- **211   Rifugio Baita Cernello, 1956 m**

Zur Bergsteigerunterkunft ausgebaute Alm des CAI Alzano/Bergamo am Ostrand der seenreichen Pradella-Gruppe über dem Ostende der Staumauer des Lago Cernello. 25 Schlafplätze, im Juli und August durchgehend, davor und danach an den Wochenenden bewartet. Der Höhenweg „Giro dei Laghi" führt daran vorbei.

Gipfel: Monte Pradella, Monte Cabianca, Monte Madonnino und Monte Grabiasca. Übergänge: Zum Rif. Gemelli auf dem „Giro dei Laghi"; zum Rif. Calvi über den Passo della Portula.

● **212** **Von Valgoglio** (936 m)
2¹/₂ bis 3 Std., markiert.

Auf dem mit Nr. 228 mark. Saumpfad, der etwas westl. des Dorfes von der Straße abzweigt, in Kehren nach NW zu den Almwiesen von Foppa (1216 m). Danach führt der Weg in den Wald, holt nach W aus und steigt durch die Südwesthänge des Monte della Croce zur Mittelstation der Transportseilbahn der Centrale d'Aviasco hinauf. Oberhalb des Waldes schlängelt sich der Weg in Kehren zu den ENEL-Gebäuden am Lago Sucotto (1916 m) hinauf, den man am Ostufer umgeht. Über eine Geländestufe erreicht man schließlich die Hütte.

● **213** **Von der Centrale d'Aviasco** (965 m)
2¹/₂ Std., markiert.

Von der Centrale d'Aviasco am Ende der Fahrstraße oberhalb des Dorfes Valgoglio steigt man auf dem Weg Nr. 238 (erste Mark. an der bachseitigen Mauer des großen ENEL-Gebäudes) im Wald auf der Ostseite des Baches, ziemlich steil und direkt, zum Lago Sucotto (1916 m) hinauf, vor dem man auf den Weg Nr. 228 gelangt. Weiter wie bei R 212.

In der Diavolo-Redorta-Gruppe:

● **214**   **Rifugio Fratelli Longo, 2026 m**

Hütte des CAI Bergamo hoch am Hang über dem oberen Valle Brembana, südl. des Passo di Venina bzw. südwestl. des Lago del Diavolo. Die Hütte, deren Gebäude aus der Bauzeit der ENEL- Anlagen (1923) stammt, wurde später den am Matterhorn verunglückten Brüdern Longo gewidmet. 40 Betten, vom 15.7. bis 15.9. durchgehend, ansonsten an den Wochenenden bewirtschaftet. Tel. des Hüttenwirtes, Sig. Carlo Bresciani, 0 35 / 29 91 25.

Gipfel: Monte Aga, Pizzo di Cigola und Monte Masoni. Übergänge: Zum Rif. Calvi über den Lago del Prato oder den Monte Aga; über den Passo di Cigola nach Ambria; über den Passo di Venina in das Valle di Venina; über die Cima di Venina zum Lago di Publino im Valle del Livrio.

● **215   Von Carona** (1116 m)
    3 Std., Fahrweg, markiert.

Auf der schmalen Schotterstraße (Mark. 210) im Valle Brembana aufwärts, bis vor dem Lago del Prato (1650 m) die Straße zum Rif. Longo (Mark. Nr. 224) links abzweigt und über den Südosthang des Monte Masoni nach NO zur Hütte führt. Vom Lago del Prato 1 Std.

● **216   Bivacco Frattini, 2125 m**

Nach dem auf der klassischen Haute-Route in der Montblanc-Gruppe 1964 verunglückten Aldo Frattini benannte Biwakschachtel des CAI Bergamo, die südöstl. des Pizzo del Diavolo di Tenda auf dem schmalen Grat steht, der sich vom Diavolino nach O zum Pizzo Tendina erstreckt. Sie ist Stützpunkt an dem Höhenweg „Sentiero delle Orobie" in der Etappe zwischen Rif. Calvi und Rif. Brunone, außerdem günstiger Ausgangspunkt für die Überschreitung von Diavolino und Diavolo.

● **217   Rifugio Antonio Baroni al Brunone, 2295 m**

Älteste Hütte der B.A., benannt nach dem Bergführer Antonio Baroni, einem der bedeutendsten Bergsteigerpioniere in diesem Gebiet. Sie liegt westl. des Pizzo di Redorta auf einem Hügel am Südhang des Pizzo Brunone, hoch über dem Becken des Val di Fiumenero, und entstand aus einer ehemaligen Knappenunterkunft (Eisenabbau), wurde vom CAI Bergamo später neu erbaut und mehrfach erweitert. Einschließlich Winterraum 80 Schlafplätze, vom 15.7. bis 15.9. durchgehend, davor und danach nur an Sonn- und Feiertagen geöffnet. Hüttenwirtin: Signora Fiora Mazzochi Maria, Via Don Riccardi 33, 24020 Valbondione, Tel. 03 46 / 4 41 47, Telefon der Hütte 03 46 / 4 32 15. Großartiger Blick über den Talkessel von Fiumenero auf Pizzo Poris und die Pyramiden des Diavolino und Pizzo del Diavolo di Tenda!

Gipfel: Pizzo di Redorta, Punta di Scàis, Pizzo Brunone, Cima Soliva, Pizzo Gro und Pizzo del Salto. Übergänge: Zum Rif. Coca oder Bivacco Frattini und Rif. Calvi auf dem „Sentiero delle Orobie"; zum Rif. Mambretti über den Passo della Brunone oder Passo Scaletta.

● **218   Von Fiumenero** (791 m)
    4 Std., markiert.

Bei der Kirche beginnt der Saumpfad Nr. 227 (Ww.) und führt nach NW und N in das zunächst bewaldete, enge Tal, in das der Fiume Nero sich tief eingegraben hat. Etwa 1 Std. geht man links (orogr. rechts) vom Bach und wechselt dann über eine Holzbrücke auf die andere Seite, wo sich der Weg durch die Westflanke des Südgratausläufers des Pizzo di Redorta bis zur Öffnung des Tales beim Piano di Campo schlängelt (1380 m). In Kehren steigt er steiler zum Pian dell'Aser (1500 m, Transportlift), kreuzt nochmals den Bach und steigt durch die felsdurchsetzten Grashänge nach NO zu der Bachrinne hinauf, die sich vom Passo della Scaletta herabzieht. Auf etwa 2200 m vereinigt sich der Weg mit dem „Sentiero delle Orobie" und führt nach O zum Hügel mit der Hütte hinauf.

● 219 **Rifugio Coca, 1892 m**

Wie ein Adlerhorst thront diese Bergsteigerunterkunft des CAI Bergamo auf einem Felssporn hoch über dem Valle Seriana, nördl. des Dorfes Valbondione. 60 Betten, vom 8.7. bis 2.9. durchgehend und davor und danach an Sonn- und Feiertagen geöffnet. Tel. 03 46 / 4 40 35. Hüttenwirt: Sig. Seghezzi Giancarlo, Via Roma 77, 24028 Ponte Nossa. Das Rif. Coca ist Stützpunkt am Höhenweg „Sentiero delle Orobie" und Ausgangspunkt für die Touren im Bereich der höchsten Gipfel der B.A. und der klassischen „Traversata delle Sei Cime".

Gipfel: Pizzo di Redorta, Punta di Scàis, Pizzo Porola, Dente di Coca und Pizzo di Coca. Übergänge: Auf dem „Sentiero delle Orobie" zum Rif. Brunone oder zum Rif. Curò; über den Passo di Coca zum Biv. Corti.

Rifugio Coca über Valbondione.

- **220 Von Valbondione** (900 m)
  2¹/₂ bis 3 Std., markiert.

Vom Ortsteil Sambughera (934 m) folgt man den Weg Nr. 301, der von der Fahrstraße links zum Fiume Serio abzweigt und ihn bei der ENEL-Zentrale überquert (oder vom Ortsteil Grumetti, 970 m, zum Bach hinunter). Der Weg führt ein kurzes Stück rechts, dann links (orogr. rechts) des Torrente Coca ziemlich steil im Zickzack über Geröll und später durch Buschwerk und Wald nach NW aufwärts. Auf etwa 1600 m durchsteigt man eine feuchte Rinne und gelangt nach der Querung eines zweiten Bacharmes zur Mauer des kleinen Staubeckens. Vor der bereits sichtbaren Hütte quert man im flacheren Gelände nochmals den Bach und steigt kurz zum Hüttenhügel hinauf.

- **221 Rifugio Mambretti, 2003 m**

Solide Selbstversorgerhütte des CAI Sondrio im Val di Caronno über dem Lago di Scàis auf einem Hügel am Westgrat des Pizzo degli Uomini. 18 Schlafplätze, im kleinen Winterraum 2, Schlüssel beim Staudammwärter im ENEL-Gebäude am Lago di Scàis. Auskunft beim CAI Sondrio dienstags und freitags von 21 bis 23 Uhr in der Via Trieste 27, Tel. 03 42 / 21 43 00 oder tagsüber im Schuhgeschäft Pietro Meago, Piazzale Bertacchi 30, in Bahnhofsnähe. Großartig und informativ ist der Blick von der Hütte auf die Gipfel und Grate über den Gletschern. Die Hütte ist Stützpunkt am Höhenweg „Sentiero Bruno Credaro".

Gipfel: Pizzo di Rodes, Pizzo Biorco, Pizzo degli Uomini, Pizzo di Scòtes, Cima di Caronno, Punta di Scàis und Pizzo di Redorta. Übergänge: Zum Rif. Brunone über den Passo della Brunone oder über den Passo Scaletta (kürzer, aber schwieriger).

- **222 Von Agneda** (1228 m)
  2¹/₂ Std., markiert.

Auf dem Wirtschaftsweg erst flach, dann in Kehren talaufwärts, bis auf 1300 m der Fußweg zum Nordende des Staudammes abzweigt (Ww.) und den Torrente Caronno kreuzt (in den Felsen unter der Brücke schöne Gletschermühlen!). Vom Gebäude der Staudammwärter (1503 m) am Nordostufer des Sees entlang (rotgelbrote Mark.) und aufwärts immer links (orogr. rechts) vom Torrente Caronno im Wald zur großen Wiesenmulde der Baita Caronno (1612 m). Weiter durch Nadelwald und später durch Latschen und Alpenrosen steigt man über einen Rücken zur nordöstl. gelegenen Hütte.

- **223 Übergang zum Bivacco Corti** (2499 m)
  3 bis 3¹/₂ Std., weglos, in den Felsen mit CM markiert, I-II.

Von der Hütte zur nördl. Seitenmoräne des Vedretta di Porola, der man bis unter die Felsen folgt, dann nach rechts auf eine Rippe. Den nächsten Hang quert man in eine breite, schräge Rinne, die durch die Felsen nach rechts aufsteigt und sich in einem schrägen Band fortsetzt, das geradlinig in mäßiger Steigung die Rinnen und Rippen in der Südwestflanke des Pizzo di Scòtes querend bis zum Grat aufsteigt, auf den man nördl. von P. 2915 trifft. Weiter wie bei R 228.

● **224**   **Bivacco Corti, 2499 m**

Selbstversorgerhütte des CAI Valtellinese, benannt nach dem bekannten Veltliner Bergsteiger Alfredo Corti, hoch über dem Valle d'Arigna auf einem Hügel über dem Westrand des „Vedretta del Lupo" am Osthang des Pizzo di Scòtes, unter dem Passo di Coca. 6 Betten mit guten Decken, Gasherd und Geschirr. Schlüssel bei der Centrale Armisa im Valle d'Arigna oder in Briotti.

Gipfel: Dente di Coca, Pizzo di Coca, Pizzo di Porola und Pizzo di Scòtes. Übergänge: Zum Rif. di Coca über den Passo di Coca; zum Rif. Mambretti über den Grat zwischen Pizzo di Scòtes und Cima di Caronno.

● **225   Von der Centrale Armisa** (1041 m)
    4 Std., markiert.

Vom Kraftwerk im Valle d'Arigna auf dem Wirtschaftsweg zu den Almen oberhalb Forni hinauf und mit gelbroter Mark. weiter zu den Almsiedlungen Prataccio (1458 m) und Micheline (1499 m). Der mark. Steig quert dann am Hang nach S über Wiesen und durch Buschwerk zu einer großen Rinne und fast eben zur Wegteilung im hinteren Talgrund. Dort quert man durch zwei Bachbetten zu den Felsen, die von steilen Grasbändern durchzogen sind. Die gelbrote Mark. weist den Durchschlupf hinauf in eine große Mulde, in der man wieder nach S biegt und über Grasflächen und Geröll aufwärts zu den Randfelsen des Gletschers und durch diese zum Bivacco gelangt.

● **226   Vom Bivacco Resnati** (1950 m)
    2 Std,. weglos, unmarkiert, I.

Vom Bivacco nach SW über die steindurchsetzten steilen Grashänge schräg hinauf zum Abfluß des Vedretta del Lupo, dort über geschliffene Felsen zwischen den Bacharmen auf die Felsrampe hinauf, die man auf einem Band gut nach rechts queren kann (I); auf etwa 2350 m stößt man am Osthang auf den gelbrot mark. Weg, der durch die Randfelsen nach S zur kleinen Hütte führt.

● **227   Vom Passo di Coca** (2645 m)
½ Std., über Gletscher.

Vom Paß steigt man nach NW zum Westrand des Gletschers ab und geht über Geröll nach S zur kleinen Hütte.

● **228   Übergang zum Rif. Mambretti** (2003 m)
3 bis 3½ Std., weglos, in den Felsen mit CM markiert, I-II.

Am großen Felsblock oberhalb der Hütte findet man die Mark. CM und steigt nach W über Geröll zu der mittleren der drei Rinnen, die nicht so schmal und steil wie die weiter südl. gelegene zur Bocch. di Caronno ist. Der Mark. CM folgend durch diese Rinne (je nach Schneeverhältnissen mehr oder weniger schwierig) bis zum kleinen Sattel nördl. von P. 2915. 1¼ Std. Weiter wie bei R 223.

● **229   Bivacco Resnati, 1950 m**

Kleine rote Biwakschachtel über dem Valle d'Arigna auf der Westseite eines Felsblockes in dem Grat, der vom Dente di Coca nach N abfällt und die beiden Gletscher Vedretta di Marovin und Vedretta del Lupo voneinander trennt. 6 schmale Lager, einige Decken. Ausgangspunkt für die Nordanstiege in der Coca-Gruppe.

● **230   Von der Centrale Armisa** (1041 m)
2½ Std., markiert.

Wie bei R 225 zur Wegteilung im hinteren Talgrund. Dort zweigt der Weg mit rotgelber Mark. zum Bivacco Corti rechts ab, während man zum Bivacco Resnati der rotblauen Mark. weiter nach S folgt und auf dem mittleren Moränenrücken über Gras und Geröll zu dem von weitem sichtbaren roten Hüttchen, allmählich steiler und mühsamer, hinaufgeht.

● **231   Capanna Ottorino Donati, 2500 m**

Schöne Selbstversorgerhütte des CAI Sondrio mit fast bis zum Boden herabgezogenem Satteldach, die auf einer großen Felsrampe am Lago del Reguzzo am Nordrand des Felsenkessels über dem Valle d'Arigna steht, der von Pizzo di Rodes, Pizzo Biorco und dessen zerklüftetem Nordgrat umrahmt wird. 1985 gebaut, 12 Betten, Gasherd, Kücheneinrichtung. Winziger Winterraum mit den Ausmaßen einer langgestreckten Hundehütte. Schlüssel beim CAI Sondrio oder in Briotti. Der Höhenweg „Sentiero Bruno Credaro" berührt die Hütte.

Gipfel: Pizzo degli Uomini, Pizzo Biorco, Pizzo di Rodes und Punta di S. Stefano. Übergänge: Über den Passo di Biorco zum Rif. Mambretti.

Bivacco Resnati im Valle d'Arigna.

● **232 Von Briotti** (1060 m)
  4 bis 5 Std., markiert.

Man steigt auf dem gelbrot mark. Weg schräg am Wiesenhang nach SO auf, quert von der Wegteilung zu den Häusern von Prati di Torre (1145 m) und kreuzt auf 1230 m den Torrente Tripolo. Oberhalb der Almen von Bernè (1236 m) führt der Weg, angenehm gleichmäßig steigend, am Hang über dem Valle d'Arigna nach S zur Baita Spanone (1559 m). Bei der Wegteilung bei P. 1598 folgt man dem Weg, der halbrechts nach S. Stefano abzweigt und sich durch Wald zur Staumauer des untersten der Laghi di S. Stefano (1848 m) hinaufschlängelt. Südöstl. der Staumauer beginnt die „strada", ein breiter Saumpfad, der horizontal etwa 1,5 km nach SO und S bis zur Baita di Quai (1890 m) im Valle d'Arigna verläuft. Vor der Alm zweigt der mark. Steig ab und wendet sich unter der Punta di S. Stefano nach SW einem grünen Einschnitt rechts von einer gewaltigen Felsbarriere zu. Von dort führt er über gerundete Felsrippen und Rampen hinauf in den großen Felsenkessel, über dessen Nordrand die Hütte liegt.

● **233 Von Forni im Valle d'Arigna** (1287 m)
  3¹/₂ bis 4 Std., markiert, ein Stück weglos, Trittsicherheit!

Man überquert den Bach auf der Brücke und folgt dem Steig, der sich links zu den steilen Felsen nördl. der Felsschlucht wendet, die sich von der Alpe Quai herabzieht. Geschickt schlängelt sich nun der mit alten roten Punkten spärlich mark. Steig nach NW durch die grasdurchsetzten Felsen hinauf und wendet sich an den weiten, steilen Hängen auf etwa 1575 m nach W und 100 m höher nach SW in Richtung auf die Baita di Quai, wobei sich Wegspuren und Mark. verlieren. Nördl. der Baita kreuzt man den Almweg und geht weiter wie bei R 232. (Im Abstieg schwer zu finden! Siehe R 1169.)

● **234   Vom Rif. Mambretti** (2003 m)
   3 bis 3¹/₂ Std., markiert, Trittsicherheit!

Auf dem Höhenweg „Sentiero Bruno Credaro", siehe R 1168.

In der Barbellino-Umrandung:

● **235**   **Rifugio Antonio Curò, 1915 m**

Die nach dem bedeutendsten Erschließer der B.A. und ersten Präsidenten der Sektion Bergamo des CAI benannte Hütte liegt in der Verlängerung des Valle Seriana nordöstl. von Valbondione am großen Barbellino-Stausee. Anläßlich des hundertjährigen Bestehens der Sektion Bergamo des CAI etwas nördl. der alten Hütte 1973

Rifugio Curò mit Pizzo di Coca.

großzügig neu errichtet. 100 Schlafplätze, vom 17.6. bis 23.9. durchgehend, vom 1.5. bis 28.10. an Sonn- und Feiertagen bewirtschaftet. Tel. der Hütte 03 46 / 4 40 76, der Hüttenwirte: Martinelli Sergio 0 35 / 71 90 42, Martinelli Franco 0 35 / 71 25 87 und Martinelli Alviero 0 35 / 71 89 43. Winterraum in der alten Hütte, 12 Betten, Aufenthaltsraum mit Elektro-Heizung und Herd. Das Rif. Curò ist Stützpunkt für die Höhenwege „Sentiero delle Orobie" und „Itinerario Naturalistico Antonio Curò", außerdem Endpunkt der klassischen Überschreitung der sechs höchsten Gipfel „Traversata delle Sei Cime".

Gipfel: Pizzo di Coca; Pizzo Cantolongo, Pizzo del Druet, Cime dei Cagamei, Cima di Valmorta und Pizzo Cavrel; Pizzo del Diavolo di Malgina, Cime di Caronella, Monte Torena, Monte Gleno und Pizzo Recastello. Übergänge: Auf dem „Sentiero delle Orobie" zum Rif. Coca oder Rif. Albani; auf dem „Itinerario Naturalistico" zum Rif. Tagliaferri; über den Passo di Caronella nach Carona (Veltlin); über den Passo Grasso di Pila zum Lago di Belviso.

● **236   Von Valbondione** (935 m)
  2¹/₂ bis 3 Std., markiert.

Im Ortsteil Beltrame (nach der Kreuzung 200 m Richtung Lizzola) zweigt nach der Rechtskehre ein Fahrweg mit Ww. und Mark. Nr. 305 nach NO ab, führt durch den bewaldeten Westhang des Monte Pomnolo und quert mehrere Bachrinnen. Auf diesen Weg trifft man auch, wenn man vom Ende der Fahrstraße bei den Häusern von Grumetti (970 m, Bar, Parkplatz, Ww.) auf mark. Pfad nach O aufsteigt. Oberhalb der Talstation des Materialliftes der Hütte geht der Fahrweg in einen Saumpfad über, quert im freien Gelände ein Schotterfeld und führt bis unter die talabschließenden Felsrampen (von diesem Punkt besonders schöner Blick auf die „Cascate del Serio"!). Der Weg macht hier einen Knick nach S, gewinnt mit einigen Kehren an Höhe (in der Linkskehre auf 1750 m münden von S die Wege 304 und 306) und führt schließlich nach N, ein Stück durch die breit ausgehauene Felswand des Monte Verme, zur Hütte. (Von dem Knick führt auch ein steiler Abkürzer nach N durch felsiges Gelände direkt zur Hütte.)

● **237   Von Lizzola** (1258 m)
  2¹/₂ bis 3 Std., markiert.

Der Weg Nr. 306, der etwa parallel zum Weg Nr. 305 (oberhalb von diesem) durch die Westflanke des Monte Pomnolo führt, beginnt in Lizzola unmittelbar östl. der Kirche (blaue Holztafel), steigt durch Wiesen zu einem Hügel und führt im Wald in Richtung Monte Pomnolo weiter. Auf 1650 m verläßt er den Wald und steigt über steindurchsetzte Hänge und durch felsige Rinnen aufwärts, bis er auf etwa 1800 m Höhe westl. des Monte Cimone auf den „Sentiero delle Orobie" mit Nr. 304 trifft. Danach quert er den Geröllkessel mit Rinnen etwas abwärts und mündet bei einer Kehre in den Weg Nr. 305. Weiter wie bei R 236.

● **238**   **Bivacco AEM Monzesi, 2600 m**

Etwas südöstl. unter dem Passo di Caronella (R 538) liegt diese massive Steinhütte, deren großer Vorraum mit Kamin immer offen ist und Schutz gewähren kann, während die Tür zum Hüttenraum zugesperrt ist.

In der Telenek-Gruppe:

● **239**   **Rifugio di Campovecchio, 1311 m**

Hütte der Gruppo Alpini di Corteno Golgi im „Parco Naturale Val Brandet-Campovecchio" inmitten der Almsiedlung Campovecchio, die an der Öffnung des Tales nach S liegt. Von Mitte Juni bis Mitte September geöffnet.

Gipfel: Monte Sellero , Monte Cuvegla und Cima di Forame. Übergänge: Über den Passo Cavalcafiche in das Val Brandet; über den Passo del Sellero in das Val del Sellero und zum Passo del Vivione.

● **240**   **Von Sant'Antonio** (1124 m)
   ³/₄ Std., markiert.

Von S. Antonio, das man von der Paßstraße 4 km östl. von Aprica nach S abzweigend mit Fahrzeug erreicht: Vor der Kirche (Ww.) biegt man rechts ab und steigt an der linken (orogr. rechten) Bachseite, der rotweißen Mark. folgend, nach SW in das Val di Campovecchio. Auf 1210 m wechselt man auf überdachter Holzbrücke auf die Westseite des Baches; auf etwa 1300 m weitet sich das Tal und gleich am Anfang des Talbodens liegt die Almsiedlung Campovecchio, deren größtes Gebäude die 1981 gebaute Hütte ist.

● **241**   **Rifugio Brandet, 1299 m**

Hütte der Gruppo Alpini di Corteno Golgi im Val Brandet, dem östl. der beiden Talarme, die sich von N in die Telenek-Gruppe hineinziehen, bei der Almsiedlung Brandet. Angeblich von Mitte Juni bis Mitte September geöffnet.

Gipfel: Corno dell'Agna, Monte Castel di Piccolo, Monte Torsoleto, Monte Palone del Torsolazzo, Monte Zinglu Bernù, Monte Palone del Sopressa, Monte Palone, Corno di Barbione. Übergänge: Über den Passo di Forame oder den Passo Cavalcafiche in das Val di Campovecchio; über die Porta di Barbione nach Corteno Golgi oder Santicolo.

● **242   Von Sant'Antonio** (1124 m)
  ¹/₂ Std., markiert.

Vom Parkplatz unterhalb des Dorfes geht man auf der Almstraße nach SO in das Val Brandet und zur Almsiedlung Brandet, an deren Ende westl. der Straße die Hütte liegt.

● **243   Rifugio Nani Tagliaferri, 2328 m**

Die dem 1981 in den peruanischen Anden verunglückten Alpinisten Nani Tagliaferri gewidmete Hütte des CAI Valle di Scalve steht wenige Meter südl. des Passo di Venano wie auf einem Aussichtsbalkon hoch über dem Valle del Vo. Sie wurde im September 1985 eingeweiht, brannte im Oktober 1986 ab, wurde im Sommer 1987 neu aufgebaut und gleichzeitig vergrößert. 18 Betten, von Mitte Juli bis Mitte September durchgehend, davor und danach an den Wochenenden bewartet. Funktelefon Nr. 0346/51228. Die Hütte ist Stützpunkt für die Höhenwege „Itinerario Naturalistico Antonio Curò" und „Sentiero Bruno Credaro".

Gipfel: Monte Gleno, Monte Demignone, Monte Tornello und Monte Tornone. Übergänge: Zum Rif. Curò oder zum Passo del Vivione auf dem „Itinerario Naturalistico Antonio Curò"; zum Passo d'Aprica auf dem „Sentiero Bruno Credaro".

● **244   Von Ronco bei Schilpario** (1100 m)
  3¹/₂ bis 4 Std., markiert.

Beim Gasthaus Paghera an der Mündung des Valle del Vo in das Valle di Scalve beginnt der Saumpfad Nr. 413, der bei der Einmündung des Val Venerocolino von der rechten Bachseite auf die linke (orogr. rechte) wechselt. Danach ein kurzes Stück steil zu dem alten Saumpfad hinauf, der nun in angenehmer Steigung zu den Wiesenflächen Venano di Sotto (1500 m) und den Bach querend zur Malga di Venano di Mezzo (1679 m) führt, die am Fuß einer Felsbarriere liegt. Die Barriere östl. umgehend steigt man zum weiten Talkessel „Venano di Sopra" (1859 m) mit kleiner renovierter Alm hinauf und durchquert den Kessel nach NW und weiter im Bogen bis nach S. Der Saumpfad steigt dann in Kehren über den Nordosthang des Pizzo Tornello, quert dabei zwei Rinnen, führt zur Hochfläche „i Solegà" und von dort ziemlich flach nach N zur Hütte, die hinter einem kleinen Sattel am Ostrand einer Mulde liegt.

● **245 Vom Passo del Belviso** (2518 m)
¹/₂ Std., markiert.

Auf der Nordseite des Gratkammes quert der Weg Nr. 416 zu einem namenlosen, fast gleich hohen Sattel und läuft dann auf der Südseite zur Hütte hinab (oder wie bei R 1133).

● **246 Vom Passo del Venerocolo** (2314 m)
2 bis 2¹/₂ Std., markiert, unschwierig, Trittsicherheit!

Auf dem Höhenweg „Itinerario Naturastico Antonio Curò", siehe R 1134.

● **247 Von Carona** (1162 m)
5 bis 6 Std., markiert.

Von den Pra di Gianni (1300-1350 m) oberhalb Carona folgt man dem Höhenweg „Sentiero Bruno Credaro", R 1174 und 1175.

● **248 Rifugio Passo del Vivione, 1828 m**

An der schmalen, ungemein kurvenreichen Paßstraße, die von Malonno im Val Camonica nach Schilpario im Valle di Scalve führt, steht auf der Paßhöhe die private Hütte. 12 Betten, von Juni bis September geöffnet. Auskunft in Schilpario unter den Nummern 03 46 / 5 50 41 und 5 53 01.

Rifugio Iseo über dem Valcamonica.

Gipfel: Monte Campione, Monte Pertecata, Monte del Matto, Monte Sellerino, Monte Venerocolo, Monte Busma und Monte Gaffione. Übergänge: Auf dem „Itinerario Naturalistico" zum Rif. Tagliaferri; über den Passo del Sellero in das Val di Campovecchio; über den Passo dei Campelli zum Rif. Iseo.

In der Camino-Bagozza-Gruppe:

● **249**   **Rifugio Iseo, 1335 m**

Das Rifugio „Baita Iseo" der Sektion Brescia des CAI liegt am Nordostrand der Camino-Bagozza-Gruppe, nordöstl. der Cima della Bacchetta und westl. über Ono S. Pietro im Val Camonica. 24 Betten, Mitte Juni bis Mitte September bewartet.

Gipfel: Cima dei Ladrinai und Cima della Bacchetta. Übergänge: Über den Passo di Campelli in das Val Paisco bzw. zum Passo del Vivione; vom „Sentiero Cristini" (R 955 und 956) zum Felsenkessel „la Concarena" mit dem Bivacco Baione.

● **250**   **Von Ono S. Pietro/Val Camonica** (516 m)
      2 bis 2¹/₂ Std., markiert.

Eine schmale Asphaltstraße führt nach N zu den Häusern von Valleione und hinter diesen zweigt, ehe der Asphalt aufhört (auf etwa 700 m), ein Ziehweg ab (Ww. und rote Mark.), der sich ziemlich steil erst nach W und dann lange Zeit nach S am Osthang unter der Cima dei Ladrinai hinaufzieht. Der Weg wendet sich auf etwa 1100 m wieder nach N und führt zum Schluß über Wiesen zur westl. gelegenen Hütte hinauf.

● **251**   **Bivacco Val Baione, 1950 m**

Im einsamsten Winkel der dolomitenähnlichen Camino-Bagozza-Gruppe liegt dieses 1986 massiv aufgemauerte Bivacco, nordöstl. der Cimone della Bagozza im Val Baione, dessen oberster Teil „la Concarena" genannt wird. Eigentümer: Gruppo Escursionisti di Lozio und die Sektion Cedegolo des CAI. 12 Schlafplätze, bei der Hütte kein Wasser (siehe R 952).

Gipfel: Cima della Bacchetta, Cima di Ladrinai, Cima di Baione, Cima Mengol. Übergänge: Über den Passo di Baione zum Passo dei Campelli; auf dem „Sentiero Cristini" zum Rif. Iseo (siehe R 956 und 955).

● **252**   **Von Sommaprada** (1045 m, Gemeinde Lozio)
      2¹/₂ bis 3 Std., markiert.

Auf dem Weg zur Cima della Bacchetta (R 952), bis auf etwa 1920 m ein Steig nach N abzweigt, der über eine Scharte in einen Kessel führt, an dessen Nordrand die Hütte liegt.

● **253**   **Rifugio G. Laeng, 1750 m**

Auch „Capanna Egidio Pedretti" genannte Hütte des CAI di Bienno und Cedegolo, die östl. des Pizzo Camino, im Val Varicla, westl. über dem Becken von Lozio auf einem kleinen Hügel oberhalb zweier kleiner Seen liegt. 1971 gebaut als Ersatz für das verfallene Rif. Copellotti, dessen Ruine auf dem großen Hügel oberhalb zu finden ist. 12 Schlafplätze, Winterraum mit 3 Betten, an den Sommer-Wochenenden meistens bewartet, Schlüssel beim Verkehrsbüro „Pro Loco" in Borno.

Gipfel: Pizzo Camino, Cima Moren, Monte Sossino und Cima Ezèndola.

● **254**   **Von Borno** (912 m)
   2 bis 2¹/₂ Std., markiert.

Vom Nordende des Dorfes steigt man auf Weg Nr. 82 nach N auf der orogr. rechten Seite des Val San Fiorino bis kurz vor den Lago di Lova (1299 m), den man rechts liegen läßt. Beim Ww. geht man nach W bis zur Wegteilung auf etwa 1480 m und folgt dem Almweg Nr. 82a, der rechts nach N abzweigt. Auf etwa 1570 m (rechts schmale, hohe Hütte) zweigt der mark. Pfad ohne Ww. nach links in die Viehweiden „Pian di Merino" ab, umrundet oberhalb den Nordrücken des Monte Arano und quert flach nach NW zur Hütte.

● **255**   **Von Lozio, Ortsteil Villa** (1002 m)
   2 bis 2¹/₂ Std., teilweise markiert.

Oberhalb der Kirche, vor den letzten Häusern am Fahrweg nach Borno, beginnt bei einem kleinen Parkplatz ein Saumpfad, der am Hang nach SW an vereinzelten Ferienhäusern vorbei und dann nach NW in das Tal des Torrente Lanico führt. In Bachnähe (etwa auf 1250 m) folgt man dem im spitzen Winkel nach links abzweigenden Weg, der über den Bach führt. Durch Mischwald schlängelt sich dann der Weg zu dem Einschnitt, der sich vom Passo di Ezèndola herabzieht, und vereint sich mit einem von rechts oben kommenden Weg, der flach am Hang nach S zu den freien Flächen der Alm und der Quelle „Onder" leitet. Oberhalb des Wegkreuzes (1438 m) zweigt nach rechts (W) ein mark. Steig ab, der zu den Malghe di Varicla (1606 m, großer Brunnen) emporführt. Vom Brunnen steigt man auf Wegspuren in der breiten Wiesenmulde nach W hinauf und quert nach SW durch steinübersätes, buckliges Gelände am oberen Weiher vorbei zur Hütte.

● **256** **Von Schilpario** (1124 m)
3 bis 3¹/₂ Std., markiert.

Wie bei R 585 zum Passo di Varicla (2097 m) und jenseits auf dem Weg Nr. 82 (R 586) durch die Kare und Mulden nordöstl. des Pizzo Camino zur Hütte hinab.

● **257** **Rifugio San Fermo, 1868 m**

Auf einer Schulter im Südgrat des Corna di San Fermo, nordöstl. über dem Sattel „Croce di Salven", liegt die große Kapelle San Fermo mit offener Vorhalle, an deren Süd- und Westseite Hüttenräume angebaut sind. 35 Schlafplätze, vom 1.6. bis 30.9. bewartet. Schlüssel für den Winterraum beim Pro Loco in Borno.

Gipfel: Corna di San Fermo, Cima Moren, Pizzo Camino. Übergänge: Zum Rif. G. Laeng auf dem „Sentiero alto", Weg Nr. 82; über den Passo di Costone nach Azzone, bzw. über den Passo di Corna Busa nach Schilpario.

● **258** **Von Borno** (888 m)
2¹/₂ Std., teilweise markiert.

Vom Nordwestrand des Dorfes steigt man nach NW auf der rechten (orogr. linken) Seite des Torrente Caidone, bis man auf 1250 m auf einen Fahrweg trifft. Diesem folgend quert man den Bach und gelangt über einen bewaldeten Rücken zur Malga Zumello (1565 m, Quelle). Links an der Alm vorbei geht man zum Waldgürtel hinauf, wo man auf einen Steig stößt, der sich in den Wiesen darüber wieder verliert. Doch hier ist bereits das Kreuz, das auf einem Hügel unterhalb der Hütte steht, sichtbar und weist den Weg. Auf den letzten Metern trifft man auf den Weg Nr. 82.

● **259** **Von Borno** (888 m)
3 Std., markiert.

Weiter, aber bequemer als R 258: Wie bei R 254 zum Lago di Lova und von der Wegteilung auf 1480 m auf Weg Nr. 82 schräg durch den Südhang der Cima Moren zur Hütte.

In der Presolana-Gruppe:

● **260** **Rifugio Luigi Albani, 1939 m**

Nordwestl. der gewaltigen Kalkmauer der Presolana, durch deren senkrechte Nordwände zahlreiche schwierige Kletterrouten führen, liegt diese schöne Hütte des CAI Bergamo. 60 Schlafplätze, von Anfang Mai bis Ende September durchgehend, bis Anfang November an Sonn- und Feiertagen geöffnet. Tel. 03 46 / 5 11 05.

Gipfel: Monte Ferrante, Presolana und Monte Visolo. Übergänge: Auf dem „Sentiero delle Orobie" zum Rif. Curò; durch das Valle del Valzurio in das Valle Seriana; auf dem „Sentiero della Porta" zum Passo della Presolana.

● **261 Von Còlere** (1013 m)
  2½ bis 3 Std., markiert.

Am großen Parkplatz unterhalb der Liftstation am Westrand des Dorfes weist ein Ww. mit Nr. 403 durch die obersten Häuser mit torartiger Durchfahrt zur „mulattiera". Oberhalb teilt sich der Weg und der „sentiero" verläuft anfangs steiler, dann mäßig steil, links (orogr. rechts) vom Bach, bis beide Wege auf etwa 1200 m wieder zusammentreffen. Wenige Meter danach zweigt der Sentiero wiederum ab, führt an einem Seitenbach entlang zu einer Brücke und nach links in den Wald hinauf zu einer weiteren Wegteilung (1280 m): links „difficile", rechts „facile". Der sogenannte schwierige Weg geht ziemlich direkt im Wald nach S auf felsigem Steig ohne Schwierigkeiten hinauf, während der leichtere nach W ausholt. Auf etwa 1470 m vereinigen sich beide Wege wieder. Bis etwa 1575 m bleibt man im Wald und steigt dann über eine Wiese mit Alpenrosen und einzelnen, zerzausten Lärchen auf die Nordwände der Presolana zu. An einer Felswand auf etwa 1670 m sieht man die rote Aufschrift „Rif. Albani" mit Wegteilung darunter. Der Weg Nr. 403 führt links daran vorbei, quert dann ein Geröllfeld schräg nach links und läuft im großen Bogen, zum Schluß an den Bergwerksgebäuden vorbei, zu der schon längst rechts oben auf den Felsen sichtbaren Hütte.

● **262 Vom oberen Seccollift** (etwa 2120 m)
  20 Min., markiert.

Von der Bergstation des oberen Sesselliftes geht man durch unübersichtliches, teilweise felsiges Gelände zur östl. gelegenen Hütte hinab.

● **263 Vom Passo Scagnello** (2092 m)
  ¼ Std., markiert.

Vom Paß geht man auf dem Steig Nr. 401 nach NO und O zur Hütte hinunter.

● **264   Bivacco Città di Clusone, 2085 m**

Die Biwakschachtel des CAI Clusone/Bergamo liegt etwas unterhalb der Kapelle „Savina Bazarsi" (auf die sich die Höhenangabe bezieht) auf einem Grashügel zwischen den ausgedehnten Geröllfeldern, etwa in der Mitte der Südflanke der Presolana. Wasser in der Grotta dei Pagani am Einstieg des Normalweges zur Presolana (2224 m, 20 Min.).

● **265   Vom Passo della Presolana** (1297 m)
   2 bis 2¹/₂ Std., markiert.

Beim Parkplatz westl. der Paßhöhe beginnt der Weg (Holzschild), der bis zur zweiten Kehre einer schmalen Schotterstraße folgt. Dort zweigt er mit gelber Mark. nach W ab, läuft auf etwa 1380 m durch die Beine eines Hochspannungsmasten, quert weiter den von üppigem Goldregen durchsetzten Fichtenwald und führt auf etwa 1490 m auf die Almweiden hinaus. Weiter querend zur Malga Cassinelli (1522 m), wo man auf die Mark. „315" trifft, die von der Località Prada (1220 m) heraufkommt. Dieser Weg führt schräg nach NW über Wiesen und Schotter, ein Stück etwas mühsam, schließlich flacher zu Kapelle und Bivacco.

● **266   Vom Passo di Pozzera** (2126 m)
   ¹/₂ Std., markiert.

Der Weg Nr. 318 führt unter den Gratfelsen des Südgrates der Presolana Orientale leicht ansteigend im Bogen nach N und NW und oberhalb einer Felsbarriere zur „Grotta dei Pagani" am Wandfuß der Presolana. Mit Mark. Nr. 315 dann über steiles Geröll abwärts und zur südöstl. gelegenen Kapelle queren.

● **267   Rifugio Magnolini, 1612 m**

Schön gelegene Hütte des CAI Lòvere östl. von Clusone am Westrand der Hochfläche „Piano della Palù", die sich auf der Nordseite des Monte Alto erstreckt. 40 Schlafplätze, ganzj. bewirtschaftet. Tel. 03 46 / 3 13 44.

Gipfel: Monte Alto und Monte Pora. Übergänge: Zum Passo della Presolana über den Colle di Vareno.

● **268   Von Bossico** (847 m)
   3 Std., markiert.

An der Kirche San Pietro links vorbei und am Südhang nach O (mit Blick auf den Iseosee) hinauf zum Rand der Hochfläche „Monte di Lòvere". Vom Parkplatz auf dem rotweiß mark. Weg Nr. 552 (erst Fahrweg und später Saumpfad) nach N durch den bewaldeten Osthang des Monte Colombina. Nach etwa 35 Min. zweigt bei einem

Brünnlein, wenige Meter vor einem kleinen Sattel (1160 m), nach SW der Weg 554 zum Monte Colombina ab. Ungefähr auf gleicher Höhe bleibend weiter nach N an einer Alm vorbei und den Kessel des Valle di Supine auslaufen. Danach mündet bei einer Quelle von rechts der Weg Nr. 551 von Ceratello ein. Nun mit Nr. 551 weiter nach N in Kehren zum unscheinbaren Sattel „il Forcellino" (1300 m), wo der Weg Nr. 557 von Onore einmündet. Auf 1375 m verläßt man den Wald und steigt über einen Wiesenhang zur Malga Ramello del Nedi (1420 m), wo rechts oben (nordöstl.) die Hütte sichtbar wird, die man auf einem Ziehweg über Wiesen in einer knappen halben Stunde erreicht.

- **269   Von Onore** (692 m)
  3 bis 4 Std., markiert.

Vom Südostrand des Dorfes führt ein Schotterweg nach SO in das Val Righenzolo, der bis S. Antonio (915 m, zu Fuß knapp 1 Std.), wo das Tal einen Knick nach NO macht, befahrbar ist. Nach den Hütten von S. Antonio, die versteckt auf einer bewaldeten Schwemmfläche südl. des Weges liegen, folgt man dem Weg in das Valle di Frucc, wie nun die Fortsetzung des Tales nach NO heißt. Nach ³/₄ Std. am und im enger werdenden Bachbett (rotweiße und gelbe Mark.) biegt nach der Alm (1045 m, östl. des Monte Cornet) der Weg nach SO und folgt, gut mark., dem Verlauf des Valle di Elma (ausgewaschene Rinne mit Motorradspuren) bis zum kleinen Sattel „Il Forcellino" (etwa 1300 m). Weiter wie bei R 268.

- **270   Von Bratto/ Malga Pora** (1499 m)
  ³/₄ Std., markiert.

Von Bratto auf der breiten Liftzufahrt zur Malga Pora. Von dort wandert man bequem an Liften und zwei Wasserlöchern vorbei zur südl. gelegenen Hütte.

- **271   Vom Passo della Presolana** (1297 m)
  2¹/₂ bis 3 Std., markiert.

Vom Paß folgt man der Forststraße mit Mark. Nr. 551, die erst durch Wiesen nach SO und dann nach SW in die Ostflanke des Monte Scanapà und mehrere Taleinschnitte querend zur kleinen Hochfläche am Castello Orseto führt (großzügig ausgestatteter Picknickplatz!). Am Hang flach weiter durch das Val Fada bis unter den Colle di Vareno (1372 m), wo der von Angolo heraufkommende Weg Nr. 560 zum Sattel mit Tümpel hinaufführt. Auf der westl. unter dem Sattel querenden Asphaltstraße zur Malga Pora (1499 m) und weiter wie bei R 270.

In der Endine-Umrandung:

● 272 **Rifugio San Lucio, 1027 m**

Mit Fahrzeug erreichbare Hütte südl. von Clusone auf einer Geländeterrasse im Nordosthang des Pizzo Formico. Ausgangspunkt zum Pizzo Formico. Keine Übernachtungsmöglichkeit.

● 273 **Rifugio Monte Farno, 1270 m**

Privates Hüttengasthaus im Conca del Farno, einer schönen Hochfläche südwestl. des Pizzo Formico. Mit Fahrzeug von Gandino erreichbar, 24 Betten, ganzj. geöffnet. Tel. 0 35 / 74 52 86.

Gipfel: Pizzo Formico. Übergang: Über die Forcella Larga zum Rif. Lucio.

● 274 **Trattoria Valpiana, 1060 m**

Ehemalige Hütte des CAI im Val Piana, das sich von Gandino (522 m) im Valle Seriana nach NO zum Monte Sòvere hinaufzieht. Privat, ohne Schlafgelegenheit, den ganzen Sommer geöffnet. Von Gandino 8 km grobschottrige Fahrstraße. Ausgangspunkt zum Monte Sparavera, Monte Grione und Monte di Sòvere.

● 275 **Malga Lunga, 1235 m**

Alpini-Hütte am Monte Sòvere, dem östlichsten Gipfel der Formico-Gruppe. Ehemaliges Almgebäude mit großer überdachter Terrasse. In der Vorhalle Gedenkstein, in der Hütte kleines Museum, das über den in den B.A. sehr heftig geführten Partisanenkrieg informiert.

Gipfel: Monte Sparavera, Monte Grione und Pizzo Formico.

● 276 **Von der Trattoria Valpiana** (1060 m)
½ Std., markiert.

Vom Ende der Straße hinter der Trattoria Valpiana steigt man nach O zur Hütte hinauf.

In der Arera-Alben-Gruppe:

● 277 **Rifugio G. Palazzi, etwa 2000 m**

Kleine gemauerte Schutzhütte im Westgrat der Cima di Menna, die 1980 von der Gruppo Quattro Cime MAGA (Cima di Menna, Pizzo Arera, Cima di Grem, Monte Alben) gebaut wurde. 15 Schlafplätze, vom 1.7. bis 31.8. bewartet, Hüttenwart: Sig. E. Apis (Oltre il Colle), Tel. 03 45 / 9 51 07.

● **278   Von Zorzone** (1016 m)
   2¹/₂ bis 3 Std., markiert.

Beim Kriegerdenkmal links die Fahrstraße hinauf (Ww. „231" und „234"). Nach der dritten Kehre weist ein großer gelber Ww. „Sentiero Menna" links auf den guten Weg, der nach NW und N aufwärts führt. Bei der nächsten Wegteilung (roter Pfeil und Mark.) nach links zu einem Fahrweg. Auf diesem wieder nach links (NW) zu einem Taleinschnitt, wo ein gelbes Schild nach N weist. Auf schönem Waldweg steigt man rechts (orogr. links) der Bachrinne, die man auf etwa 1300 m quert, hinauf zu den Wiesen der Alm La Foppa (1480 m). Westl. des Gebäudes wendet man sich wieder nach N und steigt zu einem Felsen mit großem rotem Punkt vor einer Rinne. Nun empor in Richtung des großen Kreuzes, das auf einer Graterhebung am Horizont über dem Talkessel dominiert, und zum Schluß weit nach O ausholend zu der Hütte am Sattel östl. des Kreuzes.

● **279   Rifugio Ca' d'Arera, 1600 m**
Die rote Hütte der SABA (Società Alpinistica Bergamo Alta) liegt auf der Südseite des Pizzo Arera, unterhalb der Mittelstation des Sesselliftes. 24 Betten, vom 24.6. bis 10.9. nur für Mitglieder der SABA geöffnet, Auskunft bei SABA, Via G. Donizetti 17, 24100 Bergamo.

Gipfel und Übergänge wie vom Rif. Capanna 2000.

● **280   Von Zambla Alta/Pra dell'Isola** (1169 m)
   1 bis 1¹/₄ Std., markiert.

Die Straße zur Talstation der Sessellifte auf der Pra dell'Isola führt oberhalb des Campeggio Plassa weiter zu einer Schranke. Von dort auf dem mit Nr. 221 mark. Wirtschaftsweg in Kehren durch den Wald und an den Abbaustätten von Zinkkarbonaten vorbei zur roten Hütte hinauf.

● **281   Rifugio Capanna 2000, knapp 2000 m**
Private Hütte auf dem Pian Casaccio unter dem Südwestgrat des Pizzo Arera, im Gebäude der Bergstation des oberen Sesselliftes. 28 Betten, vom 24.6. bis 10.9. geöffnet. Tel. 03 45 / 9 50 77.

Gipfel: Pizzo Arera, Corna Piana, Cima Valmora, Cima di Grem. Übergänge: Auf dem „Sentiero dei Fiori" zum Passo Branchino, dann weiter nach Roncobello oder zum Rif. Alpe Corte; über die Bocch. Camplano zum Rif. Leten.

● **282   Von der Ca' d'Arera** (1600 m)
   1 Std., markiert.

Auf dem Weg Nr. 222 steigt man nach N, an dem kleinen botanischen Garten vorbei, über die Wiesen und steinigen Skipisten zur Bergstation des oberen Sesselliftes.

● 283 **Rifugio Alpe Grem, 1098 m**

Über dem Valle del Riso liegt am Südhang der Cima di Grem auf dem bewaldeten Rücken westl. des Valle dell'Orso die renovierte und mit großem Wasserreservoir versehene Hütte der Gemeinde Gorno, 32 Betten. Von der Gruppe G.S.A. Camos von Juni bis September bewirtschaftet, auf Bestellung auch Unterkunft für Bergsteiger- und Jugendgruppen. Auskunft und Anmeldung bei Sig. Guerinoni Aldo, Via dei Deputati 10, 24020 Gorno, Tel. 0 35 / 70 72 56 oder bei der Gemeindeverwaltung Gorno, Tel. 0 35 / 70 72 45.

Gipfel: Cima di Grem. Übergänge: Über die Cima di Grem und die Baita Camplano zum Rif. Leten, bzw. zu den Sesselliften am Pizzo Arera.

● 284 **Von Gorno, Ortsteil Villassio** (645 m)
   1¹/₂ Std., Fahrstraße bzw. markierter Weg.

In Gorno bergwärts bis zur Abzweigung nach NW (Ww.). Die zunächst asphaltierte Straße führt durch die Südwesthänge der Cime di Belloro, dann als holprige Schotterstraße zum tiefen Einschnitt des Valle dell'Orso und endet oberhalb der Hütte (Ww.), die man in 3 Min. zu Fuß erreicht. Der Weg Nr. 249 beginnt am Nordwestrand des Dorfes, verläuft unterhalb des Fahrweges, mehr oder minder parallel dazu, und mündet vor dem Valle dell'Orso in den Fahrweg.

● 285 **Vom Col di Zambla** (1251 m)
   1 Std., markiert.

Vom Parkplatz mit Brunnen und Kreuz nach NO durch eine Senke zum Weg Nr. 223, der sich bald darauf teilt und dessen rechter Ast das bewaldete Val del Riso quert. Spärlich mark. führt er am Hang nach SO weiter, teilweise über Abraumschutt, zu dem Rücken zwischen Val del Riso und Val dell'Orso, in dessen Ostflanke die Hütte steht.

● 286 **Rifugio Santa Maria in Leten, 1765 m**

Am Westrand des obersten Talkessels des Val Nossana, das von Ponte Nossa im Valle Seriana nach N aufsteigt, liegt südöstl. der Cima di Leten bzw. südwestl. der Cima del Fop diese massive, einfache Bergsteigerunterkunft der Gemeinde Ponte Nossa und der „Gruppo Amici del Rifugio Santamaria" (auch Rif. GARS genannt).

20 Schlafplätze, an den Wochenenden meist bewartet. Auskunft und Schlüssel bei Sig. Tiraboschi Edoardo, Via Medaglie d'Oro 10, Ponte Nossa, Tel. 0 35 / 70 23 63, oder Sig. Innocenti Ermanno, Via Europa 214, Ponte Nossa, Tel. 0 35 / 70 10 36, oder bei der Gemeindeverwaltung Ponte Nossa, Tel. 0 35 / 70 10 54.

Gipfel: Pizzo Arera, Cima Valmora, Cima di Leten, Cima del Fop und Monte Secco. Übergänge: Über den Passo del Re nach Valcanale, über Forcella Valmora, Passo Corna Piana und Bocch. di Corna Piana zum Passo Branchino; über die Bocch. Camplano zu den Rif. Ca' d'Arera und Capanna 2000; über die Cima di Grem zum Rif. Alpe Grem; zum Rif. Vaccaro wie bei R 293.

● **287   Von Premolo, Ortsteil Bratte** (716 m)
  3¹/₂ Std., markiert.

Von Ponte Nossa kommend fährt man in Premolo geradeaus in die Via Valzella und in Kehren hinauf zum Ortsteil Bratte (hinter den letzten Häusern kleiner Parkplatz). Wenige Meter oberhalb beginnt der Weg Nr. 245 rechts der Straße als Wiesenpfad (erste Mark. nach 60 m) und führt am Hang über dem dichtbewaldeten Val Nossana in leichtem Auf und Ab nach N. Nach dem Brunnen „Fontana del Cacciatore" kommt man zu einer Wegteilung, hält sich dort links und geht an der Almruine „Casa Lova" (im Nagelfluhfelsen, 781 m) vorbei bis zur Wegteilung auf der Lichtung „Piazza Monzone" (851 m, 1¹/₄ Std.). Dort führt der Weg Nr. 242 (Ww.) rechts zum Bach und trifft am Gegenhang auf den Weg, der von Parre heraufkommt. Der mark. Steig führt nun im Wald nach N auf der rechten (orogr. linken) Bachseite bis etwa 1000 m, dann links (orogr. rechts) vom Bach bis 1130 m, wechselt dort nochmals und steigt zur Almruine Baita di Sopra (1300 m) auf. Von dort quert er am steilen Hang flach zum Bach und steigt drüben in Kehren, die Steilstufen umgehend, bis auf 1725 m und führt schließlich flacher zur Hütte, neben der sich eine kleine bewirtschaftete Alm befindet.

● **288   Von Parre oberhalb Ponte Nossa** (632 m)
  4 Std., markiert.

Vom Parkplatz beim Friedhof, oben am Nordwestrand des Dorfes, geht man auf der Fahrstraße weiter nach SW am Dorfpark vorbei und nach W zu den Häusern von Cossaglio, wo sich der Fahrweg allmählich nach NW in das Valle Nossana wendet (20 Min.). Der mark. Steig führt dann am Bachbett, etwa ein dutzendmal das Bachbett querend und stückweise darin verlaufend, zur Wegteilung auf der rechten (orogr. linken) Seite im Wald (851 m). Weiter wie bei R 287.

● **289   Vom Passo del Re** (1997 m)
   1/2 Std., markiert oder weglos.

Man kann entweder direkt weglos zur gut sichtbaren Hütte absteigen oder bequemer der Mark. Nr. 243 weiter folgen, die in weitem Bogen nach W ausholt und zur Hütte hinabführt.

● **290   Von den Sesselliften am Pizzo Arera** (1600 und 2000 m)
   2 bis 2²/₃ Std., markiert.

a) Von der Mittelstation der Sessellifte (etwa 1600 m) geht man schräg nach NO mit Mark. Nr. 237 über die schotterige Skipiste aufwärts und quert dann die Wiesenhänge am Südhang des Pizzo Arera zur Baita Zuccone (1799 m) am gleichnamigen Sattel. Danach kurz steil abwärts und weiter (mit 237 und 244) querend zur flachen Bocch. Camplano, unter der ostseitig die Baita Camplano (1826 m) liegt. Durch den Südosthang des P. 2054 geht man zu dem Bach, der von der Bocch. Valmora herabkommt, und quert ihn unter der untersten Geländestufe über dem Talboden des Valmora auf etwa 1750 m. In weitem Bogen folgt man weiter der neuen Mark. 244, die zum Südgrat der Cima di Leten aufsteigt. Der Steig umrundet diesen Gratrücken und führt schließlich nach NO in den großen Talkessel mit der Hütte südöstl. unter der Cima del Fop. b) Von der Bergstation des oberen Sesselliftes führt der Weg Nr. 244 nach O zur Baita Zuccone und weiter wie bei a).

● **291   Rifugio Vaccaro, 1519 m**

Im September 1987 eingeweihte Hütte der GEP (Gruppo Escursionistici di Parre) und der Gemeinde Parre, die an dem Wiesenrücken in der Südflanke der Cima Vaccaro liegt, der das Val Fontagnone vom Valle Seriana trennt. Auf den Karten mit Stallone Vaccaro angegeben. 35 Schlafplätze, Juli/August geöffnet. Auskunft bei der Gemeindeverwaltung Parre, Tel. 0 35 / 70 10 02.

Gipfel: Cima Vaccaro, Monte Secco. Übergänge: Zum Rif. Leten und über den Passo del Re in das Valcanale.

● **292   Von Parre** (632 m)
   2¹/₂ bis 3 Std., markiert.

Oberhalb der Kirche geht man durch den Torbogen mit großem Fresko des heiligen Christophorus und biegt etwa 50 m danach rechts in den Saumpfad, der zum Kirchlein S. Trinità hinaufführt. Dort ein Stück rechts abwärts und auf betoniertem Wirtschaftsweg den Talgrund des Valle Fontagnone queren. Wo am Gegenhang die Straße abfällt, zweigt links der alte Saumpfad ab, der in der Ostflanke des breiten Rückens über dem Valle Seriana zur Kirche St. Antonio führt (1045 m, das letzte Stück auf Schotterstraße). Von dort nach W auf den Wiesenrücken und entlang der Busch- und Baumreihe auf dem Saumpfad mit Mark. 241 (roter Punkt auf weißem Strich) nach N. Auf 1310 m Höhe betritt man den Wald, an dessen Ende man nach W zum Wiesengrat mit Alm und Pozza (1412 m) aufsteigt. Auf diesem Grasrücken zur nächsten Alm (1495 m) und den Bacheinschnitt nach W querend zur Hütte.

● **293 Vom Rif. Leten** (1765 m)
1½ bis 2 Std., markiert.

Man folgt dem Weg Nr. 240 nach SO zu einem breiten Grassattel, quert dann nach O mehrere Felsrinnen zu einer markanten Grasrippe und geht von dort auf eine Felsschulter zu, über die man in den Talkessel der Baita del Fop (1597 m) gelangt. Am Gegenhang ansteigend umgeht man den nächsten Buckel und kommt in Südost-Richtung zum Sattel mit der Baita della Forcella (1718 m, pozza = Tümpel zum Viehtränken). Hier wendet man sich wieder nach NO, läuft den Talkopf des Val Fontagnone aus, an einer weiteren Pozza (1770 m) vorbei und erreicht, nach SO abwärts gehend, die große Pozza oberhalb der Baita Vaccaro (1649 m). An der Alm vorbei nach S am Grasrücken auf Steigspuren zur Hütte hinab. Am Weg bemerkenswerte Flora!

● **294   Bivacco Plana, etwa 1235 m**

Kleine gemauerte Schutzhütte der „Alpini Chignolo d'Oneta" im Val Noseda in der Ostflanke des Monte Alben, auf einer kleinen Terrasse im steilen Hang unter Felsrippen. 10 bescheidene Schlafplätze mit wenigen Decken. Kein Wasser!

● **295 Von Chignolo** (826 m)
knapp 1½ Std., markiert.

Das auf einem Hügel südl. über dem Val del Riso liegende Bergdorf Chignolo erreicht man von Riso auf kurvenreicher Asphaltstraße. Bei der Kirche beginnt der Weg mit Mark. Nr. 526, der zu einem Sattel und dann nordseitig um den bewaldeten Gratrücken des Monte Castello flach in das Val Noseda führt. Der Steig mit spärlicher werdender Mark. schlängelt sich nun ziemlich steil nach SW zur Hütte hinauf.

● **296   Bivacco Dante Testa, 1490 m**

Kleine Schutzhütte der GAV (Gruppo Alpinistico Vertovese) am Passo di Pradaccio im Südostgrat des Monte Alben nordwestl. des Monte Secretondo. 2 Betten, offener Kamin, Quelle im Westhang unterhalb.

● **297 Vom Val Vertova** (etwa 500 m)
3 bis 3¹/₂ Std., markiert.

Vom ehemaligen E-Werksgebäude im Val Vertova (Parkplatz im Hof) wandert man flach auf einem Fahrweg am Bach durch reizvolle Schluchten mit kleinen Wasserfällen und grünen Gumpen. Nach 30 Min. zweigt der Steig Nr. 257 halblinks ab, umgeht eine Steilstufe und folgt weiter dem Bach, den er etliche Male kreuzt. Auf etwa 1100 m tritt man aus dem Wald und das Tal weitet sich zu einem Becken, das von der gezackten Felskulisse vom Monte Succhello bis zum Monte Secretondo umrahmt ist. Oberhalb der verfallenen Cascine Sedernello (1213 m) wendet sich der Steig nach O, quert den Hang und führt schließlich steil zum Bivacco hinauf.

● **298 Von Vertova** (404 m)
3¹/₂ Std., markiert.

Von der Piazza V. Veneto biegt man in die Via Monte Grappa, die bei einem Alpini-Monument in den Fahrweg nach Cavlera mündet. Nach etwa 400 m biegt der abkürzende Saumpfad mit Mark. 530 rechts ab und führt nochmal zur Straße, die er oberhalb des Brunnens „Albe" (810 m) endgültig verläßt. Der Fußweg führt im Wald ziemlich steil nach N zu den freien Flächen des „Crus di Grom", einem Aussichtspunkt mit Kreuz. Dann an zwei Almen vorbei, kurz durch Birken und Buchen und über Wiesen zum Kirchlein von Cavlera (1170 m). Nun über Wiesen nach NW nach Dasla (1137 m, bis hierher auch auf schlechter Straße befahrbar). Nach W weitergehend an der Gedenktafel „la Masù" vorbei durch die Nordflanke des P. 1371 zum Passo di Blimen (1277 m). Vom Paß nach NW der Mark. Nr. 530 folgend zu einem Roccolo, danach in Kehren am Südhang des Monte Secretondo aufwärts und am steilen Hang zum Passo di Pradaccio mit dem Bivacco queren.

In der Resegone-Campelli-Gruppe:

● **299 Rifugio dei Lupi di Brembilla, 1260 m**

1985 erbaute Hütte des Bergsteigerclubs „Lupi di Brembilla", die ein wenig nördl. des Pizzo Cerro am Südgrat des Castello della Regina liegt, der das Valle Brembilla vom Valle Brembana trennt. 36 Schlafplätze, an den Wochenenden geöffnet, Auskunft bei der Gemeindeverwaltung Brembilla Tel. 03 45 / 9 80 64.

Gipfel: Pizzo Cerro, Castello della Regina, Monte Foldone, Monte Sornadello.

● **300** **Von Catremerio** (988 m)
³/₄ bis 1 Std., markiert.

Catremerio ist erreichbar von Zogno über S. Antonio Abbandonato oder von Brembilla:

a) von der Kirche in Catremerio folgt man der neuen gelben Mark. nach NW flach zum Bach und steigt dann durch den Osthang des Pizzo Cerro nach SW zu dessen Südgrat (Flora!) und über den Gipfel mit Kapelle zur nördl. gelegenen Hütte.

b) oberhalb der Kirche beginnt der Saumpfad, der rot und gelb mark. nach N durch Wald und Buschwerk bis unter einen kleinen Sattel (1130 m) führt. Von dort entweder direkt zur Hütte oder am Lastenaufzug der Hütte vorbei zum Nordgrat des Pizzo Cerro, auf den man etwa 100 m nördl. der Hütte trifft.

● **301**   **Rifugio Gherardi, 1650 m**

1985 gebaute, solide Steinhütte des CAI Zogno südl. des Monte Aralalta auf der schönen Hochfläche Piazza d'Alben. 50 Betten, vom 1.6. bis 30.9. durchgehend, davor und danach an Sonn- und Feiertagen bewartet.

Gipfel: Monte Venturosa, Monte Aralalta und Monte Sodadura. Übergänge: Zur Bocch. di Regadur und auf dem „Sentiero delle Orobie Occidentali" nach Cassiglio oder zum Rif. Cazzaniga.

● **302** **Von Pizzino** (930 m)
2 Std., markiert.

Man wandert auf dem mark. Saumpfad nach NW in das Valle dello Zucco an der Kapelle Madonna di Salzana (863 m) und der Almsiedlung Fraggio (992 m) vorbei, immer rechts (orogr. links) des Baches, zu den Almen von Bonetto (1126 m). Von dort steigt man am Nordwesthang des Corno del Bruco hinauf zum Hochplateau „Piazza d'Alben", an dessen Westrand die Hütte liegt.

● **303** **Von Quindicina** (1345 m)
1 bis 1¹/₂ Std., markiert.

Auf dem Sträßchen, das von Pizzino am Osthang des Corno del Bruco nach N führt, erreicht man diese Streusiedlung. Der Weg mit blauer Mark. beginnt hinter einer ausgebauten Alm und führt am Wiesenhang nach SW zu einem Rücken hinauf, wendet sich dort nach N und gelangt durch Mulden auf die weite Hochfläche Piazza d'Alben, auf der oberhalb einer großen Pozza die Hütte steht.

● **304** **Von den Piani d'Artavaggio** (1650 m)
1¹/₄ Std., markiert.

Von der Bergstation der Seilbahn folgt man dem Weg nach O zum Albergo Sciatori und biegt nach der Kapelle in den Fußweg ein, der über einen Grasrücken zum Einschnitt des Canale Scannagallo führt. Danach quert man am Südhang zur Baita Scannagallo alta (1594 m) und gelangt, weitere Bachrinnen am Kopfende des Valle di Salzano querend, zur Baita Campofiorito (1631 m). Über Wiesen wandert man nun am ehemaligen Rif. Alben (Cesare Battisti, jetzt privat) vorbei zu einem Weiher und weiter nach S zur Hütte.

● **305** **Rifugio Guiseppe Cazzaniga**
e Ugo Merlini, 1888 m

Kurz Rif. Cazzaniga genannte Hütte der ANA (Associazione Nazionale Alpina), Sektion Lecco, am Nordostrand der Piani d'Artavaggio, südöstl. des Zuccone dei Campelli. 26 Betten, von Mitte Juli bis Ende August, ansonsten nur an Sonn- und Feiertagen geöffnet. Tel. 03 41 / 99 78 39.

Gipfel: Zuccone dei Campelli und Cima di Piazzo. Übergänge: Zum Rif. Lecco auf dem „Sentiero degli Stradini"; auf dem „Sentiero delle Orobie Occidentali" zu den Piani di Bobbio (Rif. Ratti) oder über den Passo di Baciamorti nach Cassiglio; nach Valtorta über die Bocch. di Piazzo.

● **306** **Von der Seilbahnstation** (1650 m)
3/4 Std., markiert.

Von der Bergstation der Seilbahn zu den Piani d'Artavaggio folgt man dem Fahrweg nach O zum Albergo Sciatori und verläßt vor dem Rif. Casari die Straße, um der Trasse zweier Lifte nach NO und N bis unter das supermoderne Gebäude des Rif. Nicola (1870 m) zu folgen, und geht dann noch kurz zum nördl. gelegenen Rif. Cazzaniga hinauf.

● **307** **Vom Culmine San Pietro** (1258 m)
2¹/₂ bis 3 Std., markiert.

Vom Ww. folgt man dem mark. Weg Nr. 21 nach O zu einem Wiesensattel, auf der Ostseite abwärts an zwei Almen vorbei und zwischen den Häusern einer dritten durch, und quert dann durch lichten Wald in Auf und Ab zwischen 1200 und 1300 m Höhe den Südosthang des Zuc di Maésimo unter dessen Felsrippen bis in die Nähe der Schlucht des Val Bordesiglio (unten die Paßstraße von Vedeseta zum Culmine). Nun wendet man sich nach links (N) und folgt den Wegspuren, die sich über die Wiesenhänge an der Baita Corna (1341 m) vorbei zur Bocch. Maésimo (1555 m) hinaufschlängeln. Dort nach rechts an der Casera Maésimo und westl. an zwei Grashügeln vorbei zu einem weiteren Sattel. Wieder ansteigend durch

Buschwerk zu einem Wirtschaftsweg, dem man nach rechts folgt. Nach einem kurzen Waldstück über einen Buckel, dann im Bogen nach links zur Forcella d'Artavaggio (1600 m) und am Albergo Sciatori vorbei. Weiter wie bei R 306.

● **308 Vom Rif. Lecco** (1777 m)
   1¹/₂ Std., markiert.

Von der Hütte zur nahen, südl. gelegenen Bocch. di Pesciola hinüber, an der der „Sentiero Stradini" beginnt. Er führt mit Mark. Nr. 30 über den Südhang, unter der Cresta Ongania mit vielen Felstürmen und Zinnen, am Einstieg zum Klettersteig „Via Ferrata Rebuzzini" vorbei, nach SO. Durch mehrere felsige Rinnen (Drahtseile) gelangt man zu dem breiten Rücken „Colletto del Faggio" (1838 m). Von dort geht man nach O zur Casera Campelli (1782 m) hinab, an einem Tümpel vorbei und folgt schließlich dem gelb mark. Steig (Ww.), der sich zum südl. gelegenen Rif. Cazzaniga hinaufschlängelt.

● **309 Von Valtorta, Bar Olimpia** (950 m)
   2¹/₂ bis 3 Std., markiert.

Von der Straße nach Valtorta zweigt 1,5 km hinter Rava auf etwa 880 m die Via Olimpiadi (an Mauer Ww. „103") links ab zur Bar Olimpia mit großem Parkplatz. Vor der Bar biegt mit Ww. links der Weg Nr. 103 nach O ab und folgt zunächst der groben Schotterstraße, die allmählich nach S drehend in das Valle Secca führt. Nach den Almwiesen der Baita Abitacolo (1065 m) zweigt der Steig mit Mark. 103 in den Buchenwald ab und führt im Valle Secca, westl. vom Bach, aufwärts. Auf etwa 1490 m kreuzt der Steig den Bach und führt steiler in den Felsenkessel östl. der Cima di Piazzo. Nun schlängelt er sich zwischen den Felsen über eine Geländestufe hinweg zu den Wiesenflächen der Baite Piazzo und zur Bocch. di Piazzo (1879 m) hinauf, von der man rasch die westl. gelegene Hütte erreicht.

● **310** Weitere Hütten auf den Pianio d'Artavaggio:

Rifugio Nicola, 1870 m, doppelpyramidiges, modernes Gasthaus etwas südl. unter dem Rif. Cazzaniga, privat, 24 Betten, Tel. 03 41 / 99 79 39.

Rifugio Casari, 1638 m, nur 10 Min. von der Seilbahnstation entfernt, privat, 30 Betten, Tel. 03 41 / 99 78 37.

● **311**   **Rifugio Lecco, 1777 m**

Bergsteigerunterkunft des CAI Lecco am Südostrand der Piani di Bobbio, auf einem Hügel an der Öffnung des Vallone dei Camosci.

25 Betten, von Mitte Juli bis Mitte September, davor und danach nur an den Wochenenden geöffnet. Tel. 03 41 / 99 85 73. An den Felswänden des Zuccone dei Campelli zahlreiche reizvolle Kletterrouten und ein schwieriger Klettersteig.

Gipfel: Zucco di Barbesino, Zuccone dei Campelli und Zucco di Pesciola.

● **312 Von den Piani di Bobbio** (1620 m)
  ½ Std., markiert.

Von der Bergstation der Seilbahn wandert man am Rif. Ratti und Rif. Sora vorbei auf einem Fahrweg nach SO und durch die Wiesen zur weithin sichtbaren Hütte hinauf.

● **313   Rifugio Vittorio Ratti, 1663 m**

Große Hütte des CAI Lecco südöstl. der Bergstation der Seilbahn zu den Piani di Bobbio, auf einem Hügel mit schöner Aussicht. Gepflegte Küche! 60 Betten, ganzj. geöffnet. Tel. 03 41 / 99 65 33. Im Sommer 1990 wegen Personalmangels nur noch im August, davor und danach an den Wochenenden und auf Vorbestellung geöffnet. Anmeldung im Ristorante „La Cascata" in Introbio, Tel. 03 41 / 98 02 12.

Gipfel: Zuccone dei Campelli mit zahlreichen Kletterrouten. Übergänge: Zum Rif. Cazzaniga auf dem „Sentiero Stradini" (R 308); zum Rif. Grassi auf dem „Sentiero delle Orobie Occidentali".

● **314 Von der Seilbahnstation** (1620 m), *5 Min.*

Von der Seilbahn erreicht man rasch und bequem auf breitem Weg die südöstl. gelegene Hütte.

● **315   Rifugio Sora, 1665 m**

Private Hütte auf den Piani di Bobbio südöstl. der Bergstation der Seilbahn, etwas oberhalb vom Rif. Grassi. Im Juni 1989 abgebrannt und teilweise wieder aufgebaut. Bewirtschaftet vom Leiter der örtlichen Bergführervereinigung Sig. Fulvio Casari, derzeitig keine Betten (Stand 8/90). Tel. 03 41 / 99 65 30.

● **316   Bivacco Due Mani, 1657 m**

„Bivacco Locatelli-Scaiolo-Milano" des CAI Ballabio in Form einer Glasfaserkuppel mit gut 3 m Durchmesser auf dem Monte Due Mani, nordöstl. von Lecco.

● **317   Rifugio Marchett, 1257 m**

Privates kleines Berggasthaus am Nordrand der Piani d'Erna,

etwas nördl. unterhalb der Bergstation der Seilbahn von Lecco (Ortsteil Versasio) auf die Piani d'Erna. 16 Betten, ganzj. geöffnet (was nicht wörtlich zu nehmen ist!). Tel. 03 41 / 50 50 19.

Gipfel: Monte Resegone mit dem Rif. Azzoni. Übergänge: Über die Forcella d'Olino zum Culmine S. Pietro; über den „Giuff" nach Morterone; über die Bocca d'Erna zum Rif. Stoppani und zum Rif. Monzesi.

● **318   Von der Seilbahnstation Piani d'Erna** (1330 m)
10 Min., markiert.

Von der Station zur Bocca d'Erna (1291 m) hinab, wo sich die Wege zum Resegone und den anderen Hütten verzweigen (Hinweistafel), und auf dem Weg Nr. 18 nach N zur Hütte hinab.

● **319   Rifugio Luigi Azzoni, 1860 m**

Hütte der S.E.L. (Società Escursionisti Lecchesi) wenige Meter unter dem höchsten Punkt des Monte Resegone, dem Monte Serrada, mit großartigem Panoramablick. 1925 erbaut, im Krieg zerstört und 1947 neu aufgebaut. 20 Schlafplätze, im Juli/August durchgehend, davor und danach an Sonn- und Feiertagen geöffnet. Im Gebäude Winterraum „Bivacco Città di Lecco" mit 2 Betten.

● **320   Vom Rif. Monzesi** (1173 m)
2 Std., markiert, unschwierig.

Auf dem Weg Nr. 11 steigt man etwa 100 Hm nach N auf und quert dann nach rechts (O) die breite Rinne des Val Negra. Auf etwa 1400 m mündet der Weg vom Passo del Fo ein. Danach führen die Mark., die sich an den Verlauf der Rinne halten und sie noch zweimal kreuzen, über Geröll und Blöcke ziemlich steil nach N hinauf. Auf etwa 1700 m gesellt sich von W noch der Weg Nr. 1, der von dem Pian di Serrada kommt, dazu. Durch die breiter werdende Steilrinne gelangt man schließlich zur Hütte hinauf.

● **321   Vom Passo del Fo** (1284 m)
1¹/₂ Std., markiert, leichter Klettersteig bzw. Weg.

Dem Ww. nach NW zur „Ferrata Centenario" folgend zum Einstieg und mittels Drahtseilen und Leitern durch die 150 m hohe Felsbarriere zum Pian di Serrada hinauf. Dort trifft man oberhalb auf den Weg Nr. 1, der vom Rif. Stoppani (R 322) kommend zur Hütte führt.

● **322   Vom Rif. Stoppani** (890 m)
3 Std., markiert, unschwierig.

Von der Hütte führt der Weg Nr. 1 nach NO, quert eine steinige Rin-

ne, hält sich bei der Abzweigung des Weges Nr. 6 zum Passo del
Fo links und führt weiter zur Wiesenfläche des Piano del Fieno
(1167 m). Danach kreuzt er den Weg Nr. 7 und nach der Querung
eines Schotterfeldes den Weg Nr. 5. Vom Wegkreuz am Piano della
Bedoletta (1300 m) führt er am felsdurchsetzten Grashang weiter
und quert die große Rinne mit Felsblöcken. Dann führt die gute
Mark. durch stark zerklüftetes Gelände zum Pian di Serrada. Weiter
an der Ruine des Baitello di Serrada (1532 m) und der Quelle „Sorgente di Pian Serrada" vorbei zur Einmündung des Steiges, der am
Südwestgrat des Resegone über die „Ferrata Centenario" heraufkommt. Teils am Grat, teils in der Flanke des Val Negra führt der
Steig Nr. 1 über Gras und leichte Felsen (eine Querung mit Kette)
zur Felsnase „l'Om de Sass" (1750 m) hinauf und von dort endgültig in das Val Negra. Dort trifft er nach einigen Kehren auf den Weg
Nr. 11, der vom Rif. Monzesi heraufkommt, und führt in der steilen
Rinne zur Hütte hinauf.

● **323 Von der Bocca d'Erna** (1291 m)
   2 Std., markiert, unschwierig.

Von der Bocca folgt man dem Weg Nr. 5, der in Auf und Ab über
dem Val Comera nach SO führt und in den Weg Nr. 1 einmündet,
der vom Rif. Stoppani heraufkommt. Weiter wie bei R 322.

● **324 Von Brumano** (888 m)
   2¹/₂ bis 3 Std., markiert.

Der Weg Nr. 13 beginnt links an der Kirche (Mark. und Ww.) und
führt zunächst in Richtung SW über Wiesen an zwei Bauernhäusern und einer Alm vorbei bis zu einer Quelle am Waldrand. Dann
nach NW in angenehmer Steigung durch Wald, der durch eine Almlichtung unterbrochen wird, mal ein Stück eben, dann wieder ansteigend und immer gut mark., bis bei etwa 1500 m der Weg Nr. 17
von rechts einmündet (Ww.). Die Fortsetzung des Weges übernimmt
die Nr. 17. Jetzt allgemeine Richtung SW. Das Gelände wird freier
und zunehmend mit Fels durchsetzt. Am letzten Hang holt der Weg
nach links aus zu einer Scharte im Hauptgrat und führt schließlich
nach rechts zur Hütte hinauf.

● **325   Rifugio Passo del Fo, 1284 m**

Die kleine Hütte liegt am Passo del Fo im Südwestgrat des Monte
Resegone, ¹/₄ Std. vom Rif. Monzesi entfernt. Eigentum des CAI
Calolziocorte, 9 Betten, nur für Mitglieder der Sektion.

● **326   Rifugio Alpinisti Monzesi, 1173 m**

Diese schöne Hütte der Sektion Monza des CAI befindet sich südl.

des Monte Serrada, dem höchsten Punkt des Monte Resegone, auf einer Geländestufe westl. des Torrente Galavesa, unterhalb des Canalone di Val Negra. 24 Betten, vom Juni bis September durchgehend bewirtschaftet, davor und danach an den Wochenenden.

Gipfel: Monte Resegone. Übergänge: Über La Passata und Passo la Porta nach Brumano; über den Passo del Fo zu den Piani d'Erna.

● **327   Von Erve** (574 m)
1¹/₂ bis 2 Std., markiert.

Am nördl. Dorfende beginnt der Weg Nr. 11, läuft zunächst auf der linken (orogr. rechten) Seite des Torrente Galavesa nach N und überquert, sich nach O wendend, zwei Bacharme. Auf etwa 660 m (¹/₂ Std.) Schild mit zwei Aufstiegsmöglichkeiten: links auf kürzerem Weg ziemlich steil über einen Rücken zur Pra di Ratt und durch den westl. Talkessel, oder: rechts angenehmer, jedoch länger, erst links dann rechts vom Bach zur Fontana San Carlo und sehr schön durch Wald im Bogen nach NW, bis der Weg unterhalb des Brunnens südl. der Hütte sich wieder mit dem anderen Weg vereint. Kurz danach erreicht man die Hütte.

● **328   Rifugio Antonio Stoppani, 890 m**

Hütte des CAI Lecco im Val Comera westl. des Monte Resegone auf einer Grasrippe im Südhang des Pizzo d'Erna mit schöner Aussicht auf den Lago Garlate und die Seen der Brianza. 34 Schlafplätze, Juli/August durchgehend bewirtschaftet, davor und danach nur an den Wochenenden.

Gipfel: Pizzo d'Erna und Monte Resegone. Übergänge: Zum Rif. Azzoni wie bei R 322; zum Rif. Monzesi über den Passo del Fo.

● **329   Von der Talstation der Seilbahn zu den Piani d'Erna** (602 m),
³/₄ bis 1 Std., markiert.

Von dem Hügel, auf dem die Station liegt, geht man auf dem Weg Nr. 1 nach O in die Senke hinunter, wo man auf die Asphaltstraße stößt, der man nach S bis zum Tor der Azienda Agricola di Deviscio folgt. Auf dem weiterführenden gut mark. Saumpfad nach SO durch Wald zur kleinen Siedlung Costa (784 m, oberhalb die Votivkapelle „Madonna del Resegone") und zur nordöstl. gelegenen Hütte hinauf.

In der Gruppe der Grigne:

● 330　　　　Rifugio Corno Medale, 528 m

Private Hütte südwestl. von Laorca bzw. nördl. von Lecco am Fuß des Ostgrates des Corno Medale. 18 Schlafplätze, ganzj. geöffnet. Tel. 03 41 / 49 64 49. Auf mark. Weg von Laorca 20 Min. Den lohnenden Aussichtsgipfel Corno Medale erreicht man von der Hütte auf dem mit roten Dreiecken mark. Steig durch dessen Nordostflanke (leichte Kletterei mit Sicherungen, 1½ Std.).

● 331　　　　Rifugio Carlo Porta, 1426 m

Große Hütte des CAI Milano Über den Piani dei Resinelli am Fuß der Cresta Cermenati, dem Südgrat der Grigna Meridionale. 50 Betten, ganzj. bewirtschaftet (ausgezeichnete Küche!). Schöne Aussicht auf das Becken von Lecco und den Lago Garlate, die Corni del Nibbio, den Resegone und den Monte Due Mani.

Gipfel: Grigna Meridionale und Kletterrouten an den vielen bizarr geformten Kalkfelstürmen in der Südflanke der Grigna Meridionale. Übergänge: Nach Maggiano auf dem Höhenweg „Alta Via delle Grigne"; zum Rif. Rosalba über den Colle Valsecchi oder über den Colle del Pertusino; zum Rif. Brioschi über die Grigna Meridionale; zum Rif. Tedeschi auf der „Traversata Bassa".

● 332　Vom Kirchplatz der Piani Resinelli (1280 m)
　　　　20 Min., Ww., Fahrweg.

Auf der privaten Via Locatelli nach NO bis zur Wegteilung zum Ristorante Stella Alpina. Danach auf der rechten Straße (Schranke) den Schildern zum Rif. Porta folgend zur Via Bellavista, die nach O zur Hütte führt.

● 333　　　　Rifugio S.E.M., 1354 m

Auch Rif. Eubole Cavalletti genanntes Berggasthaus der Società Escursionisti Milanesi, Sektion des CAI, ½ km nordöstl. von den Piani dei Resinelli auf dem Rücken gelegen, der das Val Calolden vom Val Grande trennt. 50 Betten, ganzj. bewirtschaftet. Zufahrt mit Auto.

● 334　Weitere mit Fahrzeug erreichbare Hütten im Bereich der Piani dei Resinelli sind:

Rif. S.E.L./Renzo Rocca-Umberto Locatelli, 1277 m, südl. der Kirche von Resinelli;

Rif. Alippi, 1180 m, privat, westl. unterhalb der Piani dei Resinelli.

Gipfel und Übergänge s. Rif. Carlo Porta.

● **335**   **Rifugio Rosalba, 1730 m**

Hütte des CAI Milano auf dem Westgrat der Grigna Meridionale, nahe dem Colle del Pertusio. Hinreißendes Panorama. 43 Betten, Zisternenwasser, nur im August geöffnet. Davor und danach manchmal an den Wochenenden. Die Hütte ist Stützpunkt am Höhenweg
„Alta Via delle Grigne".

Gipfel: Grigna Meridionale und Grigna Settentrionale. Übergänge:
Auf der „Alta Via delle Grigne" zum Rif. Elisa und zum Rif. Brioschi.

● **336**   **Vom Rif. Carlo Porta** (1426 m)
        2¹/₂ Std., markiert, Klettersteig, Trittsicherheit!

Auf der „Direttissima": Hinter der Hütte beginnt der Weg Nr. 8 und
führt durch Buchenwald und über Wiesen zum schuttigen Ende des
Canalone Camai (1530 m, hierher auch direkt vom Kirchplatz der
Piani dei Resinelli). Der Weg zieht sich generell schräg nach NW
über den Südhang der Grignetta zu deren Westgrat hinauf: Erst in
Kehren über eine Grasrippe zu den Felsen, wo Ketten ein Stück gerade hinauf und dann links (nicht rechts der gelben Mark. folgen!)
zum Fuß des tiefen Felsspaltes „Caminetto Pagani" führen. Mittels
Leitern in die enge Scharte. Absteigend umrundet man eine Rippe,
quert das Felsband „Cengetta Ferrari" und in Auf und Ab über mehrere Scharten an den schlanken Felstürmen der Lancia und des
Campaniletto vorbei bis zur Felsrinne des Canale d'Angelina, unverkennbar durch den unterhalb stehenden „Fungo". Vom Ww.
rechts die Rinne hinauf, teils über leichte Felsen, teils etwas mühsam über Schotter, vorbei an den eleganten Türmen von Guglia Angelina und Ago Teresita bis an den Fuß der Felsen der Cresta Segantini. Dort trifft man auf den „Sentiero Cecilia" (Mark. Nr. 10),
steigt auf diesem nach links zu einer Scharte und durch ein steiles
Kar zum Colle Valsecchi (1898 m) hinauf. Auf der Nordseite nach
links (W) und auf Felsbändern durch die Nordwände der Grattürme
(Ketten) zum Colle Garibaldi (1824 m), auf der Südseite zum Colle
Rosalba (1830 m) und schließlich über Geröll zur Hütte hinunter.

● **337**   **Vom Rif. Alippi** (1180 m)
        2 bis 2¹/₂ Std.

Leichter und deshalb für den Abstieg geeignet: Der Weg Nr. 9 führt
vom Rif. Alippi erst flach über die Südwesthänge zu dem tiefen Einschnitt des Val Scepina und zum Canalone del Pertusio und dann
steiler und etwas mühsam in vielen Kehren zum Colle del Pertusio,
hinter dem die Hütte liegt.

● **338**   **Von Rongio** (397 m)
        3¹/₂ bis 4 Std., markiert, unschwierig.

Bei der Kirche Sant'Antonio beginnt der Weg Nr. 13 (Ww.), der als Saumpfad durch Wald nach O an der Capanna del Simone (750 m) und der Alm Strambin mit der Cappella del Signore (810 m) vorbei in das Val Scarettone führt. Man quert nun auf schmalerem Steig in eine felsige Rinne, steigt auf deren linker (orogr. rechter) Seite nach SO steil hinauf und weiter zum Canale del Camisallo. Nach N ausholend umgeht man die Felsen der „Colonne di Pescée" bis zu einer kleinen Hochfläche. Über abgestürzte Felsen und durch lichten Wald steigt man zu dem freien Rücken der Costa di Pioeucc (gesprochen Piötsch), an deren oberem Ende die Hütte steht. Siehe auch R 1151.

● **339 Von Maggiana** (340 m)
  4 Std., markiert, unschwierig.

Auf der 4. Etappe des Höhenweges „Alta Via delle Grigne" (R 1151).

● **340   Bivacco Bruno Ferrario, 2184 m**

Sechseckige, wie eine Raumfähre wirkende Alu-Biwakschachtel auf dem Gipfel der Grigna Meridionale. Keine Schlafgelegenheit.

● **341   Rifugio Elisa, 1515 m**

In der Westflanke unter dem Grat zwischen Grigna Settentrionale und Meridionale liegt auf einer Grasrippe über den Schluchten, die in das Val Meria abbrechen, die kleine Hütte des CAI Mandello del Lario versteckt unter Bäumen. 18 Schlafplätze, im August durchgehend, ansonsten an den Wochenenden geöffnet. Die Hütte ist Stützpunkt am Höhenweg „Alta Via delle Grigne".

Gipfel: Sasso Cavallo, Grigna Settentrionale und Meridionale. Übergänge: Auf der „Alta Via delle Grigne" zum Rif. Bietti, zum Rif. Brioschi oder zum Rif. Rosalba; über die Bocch. della Bassa zum Rif. Tedeschi.

● **342 Von Rongio** (397 m)
  3¹/₂ bis 4 Std., markiert.

Vom Kirchplatz in Rongio mit Mark. Nr. 14/18 (Ww.) auf einem gepflasterten Karrenweg um eine Rippe ziemlich flach in das Val Meira und auf dessen orogr. linker Seite bis zur Klamm an der Biegung des Baches. Über den „Ponte del Ferro" (490 m, Wasserfälle, blaue Gumpen und Gletschermühlen) auf die orogr. rechte Seite und am bewaldeten Hang zur Grotta del Rame (Abzweigung des Weges Nr. 18). An den Quellen vorbei hoch über der Schlucht im Zickzack nach NO durch Eichen und Buchen, dann flach in den Canale dei Medi Lunghi queren. Danach führt der Weg unter den Felsen zur

„Costa", dort links (nach N) in Kehren weiter hinauf (rechts Ruine des Baitello Giovanni di Dio, 1080 m) und dann allmählich nach O in das Val Cassina (1250 m, Ww. zur Quelle). Im Bogen nach SO ausholend an zwei weiteren Wegteilungen vorbei zur Baita dell'Aser (1340 m), das Val di Sengg und weitere Rinnen querend zum Canalone Chignoli mit großen Felsblöcken und schließlich über Grasrippen und durch eine letzte Rinne zur Hütte.

● **343   Von der Bocch. Campione** (1803 m)
   ¹/₂ Std., markiert, Trittsicherheit!

Auf dem Höhenweg „Alta Via delle Grigne", siehe R 1146.

● **344   Rifugio Mario Tedeschi al Pialeral, 1428 m**

Mit Pialeral wird eine Geländeterrasse in der Südostflanke der Grigna Settentrionale auf dem Grasrücken zwischen Valle dei Grassi Lunghi und Valle dell'Acqua Fredda bezeichnet. Die Hütte der S.E.M. (Società Escursionisti Milanesi) wurde 1986 von einer Lawine völlig zerstört. Bis zum Wiederaufbau dient ein Provisorium, das etwa 50 Hm tiefer zwischen den Almen steht. Keine Schlafplätze (Biwak in der Baita nebenan möglich). Vom 1.7. bis zum 18.9. und 14 Tage über Weihnachten, ansonsten nur an den Wochenenden bewirtschaftet. Auf Anfrage wird die auch für Skitouren interessante Hütte zusätzlich während der Woche bewirtschaftet. Tel. 03 41 / 73 29 41 (Wohnung des Wirtes) oder 03 41 / 95 54 62 (Hütte).

Gipfel: Grigna Settentrionale. Übergänge: Piani dei Resinelli auf der Traversata Bassa, Rif. Brioschi, Rif. Bietti.

● **345   Von Pasturo** (641 m)
   2 Std., markiert.

Der Weg Nr. 33 beginnt an der von der Dorfstraße nach W abbiegenden Via San Calimero und führt als Fahrweg (für allgem. Verkehr gesperrt) nach SSW an der Kapelle „La Madonna" (745 m) vorbei. Danach verläßt er den Fahrweg, schneidet die drei großen, nach S ausholenden Kehren des Fahrweges ab und führt nach W zur Alpe Cova (1301 m), hinter der der von Balisio kommende Weg Nr. 31 einmündet (1311 m) und nach N zur Hütte hinaufleitet.

● **346   Vom Colle di Balisio** (723 m)
   1¹/₂ bis 2 Std., markiert.

Zwischen Osteria und Zeltplatz beginnt der Weg, der nach den Häusern und dem Bauernhof in die 1 km weiter südl. beginnende Schotterstraße einmündet, die in das Valle dei Grassi Lunghi führt. Auf dieser mit Mark. Nr. 31 durch eine Schlucht nach N bis zur Cappella del Sacra Cuore (882 m). Bei der Wegteilung (Ww.) hält man sich links und wandert im Valle dei Grassi Lunghi auf der orogr. linken Talseite nach NW an den Almen von Marcotelli vorbei. Danach wird der Weg schmaler, wendet sich im Wald (auf etwa 1060 m, wo der Weg Nr. 32 zur Bocch. del Giardino links abzweigt) nach rechts (N) und steigt in Kehren durch Buchenwald zur Alpe Cova (1301 m). Dort trifft man auf den Weg Nr. 33 und steigt weiter über den Grasrücken zur Hütte hinauf.

● 347   **Rifugio Luigi Brioschi, 2403 m**

Bezieht man die Grigne in die B.A. ein, dann ist das Rif. Brioschi der Sektion Milano des CAI am Gipfel der Grigna Settentrionale die höchstgelegene Hütte des ganzen Gebietes. Westl. daneben, mit Blick auf den Comer See, steht eine Kapelle mit Glaswänden. Die exponierte Lage der Hütte ermöglicht an klaren Tagen den Genuß des Schauspiels von Sonnenauf- und untergang über einem Meer von nahen und fernen Gipfeln. 1895 erbaut, 1944 zerstört, 1948 neu errichtet; 32 Schlafplätze, angeblich ganzj. geöffnet. Telefon Hütte 03 41 / 99 60 80.

Übergänge: Auf der „Traversata Alta" zur Grigna Meridionale und weiter über die Cresta Cermenati zu den Piani dei Resinelli; auf dem Höhenweg „Alta Via delle Grigne" nach Lecco oder Maggiana.

● **348 Vom Rif. Rosalba** (1730 m)
     4 bis 4^1/$_2$ Std., markiert, Trittsicherheit!

Wie bei der dritten Etappe des Höhenweges „Alta Via delle Grigne"

Rifugio Brioschi am Gipfel des Grignone.

(R 1150 und 1149), nur in umgekehrter Richtung: Von der Hütte zur Bocch. del Giardino und am Grat nach N zur Hütte am Gipfel des Grignone.

● 349 Vom Rif. Elisa (1515 m)
3¹/₂ bis 4 Std., markiert, Klettersteig, Trittsicherheit!

Wie bei der zweiten Etappe der „Alta Via delle Grigne" (R 1147) bis unter die Bocch. di Val Cassina. Dort wendet man sich nach rechts (O) und gelangt zu dem Sattel, von dem der Klettersteig der dritten Etappe der „Alta Via delle Grigne" (R 1148) zur Bocch. di Releccio (2263 m) führt, und weiter zur Hütte.

● 350 Vom Rif. Bietti (1719 m)
2¹/₂ bis 3 Std., markiert, Klettersteig, Trittsicherheit!

Wie bei der dritten Etappe des Höhenweges „Alta Via delle Grigne" auf der „Via Ferrata CAI Mandello" (R 1148).

● 351 Vom Rif. Bietti (1719 m)
2 bis 2¹/₂ Std., markiert, unschwierig.

Auf der „Via Guzzi" (leichtester Weg vom Rif. Bietti): Von der Hütte mit Mark. Nr. 28 auf dem Grasrücken über der Hütte etwa 200 Hm nach NO bis zu den Felsen des Nordwestgrates des Grignone. Man hält sich dann links, quert eine Rinne und steigt über leichte Felsen und Grasstufen zu den Felsen oberhalb, die man rechts umgeht, und gelangt durch eine enge Felsrinne zur Bocch. del Guzzi (knapp 2100 m). Auf der Ostseite unter dem Grat, den gelben Strichen nach rechts (SO) folgend, durch verkarstetes, buckliges Gelände mit tiefen Dolinen und durch eine Felsrinne abwärts zur „Via Ganda", die vom Rif. Bogani heraufkommt und mit roten Punkten und Nr. 25 mark. ist. Man folgt nun diesem Weg, der über Geröll nach SO und schließlich über schräge Felsplatten (Kette) zum Gipfelaufbau des Grignone führt, an dessen Südseite die Hütte steht.

● 352 Vom Rif. Bietti (1719 m)
2 Std., markiert, unschwierig, Trittsicherheit!

Auf der „Via del Caminetto" (für den Abstieg geeignet): Von der Hütte folgt man dem Weg Nr. 15 nach SO bis zum Canalone della Neve (zweite große Rinne), geht nach der Abzweigung des Weges Nr. 15 noch ein Stück auf dem Weg Nr. 16 zur Via Ferrata weiter, bis sich der Weg nochmals teilt. Nun links am felsdurchsetzten Hang dem gelben C folgend gerade hinauf, bis der Weg durch den Canalone (Mark. gelbes Dreieck) auf 1790 m links abzweigt. Hier folgt man dem Pfeil nach rechts, und auf dem mit „C" mark. Wegspuren durch

Rinnen, über Rippen und durch den „Caminetto" (etwa 2100 m) ziemlich steil über Geröll und Felsen in leichter Kletterei zur Bocch. di Releccio (2263 m) hinauf. Von dort über den Südhang des Grignone zur Hütte am Gipfel.

● **353   Vom Rif. Bogani** (1816 m)
   2 bis 2¹/₂ Std., markiert, unschwierig.

Von der Hütte steigt man auf der „Via della Ganda", Weg Nr. 25, erst ein Stück durch Grasmulden nach SO und dann mehr nach S über einen Rücken mit Lärchen und Alpenrosen zum Fuß der Felsen des „Ometto del Bregai" (2084 m), die man rechts umgeht. Auf der folgenden Hochfläche mündet die vom Rif. Bietti kommende „Via Guzzi" von rechts ein. Weiter wie bei R 351.

● **354   Vom Rif. Riva** (1022 m)
   4 bis 4¹/₂ Std., markiert, I, Trittsicherheit!

Auf dem Saumpfad südwestl. der Hütte zum Ww. „Bogani, Monza" hinauf, dort nach rechts (W) und dem Pfad mit rotweißgelber Mark. (zu der sich erst allmählich die maßgebende mit zwei roten Strichen gesellt) folgen, der am oberen Rand der Almwiesen und dann durch Stangenwald zum „Canale Scuro" und weiter über die Wiesenterrasse „Pra del Giargh" zu einer zweiten Rinne führt. Weiter flach nach N zum Passo della Stanga (1210 m), wo man mittels Leiter und Kette eine Nagelfluhrampe überwindet. Dann wieder Wald mit kleinen Lichtungen durchqueren und nach W zum steilen Canalone della Val Cügnoletta (an Felsblock Hinweis „Zapel"). Erst links (orogr. rechts) der Rinne über grobes Geröll und Blöcke, dann auf der Gegenseite durch felsiges Gelände zur Steilstufe „Zapel" (auf etwa 1450 m) mit langer Kette empor. Oberhalb eine Steinrinne queren und an deren linkem Rand bis zu einer Enge zwischen den hohen Felswänden. Nun über eine steile Grasrampe, sich links haltend, zum Geröllfeld „Pian di Zapel" hinauf und über dieses bis unter den Passo di Val Cügnoletta (1906 m, 2³/₄ Std.). Hier nach links (S) und am rechten (orogr. linken) Rand der breiten Mulde den roten Punkten durch leichte Felsen folgend zum Schneefeld. Eine Felsstufe umgeht man rechts durch eine schuttige Rinne, steigt nach links in Richtung einer Pyramide und kehrt dann wieder zum Schneefeld zurück. Das Val del Nevaio erweitert sich nun, und man steigt an seinem oberen Ende auf der linken Seite über leichte Felsen und steiles Geröll bis an den Fuß der Felsen. Dort nach links in eine Rinne queren und durch diese zum engen Einschnitt der Bocch. di Nevaio (2315 m) hinauf (im Frühsommer reicht der Schnee bis zur Rinne). Über den teilweise felsigen Grat schließlich zur Hütte am Gipfel des Grignone.

● **355 Vom Rif. Tedeschi** (1428 m)
3 bis 3¹/₂ Std., markiert.

Auf dem Weg Nr. 33 nach NW über die Wiesenhänge der Foppa del Masone nördl. einer langgestreckten Felsbarriere in eine Mulde und aus ihr zu den Felsen „Sass di Grigna" (1845 m) hinauf. Nun wendet sich der Weg nach SW und steigt nach einer langen Querung in weiten Kehren zur Bocch. della Bassa (2144 m) auf, unter der das Bivacco Ugo Merlini steht. Von hier am Grat nach N, an der Bocch. di Releccio (2263 m) vorbei, zur Hütte am Gipfel.

● **356 Bivacco Ugo Merlini, 2110 m**

Kleine massive Steinhütte etwas unterhalb der Bocch. della Bassa (2144 m) im Südgrat der Grigna Settentrionale, die mit offenem Kamin, Tisch, Bänken und einem Stockbett ohne Matratzen und Decken (Zustand Okt. 1987) ausgestattet ist.

● **357 Rifugio Luigi Bietti, 1719 m**

Hütte des CAI Milano im Talkessel von Releccio am Westhang der Grigna Settentrionale. 22 Schlafplätze, von Juli bis September durchgehend, davor und danach an den Wochenenden bewirtschaftet. Zisternenwasser. Großartiges Panorama über den Comer See bis zu den fernen Westalpen. Die Hütte ist Stützpunkt am Höhenweg „Alta Via delle Grigne".

Gipfel: Grigna Settentrionale. Übergänge: Zum Rif. Brioschi (siehe R 350 bis 352); auf der „Alta Via delle Grigne" zum Rif. Elisa; über die Bocch. del Guzzi oder die Bocch. di Prada zum Rif. Bogani.

● **358 Von Sonvico** (351 m)
3¹/₂ bis 4 Std., markiert.

Vom Parkplatz bei der Kirche auf der Fahrstraße nach O aufwärts, die nach dem Ww. „Era, Rif. Bietti, Rif. Brioschi, Nr. 15" zwischen alten Häusern endet und als Saumpfad zur Kirche Santa Maria (661 m, ehemals Hospiz) auf der Nordseite des Val Meira führt. Dahinter wendet sich der Weg nach N und quert am steilen Hang über dem Val d'Era (auf 740 m zweigt der Weg Nr. 17 zur Bocch. di Prada ab) zur Wiesenfläche der Alpe d'Era mit Kapelle (850 m). Dort biegt der Weg nach rechts (SO) zu einem Waldrücken, über den er ziemlich steil nach NO zur Alpe La Cetra (1093 m) aufsteigt. Durch dichten Wald nach NO weiter, am Rand einer Steinrinne östl. des Zucco di Costa Fontana zu einer Hochfläche, auf 1315 m zu einer kleinen Quelle und oberhalb, links vom Bach, in offenes Gelände. Auf etwa 1400 m zweigt im Grashang der Steig Nr. 15 A nach Cavilazzo ab, während der Hüttenanstieg geradeaus etwas steil über eine felsige

Rippe zur Scharte „Termopili" (1507 m) führt, die am Rand des „Bacino di Releccio" liegt. Von hier sieht man bereits die Hütte, zu der der Steig nach N ausholend durch die Wiesen hinaufführt.

● **359   Vom Rif. Cainallo** (1241 m)
1¹/₂ bis 2 Std., markiert.

Die Asphaltstraße führt bis zur Bocch. di Cino weiter und ein fahrbarer Schotterweg noch bis unter die Bocch. di Moncòdeno (1436 m). Westl. unterhalb des Sattels beginnt am Waldrand der mark. Steig (Ww.) und führt zu einem Wegkreuz (1525 m), bei dem man auf die Seite des Valle dei Molini wechselt. In Auf und Ab, den Talkessel nach S und SO querend, kommt man zu einer Wegteilung (1580 m): Hier biegt der Steig Nr. 24 rechts ab und führt ziemlich steil zur Bocch. di Prada (1626 m) hinauf. Am Grat wendet man sich nach links (SO), geht am „Cappella-Bivacco 89. Brigata" (1645 m, Ww.) vorbei zum großen Felsentor „Porta di Prada" (1692 m) und in Auf und Ab über die Wiesenhänge unter der Cresta Piancaformia zur Hütte.

● **360   Cappella-Bivacco 89. Brigata, 1645 m**

Südöstl. der Bocch. di Prada im Nordwestgrat der Grigna Settentrionale liegt diese hübsche Kapelle, deren Apsis kurioserweise als Biwak eingerichtet ist. Unten befindet sich ein Raum mit Bänken und einem großen offenen Kamin und darüber, durch ein enges Schlupfloch erreichbar, eine mit Schaumstoff ausgelegte Liegefläche. Zugang von Cainallo wie bei R 359.

● **361   Rifugio Arnaldo Bogani, 1816 m**

Hütte des CAI Monza nördl. unter der Grigna Settentrionale im Lärchenwald auf der Alpe Moncòdeno über dem Valle dei Molini. 1906 als Rif. Monza errichtet, 1944 zerstört und danach als Rif. Bogani neu aufgebaut. 43 Schlafplätze, im Juli/August durchgehend bewartet, davor und danach an den Wochenenden.

Gipfel: Grigna Settentrionale, Pizzo della Pieve, Cima Palone. Übergänge: Über den Passo di Val Cügnoletta (R 354) zum Rif. Riva; zum Rif. Brioschi (R 353); über die Bocch. del Guzzi oder die Bocch. di Prada zum Rif. Bietti.

● **362   Vom Gasthaus Cainallo** (1241 m)
1¹/₂ bis 2 Std., markiert.

Wie bei R 359 bis zur Wegteilung auf 1580 m. Dort geht man geradeaus (nach SO) weiter den Talkessel des Valle dei Molini aus, umgeht dabei die Felsen einer breiten Rinne und steigt über eine Rippe zur Alpe Moncòdeno (1680 m) und durch Wald zur Hütte hinauf.

● **363   Vom Rif. Riva** (1022 m)
   3 Std., markiert, I, Trittsicherheit!

Wie bei R 354 zum Passo di Val Cügnoletta. Von dort folgt man den roten Punkten und Strichen weiter nach NW durch Mulden und buckliges Gelände und gelangt über einen Sattel zur Hütte.

● **364   Rifugio Giovanni Riva, 1022 m**

Private Hütte auf dem Rücken „Costone del Baringhello", der die Fortsetzung des Nordostgrates der Grigna Settentrionale über den Pizzo della Pieve zum Valsassina darstellt, auf einer schönen, baumumkränzten Geländeterrasse gelegen. Daneben kleine Kapelle. 18 Schlafplätze, vom Mai bis Anfang November geöffnet.

Gipfel: Cima Palone, Pizzo della Pieve, Grigna Settentrionale. Übergänge: Über den Passo di Val Cügnoletta zum Rif. Bogani oder zum Rif. Brioschi (R 354).

● **365   Von Baiedo** (632 m)
   1¼ Std., markiert.

Etwas oberhalb des Kriegerdenkmals in Baiedo beginnt die Via Rocca, die direkt in den mark. Saumpfad übergeht, dem man ein Stück nach N und dann im Zickzack nach W im Valle di Levargo folgt. Auf etwa 900 m tritt man aus dem Wald auf die weiten Almflächen der Nava di Baiedo, wandert flach nach NW bis zum Waldrand, wo man kurz nach der Querung einer Bachrinne die Hütte erreicht.

● **366   Von Primaluna** (558 m)
   1½ Std., teilweise markiert.

Von der Hauptstraße auf der Via Cararetta zum Parkplatz hinunter. Man überquert den Torrente Pioverna auf der Holzbrücke „Ponte di Primaluna" (505 m), geht nach S zu den Häusern von Guado und an dem Kriegerdenkmal vorbei weiter nach SW bis zur Schlucht des Val di Baredo (P. 589). Dort wendet man sich nach SO, steigt auf der Forststraße in großen Kehren zur Alpe Piattè di sopra (896 m) und dann auf mark. Steig durch Wald zur südl. gelegenen Hütte.

● **367   Rifugio Albergo Cainallo, 1241 m**

Privates Hütten-Gasthaus am Rand der Mulde der Alpe Cainallo, die in der Westflanke der Verlängerung des Nordwestgrates der Grigna Settentrionale, südöstl. über Ésino Lario liegt. Mit Fahrzeug erreichbar, 35 Betten, ganzj. geöffnet (was man nicht wörtlich nehmen darf!). Tel. 03 41 / 86 01 31. Ausgangspunkt zum Rif. Bogani, Rif. Bietti und zum Grignone.

IV. Pässe und Übergänge

Beschrieben sind zuerst die neun Straßenübergänge im Bereich der B.A. und dann alle Pässe und Grateinschnitte, die bergsteigerische Bedeutung haben. Die Aufzählung erfolgt, mit Ausnahme der Straßenpässe, gemäß der Einteilung der B.A. in Gruppen und Untergruppen (siehe Übersichtskarte).

● 401　　　　　Passo d'Aprica, 1172 m

Wichtiger Übergang vom Addatal (Veltlin) zum Val Camonica, der den Ostteil der B.A., die Telenek-Gruppe, nach N gegen das Ortlergebiet abgrenzt. Über den breiten Sattel, auf dessen langgestreckter Hochfläche das Dorf Aprica mit Hotels und Skiliften liegt, führt als bedeutender Handelsweg die stark frequentierte Straße von Tresenda nach Edolo. Am Ostrand des Dorfes Aprica verläuft von N nach S die Grenze zwischen den Provinzen Sondrio und Brescia, wobei der Ortsteil San Pietro bereits auf Brescianer Gebiet liegt.

● 402　　　　　Passo del Vivione, 1828 m

Am Ostrand der B.A. trennen zwei Täler, das Valle di Scalve und das Val Paisco, die Camino-Bagozza-Gruppe vom Hauptteil des Gebirges ab. Beide Täler senken sich vom Passo del Vivione zum Val Camonica ab. Mündungsorte sind dort Forno Allione und Boario Terme. Die schmale Verbindungsstraße von Paisco nach Schilpario läuft über den Paß, der im Winter nicht passierbar ist. An der Paßhöhe steht das „Rifugio al Passo del Vivione". Der Höhenweg „Itinerario Naturalistico Antonio Curò" berührt den Paß.

● 403　　　Passo oder Giogo della Presolana, 1297 m

Die Straße über den Passo della Presolana, der südl. der mächtigen Kalkmauer der Presolana liegt, verbindet das Valle di Scalve mit dem Valle Seriana und der Provinzhauptstadt Bergamo. Die Fußpunkte der Straße sind Clusone im Valle Seriana und Dezzo im Valle di Scalve. Im frühen Mittelalter war der Saumpfad über das Joch bereits die wichtigste Verbindung des Valle di Scalve nach außen, über ihn wurden die in dem abgelegenen Tal hergestellten Eisenprodukte transportiert. Heute stellt die Buslinie von Bergamo bis Schilpario das einzige öffentliche Verkehrsmittel für das Valle di Scalve dar. An der Paßhöhe, die nach W in sanften Wiesenhängen abfällt, befinden sich einige Gasthäuser und Hotels mit Skiliften am Nordhang des Monte Scanapà.

● **404** **Passo San Marco, 1992 m**

Der Passo San Marco im westl. Teil des Hauptgrates der Orobie zwischen dem Monte Verrobbio und dem Pizzo delle Segade ist der einzige Straßenpaß in der ganzen etwa 80 km langen Nordkette der Orobie. Bereits im Mittelalter war der Saumpfad über den Paß ein wichtiger Handelsweg mit dem Grenzübergang zwischen den Republiken Venedig und Mailand bzw. Venedig und Graubünden. 1592 bis 1594 wurde er auf der Bergamasker Seite zur befahrbaren „Via Priula" ausgebaut, während der geplante Anschluß auf der Veltliner Seite nach Morbegno nicht realisiert werden konnte. Die ehemalige Säumerei Ca' San Marco auf der Südseite unterhalb des Passes ist Zeuge der einstigen Bedeutung. Über den Paß laufen die Höhenwege „Sentiero delle Orobie Occidentali" und der „Sentiero Bruno Credaro".

● **405** **Von Morbegno im Veltlin und vom Valle Brembana** ist der Paß mit Fahrzeug erreichbar.

● **406** **Von der Ca' San Marco** (1830 m), 20 Min.

Von der Hütte steigt man auf dem alten Saumpfad mit Mark. 101 nach NW zum Paß hinauf.

● **407** **Colle di Balisio, 723 m**

Östl. der Grigna Meridionale liegt der Colle di Balisio als Scheitelpunkt des Valsassina, das nach SW nach Lecco, nach N und NW nach Bellano am Comer See abfällt und die Gruppe der Grigne von den übrigen B.A. abtrennt. An der unscheinbaren Paßhöhe, über die die verkehrsreiche Talstraße führt, liegt eine kleine Siedlung mit Zeltplatz.

● **408** **Culmine San Pietro, 1254 m**

Südöstl. von Barzio (Valsassina), am Fuß des Südwestgrates des Zucco di Maésimo, liegt dieser kleine Straßenübergang vom Valsassina zum Val Taleggio. Fußpunkte der engen und kurvenreichen Paßstraße sind Moggio (Ortsteil von Barzio) und Olda im Val Taleggio. Am Scheitelpunkt liegen zwei Gasthäuser, außerdem quert dort der Höhenweg von den Piani d'Erna zu den Piani d'Artavaggio.

● **409** **Colle di Zambla, 1290 m**

Zwischen Pizzo Arera und Monte Alben liegt etwas südöstl. vom Dorf Zambla Alta der Colle di Zambla, an dem die Panoramastraße, die das Valle Brembana mit dem Valle Seriana verbindet, ihren Höhepunkt erreicht. Fußpunkte dieser Straße sind im Valle Brembana: San Giovanni Bianco, San Pellegrino und Zogno; im Valle Seriana: Ponte Nossa. Am Paß gibt es einen Parkplatz mit großem Brunnen, in der Nähe kleine Lokale und einen schön gelegenen, 1989 eröffneten Zeltplatz.

● 410   **Croce di Salven, 1109 m**

Im Bereich der Provinz Brescia im Südteil der Bagozza-Camino-Gruppe führt eine schmale Asphaltstraße vom Ferienort Borno (Val Camonica) direkt nach Dezzo im Valle di Scalve. Am unscheinbaren Kulminationspunkt steht das weiße Marmorkreuz „Croce di Salven".

In der Legnone-Gruppe:

● 411   **Bocchetta del Legnone, 2238 m und 2300 m**

Der Sattel am tiefsten Punkt zwischen Monte Legnone und Cima di Moncale trägt eigentlich diesen Namen, von Bedeutung jedoch ist ein Grateinschnitt, der im flachen Grat etwa 1 km Luftlinie weiter nordwestl. am Aufschwung zum Monte Legnone liegt und einen Übergang vom Val Varrone zum Val Lésina auf der Veltliner Seite darstellt. Über diesen Einschnitt (2300 m) führt eine ehemalige „strada militare".

● 412   **Von Còlico** (209 m)
      5 bis 6 Std., markiert.

Vom Ortsteil Villatico (291 m, Ww.) entlang der Via Fontanedo zur nächsten Querstraße hinauf und dort ein Stück nach rechts zur Asphaltstraße, die nach „Acqua la Ferva" (456 m) hinaufführt. Dort trennen sich mit Ww. die Wege 1 A und 1 B. Man folgt dem Weg 1 B nach links (O) und trifft bei der nächsten Wegteilung rechts auf die rotweiße Mark. Durch Kastanienwald an den Häusern von Fontanedo (599 m) vorbei, wo oberhalb der Fahrweg in einen Saumpfad übergeht, der sich zu den Häusern von „Monti Rusico" (743 m) hinaufschlängelt. Der Weg führt im Wald nun mehr nach SO und S und über die freie Fläche der Alpe Prato (958 m) zu einem bewaldeten Rücken, an diesem zur kleinen Hochfläche „Pian di Formica" mit Almruine und Brunnen (1218 m, Ww.) und zur Alpe Scoggione (1575 m) hinauf. Oberhalb der Alm trifft man auf die Reste einer alten „strada militare", die bis unter den Lago di Scoggione führt. Auf dieser „strada" nach O um einen Gratrücken und am Ende der nächsten Mulde in der Kehre zu einer Wegteilung (Ww.). Von dort durch die Westflanke des Monte Colombano in flachen Kehren zum

Passo Colombano (1970 m, Ww.). Jenseits quert man das Kopfende des Valle della Galida, wo man auf 1860 m auf den von der Alpe Cappello kommenden Weg trifft. Weiter wie bei R 413.

● **413   Vom Rif. Vittoria in Canargo** (920 m)
3¹/₂ bis 4 Std., markiert.

Von der Hütte am bewaldeten Hang mit Mark. Nr. 4 zu den Hütten von Piazza Calda (1105 m). Von dort folgt man der Mark. Nr. 5 (weiße 5 in rotem Kreis) und steigt nach SW an dem bewaldeten Gratrücken, der vom Monte Colombano nach NO abfällt, aufwärts. Sich meist in der Westflanke des Grates haltend gelangt man auf freie Wiesenflächen und an der unteren Alm (1632 m) vorbei auf einen Grashügel mit Holzkreuz. Oberhalb befinden sich die Gebäude der Alpe Legnone (1690 m, Ww.) mit Sicht auf den Comer See und die Schweizer Berge. Nun folgt man dem Ww., der weiter in Richtung SW in den Talkopf des Val Galida weist, wo man südl. der Bachrinne auf etwa 1860 m auf den Weg trifft, der vom Passo Colombano kommt. Auf diesem quert man nach O zu dem Gratrücken über der Alpe Cappello, hält sich bei der Wegteilung rechts, steigt in Kehren an dem Gratrücken auf, quert auf etwa 2100 m nach S in das große Kar und gelangt mit einigen Kehren zum Einschnitt 2300 m.

● **414   Vom Rif. Pizzo Alto** (1396 m)
3 Std., markiert.

Wie bei R 416 zur Bocch. di Deleguaccio (2200 m) und am Grat auf dem Höhenweg „Alta Via della Valsassina" zur Bocch. del Legnone.

● **415   Bocchetta del Deleguaccio, 2200 m**

Diese Bezeichnung trägt der tiefste Punkt im Grat zwischen Cima di Moncale und Cima del Cortese, der nördl. des tieferen der beiden Laghetti di Deleguaccio liegt. Auf den Karten ist er nur mit P. 2200 angegeben. Die Bocch. bietet einen wenig benutzten Übergang vom Rif. Pizzo Alto im Val Varrone zur Casera di Luserna im Val Lesina, außerdem wird sie von dem Höhenweg „Alta Via della Valsassina" berührt.

● **416   Vom Rif. Pizzo Alto** (1396 m)
2¹/₂ bis 3 Std., markiert, unschwierig.

Der rotweiß mark. Steig läuft nach NW in Kehren am felsdurchsetzten Grashang hinauf, folgt ein Stück einer plattigen Bachrinne und wendet sich allmählich mehr nach NO zu einer Quelle (1930 m, Wegteilung: Pizzo Alto und Laghetti di Deleguaccio). Der verblaßten roten Mark. folgend auf Wegspuren im Grashang nach N zu einem namenlosen Sattel im Westgrat der Cima del Cortese (2300 m, 2 Std.), wo man auf den Höhenweg „Alta Via della Valsassina" (große Übersichtstafel) trifft. Weiter wie bei R 1102, jedoch in entgegengesetzter Richtung.

● **417**   **Bocchetta Stavello, 2201 m**

Breiter Einschnitt zwischen Monte Rotondo und Monte Colombana, der den Übergang vom Val Varrone zum Valle del Bitto di Gerola ermöglicht. Am Paß, der schöne Aussicht nach W und O gewährt und zu dem von SW eine ehemalige „strada militare" heraufführt, befinden sich Reste militärischer Anlagen.

● **418**   **Von Premana** (951 m)
3¹/₂ Std., markiert.

Vom Ostrand des Dorfes folgt man dem Saumpfad (Ww. und Mark.) nach O zur Alpe Gebbio, hält sich bei der Wegteilung, wo der Weg zum Rif. Varrone abzweigt, links und überquert dann den Bach, der von N aus dem Valle di Premaniga kommt. Man wandert nach O im Valle di Fraina zur Alpe Rasica (1075 m) und steigt weiter auf der Südseite des Baches zur Alpe Fraina (1397 m). Danach zweigt rechts der Weg zum Baitello Cassera ab, während die „strada militare" zum Paß sich nach N wendet und in einem großen Bogen auf einen Rücken führt. Dort nach O ansteigend gewinnt sie mit zahlreichen Kehren rasch an Höhe und quert schließlich nach N zum Paß hinüber.

● **419**   **Von Ravizze** (1209 m)
3 bis 3¹/₂ Std., teilweise markiert.

Das Dorf Ravizze erreicht man auf einer Schotterstraße mit vielen Kehren, die südl. von Pedesina nach der Schlucht des Val di Pai abzweigt: Beim Ende der Fahrstraße beginnt der mark. Weg, der nach W durch Lärchenwald in das Val di Pai führt und auf etwa 1530 m auf die rechte (orogr. linke) Seite des Baches quert. Nun links am Hang über dem Bach auf dem rotweißrot mark. Steig an mehreren Almhütten vorbei bis zur Wegteilung auf etwa 1860 m. Von dort entweder direkt, links auf Wegspuren über die Wiesenbuckel nach W hinauf, bis man auf etwa 2100 m auf den Weg zum Paß trifft, oder nach rechts zur Alpe Stavello (1944 m) hinauf. Danach umgeht der breite Weg nach SW einen massigen Felssporn, quert eine Felsrinne und führt durch die flacheren Osthänge des Monte Rotondo an zwei Almhütten vorbei nach S zum Paß.

● **420**   **Passo della Cassera, 2075 m**

Breiter Wiesensattel im Westgrat des Pizzo Mellasc zwischen dem

Pizzo della Cassera (P. 2321) und dem Pizzo Larec, der das obere Val Varrone mit dem Valle di Fraina verbindet. Über ihn führt der Höhenweg „Alta Via della Valsassina".

● **421 Von Fraina** (1397 m)
2 Std., markiert.

Wie bei R 418 von Premana zur Alpe Fraina (1397 m). Vom Talende steigt man auf einem Saumpfad in vielen Kehren über einen bewaldeten Rücken nach S zum Baitello della Cassara (1742 m), wendet sich oberhalb nach O und quert ziemlich weit in Richtung Cima Fraina, bis man auf etwa 2100 m auf die „Alta Via della Valsassina" trifft, der man nach SW zum Paß folgt.

● **422 Vom Rif. Varrone** (1672 m)
1¹/₄ Std., markiert.

Von der Hütte auf mark. Weg am steilen Hang nach NW aufsteigen und zu dem Sattel queren, hinter dem die Casera Larec (1840 m) am Rande eines großen Kessels liegt. Dort steigt man dann im Bogen nach W ausholend zum nordöstl. gelegenen Paß hinauf.

● **423 Bocchetta di Trona, 2092 m**

In dem Grat, der in der Verlängerung des Nordwestgrates des Pizzo dei Tre Signori am Pizzo Varrone vorbei von der Westseite des Lago dell'Inferno zum Pizzo Mellasc aufsteigt, liegt am Nordostrand des Val Varrone die Bocch. di Trona, die das Val della Pietra mit dem oberen Val Varrone verbindet. Strommasten und eine Kapelle südöstl. oberhalb am Grat kennzeichnen den Sattel.

● **424 Vom Rif. Varrone** (1672 m)
1¹/₄ Std., markiert.

Von der Hütte wandert man auf breitem Saumpfad links (orogr. rechts) vom Bach talaufwärts, gewinnt am Südhang des Pizzo Mellasc in Kehren Höhe und geht zum deutlichen Einschnitt des Sattels hinauf.

● **425 Von Gerola Alta** (1053 m)
2¹/₂ Std., spärlich markiert.

Man geht wie bei R 428 bis zur Wegteilung oberhalb der Casera nuova di Trona (1830 m) und steigt nach SW weiter über die steinigen Hänge zum Sattel.

● **426 Bocchetta del Varrone, 2126 m**

Flacher, breiter Sattel am Kopfende des Val Varrone, zwischen dem

Pizzo Varrone und dem Grat, der sich nach NW zur Bocch. di Trona zieht. Eine kleine Kapelle kennzeichnet den Sattel, an dessen West-flanke das Rif. Falc steht, während sich im Osten der Lago dell'In-ferno erstreckt.

● **427   Vom Rif. Varrone** (1672 m)
  1 1/2 Std., markiert.

Auf dem Höhenweg „Alta Via della Valsassina", R 1105.

● **428   Von Gerola Alta** (1053 m)
  3 bis 3 1/2 Std., markiert.

Ehe die Straße nach Pescegallo oberhalb Gerola Alta das Valle del-la Pietra quert, zweigt nach SW der mark. Weg in das Valle della Pietra ab. Zunächst auf der linken (orogr. rechten) Bachseite bis auf etwa 1260 m steigend, wechselt man dort auf die andere Seite und steigt dann in der Ostflanke des Pizzo Mellasc an der Casera nuova di Trona (1830 m) vorbei, biegt oberhalb nach S ab und gelangt durch rundgeschliffene Felsen zum Lago dell'Inferno bzw. zum westl. darüberliegenden Sattel.

● **429   Von Pescegallo** (1454 m)
  3 Std., markiert.

Vom Parkplatz beim Sessellift quert man nach W auf rotweiß mark. Steig den bewaldeten Nordgrat der Denti della Vecchia in das Valle di Tronella und steigt bis etwa 1800 m am Osthang des Torrione di Tronella auf. Nun waagrecht nach rechts an einer Alm vorbei, den Nordsporn des Torrione umgehend zu dem Weg, der von Gerola Al-ta heraufkommt und zum südwestl. gelegenen Lago di Trona (1805 m) führt. An der Staumauer, die man auf eigene Gefahr über-quert, Mark. und Hinweis „3 Signori". Danach steigt man auf den Felssporn und gelangt nach rechts in einen Geröllkessel, den man oberhalb einer gemauerten Wasserrinne quert. Unter der Material-seilbahn zum Lago dell'Inferno hindurch und weiter durch kupiertes Gelände steigend überquert man den Abfluß vom Stausee und eine kleine Hochfläche. Man gelangt zum Osthang des Pizzo Mellasc und trifft in dessen oberem Drittel auf den flachen Weg, der nach S durch rundgeschliffene Felsen zum Lago dell'Inferno bzw. zum westlich darüberliegenden Sattel führt.

● **430   Bocchetta di Piazzocco, 2252 m**

Dieser Sattel trennt den Pizzo Varrone vom Pizzo dei Tre Signori und verbindet das Val Biandino mit dem nördl. Valle dell'Inferno, in dem der gleichnamige Stausee liegt. Über diesen Sattel führt der Höhenweg „Alta Via della Valsassina" (Schild).

● **431 Vom Rif. Santa Rita** (1988 m)
1 Std., markiert.

Der oberste Weg am Westgrat des Pizzo Varrone führt mit verblaßter roter Mark. bis durch die ersten Gratfelsen und weicht dann dem
Gipfelaufbau des Pizzo Varrone in die Südflanke aus. Dort trifft man
auf den Weg, der aus dem Val Biandino heraufkommt, und steigt
auf diesem zum Sattel hinauf.

● **432 Vom Rif. Grassi** (1987 m)
1¹/₂ Std., markiert.

Auf dem Höhenweg „Sentiero delle Orobie Occidentali" (R 1111) bis
zum Pian delle Parole östl. der Cima di Camisolo. Auf dieser Hochfläche biegt der gelbweiß mark. Steig vom Höhenweg links ab und
quert über die Bocch. di Castel Reino in den obersten Talkessel des
Val Biandino. Östl. über dem Lago di Sasso mündet der Steig in den
aus dem Val Biandino heraufkommenden, rotweiß mark. Weg Nr. 41.
Auf diesem, am Baitello di Piazzocco (2140) vorbei, durch die Südostflanke des Pizzo Varrone zum Sattel hinauf.

● **433 Von der Bocch. del Varrone** (2126 m)
20 Min., markiert.

Man steigt auf dem mark. Weg nach S durch die Ostflanke des Pizzo Varrone zum Sattel hinauf.

● **434 Bocchetta d'Olino, 1640 m**

Diese enge Scharte liegt zwischen der Cima d'Olino und dem Pizzo
Cornagiera in dem hufeisenförmigen Gratkamm, der sich von der
Cimone di Margno bis zum Pizzo d'Alben erstreckt, und verbindet
das Valsassina mit dem Val Marcio, einem südl. Seitental des Val
Varrone.

● **435 Von der Cimone di Margno** (1801 m)
¹/₂ bis ³/₄ Std., markiert.

Man wandert am Grat nach SO zu einem namenlosen Sattel
(P. 1706, oberhalb die Kapelle Cantone Grande), wo der mark. Weg
in die Nordflanke der Cima d'Olino wechselt und zur Scharte quert
(Ww.: Rif. S. Rita, Tre Signori und rotweiße Mark. Nr. 3).

● **436 Von Primaluna** (558 m)
2¹/₂ bis 3 Std., markiert.

Vom Kirchplatz – Via Zanaboni – Via Diaz über die Brücke des Val
Molinara, dort geradeaus weiter und auf dem rotweißrot mark.
Saumpfad Nr. 43 in Kehren zur Alpe Crevesto (977 m). Oberhalb

quert man eine breite Rinne nach O zu einem Rücken, an dem man zur Alpe d'Olino (1453) aufsteigt. Hinter dem Stall nach links und auf Wegspuren am Grasrücken aufwärts zu dem Weg, der von dem westl. gelegenen Pian delle Betulle kommend nach NO durch Felsrampen zur engen Scharte führt.

● **437 Von Premana/Lavinol** (766 m)
  3¹/₂ Std., teilweise markiert.

Zu den Almen von Lavinol, die unterhalb von Premana südl. des Torrente Varrone liegen, führt von der Brücke, über die der Weg in das Val Varrone zum erstenmal den Bach quert, ein Fahrweg. Von Lavinol folgt man einem alten, mark. Saumpfad, der in vielen Kehren zu den Stalle Porcile (987 m) und weiter durch die Westflanke des Pizzo d'Alben zu den Stalle d'Alben (1151 m) führt, wo der Weg zur Alpe Ariale abzweigt. Weiter in Richtung SO die Westhänge mit den Bachrinnen des Val di Piancone und Il Foppone querend gelangt man an der Alpe Sasso Dirotto (1428 m) vorbei zum schönen Aussichtspunkt „Sasso Dirotto" (1526 m). Flacher am Hang weitergehend erreicht man nach der Querung des Torrente Ombrega die Alpe Ombrega (1579 m), umrundet den westl. gelegenen Rücken, der die Talfurchen Val d'Ombrega und Val Dolcigo trennt, und quert von der Alpe Dolcigo (1562 m) nach W zur Bocch. d'Olino.

● **438   Bocchetta Alta, 2235 m**

Felsscharte im Westgrat des Pizzo dei Tre Signori, die der Höhenweg „Sentiero delle Orobie Occidentali" berührt und von der die „Via del Caminetto" dem Grat folgend zum Gipfel des Pizzo dei Tre Signori führt. Vom Rif. Grassi siehe R 1111.

● **439   Passo del Camisolo, 2020 m**

Breiter Sattel nördl. des Zuc di Valbona, von dem sich der Grat nach O über die Cima di Camisolo zum Pizzo dei Tre Signori erhebt. Er bietet einen guten Übergang vom Val Biandino zum Rif. Grassi, das nur wenig unterhalb auf der Ostseite des Sattels liegt. Zugänge wie zum Rif. Grassi.

● **440   Bocchetta dell'Inferno, 2306 m**

Dieser breite Sattel liegt zwischen zwei mächtigen Gipfeln, dem südwestl. gelegenen Pizzo dei Tre Signori und dem Pizzo di Trona im N. Das von Ornica aufsteigende Valle dell'Inferno trägt jenseits des Sattels bis zu dem nordwestl. darunter gelegenen Lago dell'Inferno noch den gleichen Namen. Der Sattel stellt die Verbindung vom Valle di Ornica bzw. Val Torta zum Valle del Bitto di Gerola und zum Val Varrone her.

● **441   Von Ornica** (922 m)
4 Std., markiert.

Von der oberen Kirche am Nordwestrand des Dorfes folgt man dem
mit „106" mark. Saumpfad am Bach nach NW, geht an dem Kirchlein „Collegio" vorbei, quert zwei Nebenbäche und gelangt über
Wiesenhänge zur Baita Costa (1279 m). Wenig oberhalb wendet
sich der Weg nach S und umrundet einen Rücken zum Valle d'Inferno, in dem man wieder nach NW steigend, an den Almen la Casera
(1415 m) und Baita Ciarelli (1629 m) vorbei, auf der rechten (orogr.
linken) Bachseite über eine Steilstufe zur Baita Predoni gelangt
(1800 m, unter massige Felsen gemauerte Schäferhütte). Am Gegenhang steigt man auf die roten Felsen zu, kreuzt den „Sentiero
delle Orobie Occidentali" (Nr. 101, rechts Quelle), folgt weiter der
gelbweißroten Mark. Nr. 106, die über große Felsblöcke, unter dem
Felsturm „Sfinge" vorbei und durch eine Geröllmulde zum Sattel
führt.

● **442   Von der Bocch. del Varrone** (2126 m)
3/4 bis 1 Std., spärlich markiert.

Man geht über die Staumauer des Lago dell'Inferno zu den Gebäuden der ENEL auf der Ostseite des Sees und von dort auf einem
Steig, der leicht ansteigend nach S über das Geröll und danach auf
einen Grasbuckel oberhalb der Felsen am Bach führt. Durch Felsblöcke und Rinnen läuft nun der mit gelben Punkten mark. Pfad zu
einer Rinne, die zu dem Geröll hinabführt, über das man zum Sattel
hinaufquert.

● **443   Vom Rif. Benigni** (2222 m)
1 1/2 bis 2 Std., markiert.

Auf dem „Sentiero delle Orobie Occidentali", R 1112, bis ins Valle
d'Inferno und weiter wie bei R 176, nur in umgekehrter Richtung.

● **444   Bocca di Trona, 2224 m**

Die Bocca di Trona, auch Passo Bocca di Trona und früher Bocch.
di Val Pianella genannt, liegt zwischen der Cima Occidentale di
Piazzotti (2349 m) und der Costiera di Giarolo, dem nach O gerich-
teten Ausläufer des Südostgrates des Pizzo di Trona. Die Bocca di
Trona ermöglicht den Übergang vom Valle di Trona (mit dem Lago
di Trona) zum Valle d'Inferno, Val Salmurano und zum Rif. Benigni.
Der Höhenweg „Sentiero delle Orobie Occidentali" berührt den
Paß.

● **445   Von Ornica** (922 m)
3 1/2 bis 4 Std., markiert.

Wie bei R 441 zur Kreuzung des Weges Nr. 106 mit dem Höhenweg „Sentiero delle Orobie Occidentale" (Nr. 101). Dort wendet man sich nach rechts (NO) und folgt dem Höhenweg wie bei R 1112.

● **446 Vom Rif. Benigni** (2222 m)
3/4 Std., markiert.

Von der Hütte folgt man dem „Sentiero delle Orobie Occidentali", Weg Nr. 101, der nach S zur Baita Mezzaluna führt, quert ein Geröllfeld zur Bocch. di Piazzotti (2190 m) am Fuß des Pizzo Giacomo und wandert über die bucklige Hochfläche zum nahen Paß.

● **447 Von Gerola Alta** (1053 m)
4 bis 4¹/₂ Std., markiert.

Wie bei R 428 bis auf 1550 m, wo der Weg zum Lago di Trona nach S abzweigt. Am Ostufer des Sees (1805 m) führt dieser Weg weiter zum kleineren Lago Zancone (1856 m) und gut mark. durch das steinige Valle di Trona zur Bocca di Trona hinauf.

● **448 Passo Salmurano, 2017 m**

Früher bedeutender Übergang in der Nordkette der Orobie zwischen der Felsschulter der Cima Piazzotti Orientale mit dem Rif. Benigni und dem Monte Valletto, der das Valle del Bitto di Gerola mit dem Val Torta verbindet. Am Paß: Kreuz und Madonna, etwas östl. davon kreuzt eine Hochspannungsleitung den Grat zum Monte Valletto.

● **449 Von Pescegallo** (1454 m)
1¹/₂ Std., spärlich markiert.

Von der Talstation des Sesselliftes steigt man über Wiesen nach S zu einem Weg, der, spärlich mit verblaßten roten Kreuzen mark., rechts auf einen Wiesenbuckel am Osthang der Denti della Vecchia führt. Nun weiter am Osthang nach S zum weiten Kessel der Foppe di Pescegallo, von dessen Südwestecke man über steiles Geröll zum Paß hinaufsteigt (mit Sessellift 1 Std. weniger).

● **450 Von Ornica** (922 m)
3 Std., markiert.

Wie bei R 178 und 177 beschrieben.

● **451 Von der Curva degli Scioc** (1515 m)
1¹/₂ bis 2 Std., markiert.

Wie bei R 177 beschrieben.

Valle di Bomino vom Passo di Verrobbio.

● **452** **Passo di Verrobbio, 2026 m**

Sattel westl. des Passo San Marco zwischen dem Monte Colomba-rolo im Ponteranica-Stock und dem Monte Verrobbio. Am Sattel fin-den sich Reste von Schützengräben und etwas südwestl. unterhalb ein kleiner See.

● **453** **Von der Ca' San Marco** (1830 m)
1 Std., markiert.

Von der Hütte folgt man dem Weg Nr. 161 nach W, von dem sich nach 20 Min. der „Sentiero delle Orobie Occidentali" (Nr. 101) nach links trennt. Am Hang der Alpe Cul steigt man der rotweißen Mark. mit Nr. 161 folgend über eine Felsrampe und an einem alten militäri-schen Bollwerk vorbei zum Sattel hinauf.

● **454** **Von Nasoncio** (1065 m)
3 Std., markiert.

Auf dem Höhenweg „Sentiero Bruno Credaro", R 1155.

● **455** **Von Pescegallo** (1454 m)
2 Std., markiert.

Vom Parkplatz zuerst nach SO den mit Buschwerk bestandenen Hang hinauf, dann nach NO zu den Wiesen der Casera di Pesce-

gallo Lago (1778 m) und von dort zur Staumauer des Lago di Pescegallo (1839 m), die man überquert. Über dem Ostufer des Sees auf
dem weiterhin mit Nr. 161 mark. Steig am Hang nach O in einigen
Kehren zu einer Rinne hinauf, durch die man zur Scharte „Il Forcellino" (2050 m) im Nordwestgrat des Pizzo della Nebbia gelangt. Auf
der Ostseite quert der Weg unter den Felswänden durch das Geröll
im Talkopf des Valle di Bomino zum östl. gelegenen Paß.

● **456**　　　　　**Passo di Pedena, 2234 m**

Flacher, breiter Sattel in dem Grat, der sich vom Monte Fioraro nach
N zum Monte Pedena erstreckt. Er verbindet das Valle del Bitto di
Albaredo mit dem Valle di Budria bzw. Val Tartano. Über ihn führt
der Höhenweg „Sentiero Bruno Credaro".

● **457　Von der Casera Pedena** (1560 m)
　　　2 Std., unmarkiert.

Von der in einer Kurve an der Straße Morbegno – Passo San Marco
gelegenen Casera geht man links (orogr. rechts) vom Bach nach SO
bis zum Talschluß und steigt dort nach links (NO) über die Geländestufe zu einer kleinen Almhütte (1871 m) hinauf. Nach SO auf die
Hangmitte zugehend trifft man auf die Reste eines Saumpfades,
der auf breiten Bändern nach S durch die Felsen führt. Über Schotter und Wiesen führt schließlich ein Pfad zum südöstl. gelegenen
Sattel hinauf.

● **458　Vom Passo San Marco** (1992 m)
　　　1¹/₂ Std., markiert.

Auf dem Höhenweg „Sentiero Bruno Credaro", R 1157.

● **459　Von Tartano** (1210 m)
　　　3 Std., markiert.

Von der Kirche geht man zum Bach hinunter und auf dem Weg
Nr. 13 nach SW durch das Val Corta und das anschließende Val di
Budria bis zu den Almen „Saroden" (1974 m). Bei der Almruine
oberhalb (2024 m) wendet man sich nach W und steigt über den
steilen Grashang (Flora!) der Mark. folgend zum Paß hinauf.

● **460**　　　　　**Passo San Simone, 2005 m**

Sattel mit Holzkreuz zwischen der Cima dei Siltri und dem Monte
Cavallo in dem Grat, der sich vom Pizzo Rotondo im Hauptkamm
der Orobie nach S bis zum Monte Pegherolo erstreckt. Der Paß verbindet das Valle di Mezzoldo mit dem Valle di Valleve. Auf der Ostseite Skilifte.

● **461   Von der Baita Camoscio** (1824 m)
    ¹/₂ Std., unmarkiert.

Von der Baita Camoscio (zu der man von Valleve über Cambrembo
hinauffahren kann) geht man auf breitem Weg ein Stück nach W
und steigt dann nach SW rechts der Lifttrasse weiter zum Paß
hinauf.

● **462   Von Ponte dell'Acqua** (1250 m)
    2 Std., markiert.

Auf der Ostseite des Brembo di Mezzoldo zweigt beim Staubecken
der Weg Nr. 115 in spitzem Winkel von der Straße zum Passo San
Marco nach NO ab (Ww.) und läuft am bewaldeten Westausläufer
des Monte Cavallo hoch über dem Brembo di Mezzoldo zum Val
Terzera. Auf etwa 1480 m wendet sich der Weg nach SO und führt
durch buckliges Gelände zum Bach, den man auf etwa 1525 m
quert. Auf der Nordseite weitersteigend gelangt man durch eine
kleine Felsrinne auf freie Wiesenhänge und erreicht danach den
kleinen, vermurten Talkessel von „La Casera" (1604 m, wo der Weg
„115" oberhalb in den „134", R 463, mündet). Mit Mark. 115 und 134
führt er sodann über die Hochflächen der Baita Nuova (1787 m und
1832 m) zum östl. gelegenen Paß hinauf.

● **463   Von Piazzatorre** (868 m)
    4 bis 4¹/₂ Std., markiert, reizvolle Wanderung!

In der großen Rechtskehre der Zufahrt nach Piazzatorre zweigt im
Ortsteil „le Piazzole" nach links (N) eine Straße ab, von der etwas
nördl. wiederum die Forststraße in das Valle di Pegherolo abzweigt.
Am Ende dieser Forststraße beginnt der neu mark. Weg Nr. 134, der
den Bach quert und sehr bequem in flachen Kehren über den Südhang oberhalb des Valle di Pegherolo in die Westflanke des Monte
Pegherolo führt. Dor Wcg läuft an der Ca' Olte (1180 m) vorbei und
am bewaldeten Westhang um mehrere Geländerippen zum tiefen
Einschnitt des Valle di Monte Cavallo. Auf 1285 m quert man den
Bach, steigt am Gegenhang nach NW aufwärts und gelangt zur Baita del Tegiolo (1517 m), die auf einer flächigen Grasschulter liegt. Im
folgenden Wald quert man eine stark vermurte Bachrinne und wandert an mehreren Almhütten vorbei über die Wiesenflächen des
Piano di Begna zur Baita Begna (1718 m). Danach wendet sich der
Weg nach NO und führt in das Val Terzera hinab, wo er im Talgrund
oberhalb „la Casera" (1604 m) auf den Weg Nr. 115 trifft. Weiter wie
bei R 462.

● **464   Passo di Monte Colle, 1938 m**

Dieser Sattel, der einen Übergang zwischen Piazzatorre und dem

Val di Valleve bzw. Branzi im Brembanatal ermöglicht, liegt im Südgrat des Monte Secco, nur wenig nördl. des Pizzo Badile.

● **465   Von Piazzo** (1102 m)
     3 Std., markiert.

Oberhalb des Zeltplatzes von Piazzatorre zweigt nach N die Via Piazzo ab, der man ein Stück folgt. An der Mauer der Bachverbauung beginnt der mit Nr. 118 rotweißrot mark. Weg. Er führt zum Wald, steigt dort noch ein Stück parallel zum Geröllbett an und schlängelt sich dann im Wald nach NO hinauf. Nach einer Biegung nach rechts führt der Weg nach S auf einen Wiesensporn und an der Baita di Montesecco (1837 m) vorbei in weiten Kehren zum südöstl. gelegenen Sattel.

● **466   Von Valleve** (1141 m)
     2^1/$_2$ Std., markiert, das letzte Stück unmarkiert.

Wie bei R 468 auf Weg Nr. 117 bis zur Casera di Monte Colle (1725 m). Dort verläßt man den Weg Nr. 117 und steigt nach W an dem großen Stall vorbei am Grasrücken empor, bis unterhalb des Lärchenwaldes, auf etwa 1825 m, ein deutlicher Steig schräg nach rechts (NW) zum Paß hinaufführt.

● **467   Forcolino di Torcola, 1856 m**

Dieser Grassattel liegt im Pegherolo-Massiv südl. des Pizzo Badile, von ihm läuft der lange Gratrücken über den Monte Torcola nach SW weiter. Der Sattel stellt einen Übergang von Piazzatorre in das Valle del Brembo di Valleve dar.

● **468   Von Valleve** (1141 m)
     3 Std., markiert.

Südl. des Dorfes zweigt bei der Brücke über den Torrente Valenzana, gegenüber der Kirche, der Weg Nr. 117 (gelegentlich alte Mark. Nr. 9) in spitzem Winkel nach S ab und führt an den Häusern von Valroba vorbei flach zum Wald, wo nach der Bachrinne der Steig „117" vom Saumpfad nach Valleve abzweigt. Am bewaldeten Südosthang des Monte Secco steigt man erst etwas nach NW, dann in Richtung SW weiter und macht auf etwa 1400 m eine Querung zu dem Graben, der sich vom Passo di Monte Colle herabzieht. Über die darauffolgende Rodungslichtung gelangt man zur kleinen Alm auf 1515 m und mehr nach S weitersteigend zur Casera di Monte Colle (1725 m). Wenig oberhalb überquert der gut mark. Steig einen Sattel (östl. davon Aussichtspunkt mit Kreuz), läuft an zwei weiteren Almen vorbei flach zu einem Grasrücken, durchquert die folgenden

Mulden und führt zum Schluß steiler durch Buschwerk zum südwestl. gelegenen Sattel hinauf.

● **469 Vom Monte Torcola** (1636 m)
1 Std., markiert.

Der mit Nr. 119 mark. Weg führt zunächst ein Stück auf dem Wiesenrücken mit Jagdhütten nach NO und dann in der Nordflanke, die Trassen von Schlepp- und Sessellift am Torcola Soliva kreuzend, weiter. Dort läuft er durch Buschwerk und Waldstücke über mehrere Rippen zu einer Alm, die auf 1709 m am Monte Torcola Vaga unterhalb eines Grateinschnitts liegt. Weiter in der Nordflanke querend führt der gut mark. Steig schließlich durch zwei Mulden zum Sattel hinauf.

● **470 Passo di Tartano, 2108 m**

Sattel mit Kreuz im flachen Grat östl. der Cima di Lemma bzw. westl. der Laghi di Porcile, der einen guten Übergang vom östl. Zweig des Valle di Tartano, dem Valle Lunga, nach San Simone im oberen Valle del Brembo di Valleve darstellt. Am Paß Reste eines alten Schützengrabens. Der Höhenweg „Sentiero delle Orobie Occidentali" führt über den Paß und der „Sentiero Bruno Credaro" quert nordseitig etwas unterhalb davon.

● **471 Vom Rif. Beniamino** (1485 m)
1¹/₂ Std., markiert.

Von der Hütte geht man im Valle Lunga links (orogr. rechts) vom Bach an mehreren Almen vorbei zum Talschluß. Auf etwa 1700 m überquert man auf einer Balkenbrücke den östl. Bacharm und gelangt zur Casera Porcile (1803 m). Von dort steigt man über den Hang nach SW und durch buckliges Gelände zum Paß hinauf.

● **472 Von der Baita Camoscio** (1824 m)
1¹/₄ Std., markiert.

Vom Parkplatz der Baita geht man auf dem Fahrweg nach N, wo man auf den Höhenweg „Sentiero delle Orobie Occidentali" trifft, der oberhalb quert. Man folgt dann diesem wie bei R 1116.

● **473 Passo di Porcile, 2290 m**

Felsscharte im Hauptgrat der Orobie zwischen Monte Valegino und Monte Cadelle, südöstl. über den Laghi di Porcile. Sie bietet den Übergang von Foppolo zu den Laghi di Porcile im obersten Talkessel des Valle Lunga, dem östl. Zweig des Val Tartano. Über den Paß führt der Höhenweg „Sentiero delle Orobie Occidentali".

● **474   Von Foppolo** (1508 m)
  2 Std., markiert.

Vom Ortsteil Piano (1586 m) geht man nach N, bis man auf die Mark. 9 und 201 trifft, denen man nach NW folgt. Damit befindet man sich auf dem „Sentiero delle Orobie Occidentali", dem man wie bei R 1118 beschrieben, nur in umgekehrter Richtung, bis zum Paß folgt.

● **475   Vom Rif. Beniamino** (1485 m)
  2¹/₂ Std., markiert.

Von der Hütte geht man wie bei R 471 zur Casera Porcile und weiter, bis auf dem flacher werdenden Rücken auf etwa 1900 m der Steig nach S abbiegt, der im Bogen nach O zum untersten der drei Laghi di Porcile (2005 m) führt. Nordöstl. des obersten Sees (2095 m) trifft man auf den gut mark. „Sentiero delle Orobie Occidentali", dem man über Geröll und durch felsiges Gelände zum südöstl. gelegenen Paß folgt (wie bei R 1117).

● **476   Passo di Dordona, 2061 m**

Dieser breite, flächige Sattel liegt zwischen dem Monte Cadelle und dem Monte Toro und stellt einen bequemen Übergang von der stark besiedelten und erschlossenen Bergamasker Seite mit Foppolo und dem Valle Brembana zum einsamen Val Madre auf der Veltliner Seite dar. Vom Paß schöner Blick sowohl auf den Monte Disgrazia und das Bergell als auch auf die Pegherologruppe.

● **477   Von Foppolo** (1508 m)
  1¹/₄ und 1¹/₂ Std., markiert.

a) Vom Nordrand des Dorfes (etwa 1600 m) folgt man dem rotweißrot mark. Weg Nr. 202 nach NNO, der ungefähr dem Abfluß des Lago Dordona folgend zu dem kleinen See und dem darüberliegenden weitflächigen Sattel führt.

b) Vom obersten Parkplatz am Nordostrand des Dorfes folgt man der Schotterstraße mit Mark. Nr. 1, die nach NO bis zur Wegteilung bei P. 1849 führt. Dort hält man sich links, kreuzt die Lifttrasse und steigt auf breitem Weg nach N über den Westhang des Monte Toro am Lago Dordona vorbei zum Sattel.

● **478   Von Valmadre** (1195 m)
  3 bis 3¹/₂ Std., markiert.

Von der Kirche wandert man auf dem mark. Saumpfad auf der Ostseite des Torrente Madrasco an den Almen von Grumello und Le Teccie vorbei und wechselt nach der Engstelle über die neue

Brücke auf die andere Bachseite (etwa 1290 m). Nach einem Waldstück quert man wieder zurück auf die Ostseite und gelangt über eine bewaldete Geländestufe in den sich ausweitenden Talboden mit mehreren Almen. Auf der Westseite geht man dann bis zum Talschluß, steigt am Hang vor dem Bach nach SW bis unter die Casera Dordona und an der Baita Spiaz (1889 m) vorbei zum südöstl. gelegenen Paß hinauf.

● **479**   **Passo di Valbona, 2324 m**

Im Nordgrat des Monte Toro liegt südöstl. der Sponda Camoscera dieser früher häufiger überschrittene Sattel, der das obere Val Madre mit dem Talschluß des Val Cervia verbindet. Er wird im S von dem helmförmigen, namenlosen Felsgipfel P. 2465 überragt. Über ihn führt der Höhenweg „Sentiero Bruno Credaro".

● **480   Von Valmadre** (1195 m)
  3¹/₂ bis 4 Std., teilweise markiert.

Von der Kirche wie bei R 478 bis zum weiten Talboden auf etwa 1600 m. Dort auf der Ostseite an einer offenen Baita vorbei und auf den Resten eines Saumpfades nach SO aufwärts, links (orogr. rechts) der Schlucht des Bacharmes, der vom Passo di Valbona herabkommt. Auf etwa 1770 m quert man den Bach und steigt in feuchtem Gelände zu einer Almhütte auf 1850 m. 40 Hm oberhalb mündet der Weg in den Saumpfad, der mit roter Mark. vom Passo di Dordona kommend nach N zur Casera di Valbona (1904 m) führt. Danach folgt man diesem Weg nach N über den Bach bis zur nächsten Gratrippe (Strommasten). Dort biegt man nach O ab, geht ein kurzes Stück am Grasrücken und dann in der Südwestflanke zur Mulde links der zwei Felspyramiden. Nun in einer Kehre nach links wieder auf den Grasrücken und am Hang nach SO zum nächsten Einschnitt mit primitiver Baita (etwa 2150 m). Schließlich folgt man den Spuren des alten Pfades, der im letzten Teil ziemlich hoch unter den nördl. Felsen zum Paß führt.

● **481   Von Campelli** (1265 m)
  3¹/₂ bis 4 Std., markiert, zum Schluß unmarkierte Wegspuren.

Wie bei R 487 durch das Val Cervia, bis auf etwa 1910 m ein Steig kreuzt. Diesem folgt man nach rechts und steigt nach W an der Baita Gavazza (2124 m) vorbei, etwas nach N ausholend, zum Paß hinauf.

● **482**   **Passo di Vendullungo, 2117 m**

Der Monte Toro im Hauptgrat der Orobie entsendet einen langen

Grat nach N, der das Val Madre vom Val Cervia trennt. In diesem Nordgrat liegt der Passo di Vendullungo zwischen der Cima Vitalengo und der Cima Campello und ermöglicht den Übergang vom Val Madre zum Val Cervia.

● **483 Von Valmadre** (1195 m)
   3 Std., markiert, das letzte Stück unmarkiert.

Von der Kirche wandert man auf dem Saumpfad auf der Ostseite des Torrente Madrasco zur kleinen Alm „le Teccie" (1255 m), wo die Hochspannungsleitungen an der Biegung des Baches von der Ost- auf die Westseite wechseln. Kurz danach betritt man den Wald, in dem vor einem kleinen Seitenbach ein anfangs spärlich mark. Steig im spitzen Winkel links abzweigt und in Richtung SO, immer links (nördl.) vom tiefen Graben bleibend, zur Baita del Cost (1620 m) führt. Über Wiesen und durch lichten Lärchenwald aufsteigend, quert man auf etwa 1820 m die erste Bachrinne und oberhalb der Wiesen mit einer Alm (1890 m) die zweite Rinne mit Quelle. Kurz nach SW querend gelangt man auf die Almweiden der Casera Vitalengo (1931 m), wo die Mark. enden. Dort wendet man sich nach O und steigt rechts von den untersten Felsen zur versteckten Baita auf 2036 m und weiter zum nahen Paß hinauf.

● **484   Passo di Valcervia, 2319 m**

Der Sattel liegt zwischen dem Monte Toro und dem Corno Stella nordwestl. über dem Lago Moro und ermöglicht den Übergang vom Val Cervia nach Foppolo bzw. Carona im Valle Brembana.

● **485 Von Foppolo** (1508 m)
   1³/₄ Std., markiert.

Vom großen Parkplatz am Ostrand der Hotelsiedlung (1620 m) steigt man auf dem Weg Nr. 2 nach O zur Bergstation des Sesselliftes am Montebello (2052 m) und von dort durch die Südostflanke des Montebello zum nordöstl. gelegenen schönen Lago Moro (2235 m). Über dessen Westufer führt der mit schwarzer 7 auf gelbem Grund mark. Weg nach N über einen Grassporn zum Paß hinauf. (Von der Liftstation Montebello ³/₄ Std.)

● **486 Von Carona** (1116 m)
   3 Std., markiert.

Vom oberen Ende des Sesselliftes bei der Casera di Carisole (1748 m) geht man auf dem Weg Nr. 207 (der im Liftbereich zerstört ist) weiter, kreuzt den Bach und geht ostseitig unter dem Passo della Croce nach N, wo man auf den Weg Nr. 2 trifft, der zum Lago Moro führt. Weiter wie bei R 485.

● **487** **Von Campelli** (1265 m, R 13)
3½ bis 4 Std., markiert.

Von Campelli folgt man dem mark. Saumpfad, der in der Westflanke des Dosso Morandi zunächst in Kehren durch ein stark verspurtes Waldstück und dann geradeaus nach S ansteigt. Bei der Wegteilung am P. 1537 geht man geradeaus, flach zur Almsiedlung „Fienili Arale" mit Jagdhütten und Ferienhäusern. Danach quert man zwei Bachrinnen und kommt auf einer Rodung zur Wegteilung bei P. 1581. Dort dem unteren Steig folgend durch Wald zur Baita Serra am Torrente Cervio (1490 m) hinab. Im Talgrund des Val Cervia wandert man auf der Ostseite des Baches an der Alm „Rasega" (1501 m) vorbei und quert vor einer Almhütte (1556 m) auf die Westseite. Am Bach weiter an den Almen Casera Valcervia (1624 m), Baitella (1660 m), Baita Marcia (1716 m), Baita Pessoi (1805 m) und zwei weiteren Hütten vorbei und zum Schluß steiler über Geröll und leichte Felsen zum Paß hinauf.

● **488** **Passo del Tonale, 2352 m**

In dem langen Grat, den das Corno Stella nach N entsendet und der das Val Cervia vom Valle del Livrio trennt, liegt der Passo del Tonale zwischen dem Corno Stella und der Cima Tonale. Er bietet einen Übergang vom oberen Val Cervia zum Valle del Livrio, über den der Höhenweg „Sentiero Bruno Credaro" verläuft.

● **489** **Von Campelli** (1265 m, R 13)
4 bis 4½ Std., markiert, das letzte Stück unmarkiert.

Wie bei R 487 zur Wegteilung bei P. 1581. Von dort geradeaus weiter, an einer Almeinfriedung entlang zur Baita Bruciate (1650 m) und eine Bachrinne querend zur Casera Stavellino (1738 m). Nun am Wiesenhang schräg zur nächsten Hütte (1760 m) hinauf und in Kehren zum Rand eines lichten Lärchenwaldes. Durch diesen auf einen Rücken und nach Querung einer weiteren Rinne flach zur Casera Caprarezza (1909 m) auf steinübersäter Wiese. Nun eben weiter über einen Gratrücken mit Lärchen, danach durch eine Rinne zur Baita Cerech bassa (1970 m) und über den Westrücken der Punta Cerech leicht ansteigend zur Baita Mattarucchi (2109 m). Etwas absteigend unterhalb einer Felsrippe vorbei, erst eine tiefe, dann eine kleine Rinne queren und wieder ansteigend die letzte Rippe umrunden, die sich von der Cima Tonale herabzieht. Von dem Weg zur Baita Publino (2058 m) im folgenden Talkessel zweigt unter der Felsrippe der Steig nach O ab, der durch die Südflanke der Cima Tonale zum Passo del Tonale hinaufführt.

● **490** **Von Costa** (1425 m, R 15)
3 bis 3½ Std., markiert – unmarkiert.

Wie bei R 493 bis zur Hochfläche des Lago Naturale und auf dem Höhenweg „Sentiero Bruno Credaro", R 1164, zum Paß.

● **491**   **Passo di Publino, 2368 m**

Sattel zwischen Corno Stella und Pizzo Zerna, der ein Stück weiter östl. oberhalb des tiefsten Einschnitts im Grat liegt, da dort der Übergang wegen der plattigen Felsen auf der Nordseite schwierig ist. Der Paß verbindet das Valle del Livrio mit dem Val Sambuzza bzw. Valle Brembana. Im obersten Talbecken des Val Sambuzza liegen sieben idyllische kleine Seen. Südl. unterhalb des Passes stehen verlassene Militärgebäude (Notunterkunft).

● **492**   **Von Carona** (1116 m)
         3 Std., markiert.

Wie bei R 208 bis auf 1475 m (3/4 Std., Ww.). Dort zweigt nach N der mark. Saumpfad Nr. 209 ab und steigt auf der rechten (orogr. linken) Seite des Val Sambuzza zur Baita Vecchia (1862 m) und weiter im Bogen nach O ausholend zu einer großen Hochfläche mit der Baita Arale (1982 m). Den oberhalb liegenden Lago di Valle Sambuzza (2085) umgeht man auf der Westseite und steigt am Lago Varobbio (2282 m) und alten Militärgebäuden vorbei zum Sattel.

● **493**   **Von Costa** (1425 m, R 15)
         3 bis 3¹/₂ Std., markiert.

Von Costa westl. des Baches durch einen Waldgürtel flach zur Casera La Piana (1464 m, am Weg mehrfach Warnschilder wegen möglicher Flutwellen). Von hier schlängelt sich der schmale, mark. Steig rechts (orogr. links) vom Bach durch Buschwerk den Hang hinauf, kreuzt auf 1845 m einen breiten Weg der ENEL und auf 1930 m eine felsige Bachrinne. Oberhalb trifft man den Weg, der vom Stausee zu den Almen, 2098 m, führt, und dem man ein kurzes Stück nach W folgt. Vom Ostrand der Hochfläche des kleinen Lago Naturale (2077 m) steigt man westl. der Felsrampe, die zum Lago di Publino abfällt, nach NO auf den Pizzo Zerna zu, bis auf etwa 2280 m, wendet sich dort nach W und quert über Geröll und Felsen zum Paßübergang östl. des tiefsten Grateinschnittes.

● **494**   **Passo dello Scoltador, 2454 m**

Grassattel zwischen den Cime dello Scoltador und dem Pizzo Baitelli in dem Grat, der bei der Cima di Venina (P. 2624) vom Hauptgrat der Orobie nach N abzweigt und das Valle del Livrio vom Val di Venina trennt. Über ihn führt der Höhenweg „Sentiero Bruno Credaro" und dort beginnt auch die reizvolle Gratwanderung nach N bis zum Pizzo Meriggio.

● **495 Von Costa** (1425 m, R 15)
   3 bis 3¹/₂ Std., markiert, zum Schluß unmarkiert.

Wie bei R 493 zum Lago di Publino (2134 m) und auf dem „Sentiero Bruno Credaro", R 1165, zum Paß.

● **496 Von Ambria** (1325 m)
   3¹/₂ bis 4 Std., markiert, ab 2130 m unmarkiert.

Mitten im Dorf beginnt der mark. Saumpfad, der nach W zu einer Talstufe (etwa 1550 m) im Valle di Venina und allmählich nach S drehend zum östl. Ende der Staumauer des Lago di Venina (1824 m) führt. Am Ostufer zum See-Ende und zur Casera Vecchia (1839 m) auf der Westseite des Baches. An einer weiteren Alm vorbei nach S zur Casera di Venina (2017 m), die am Fuß einer Talstufe liegt. Oberhalb, auf etwa 2130 m, trifft man auf einen alten Saumpfad. Diesem folgt man nach rechts (W) und geht ein Stück flach am Hang nach N, wobei man tief aufgerissene Schuttrinnen zu queren hat. Danach folgt man den Resten des verfallenen Saumpfades, der sich nach NW durch die Felsrippen schlängelt und auf eine Hochfläche mit Quelle und Wasserlachen (etwa 2300 m) führt, und steigt schließlich zum westl. gelegenen Paß hinauf.

● **497   Passo di Portorella, 2123 m**

Dieser bescheidene Sattel im Nordwestgrat des Pizzo Meriggio stellt keinen eigentlichen Übergang dar, ist jedoch ein bemerkenswertes Wanderziel, wegen der landschaftlichen Reize vor allem im Bereich des westl. darunterliegenden idyllischen Lago delle Zocche, dem vielleicht schönsten Fleck auf der Nordseite der B.A.

● **498 Von Campelli di sopra** (1434 m, R 17)
   2¹/₂ Std., markiert.

Von der obersten kleinen Alm geht man nach SO zwischen den beiden Liftstationen zur Liftschneise im Wald. Unter den Drahtseilen des Liftes trifft man auf einen Wirtschaftsweg, der nach O auf den Rücken führt, der sich von der Punta della Piada nach NO absenkt. An diesem Rücken steigt man nun (auf 1770 m nicht nach rechts abbiegen!) auf einem Weg mit gelber Mark. durch lichten Lärchenwald, meist ein wenig auf der Ostseite, zu einem namenlosen Sattel (etwa 2000 m). Von hier auf gutem Steig, ungefähr auf der gleichen Höhe bleibend, nach SW durch die Nordwestflanke der Punta della Piada zur Mulde unter der Alpe „la Tromba" (2008 m). Die beiden folgenden Talfurchen nach W ausgehend gelangt man zum Sattel.

● **499 Von San Salvatore** (1311 m)
   2 Std., markiert, ab Lago della Casera unmarkiert.

Wie bei R 15 nach San Salvatore. Von dort auf dem nun steiler werdenden Fahrweg weiter, der auf etwa 1500 m zum nördl. gelegenen
Bedolessi abbiegt. Man bleibt jedoch auf dem Rücken zwischen
Valle della Chiesa und Valle della Casera und folgt der verblaßten
roten Mark., die erst am Rücken nach SO und dann im Valle della
Casera zum Lago della Casera (1920 m) hinaufführt. Von der Alm
„la Casera" (1966 m), auf der Ostseite des kleinen Sees, geht man
auf gutem Steig nach NO über einen Rücken zu einer weiteren Alm
und schließlich zur Hochfläche mit dem Lago delle Zocche (2061 m)
und zum darüberliegenden Passo Portorella.

In der Pradella-Gruppe:

● **500**   **Passo dei Laghi Gemelli, 2139 m**

Übergang südl. der Laghi Gemelli, westl. des Monte Corte, der das
Rif. Alpe Corte im Valcanale mit dem Rif. Gemelli verbindet. Über
ihn führt der Höhenweg „Sentiero delle Orobie". Vom breiten Sattel
kontrastreicher Blick auf die südl. angrenzenden Kalkberge und auf
die dunklen Gipfel aus kristallinen Gesteinen über den Seen im N.

● **501** **Vom Rif. Alpe Corte** (1410 m)
        2 Std., markiert.

Von der Hütte folgt man dem Höhenweg „Sentiero delle Orobie" wie
bei R 1121 beschrieben.

● **502** **Vom Rif. Gemelli** (1968 m)
        1 Std., markiert.

Von der Hütte kann man entweder auf dem Weg Nr. 216 („Sentiero
delle Orobie") auf der Westseite des Sees, oder den Staudamm
querend auf Weg Nr. 232 am Ostufer nach S bis zum See-Ende
wandern und steigt dann in Kehren auf dem Weg Nr. 216 zum breiten Sattel hinauf.

● **503**   **Passo di Mezzeno, 2142 m**

Breiter Sattel südwestl. der Laghi Gemelli, der als bequemer Übergang Roncobello im Val Secca mit dem Rif. Gemelli verbindet.

● **504** **Von Capo Valle** (1130 m)
        2¹/₂ Std., markiert.

Von Capo Valle (1130 m), dem obersten Ortsteil von Roncobello im
Val Secca, fährt man noch etwa 1 km talaufwärts bis zum Parkplatz.
Auf der Zufahrt zu den Almen von Mezzeno (1591 m) wandert man

bequem zu dem schönen Talkessel von Mezzeno hinauf und geht bei den Almen links (orogr. rechts) vom Bach auf dem Weg Nr. 215 weiter, die Steilstufe links (westl.) umgehend, an mehreren Wasserbehältern vorbei, bis zur Wegteilung auf etwa 1780 m. Der Weg Nr. 215 führt nach NO weiter zur Mulde der Baita Croce (1933 m) und steiler in Kehren zum nördl. gelegenen Sattel hinauf.

- **505 Vom Rif. Gemelli** (1968 m)
  ³/₄ Std., markiert.

Von der Hütte folgt man dem Weg Nr. 215, der zunächst gemeinsam mit dem Weg Nr. 216 über dem Westufer des Gemelli-Stausees nach S verläuft, sich jedoch über dem Ende des Sees davon trennt und dann nach S weiter durch kupiertes Gelände mit Mulden zum Paß hinaufführt.

- **506 Passo d'Aviasco, 2289 m**

Mit Passo d'Aviasco wird der östl. von zwei gleichhohen, etwa 300 m auseinanderliegenden Pässen am Kopfende des Valle dei Frati zwischen Monte dei Frati und Monte Aviasco bezeichnet. Westl. des Doppelpasses liegt der Lago Colombo und östl. davon der Lago d'Aviasco und eine ganze Reihe weiterer Stauseen. Über den Paß läuft der Höhenweg „Giro dei Laghi".

Passo d'Aviasco mit Monte Pradella aus dem Valle dei Frati.

● **507   Vom Rif. Gemelli** (1961 m)
  1¹/₂ Std., markiert.

Auf dem „Giro dei Laghi" wie bei R 1139 beschrieben.

● **508   Von Carona** (1116 m)
  3 Std., markiert.

Wie bei R 209 und R 1123 bis zum Abfluß des Lago dei Frati. Gleich danach zweigt der Weg Nr. 236 rechts ab und führt auf der Ostseite des Baches nach S zur Staumauer des Lago dei Frati (1941 m). Am Ostufer des Sees steigt der Weg erst an und quert dann über die Geröllhänge bis unter die Felsen, nach denen man einen großen Geröllkessel (etwa 2000 m) erreicht. Vom linken Rand dieses Kessels quert man wiederum bis unter die Felsen und steigt dann auf die Felsbarriere in der Mitte des Tales zu. Dort etwas mühsam zu den riesigen Felsblöcken und links daran vorbei. Den folgenden Kessel ostseitig umgehend gelangt man zur obersten Mulde des Vallone dei Frati und von dort zum südöstl. gelegenen breiten Paß hinauf.

● **509   Von der Baita Cernello** (1956 m)
  2 Std., markiert.

Auf dem „Giro dei Laghi", R 1140, nur in umgekehrter Richtung.

● **510   Passo di Portula, 2278 m**

In der großräumigen Umrandung des Kopfendes des Valle Brembana liegt der Passo di Portula südöstl. des Rif. Calvi zwischen Monte Madonnino und Monte Grabiasca. Er bietet einen Übergang vom Rif. Calvi zur Baita Cernello und zum Valle Seriana.

● **511   Vom Rif. Calvi** (2015 m)
  1 Std., markiert.

Von der Hütte folgt man dem Steig Nr. 226, der erst nach S zur Hochfläche „Pian dell'Asino" und dann nach SO durch Mulden und über Grasrücken zum Paß führt.

● **512   Von der Baita Cernello** (1956 m)
  1¹/₄ Std., markiert.

Von der Hütte folgt man dem Weg Nr. 230, der durch buckliges Gelände zu einer Mulde mit Wasserlacke (2080 m) und durch die Westflanke zur Costa d'Agnone, dem Südostgrat des Monte Madonnino, hinaufführt, den man auf 2175 m betritt. Am teilweise felsdurchsetzten Grat steigt man über einen Gratbuckel ziemlich weit in die Ostflanke des Monte Madonnino hinauf (2350 m), quert ein Stück, steigt anschließend an einem nach O abfallenden, schwach ausgeprägten Rücken etwas ab und quert nach N zum Portulino, einem Sattel am Fuß des Nordostgrates des Madonnino. Eine felsige Graterhebung westl. umgehend gelangt man schließlich zum nördl. gelegenen Passo di Portula.

In der Diavolo-Redorta-Gruppe:

● 513   **Passo di Cigola, 2486 m**

Felsscharte im Hauptgrat der Orobie zwischen dem Nordgipfel des Monte Aga und dem Pizzo di Cigola, die früher häufiger als Übergang vom Valle Brembana zum Val d'Ambria benützt wurde, heute jedoch vor allem von S berührt wird.

● 514 **Vom Rif. Longo** (2026 m)
1¹/₄ Std., markiert.

Von der Hütte geht man weiter auf der Fahrstraße zu einem Hügel westl. des Lago del Diavolo (2142 m) und auf mark. Steig durch die Südflanke des Pizzo di Cigola zum nordöstl. gelegenen Paß.

● 515 **Von Ambria** (1325 m)
3¹/₂ Std., markiert, ab Baita Cigola Wegspuren, unschwierig.

Vom Südrand des Dorfes geht man im Valle di Ambria auf der Ostseite des Baches bis zu den ENEL-Gebäuden, wechselt dort auf die Westseite und steigt über eine Geländestufe an der Baita Zappello (1480 m) vorbei zum ausgetrockneten Lago di Zappello (1502 m). Nun flach weiter zu den Baite Dossello (1593 m) und über den Osthang der Cima Brandà nach SW zu den Baite Cigola (1874 m) hinauf. Bei den Almen wendet man sich nach W, steigt auf Wegspuren zur nächsten Geländestufe hinauf, biegt dann nach links und geht in SSW-Richtung hinauf zu einer weiteren Geländestufe, die von dem großen Geröllhang unter der kurzen Felswand mit dem Paß beherrscht wird. Am Nordwestrand des Geröllfeldes steigt man gut bis zur Mitte auf und quert dann flach in die schwach ausgeprägte Rinne, durch die man unschwierig zum Paß gelangt.

● 516   **Passo di Valsecca, 2496 m**

Breiter Sattel, der tief eingebettet zwischen dem Diavolo di Tenda und dem Pizzo Poris liegt und der den Übergang vom Rif. Calvi zum Rif. Brunone auf dem Höhenweg „Sentiero delle Orobie" ermöglicht. Vom Paß großartiger Blick nach W auf die Pegherolo- Gruppe und im O über den gewaltigen Kessel von Fiumenero auf das Redorta-Massiv.

● **517 Vom Rif. Calvi** (2015 m)
2 bis 2¹/₂ Std., markiert.

Auf dem Höhenweg „Sentiero delle Orobie" wie bei R 1124.

● **518 Vom Rif. Brunone** (2295 m)
2 bis 2¹/₂ Std., markiert.

Auf dem Höhenweg „Sentiero delle Orobie", R 1125 und 1124, nur in umgekehrter Richtung.

● **519   Passo Scaletta, 2530 m**

Unscheinbarer Sattel nördl. des Rif. Brunone, der nach S flach, jedoch nach NW in einer steilen, dunklen Felsrinne abfällt und den kürzesten Übergang vom Rif. Brunone zum Rif. Mambretti bietet. Zu Zeiten des Erzabbaues waren Leitern in der Rinne installiert, die den Übergang erleichterten, heute braucht man an deren Stelle etwas Klettererfahrung. Am Paß gut verankertes Jagdverbotsschild, das einen Abseilhaken ersetzen kann.

● **520 Vom Rif. Mambretti** (2003 m)
2 bis 2¹/₂ Std., unmarkiert, II+.

Von der Hütte nach OSO zum Torrente Caronno. Dort oberhalb der Klamm den Bach nach S überqueren und über Gras zur plattigen Felsrampe, durch die Bänder schräg rechts aufwärts führen. Oberhalb über Gras und Felsrippen, auf etwa gleicher Höhe bleibend, den Nordwestgrat des Pizzo Brunone auf der Westseite umgehen, bis man an einem Bachübergang auf deutliche Spuren eines verfallenen Saumpfades trifft (etwa 2140 m). Nun nach S aufwärts an den Erz-Abbaustellen mit Ruinen von Unterkünften (2200 m) vorbei nach SO auf einen massigen Felssporn zu und weiter steil hinauf in Richtung auf den rechten (südl.) Einschnitt über steiles Geröll bzw. Schnee bis zur Verengung. Die Felsrinne weist am Anfang und am Ende je eine kletterbare Steilstufe (II+) auf. Ausstieg unmittelbar am Paß.

● **521 Vom Rif. Brunone** (2295 m)
³/₄ Std., markiert.

Von der Hütte folgt man dem mit Nr. 251 mark. Steig nach NW, der sich an den aufgelassenen Stollen des Manganeisen-Abbaues vorbei über gerippte Felsen zum Paß hinaufschlängelt.

● **522   Passo della Brunone, etwa 2630 m**

Flacher Sattel mit Steinmann etwa 300 m östl. des Passo Scaletta im oberen Teil der Felsrippe, die sich südl. des Nordwestgrates des Pizzo della Brunone (P. 2724 m), parallel dazu, zum P. 2710 hinauf-zieht (IGM-Karte 1:25000, Blatt Valbondione). Er ist vom Rif. Mam-bretti zwar ohne Klettern erreichbar, der weglose Aufstieg ist jedoch mühsamer als zum Passo Scaletta.

● **523   Vom Rif. Mambretti** (2003 m)
   2 bis 2¹/₂ Std., unmarkiert, Trittsicherheit!

Von der Hütte umgeht man wie bei R 520 den Nordwestgrat des Piz-zo della Brunone, wendet sich danach nach links (SO) und steigt durch die Geröllrinne bis auf etwa 2500 m. Hier biegt man nach rechts (SW) und gelangt über brüchigen Fels zum breiten Rücken mit Steinmann, der den Übergang zur Hochfläche östl. des Passo della Scaletta darstellt.

● **524   Vom Rif. Brunone** (2295 m)
   ³/₄ Std., markiert.

Wie bei R 521 zum Passo Scaletta (düstere Felsschlucht mit Jagd-verbotsschild). Dort wendet man sich nach O und findet am Rand des Felsrückens, der den Geröllkessel zwischen dem Paß und dem Pizzo della Brunone begrenzt, den Steinmann, der den schlecht er-kennbaren weglosen Übergang kennzeichnet.

● **525   Bocchetta di Scàis, 2900 m**

Markanter Grateinschnitt zwischen dem Pizzo di Redorta und der Punta di Scàis, von dem nach NW der Gletscher „Vedretta di Scàis" in das Val Caronno abfließt. Der Normalweg auf den Pizzo di Redor-ta berührt die Scharte, die jedoch wegen der Steilheit auf der Ost-seite selten als Übergang benützt wird.

● **526   Vom Rif. Mambretti** (2003 m)
   3 Std., unmarkiert – Gletscher.

Von der Hütte nach OSO zum Torrente Caronno und über Geröll und Blockgestein zu der Moräne zwischen Porola- und Scàisglet-scher. Dort hält man sich rechts (SO) und steigt auf dem Vedretta di Scàis weiter, anfänglich in der Mitte, dann bei dem Aufschwung schräg rechts hinauf zu der kleinen Hochfläche am Südrand des Gletschers (Mark. an den Felsen). Weiter wie bei R 527.

● **527   Vom Rif. Brunone** (2295 m)
   2¹/₂ bis 3 Std., markiert – Gletscher – markiert.

Von der Hütte auf dem Weg Nr. 225 etwa 5 Min. nach O bis zum nächsten Rücken. Dort zweigt links mit Pfeil und Mark. der Steig ab zur begrasten Rampe, der man nach O bis zu einem Bachbett folgt. Dort links, zwischen Schneefeld und Südosthang des Pizzo Brunone zu einer Felsbarriere. Über diese gerade hinauf zum Steinmann und weiter über Schotter zum großem Felsblock mit Mark. Dann rechts unter dem Südwestgrat der Redorta zur Hochfläche am Südrand des Gletschers. Auf dem Vedretta di Scàis erst nach O und dann im flacheren Stück schräg nach links (NO) zur Scharte hinauf.

● 528   Bocchetta Settentrionale di Porola, 2880 m

Felssattel zwischen Pizzo di Porola und Cima del Lupo, der den Übergang vom Rif. Mambretti zum Bivacco Corti oder zum Passo di Coca und Rif. Coca ermöglicht.

● 529   Vom Rif. Mambretti (2003 m)
3 Std., unmarkiert – Gletscher.

Wie bei R 526 zur Moräne zwischen Vedretta di Scàis und Vedretta di Porola. Von dort zum rechten (orogr. linken) Rand der Zunge des Gletschers Vedretta di Porola. Im unteren, steilen Teil des Gletschers steigt man schräg nach links, entsprechend dem Zustand der Spalten, meist auf Blankeis zum flacheren, spaltenarmen oberen Teil hinauf. Im obersten Becken wendet man sich nach links (NO), quert die Randspalte an ihrem Nordende und steigt über leichte Felsen zum Sattel am Fuß der Felsen der Cima del Lupo hinauf.

● 530   Vom Bivacco Corti (2499 m)
1¼ Std., unmarkiert – Gletscher, unschwierig.

Von der Hütte steigt man wie zum Passo di Coca nach SO, hält sich dann aber mehr nach S auf das Schneefeld unter dem Pizzo di Porola zu. Von dessen oberem Rand steigt man über plattigen Fels und zum Schluß durch eine Rinne leicht zu dem rechten (nordwestl.) Einschnitt hinauf.

● 531   Vom Passo di Coca (2645 m)
¾ Std., unmarkiert, unschwierig.

Vom Paß quert man nach SW über einen flachen Felsgrat über dem Vedretta del Lupo in die Nordflanke des Pizzo di Porola. Schräg nach rechts gelangt man dann über plattigen Fels zu der Rinne, die zum rechten (nordwestl.) Einschnitt im Grat führt.

In der Barbellino-Umrandung:

● **532**   **Passo di Coca, 2645 m**

Der Passo di Coca liegt zwischen dem Pizzo di Porola und dem Dente di Coca, über dem Gletscher Vedretta del Lupo in dem Grat, der die höchsten Gipfel der B.A. miteinander verbindet. Er bietet einen leichten Übergang vom Rif. Coca zum Bivacco Corti.

● **533   Vom Rif. Coca** (1892 m)
  2¹/₂ Std., markiert.

Von der Hütte steigt man nach NW im Valle di Coca auf dem mark. Weg über eine Geländestufe zu dem Geröllkessel mit dem Lago di Coca (2108 m), der von den gewaltigen Ostwänden von Pizzo Redorta, Punta di Scàis und Pizzo Porola und den Südwestwänden des Dente und Pizzo di Coca umschlossen wird. Östl. am See vorbei in Richtung NW weiter über die allmählich ziemlich steil werdenden Geröllhänge zum Paß hinauf.

● **534   Vom Bivacco Corti** (2499 m)
  ¹/₂ Std., unmarkiert – Gletscher.

Von der kleinen Hütte geht man nach S über Geröll zum Westrand des Vedretta del Lupo und steigt, in leichtem Bogen die wenigen Spalten vermeidend, nach SO über den Gletscher zum Paß hinauf.

● **535   Passo della Malgina, 2621 m und 2670 m**

Mit diesem Namen werden zwei nur knapp 200 m voneinander entfernte Einschnitte im Ostgrat des Pizzo del Diavolo di Malgina bezeichnet. Der östl. liegt am tiefsten Punkt im Grat, während der westl., etwas höhere, den Übergang zum Veltliner Val Malgina besser ermöglicht.

● **536   Vom Rif. Curò** (1895 m)
  3 bis 3¹/₂ Std., markiert.

Von der Hütte wandert man auf der Militärstraße (Mark. Nr. 308) über dem Ufer des Bacino di Barbellino nach O und NO am Ende des Sees vorbei und rechts (orogr. links) vom Fiume Serio weiter bis zu einer Felsenge, nach der das Val della Malgina einmündet. Etwas oberhalb quert man den Serio und steigt auf Weg Nr. 310 durch das Val della Malgina nach NW, erst rechts (orogr. links) vom Bach, dann bei den Felsen die Bachseite mehrmals wechselnd zum Lago della Malgina (2339 m). Hier verläßt man den Weg Nr. 310, der vor dem See nach N abbiegt. Südl. am See vorbei folgt man der roten Mark. nach W über Geröll bis zu einem Kessel mit kleinerem See (etwa 2600 m), der meist mit Schnee bedeckt ist. Nun wendet man sich nach N und steigt über feinen Schutt etwas mühsam, zum Schluß nach NW, zum Sattel hinauf.

● **537 Von Paiosa** (687 m)
   6 bis 7 Std., teilweise markiert.

Wie bei R 31 kurz beschrieben.

● **538 Passo di Caronella, 2610 m**

Angenehmster und meistbenützter Übergang vom Rif. Curò bzw. Valle Seriana nach Carona im Veltlin, der zwischen der Cima del Lago Gelt und den Cime di Caronella liegt. Über den breiten Paß läuft eine Hochspannungsleitung, etwas südöstl. davon liegt oberhalb eines Tümpels das Biv. AEM Monzesi.

● **539 Vom Rif. Curò** (1895 m)
   3 bis 3¹/₂ Std., markiert.

Wie bei R 536 bis zur Felsenge, nach der das Val della Malgina von NW einmündet. Dort quert man den Bach und geht weiter zum Lago del Barbellino superiore (auch Lago Barb. naturale genannt, 2128 m). Man folgt nun weiterhin der „strada militare" (Mark. Nr. 308), die in angenehmer Steigung im Bogen nach NO bis NW mit etlichen Kehren, an einer Militärunterkunft mit flachen Tonnengewölben und dem Bivacco vorbei, zum breiten Sattel führt.

● **540 Von den Pra' di Gianni** (etwa 1350 m)
   3¹/₂ bis 4 Std., markiert.

Wie bei R 34 zu den Pra di Gianni. Vom Ende des Fahrweges nach S, an den Almen der Pra della Valle vorbei, auf dem Saumpfad mit verblaßter roter Mark. bis zum Ende des Talbodens. Dann steigt man rechts (orogr. links) vom Bach neben dem Wasserfall auf und gelangt in dem sich öffnenden Talkessel zur Malga Caronella (1858 m) zwischen den Bacharmen. Von dort durch Felsblöcke und über die Almwiesen in Richtung auf den Hochspannungsmast oberhalb der roten, keilförmigen Lawinenverbauung. Bis zum darauffolgenden Mast bleibt man auf der Grasrippe und quert danach ein Stück links durch den Hang bis zu einem kleinen Sattel. Die Mark. führt nun über eine Felsrampe zu den Schneefeldern. Zum obersten Firnfeld steigt man durch eine schwarze Rinne und quert vom westl. Rand desselben schräg nach NO zum Paß hinauf.

● **541 Passo Grasso di Pila, 2513 m**

Breiter Grassattel zwischen Monte Torena und Pizzo Strinato, der das Val di Belviso mit dem Valle Seriana verbindet und einen weiteren Übergang vom Rif. Curò zum Rif. Tagliaferri darstellt.

● **542 Vom Rif. Curò** (1915 m)
 2½ Std., markiert, ab Lago Barb. sup. Wegspuren unmarkiert.

Von der Hütte wie bei R 539 bis zum Lago del Barbellino superiore (2128 m). Dort verläßt man den Saumpfad und geht weiter zum Nordende des Sees, quert etwas oberhalb den Serio und steigt, nach NO ausholend, über steile Geröllhänge zur Mulde des kleinen Lago di Pila (2356 m) hinauf. Steigspuren über Schotter und Fels führen schließlich zu den südöstl. gelegenen Grasflächen des Sattels.

● **543 Vom Rif. Tagliaferri** (2328 m)
 2 Std., markiert, ab Malga Pila unmarkiert, Trittsicherheit!

Von der Hütte geht man, dem „Sentiero Bruno Credaro" folgend, auf dem Weg Nr. 13 nach NW zur Malga Pila (2010 m) hinunter und wandert etwa 1 km auf dem alten Saumpfad eben nach NNO. Vor dem Bach, der vom Passo Grasso di Pila herabkommt, biegt man ab und steigt links (orogr. rechts) vom Bach auf Steigspuren nach W auf, ein Stück auf der anderen Bachseite, dann wieder links davon, bis unter die steile Felsbarriere, wo man im Bacheinschnitt die Spuren findet, die zum Passo Grasso di Pila (2513 m) führen.

● **544   Passo della Manina, 1799 m**

Vom Monte Gleno im Hauptgrat der Orobie erstreckt sich ein langer Grat nach SW, der am Pizzo Tre Confini einen Knick nach S macht, dann jedoch wieder nach SW weiterläuft und schließlich in weitem Bogen nach SO in der Presolana einen mächtigen, imposanten Abschluß findet. Der tiefste Einschnitt dieses Grates ist der leicht zugängliche Passo della Manina. Er bietet den kürzesten Übergang vom Valle Seriana zum Valle di Scalve und war früher ein handelspolitisch bedeutender Übergang. Auf einem Hügel über dem Paß steht eine Kapelle mit prächtiger Aussicht. Über den Paß führt der Höhenweg „Sentiero delle Orobie".

● **545 Von Nona** (1341 m)
 1 bis 1¼ Std., markiert.

In Nona beginnt der Weg Nr. 408 am Nordrand des Dorfes als Wirtschaftsweg und führt nach NW zu den Bergwerksgebäuden (1637 m). Der folgende Steig wechselt auf die linke (orogr. rechte) Seite des Torrente Nembo und führt gerade zum Paß hinauf.

● **546 Von Lizzola** (1258 m)
   1¹/₂ Std., markiert.

Vom Ortsteil Piazza führt der Weg Nr. 307 nach S zur Alm l'Asta bassa (1426 m) und über einen Wiesenrücken hinauf zum Passo della Manina mit der Kapelle.

● **547 Vom Rif. Curò oder vom Rif. Albani**

Siehe „Sentiero delle Orobie", R 1128 und 1129.

● **548   Passo del Belviso, 2518 m**

Im Ostteil der Orobie trennt der Lago del Belviso die Gipfel der Barbellino-Umrandung von der Telenek-Gruppe. Der Kammverlauf der Nordkette der Orobie weicht dem See in einem Bogen nach S aus. Nahe dem südlichsten Punkt dieses Bogens liegt im Südostgrat des Monte Gleno der Passo del Belviso und verbindet die Talköpfe des Val di Gleno und des Val di Belviso. Über ihn führen die Höhenwege „Itinerario Naturalistico Antonio Curò" und „Sentiero Bruno Credaro".

● **549 Vom Rif. Tagliaferri** (2328 m)
   ³/₄ Std., markiert.

Siehe „Itinerario Naturalistico Antonio Curò", R 1133.

● **550 Von Pianezza** (1255 m)
   3¹/₂ bis 4 Std., markiert.

In dem kleinen Bergdorf, das auf einer Geländeterrasse hoch über Vilminore liegt, beginnt zwischen den Häusern der Weg Nr. 411, der sich nach N über Wiesen und dann am Hang steiler nach NW, ein Druckleitungsrohr kreuzend, im Wald zum P. 1507 hinaufschlängelt. Nun flach am steilen Hang nach NNW zur Staudammruine des Lago di Gleno, die man auf einem Brückchen unterhalb quert. (1923 barst der neugebaute Staudamm und die Wassermassen rissen 800 Menschen aus den darunterliegenden Dörfern in den Tod.) Man geht westl. des Lago di Gleno (1524 m), jetzt auf dem Weg 410, der von Bueggio heraufkommt, weiter im Val di Gleno an der Baita bassa del Gleno (1555 m) vorbei zur nächsten Hochfläche mit der Baita di Mezzo (1818 m). Danach quert man den Bach und steigt in einem Talkessel an der Ruine des Rif. Bissolati (1953 m, rechts oberhalb auf einem Hügel) vorbei zur Baita alta del Gleno (2100 m) und schließlich in einem langgezogenen „S", die Felsbarrieren umgehend, über Gras- und Geröllhänge zum Passo di Belviso (2518 m) hinauf.

In der Telenek-Gruppe:

● **551**   **Passo di Venano, 2328 m**

Etwa in der Mitte zwischen Monte Gleno und Monte Demignone liegt auf der Verlängerung der Längsachse des Lago di Belviso der Passo di Venano und wenige Meter unterhalb des Passes auf der Südseite das Rif. Tagliaferri. Die Höhenwege „Itinerario Naturalistico Antonio Curò" und „Sentiero Bruno Credaro" führen über diesen Paß. Zugänge wie zum Rif. Tagliaferri (R 244 bis 247).

● **552**   **Passo del Venerocolo, 2314 m**

Zwischen Monte Demignone und Monte Venerocolo liegt dieser früher wichtige Übergang vom Valle di Scalve in das Val di Belviso und zum Veltlin, über den eine alte „strada militare" zum Passo d'Aprica führt. Über den Paß wechselt der „Sentiero Bruno Credaro" wieder auf die Nordseite und der „Itinerario Naturalistico Antonio Curò" führt daran vorbei. Auf der Südseite liegen nur wenig unterhalb die Laghetti del Venerocolo.

● **553**   **Von Ronco** (1075 m)
        3¹/₂ bis 4 Std., markiert.

An der Mündung des Valle del Vo in das Valle di Scalve, 1 km nordwestl. von Schilpario, beginnt beim Gasthaus Paghera der Saumpfad Nr. 414, der nach N im Wald, rechts (orogr. links) des Baches im Val Venerocolino ansteigt. Auf etwa 1300 m weitet sich das Tal und der Weg führt über freie Flächen bis unter eine Felsbarriere. Auf etwa 1600 m quert man auf die Gegenseite des Baches und umgeht, weit ausholend, die Barriere. Oberhalb gelangt man in den Talkessel mit der Cascina del Venerocolo (1910 m) und steigt vom westl. Rand des Kessels auf den Wasserfall zu, den man unterhalb quert. Unter den Felsen führt der Weg nach NO zu einer großen Kehre und schlängelt sich dann an den zwei kleineren der Laghetti del Venerocolo (2160 m und 2280 m) vorbei zum obersten großen See (2293 m), bei dem man auf den Weg Nr. 416 trifft, dem man zum nördl. gelegenen Sattel folgt.

● **554**   **Vom Rif. Tagliaferri** und **vom Passo del Gatto**, siehe „Itinerario Naturalistico Antonio Curò", R 1134, **vom Passo di Aprica** siehe „Sentiero Bruno Credaro", R 1177.

● **555**   **Passo del Gatto, 2416 m**

Schmaler Felsdurchlaß in dem gezackten Felsgrat, der sich vom Monte Sellerino nach S erstreckt und der das Valle Venerocolino vom Valbona trennt. Über ihn führt der Höhenweg „Itinerario Natu-

Passo del Gatto.

ralistico Antonio Curò". Zugänge vom Rif. Passo del Vivione und vom Rif. Tagliaferri bzw. Passo del Venerocolo siehe R 1135.

● **556**   **Colle Pasò, 2240 m**

In dem Grat, der sich vom Monte Sellero nach N erstreckt und der das Valle di Campovecchio vom Valle Belviso trennt, liegt zwischen dem Dosso Pasò und dem Monte Palabione dieser auf der Westseite breitflächige Sattel mit Tümpel, der nach O steil abfällt und den (allerdings kaum benützten) Übergang vom Passo d'Aprica zum mittleren Val di Campovecchio ermöglicht.

● **557 Von Aprica, Ortsteil S. Pietro** (1176 m)
2¹/₂ bis 3 Std., teilweise markiert.

Der Weg beginnt am Südrand des Dorfes zwischen den Seilbahnen „Palabione" und „Baradello", wo eine Asphaltstraße, die bald in Schotter übergeht, nach S in die Wiesen führt. Dieser folgt man auf ein Almgebäude zu und steigt dann auf der Piste, die auf knapp 1400 m nach SW biegt und auf etwa 1540 m den Sessellift kreuzt (knapp zuvor an einer Mauer erste Mark. mit roter 17), bis zur Mittelstation des Liftes (1677 m, rechts davon Terrassen-Restaurant mit Rundturm und Spitzdach). Östl. des Liftes steigt man weiter, quert auf 1870 m Bach und Lifttrasse, steigt dann entweder auf der rechten Skipiste weiter in Süd- Richtung zum Stausee Lago Palabione (2109 m) und im Bogen nach O zum Sattel hinauf, oder von der Bergstation des Sesselliftes (2037 m) nach O ausholend und den roten Strichen folgend direkt zum Colle Pasò hinauf.

● **558   Passo del Sellero, 2421 m**

Felsscharte im flachen Gratstück zwischen Monte Sellero und Monte Cuvegla, über die der früher wichtige und heute nur noch teilweise vorhandene Saumpfad vom Val di Campovecchio in das Val del Sellero und weiter zum Val Paisco führt.

● **559   Vom Rif. di Campovecchio** (1311 m)
   3¹/₂ Std., markiert.

Von Campovecchio geht man flach auf dem mark. Fahrweg taleinwärts, an einer „area Pic nic" mit Tischen, Bänken und Feuerstellen vorbei. Am Westufer des Baches bleibend steigt man dann über zwei Geländestufen an den Resten der Malga Venet (1637 m) vorbei und quert hoch über dem in Stufen abfallenden Bach die blockige Rinne eines Seitenbaches, geht zu einem Plateau (links auf einem Hügel die Malga Travasina) und gelangt kurz danach zu den Gebäuden der Malghe Cuvegla (1830 m) am Nordrand des obersten Talbeckens. Nun quert der Weg den Bach, schlängelt sich über eine Felsstufe, führt an den Laghi di Cuvegla vorbei und über Felsen und Geröll in Kehren zum Paß hinauf.

● **560   Von der Straße zum Passo del Vivione** (1532 m)
   3 Std., markiert.

Von der Straße von Paisco zum Passo del Vivione zweigt etwas oberhalb der Haarnadelkehre im Einschnitt des Valle del Sellero der rotweiß mark. Weg Nr. 129 nach NW ab (mobile Bienenstöcke und Honigverkauf). Auf einer Almstraße geht man in das Valle del Sellero, links (orogr. rechts) vom Bach auf den Wasserfall zu, gelangt auf 1750 m in einen schönen Talkessel und steigt über eine Geländestufe zum zweiten Kessel mit großen Almen. Beim Zusammenfluß der Bäche quert man zwei Bacharme und geht nach N zur Malga Sellero (1983 m) hinauf. Von dort folgt man dem mark. Steig, der unterhalb des Fahrweges flach in den Talgrund führt, quert den Bach und steigt nach NO zum obersten Talkessel. Durch den Grashang unter dem flachen Grat steigt man nach N im Zickzack auf und quert zum Schluß nach NW zum Paß hinauf.

● **561** **Passo del Torsoleto, 2578 m**

Der Paß liegt südöstl. des Lago di Piccolo zwischen dem P. 2716 und dem Monte Torsoleto und verbindet den westl. Seitenast des Val Brandet mit dem Val Largone, einem Seitental des Val Paisco.

● **562** **Von Sant'Antonio** (1124 m)
4 bis 4¹/₂ Std., markiert, ab Lago di Piccolo unmarkiert.

Man geht in dem nach SO gerichteten Val Brandet auf dem Fahrweg an den Häusern von Brandet (1287 m) vorbei bis zur Malga Casazza (1474 m) am Fuß des Nordgrates des Castel di Piccolo (1¹/₂ Std.). Von dort steigt man auf dem Weg Nr. 129 im Val di Piccolo, links (orogr. rechts) des Baches, bis auf gut 1700 m, quert auf die andere Bachseite und steigt am Hang zur schönen Geländeterrasse der Malga di Piccolo (1896 m). Danach nach SO zur großen Bachrinne zurück, wo man sich wieder nach SW wendet und über eine Felsrampe zum Lago di Piccolo gelangt (2390 m, bis hierher Mark. 129). Am Ostufer des Sees geht man in Richtung SSO zu dem kleinen See auf 2448 m und über Felsrücken und Terrassen nach N zum steilen Geröllhang, über den man auf Wegspuren im groben Geröll den Sattel erreicht.

● **563** **Passo di Cadino, 2490 m**

Sattel am tiefsten Punkt zwischen Palone del Torsolazzo und Monte Zinglo Bernù, der eine Verbindung des Val Brandet mit dem Val Camonica herstellt („strada militare" von Malonno, Ortsteil Nazio superiore, bis unter den Paß).

● **564** **Von der Malga Casazza** (1474 m)
2¹/₂ Std., teilweise markiert.

Wie bei R 562 zur Malga Casazza. Am Fuß des Nordgrates des Piz Svolt, der das Val Brandet in zwei Äste teilt, quert man nach O, steigt dann am bewaldeten Hang auf schmalem, rot mark. Steig, zwei Bäche querend, zu einer Wegteilung (1685 m). Dort wendet man sich nach S und steigt auf spärlich blau und weiß mark. Pfad am steilen Hang in Kehren zur Malga Torsolazzo (1998 m) hinauf. Von der aufgelassenen Alm folgt man dem Steig, der erst nach S unter den Nordgrat des Palone del Torsolazzo führt und dann nach links (NO) bis in die Rinne quert, in der man nach SO aufsteigt und über eine Rampe den Paß erreicht.

● **565** **Passo Salina, 2433 m**

In dem langen Grat, der das Val Brandet auf der Ostseite begrenzt, liegt der Passo Salina zwischen dem Monte Palone del Sopressà und dem Monte Palone.

● **566   Von Brandet** (1287 m)
   3 Std., teilweise markiert.

Von Brandet wandert man knapp 10 Min. noch taleinwärts, quert dann über eine Brücke auf die östl. Bachseite und steigt am Hang durch Wald nach SO. Nach einer Bachrinne wendet man sich (auf etwa 1700 m) nach NO und gelangt zu den Wiesen der Malga Bondone (1827 m). Nun steigt man noch gut 100 Hm weiter nach NO und quert dann auf Wegspuren nach O in den Südhang des Monte Palone, wo man nördl. des Baches über Geländestufen und Geröll auf den Weg trifft, der von der Porta di Barbione zum Passo Salina führt. Diesem folgt man nun nach rechts (SO) zum Sattel.

● **567   Von der Porta Barbione** (2348 m)
   ³/₄ Std., unmarkiert.

Von der Porta steigt man zum Laghetto di Sonno (2293 m) ab und folgt der alten „strada militare", die durch die Westflanke des Monte Palone zum Passo Salina führt.

● **568   Porta di Barbione, 2348 m**

Felsjoch zwischen Monte Palone und Corno di Barbione, das den Übergang vom Val Brandet in das Val Moranda, ein südl. Seitental des Val di Corteno, ermöglicht.

● **569   Von Santicolo** (900 m)
   3¹/₂ bis 4 Std., markiert.

Vom Municipio (Ww., Brunnen) führt ein Sträßchen am Nordhang des Piz Tri durch Lärchenwald in vielen Kehren mit rotweißer Mark. an der Baita Curt (1261 m) und Malga Conte (1296 m) vorbei (danach Ww. geradeaus) zur runden Kapelle und den Häusern der Alpe Plinaz (1421 m). In der Kehre unterhalb der Kapelle zweigt ein mark. Waldweg nach SW ab, der in das Val Moranda quert, wo man auf einen Fahrweg stößt, der in den Talgrund führt. Ehe der Almweg oberhalb der Malga Dosso (1693 m) den Bach zum zweiten Mal quert, zweigt man rechts ab und folgt dem rot mark. Steig nach SW, der über Alpenrosenhänge zum weißen Marmorkreuz bei der Malga Campadei (1918 m) im westl. Talast führt. Die Alm läßt man links liegen und steigt an kleinen Stützmauern vorbei links vom Bach bis auf etwa 2010 m, wechselt die Bachseite unterhalb der großen Mulde und bleibt am Bach bis zu dessen Ursprung. Danach steigt man über Geröll in Kehren zur breiten Porta hinauf.

● **570   Von Brandet** (1287 m)
   3 Std., markiert – unmarkiert, Wegspuren.

Im gleichnamigen Tal geht man noch etwa 800 m taleinwärts bis zur Brücke über den Bach, steigt auf mark. Weg links (orogr. rechts) von einem Seitenbach durch Wald nach O auf und wendet sich auf etwa 1790 m nach links (N) zur Malga Barbione (1958 m). Von ihr auf Wegspuren nach SO durch Mulden und über Buckel den Westhang des Corno Barbione entlang und oberhalb des Lago di Sonno (2293 m) zur Porta.

In der Camino-Bagozza-Gruppe:

● **571** **Passo d'Erbigno, 1990 m**

Felssattel mit Kreuz zwischen Monte Campione und Monte Cuel, der eine Verbindung vom Val Paisco zum Val Camonica darstellt.

● **572** **Vom Rif. Iseo** (1335 m)
3 Std., markiert.

Wie bei R 580 bis zur Malga Campione (1760 m). Weiter auf Steigspuren über die Wiesenhänge direkt nach NW zur Malga Campione superiore (1940 m), oder bequemer auf der Almstraße bis unter den Passo dei Campelli und auf der Zufahrt zur oberen Alm. Von dort führt ein spärlich mark. Steig über die Wiesenhänge zum nördl. gelegenen Felssattel.

● **573** **Vom Passo dei Campelli** (1892 m)
½ Std., spärlich markiert.

Auf der Almstraße zur östl. gelegenen Malga Campione und weiter wie bei R 572.

● **574** **Vom Passo Giovetto** (1816 m)
¾ Std., markiert.

Auf der alten Bergwerksstraße steigt man durch die Westflanke des Monte Campione und quert unterhalb des obersten Gebäudes auf dem etwas zugewachsenen, mark. Steig zum Nordgrat des Monte Campione. Weiter durch Buschwerk nach SO in das Valle Erbigno querend bis zum Geröll unterhalb des Sattels und mit einer Kehre durch die Felsen zu ihm hinauf.

● **575** **Passo Giovetto, 1816 m**

Breiter Sattel zwischen Monte Gardena und Monte Campione, über dem Ostende des Valle di Scalve, das im obersten Teil Valle dei Teiassi heißt. Der Sattel ermöglicht den direkten Übergang vom Val Paisco zum Valle di Scalve.

● **576   Von der Straße Paisco – Passo del Vivione** (1230 m)
      2 Std., markiert.

Etwa 50 m talaufwärts von km 13 zweigt von der Paßstraße der Weg
Nr. 162 ab und führt über eine Betonbrücke nach S über eine Lichtung in den Wald. Kurz steil ansteigend kommt man zu einer zweiten Lichtung, an deren linkem Rand an einer Lärche eine Mark.
sichtbar ist. Nicht den Bach queren, sondern zum Waldrand hinauf,
wo der Weg als guter Steig mit rarer, verblaßter Mark. im Val Gardena immer rechts (orogr. links) vom Bach durch Wald und Buschwerk
führt. Auf etwa 1600 m quert man die felsige Bachrinne und steigt
danach, die Reste der Alpe Gardenina (1620 m) links liegen lassend
und den alten Wegspuren folgend, den Wiesenhang hinauf auf die
Abraumkegel zu. Dort, auf etwa 1730 m, trifft man auf einen Wirtschaftsweg und geht an der Malga Giovetto vorbei zum Sattel hinauf. (Auf der Kompass-Karte ist der Weg 162 fälschlicherweise im
Val Erbigno eingezeichnet!)

● **577   Vom Passo dei Campelli** (1892 m)
      20 Min., markiert.

Auf dem Fahrweg mit Mark. Nr. 162 quert man über den Südhang
des Monte Campione bequem zum Sattel hinüber.

● **578   Passo dei Campelli, 1892 m**

Übergang zwischen Monte Campione und Cima di Baione, der das
Valle di Scalve, im obersten Teil Valle dei Teiassi genannt, mit dem
Val Camonica verbindet. Landschaftlich ungemein reizvoll!

● **579   Von der Straße Schilpario - Passo del Vivione** (1580 m)
      1¼ Std., beschildert.

In der großen Kehre mit Rar, zwischen km-Stein 24 und 25, zweigt
mit Ww. die für öffentlichen Verkehr gesperrte Almstraße ab, die
nach O in das Valle dei Teiassi und zur schönen Hochfläche der Madonnina dei Campelli (1730 m) führt, wo der Weg hinauf zur Cimone
della Bagozza abzweigt. Zwischen blumenreichen Almwiesen wandert man bequem auf dem Fahrweg, sich bei der Wegteilung zum
Passo Giovetto rechts haltend, zum Paß hinauf.

● **580   Vom Rif. Iseo** (1335 m)
      2 Std., markiert.

Von der Hütte geht man auf dem mark. Weg Nr. 162 ziemlich flach
nach O an einem Materialaufzug vorbei in die Mulden des Conca
Plaurenti am Nordhang der Cima dei Ladrinai. Bei der Wegteilung
auf 1425 m (Ww.) folgt man nicht dem „Sentiero Cristini", sondern

geht, der Mark. 162 folgend, nach W weiter, durch Büsche und Lärchenwald etwa 150 Hm ziemlich steil ansteigend, dann gemächlicher zwischen verstreuten Felsblöcken bis zu einem Wiesenrücken (etwa 1650 m). Danach quert der Steig durch Buschwerk und über Geröll zu einem weiteren Hügel und führt später als enge Gasse zwischen zwei Felsblöcken hindurch. Er quert den Bach auf etwa 1675 m bei einer Fichte am Felsblock unterhalb eines Wasserbehälters, steigt dann halblinks zu einer Hochfläche mit Pferdelattich und rechts durch ein Tälchen zur Malga Campione (1760 m) an dem Fahrweg, der zum südwestl. gelegenen Sattel hinaufleitet.

● **581**   **Passo di Ezéndola, 1974 m**

Flacher Grassattel zwischen der Cima Ezéndola und dem Monte Sossino, der den Übergang von Schilpario zum Rif. Laeng bzw. zum Talbecken von Lozio ermöglicht.

● **582   Von Schilpario** (1124 m)
      2¹/₂ Std., spärlich markiert.

Vom Ortsteil Grumello auf der Via Paradiso nach O zur Brücke über den Bach. Am Rand der Lichtung beim Ferienheim folgt man der Mark. Nr. 421, die in das bewaldete Val Ruvione führt. Dort schlängelt sich der schmaler werdende Weg erst auf der rechten (orogr. linken), dann auf der Gegenseite eines Baches ziemlich steil zur südöstl. gelegenen Baita Ezéndola hinauf (1600 m), wo der Weg Nr. 419, der von der Malga Epolo zu den Baite del Lifretto führt, kreuzt. Von der Baita steigt man nach SO weiter und gelangt durch einen Latschengürtel in den Geröllkessel am Fuß der Nordwände des Monte Sossino. Dort folgt man den Spuren, die nach N ausholend über Geröll und Graszungen bis unter den Grateinschnitt führen. Nun nach links zur Felsrinne hinauf, durch die man zum Paß gelangt.

● **583   Vom Rif. Laeng** (1750 m)
      1¹/₂ Std., unmarkiert.

Von der Hütte am oberen Weiher vorbei zu dem Kar, das sich vom Passo di Varicla nach O hinabzieht, und in diesem zu den Malghe di Varicla (1608 m, großer Brunnen) hinab. Von dort auf den Resten eines Saumpfades leicht steigend über die Grashänge nach N, bis der Weg um eine Felsrippe leicht abwärts in die Mulde führt, die sich vom Passo di Ezéndola herabzieht. Am Gegenhang zu dem dreieckigen Geröllfeld über den Felsrampen. Dort wendet man sich nach WNW und steigt zum Sattel hinauf.

● **584**   **Passo di Varicla, 2097 m**

Felsscharte zwischen Pizzo Camino und Monte Sossino in dem hier stark gekrümmten Grat, der von der Cimone della Bagozza kommend das Valle di Scalve vom Val Camonica trennt. Über die Scharte führt der kürzeste Übergang von Schilpario zum Rif. Laeng.

● **585 Von Schilpario** (1124 m)
2¹/₂ Std., markiert, Trittsicherheit!

Vom Ortsteil Grumello führt der Weg Nr. 421 unter dem Sessellift zur Malga Epolo (1550 m) hinauf. Von dort steigt man weglos, den spärlichen, verblaßten Mark. folgend, nach SO in den großen Geröllkessel „Foppa di Varicla", der sich unter dem Passo di Varicla und dem Monte Sossino weit nach O ausbuchtet. Am rechten (südl.) Rand dieses Kessels findet man die Felsrinne, in der die rote Mark. hinaufführt und der Weg Nr. 83 vom Passo della Corna Busa, von rechts kommend, einmündet. Durch diese steile und unangenehm schuttige Felsrinne (Vorsicht Steinschlag!) steigt man hinauf zum Sattel. Bei Benützung des Liftes von der Malga Epolo 1¹/₂ Std.

● **586 Vom Rif. Laeng** (1760 m)
1 Std., markiert.

Von der Hütte auf dem Weg Nr. 82 A erst nach W und dann NW auf einen Wiesenrücken zu, der sich vom Monte Sossina herabzieht. Dort quert man über einen breiten Sattel auf den Südhang und steigt über einen Hügel weiter nach NW zu dem tiefsten Einschnitt im Südwestgrat des Monte Sossino, der aber nach N steil abbricht und nicht gangbar ist. Deshalb quert man unter den Gratfelsen noch ein Stück weiter nach links (W) bis zur Felsscharte des Passo di Varicla.

● **587   Passo della Corna Busa, 1940 m**

Lohnendes Wanderziel im Westgrat des Pizzo Camino, östl. unterhalb eines monumentalen Felsentores und der namenlosen Höhe P. 2007, am Nordrand des Felsenkessels „Conca dei Fopponi", der von Le Pale, Corna di San Fermo, Cima Moren und Pizzo Camino umfaßt wird. Vom Paß großartiger Blick auf das Valle di Scalve mit seinen Seitentälern und den sie umrahmenden Gipfeln von der Presolana bis zum Passo del Vivione.

● **588 Von Schilpario** (1124 m)
2 bis 2¹/₂ Std., markiert.

Von der Brücke der Umgehungsstraße über den Dezzo geht man etwa 150 m nach S, an einer Bar vorbei, und findet an der zweiten nach rechts abzweigenden Straße an der Mauer die Mark. 423. Dort beginnt der mark. Saumpfad, der ziemlich steil auf der linken (orogr. rechten) Seite des Val Voia nach SO zur Malga Voia bassa (1559 m)

Passo di Corna Busa unter dem Pizzo Camino.

führt. In gleicher Richtung steigt man weiter über einen Rücken zum Rand des großen Kessels mit der Malga Alta di Voia (1777 m), wo von NO der Weg Nr. 424 von der Liftstation bei der Malga d'Epolo mündet. Über den Hang mit Buschwerk gelangt man schließlich hinauf zum deutlich eingeschnittenen Sattel. An dem riesigen Felsblock mit breitem Tor vorbei geht man rasch zur Höhe 2007 m hinauf, die prächtige Aussicht gewährt.

● **589 Von Azzone** (975 m)
3 Std., teilweise markiert.

Nordöstl. des Dorfes beginnt bei der Brücke im Valle di Azzone auf der Ostseite der Karrenweg, der nach NO aufsteigt und nach wenigen Min. rechts abbiegt. Ein steiler werdender Steig führt weiter nach NO und trifft auf 1430 m wieder auf den Fahrweg, der nach O an der Fienile le Some vorbei über einen Bach zur unteren Malga del Negrino (1631 m) führt. Über Wiesen geht man dann nach N, links an einer Almruine vorbei, und steigt im Wald links von einem Graben in Kehren zur obersten Alm (1781 m). Nun folgt man dem mark. Steig Nr. 425, der oberhalb der Alm im freien Gelände zum nordöstl. gelegenen Sattel führt.

● **590 Passo del Costone, 1937 m**

Das Corno di San Fermo sendet einen langen Grat nach SW aus, in dem dieser breite Wiesensattel liegt, der den Übergang von Azzone zum Rif. San Fermo ermöglicht. Prächtiger Aussichtspunkt!

● **591 Von Azzone** (975 m)
3 Std., markiert.

Wie bei R 589 zur obersten Malga del Negrino (1781 m). Auf der kleinen Hochfläche unterhalb der Alm geht man ein wenig nach O, biegt dann nach S und steigt zu einem Einschnitt im Westgrat der Pale, wo man die rotweißrote Mark. Nr. 83 findet. Der Mark. folgend steigt man über eine Grasrippe auf und quert am steilen Hang nach S durch mehrere Rinnen zum Wiesenrücken mit dem Sattel.

● **592 Vom Rif. San Fermo** (1868 m)
¹/₂ Std., markiert.

Vom Tümpel am Wiesensattel nördl. der Hütte quert man auf dem mit Nr. 83 mark. Weg durch die Südwestflanke des Corna di San Fermo zum Paß hinüber.

In der Presolana-Gruppe:

● **593**   **Passo Scagnello, 2092 m**

Dieser Paß liegt in der Verlängerung der Nordwestkante des Pizzo della Presolana und stellt einen wichtigen Übergang vom Valle di Valzurio (Valle Seriana) zum Valle di Scalve dar.

● **594 Vom Rif. Albani** (1939 m)
20 Min., markiert.

Von der Hütte steigt man auf dem Weg Nr. 401 (Teilstück des „Sentiero delle Orobie") zum westl. gelegenen Paß hinauf.

● **595 Von den Stalle Möschel** (1265 m)
2 bis 2¹/₂ Std., markiert.

Von Villa d'Ogna (542 m) im Valle Seriana kann man mit dem Auto auf der Asphaltstraße bis oberhalb von Valzurio und weiter auf der teilweise sehr holprigen Schotterstraße zu den Stalle Möschel (1265 m) fahren. Von dort geht man auf dem gut mark. Weg Nr. 311 nach NO an den Resten der alten Bergwerksgebäude vorbei und quert nach der Baita bassa Pagherola (1504 m) den Bach. Auf der linken (orogr. rechten) Seite des Baches steigt man dann an der zweiten Alm (1639 m) vorbei nach NO bis unter den Passo di Polzone und erreicht, sich auf 2010 m nach N wendend, den Paß.

● **596 Bocchetta del Monte Visolo, 2315 m**

Markante Felsscharte am tiefsten Punkt im Südostgrat der Presolana Orientale, ehe der kurze Grat zum Monte Visolo aufsteigt. Die Scharte bietet den einfachsten Übergang von der Südseite der Presolana auf die Nordseite mit dem Rif. Albani und nach Còlere. Außerdem führt über sie die letzte Etappe des Höhenweges „Sentiero delle Orobie", mit dem Klettersteig „Sentiero della Porta".

● **597 Vom Rif. Albani bzw. vom Monte Visolo**

Auf dem „Sentiero delle Orobie", siehe R 1130.

● **598 Vom Bivacco Clusone** (2085 m)
1 bis 1 1/2 Std., teilweise markiert, Trittsicherheit!

Wenige Meter östl. unterhalb der Cappella Savina zweigt vom Aufstiegsweg Nr. 315, der von der Malga Cassinelli kommt, bei drei Gedenktafeln ein zunächst noch nicht mark. Steig nach O ab. Er quert, erst flach, dann steigend, knapp unter den Felsen im Geröll zu dem Felsen mit der Aufschrift „POR", bei dem die Mark. mit roten Punkten beginnt. Der Steig führt weiter durch mehrere tiefeingeschnittene Felsrinnen, die teilweise in leichter Kletterei überwunden werden. Über Grasschrofen schlängelt er sich dann bis vor die tiefe Rinne, die sich von der Bocch. del Visolo herabzieht, und dort zur nördl. gelegenen Scharte hinauf.

● **599 Passo Olone, 1850 m**

Aus der Mitte des Geröllkessels, der vom West- und Südgrat der Presolana di Castione eingeschlossen wird, läuft ein Grat mit mehr als 7 km Länge nach SW über sechs Gipfel, parallel zum Valle di Valzurio, auf Clusone zu. Zwischen den obersten Felsgipfeln Pizzo Olone und Cima di Bares liegt der als Übergang unbedeutende Passo Olone, der den Ausgangspunkt für die Überschreitung des landschaftlich reizvollen, blumenreichen Grates darstellt.

● **600 Von Rusio** (921 m)
2 1/2 bis 3 Std., markiert, ab Malga Presolana unmarkiert.

Rusio erreicht man mit Fahrzeug von Castione (Parkplatz nach der Brücke, ehe die Straße zum Bergdorf ansteigt). Von dort geht man etwa 200 m links (orogr. rechts) vom Bach aufwärts, bis der Weg Nr. 318 mit Ww. nach rechts über den Bach in das Valle dei Mulini führt. Durch schöne Felsschluchten steigt man im Wald auf dem gut mark. Weg nach N zu den freien Flächen der Malga Presolana (1538 m) auf, wo der Weg Nr. 319 nach O zum Colle di Presolana abzweigt. Dort verläßt man den mark. Weg und geht erst ein kurzes

Stück weglos nach N, quert dann über eine Rippe schräg am Hang nach W aufwärts, bis man unterhalb des Passo Olone auf einen Weg trifft, der von S kommend zum Paß führt.

● **601 Von den Stalle Möschel** (1265 m)
2 Std., markiert, ab Malga Olone unmarkiert.

Wie bei R 595 talaufwärts, bis der Weg Nr. 320 rechts abzweigt und nach O durch die Südflanke des Cresta di Valzurio (Südwestgrat der Presolana di Castione) zur Malga Olone (1819 m) führt. Von dort quert ein Steig zum südwestl. gelegenen Sattel.

In der Edine-Umrandung:

● **602**   **Forcella Larga, 1470 m**

Breiter Sattel im Ostgrat des Pizzo Formico, der einen Übergang vom Rif. San Lucio zum Rif. Monte Farno bzw. zum Valle Piana bietet. Am Sattel befindet sich die Ruine der Capanna Ilaria.

● **603 Vom Rif. Lucio** (1027 m)
1¹/₂ Std., markiert.

Von der Hütte geht man auf dem Karrenweg nach S zur Baita Pianura und weiter über Wiesen bis zum Waldrand. Dort folgt man dem Weg, der nach links aufwärts führt und nach einigen Kehren flacher als Pfad mit roter Mark. nach SW und W, den Kessel des Val Flex querend, zum Sattel mit der Hüttenruine führt.

● **604 Vom Rif. Monte Farno** (1270 m)
³/₄ Std., markiert.

Von der Hütte steigt man auf dem Ziehweg nach NO an der Baita Prato Porta (1381 m) vorbei und folgt der Mark., die zu einem Sattel (1411 m) im Südwestgrat des Pizzo Formico führt. Von dort geht man nach O zu einer Alm, dann ziemlich geradlinig nach NO an einem Tümpel vorbei und am Hang zur Forcella hinüber.

● **605**   **Il Colletto, 1281 m**

Zwischen dem Süd-Ende des Lago di Endine und dem Lago d'Iseo liegt der flache Wiesenrücken „il Colletto". Er verbindet den Talkopf des Valle di Torrezzo mit dem Valle di Fonteno. Wo der Grat zum Monte Torrezzo ansetzt, befindet sich eine Gedenkstätte für die Opfer im Partisanenkrieg, der in diesem Gebiet sehr verbissen geführt wurde.

● **606** **Von Fonteno** (517 m)
2 Std., teilweise markiert.

Fonteno erreicht man von Riva di Solto am Ostufer des Lago d'Iseo. Vom Platz bei der Kirche geht man nach SW und folgt dem mark., gepflasterten Saumpfad, der zur Kapelle „Portico della Santella" (703 m) und über die bewaldeten Südhänge des Monte Boario führt, bis der Saumpfad nach S abbiegt. Ein kleiner Steig führt dort am Waldrand nach W weiter und mündet bald in einen Forstweg, der in Kehren mit sanfter Steigung durch eine Fichtenschonung am Südhang des Monte Sicolo führt. Auf etwa 1070 m verläßt man den Saumpfad und quert den abschließenden Talkessel des Valle Bissacola in weitem Bogen nach S zur Alm „Busaccino" (1230 m), die unter dem Wiesenrücken liegt.

In der Arera-Alben-Gruppe:

● **607** **Passo Branchino, 1821 m**

Der nordwestl. von Corna Piana und Pizzo Arera liegende Paß bietet einen Übergang vom Rif. Alpe Corte im Val Canale nach Roncobello im Val Secca, durch das Val Vedra nach Zorzone und zu den Hütten und Liften auf der Südseite des Pizzo Arera. Östl. des Passes befindet sich der schöne Lago Branchino.

Blick vom Monte Zulino zum Passo Branchino.

● **608 Vom Rif. Alpe Corte** (1410 m)
1 Std., markiert.

Auf dem Weg Nr. 218 geht man nach W über den Bach zur Baita di Corte Bassa (1428 m) und steigt durch ein Wäldchen zur Hochfläche der Baita di Neel basso (1559 m) und Baita di mezzo (1613 m). Nun nach SW, über die Osthänge des Corno Branchino zum Lago Branchino (1784 m) und zum darüberliegenden Paß.

● **609 Von den Baite di Mezzeno** (1591 m)
1 Std., markiert.

Wie bei R 504 zu den Baite di Mezzeno. Dort wendet man sich nach S und folgt dem Saumpfad mit Mark. Nr. 219, der durch die bewaldete Westflanke des Corno Branchino und nach Querung einer Bachrinne zur Baita Branchino (1687 m) führt. Danach wendet er sich allmählich nach SW und führt durch eine Mulde zum westl. gelegenen Paß hinauf.

● **610 Von Zorzone** (1016 m)
2¹/₂ bis 3 Std., markiert.

Bis zum ehemaligen Bergwerk Pian Bracca im Val Vedra (1122 m) fahrbare Schotterstraße. Vom Bergwerk verläuft der gut mark. Weg Nr. 231 am Bach entlang und umgeht eine Felsbarriere links (orogr. rechts). Weiter dem Tal nach N folgend erreicht man über Wiesen die Casera di Vedro (1674 m) und den Passo di Val Vedra (1860 m, mit Tümpel). Nun geht man nach O zu den Baite Branchino (1844 m) und weiter im Bogen nach N zu dem etwas tiefer liegenden Paß.

● **611 Passo della Menna, 2002 m**

Der Passo della Menna liegt in dem langen Grat, der sich von der Cima di Menna nach W zum Monte Ortighera erstreckt, und ermöglicht den Übergang durch die schroffen Felswände oberhalb von Roncobello im Val Secca zur Cima di Menna und nach Zorzone im Val Parina.

● **612 Von Roncobello** (1007 m)
2¹/₂ bis 3 Std., markiert.

Von dem Ortsteil Costa auf der Südseite des Flusses quert man unterhalb des Kirchleins die Wiese nach S und steigt auf einem Saumpfad im Wald mit Mark. 6 auf gelbem Dreieck (235 gibt es nicht!), immer in Richtung S, an den Felsen des Corna Buca (1292 m) vorbei, zur kleinen Terrasse der Ruine der Baita dello Zoppo (1383 m). Auf etwa 1550 m verläßt man endgültig den Wald (auf 1570 m zweigt die Mark. „Pizzo" ab) und gelangt in das große Kar

„Vallone". Auf knapp 1700 m quert man kurz nach O zu einer Quelle (1706 m, rote Pfeile) und steigt dann etwas mühsam über Geröll zum markanten Grateinschnitt hinauf.

● **613   Von Zorzone** (1016 m)
3 Std., markiert.

Wie bei R 278 zum Rif. Palazzi. Von dort folgt man der Mark., die unter dem Westgrat der Cima di Menna nach W führt, bis der Steig um die Gratfelsen zum Paß biegt ($^1/_4$ Std.).

● **614   Passo dell'Ortighera, 1435 m**

Flacher Sattel mit Starkstrommast in dem Grat, der sich von der Cima di Menna nach W zum Monte Ortighera erstreckt. Über den Sattel führt ein reizvoller, einsamer Steig, der von Zorzone kommend über die steilen Hänge oberhalb des wilden Val Parina quert und den Abstieg nach Lenna ermöglicht.

● **615   Von Lenna Bassa** (509 m)
2$^1/_2$ Std., markiert.

Von der Via Cantone San Francesco zweigt nach der Brücke über den Brembo die Via Pineta rechts ab, an deren Ende links der zunächst spärlich mark. Fußweg beginnt, der nach O durch Stangenwald zu einer Straße führt. Vor der rotweißen Schranke biegt rechts der Weg ab, der an einem Zaun entlang nach S in das bewaldete Valle Ortighera aufsteigt. Auf etwa 650 m mündet unter der Hochspannungsleitung der Weg von Bordogna ein und führt mit neuer, orangefarbiger Mark. ziemlich steil zum Grassattel hinauf.

● **616   Von Zorzone** (1016 m)
4 Std., markiert.

Von der Straße von Oltre il Colle nach Zorzone zweigt in der Rechtskehre nördl. des Torrente Parina ein Steig nach W ab, der vor einer kleinen Kapelle in den von Zorzone kommenden alten Saumpfad mündet. Dieser führt an einer großen Kapelle auf einem Felssporn vorbei, in Auf und Ab immer zwischen 800 m und 900 m Höhe bleibend und gelb mark., durch die steilen, bewaldeten und stark gegliederten Hänge auf der Nordseite des wilden Val Parina: Am oberen Rand der Pra Parina (825 m) vorbei läuft er über die Felsrippen der Costa di Carpen, quert danach das Val di Campo und führt in das Valle dei Rossi, wo ein deutlicher Steig von links unten heraufkommend einmündet. Dann beginnt der Weg zu steigen, quert auf 1025 m die Bachrinne, die sich vom Paß herabzieht, und folgt dieser aufwärts (auf 1260 m beginnt frische orangefarbige Mark.). Auf etwa 1300 m wendet sich der Steig unter den Starkstromleitungen nach

NO zur Baita del Lupo (1440 m) und führt von dort flach zum westl. gelegenen Paß.

● **617** **Passo Corna Piana, 2130 m**

Tiefster Einschnitt in dem Grat, der sich vom Pizzo Arera nach N zum Ostgipfel des Corna Piana erstreckt. Der Sattel ermöglicht den Übergang vom Val Canale zum Conca Mandrone bzw. den Hütten am Pizzo Arera, und zudem stellt ein interessanter Steig die Verbindung zur Forcella Valmora her (siehe R 623).

● **618** **Vom Passo Branchino** (1821 m)
1¼ Std., markiert.

Der Weg Nr. 244 führt durch die Westflanke des Corna Piana über Geröll zur Bocch. di Corna Piana (2078 m) hinauf, auf der Südseite ein wenig zum Conca Mandrone abwärts und quert unter den Felsen des Corna Piana nach O zum Paß hinüber.

● **619** **Von Valcanale** (987 m)
2¹/₂ bis 3 Std., markiert.

Wie bei R 626 von der Liftstation (1200 m) bis zur Baita bassa di Vaghetto. Dort geht man auf dem breiten Schotterweg nach SW weiter an der Baita di Piazza alta (1637 m) und dem oberen Ende des Skiliftes vorbei. Ein Steig mit gelber Mark. führt nun weiter zum Ostgrat des Corna Piana und durch das Kar südl. des Grates zum Sattel hinauf.

● **620** **Forcella Valmora, 1996 m**

Dieser Sattel liegt am tiefsten Punkt im Grat zwischen dem Pizzo Arera und der Cima Valmora. Er verbindet das Val Gorgolina, die nordwestl. Verlängerung des Val Nossana, mit dem Val Canale.

● **621** **Von Premolo, Ortsteil Bratte** (716 m)
4 Std., markiert, ein kurzes Stück unmarkiert.

Wie bei R 287 bis zur Piazza Monzone (851 m, 1¼ Std.). Dort führt der Weg Nr. 245 nach links aufwärts im Val Gorgolina an einem Brunnen und später an einem betonierten Wasserbehälter vorbei zur Baita di Costa Bruciata (1069 m). Auf etwa 1250 m quert man das felsige Bachbett (rote Punkte) und steigt über den Grashang zum Cascinetto Rinati (1335 m), an dem der Weg etwas unterhalb am Waldrand vorbeiführt. Man steigt nun ein Stück über dem Bachufer weiter, danach in großen Kehren am Hang an zwei Wasserbehältern vorbei, quert oberhalb zur Bachrinne und zu der am Westrand des Talkessels gelegenen Baita Valmora (1723 m). Auf der Westseite des Baches auf Wegspuren nach N und weiter wie bei R 622.

● **622 Vom Rif. Leten** (1765 m)
  1 1/2 Std., markiert, ein kurzes Stück unmarkiert.

Von der Hütte auf dem Weg Nr. 243 am Hang nach SW bis zur Wegteilung (1865 m) kurz vor einer Engstelle. Nun folgt man dem neu mark. Weg Nr. 240, der sich durch helle Felsen schlängelt und den grasigen Südgrat der Cima di Leten umrundet. Die Mark. führt dann um den Talkessel von Valmora und quert auf etwa 1780 m unterhalb einer Geländestufe den Bach, der von der Forcella Valmora herabkommt. Dort verläßt man den Weg Nr. 240 und steigt am Gegenhang weglos nach W hinauf, bis man auf den Weg Nr. 244 trifft, der in der Ostflanke des P. 2054 bzw. des Pizzo Arera nach N führt, und gelangt auf diesem, eine tiefe schuttige Felsrinne querend, zur Forcella.

● **623 Vom Passo Corna Piana** (2130 m)
  1 1/2 Std., markiert, Trittsicherheit!

Auf der Ostseite, etwas unterhalb des Sattels, zweigt der Steig Nr. 244 von dem gelb mark. Weg rechts ab und führt gut mark. mäßig abwärts zum Geröllfeld unter dem Nordgrat des Pizzo Arera, wo man unter einem großen Überhang weiter zu einem Grasrücken absteigt. Danach quert man ein kleineres Geröllfeld und einen Alpenrosenhang zum großen Kar zwischen Nord- und Nordostgrat des Arera. Hier eben weiter zur kleinen Quelle „Fontanino" (1920 m) am Ostrand des Kares. In gleicher Höhe geht man noch etwas weiter, steigt dann am linken Rand einer Rinne bis 1780 m ab, quert die Schotterrinne und erreicht jenseits unter den Felsen den tiefsten Punkt dieses Weges. Sogleich steigt man am Rand der Felsen 30 Hm über Schotter auf und quert nun ein langes Stück nach links auf den Grasrücken zu, an dem der Steig deutlich erkennbar ist, der sich am linken Rand der Schlucht, die sich von der Forcella Valmora herabzieht, emporschlängelt. Auf etwa 1930 m quert man die Hauptrinne und steigt auf der Gegenseite am Drahtseil über ein schräges Felsband und weiter über den Seitenrand der Schlucht (nochmals Drahtseil) schließlich zum breiten Sattel hinauf.

● **624** **Passo del Re, 1997 m**

Felsscharte zwischen der Cima di Leten und der Cima del Fop, am Fuß des Südwestgrates der Cima del Fop, die den Übergang vom Val Canale zum Rif. Leten ermöglicht.

● **625 Vom Rif. Leten** (1765 m)
  3/4 Std., markiert.

Wie bei R 289, nur in umgekehrter Richtung.

● **626 Von der Talstation des Sesselliftes im Valcanale** (1200 m)
2 Std., markiert.

Vom Südrand des Parkplatzes geht man auf Schotter nach SW, wo allmählich ein Fahrweg erkennbar wird und in Kehren mit Mark. Nr. 243 zur Mulde der Baita bassa di Vaghetto (1429 m) führt. Ein Stück vor der Alm biegt man nach SO ab (Ww.) und quert zur Baita di Vaghetto alta (1446 m), an der man rechts vorbeigeht. Durch lichten Wald und Latschen erreicht man den großen Geröllkessel am Fuß der Nordostwand der Cima Valmora. Bis auf etwa 1750 m steigt man dann etwas mühsam am rechten Rand des Geröllfeldes empor, quert in die Mitte und gelangt über Felsrippen und zum Schluß durch eine Rinne zum Paß.

In der Campelli-Resegone-Gruppe:

● **627 Passo di Baciamorti, 1540 m**

Wiesensattel in dem Grat, der sich vom Monte Venturosa nach W zum Pizzo Baciamorti und Monte Aralalta erstreckt. Er verbindet das Val Torta mit dem Taleggio, und über ihn führt der Höhenweg „Sentiero delle Orobie Occidentali".

● **628 Von Cassiglio** (502 m)
2½ Std., markiert.

Auf dem Höhenweg „Sentiero delle Orobie Occidentali", R 1107.

● **629 Vom Passo Grialeggio** (1707 m)
¾ Std., markiert.

Vom Paß folgt man dem Steig mit Mark. Nr. 102, der zunächst am Südgrat des Monte Venturosa aufwärts führt, dann in der West-flanke über zwei kleine Felsscharten zum Nordwestgrat des Monte Venturosa quert und schließlich durch Buschwerk, unter der Hochspannungsleitung hindurch, zum nordwestl. gelegenen Paß hinabführt.

● **630 Passo Grialeggio, 1707 m**

Tiefer Einschnitt zwischen Monte Venturosa und Monte Cancervo, der den Übergang vom Valle Brembana zum Valle Asinina (Taleggio) bzw. über den Passo di Baciamorti in das Val Torta ermöglicht.

● **631 Von Olmo al Brembo** (556 m)
3½ Std., markiert.

Am Südrand von Olmo zweigt nördl. der E-Zentrale eine Straße ab, die den Brembo überquert. Am Ende der Brücke wendet man sich nach S zur zweiten Brücke, überquert den Torrente Stabina (Mark. 127) und geht auf der Schotterstraße nach S bis vor eine Bachrinne. Dort zweigt der gut mark. Weg Nr. 127 rechts ab und steigt westl. über dem Canale della Cassa im Wald nach SSW aufwärts (auf 1040 m Brunnen). Oberhalb erreicht man den Sattel „il Collino" (1290 m), läuft nunmehr flach die Talschlüsse des Val Foppane und des Val Rossa nach S aus und gelangt danach zu den freien Flächen der Baita Campelli (1364 m). Von dort führt ein mark. Steig weiter zum südwestl. gelegenen Paß hinauf.

● **632   Von Pianca bzw. den Case Buffalora** (810 m und 1070 m)
1³/₄ bzw. 2³/₄ Std., markiert.

Wie bei R 1043 beschrieben.

● **633   Bocchetta di Regadur, 1853 m**

Wiesensattel zwischen Monte Aralalta und Monte Sodadura am Südwestrand der Hochfläche „Cabretondo". Er wird vom Höhenweg „Sentiero delle Orobie Occidentali" tangiert.

● **634   Vom Rif. Gherardi** (1650 m)
³/₄ Std., markiert.

Von der Hütte wandert man auf der Hochfläche nach N am alten Rif. Cesare Battisti (1685 m) vorbei und steigt dann, sich nach NO haltend, durch Latschen und ein Schuttkar zum Sattel hinauf.

● **635   Vom Passo di Baciamorti** (1540 m)
1¹/₂ Std., markiert.

Siehe „Sentiero delle Orobie Occidentali", R 1108.

● **636   Passo Sodadura oder dell'Aralalta, 1867 m**

Breiter Sattel östl. des Monte Sodadura, der eine Verbindung vom Rif. Gherardi im Taleggio zu den Piani d'Artavaggio herstellt. Über ihn führt der Höhenweg „Sentiero delle Orobie Occidentali".

● **637   Vom Rif. Gherardi** (1650 m)
³/₄ Std., spärlich markiert.

Über das Hochplateau geht man nach N zum alten Rif. Battisti (1685 m) und von dort durch die Südhänge nach NW zur Casera Aralalta (1730 m) und zum Sattel hinauf.

● **638   Von Pizzino** (930 m)
2¹/₂ Std., markiert.

Von der großen Rechtskehre der Straße zwischen Sottochiesa und

Pizzino wandert man auf dem mark. Saumpfad Nr. 120 nach NW in das Valle del Zucco und an den Almsiedlungen Fraggio (992 m) und Bonetto (1126 m) vorbei. Dann steigt man an den West- und Südhängen des großen Talkessels des Valle di Salzano zur Baita Campofiorito (1631 m), weiter zur Casera Aralalta (1730 m) und schließlich nach NW zum Paß hinauf.

● **639** **Forcella d'Olino, 1170 m**

Die Forcella ist der Kulminationspunkt der wenig befahrenen, schmalen und kurvenreichen Asphaltstraße, die von Ballabio im Valsassina nach Morterone durch die wildromantische Landschaft zwischen Resegone und Zuc di Maésimo führt. Über die Forcella quert der Weg von den Piani d'Erna zum Culmine San Pietro.

● **640** **Vom Rif. Marchett** (1257 m)
1½ Std., markiert, unschwierig, Trittsicherheit!

Von der Hütte geht man über Wiesen nach O an den Skiliften vorbei abwärts, bis im Buschgelände der Steig Nr. 21 im spitzen Winkel mit Ww. rechts abzweigt. Er quert dann durch mehrere Rinnen und Schluchten am stellenweise sehr steilen Hang (Drahtseile) zu einem Sattel mit Felsturm und mündet zum Schluß in den Weg Nr. 17, der vom Resegone kommend zur Forcella hinabführt.

● **641** **Vom Rif. Marchett** (1257 m; **empfehlenswerter!**)
2¼ Std., markiert.

Von der Hütte geht man ebenfalls etwas abwärts (erst Mark. Nr. 18, dann 7), steigt über Wiesen zum oberen Ende des ersten Skiliftes (Ww.), quert dann am Hang nach NO an weiteren Liften vorbei durch die Nordflanke des Pizzo Morterone und trifft auf den Weg, der direkt von den Piani d'Erna kommt. Der Weg quert weiter am Hang und steigt nach einer Kehre zur Felsscharte „Giuff" (1500 m, schöner Ausblick!) empor. Bei der Wegteilung jenseits unterhalb steigt man in teilweise felsigem Gelände nach S bis zu einem deutlichen Einschnitt ab und gelangt danach zur Hochfläche der Sorgente Forbesette (1378 m, Ww.). Dort wendet man sich nach links (N) und wandert auf dem Weg Nr. 17 im Wald über den Sattel bei „il Pizzo" schließlich zur Forcella d'Olino hinab.

● **642** **Vom Culmine San Pietro** (1257 m)
1½ Std., markiert.

Die Mark. Nr. 21 führt nach W und NW über Wiesen zur Bocch. di Ferrera (1236 m) und im Bogen nach SW, den Talkopf des Val Remola umrundend, unter dem Grat der Cime di Redondello zur Casera di Muschiada (1309 m). Dann an großen Kirschbäumen vorbei weiter zu einigen ausgebauten Almen (Ww.). Oberhalb eines Brunnens führt der Steig etwas aufwärts, quert im Buchen- und Birkenwald um den Südostgrat der Cima Muschiada bis zu einer Rippe und läuft an ihr, an zwei Felstürmen (1240 m) vorbei, zu verlassenen Gebäuden hinab. Von dort führt er mit einigen Kehren zur südwestl. gelegenen Forcella hinab.

● **643** **Bocca d'Erna, 1291 m**

Breiter Grassattel, der den Pizzo d'Erna (zu dem die Seilbahn von Lecco heraufführt) vom Stock des Monte Resegone trennt.

● **644** **Von der Bergstation der Seilbahn** (1330 m)

Auf dem Fahrweg geht man in 10 Min. bequem vom Pizzo d'Erna zum nordöstl. gelegenen Sattel hinunter.

● **645** **Vom Rif. Stoppani** (890 m)
1 Std., markiert.

Von der Hütte folgt man dem Weg Nr. 1 (siehe R 322), bis der Weg Nr. 7 kreuzt, dem man nach links folgt und der am bewaldeten Hang zum nordwestl. gelegenen Sattel hinaufführt.

● **646** **Vom Rif. Marchett** (1257 m)
1/4 Std., markiert.

Auf dem Fahrweg (Mark. Nr. 18) geht man bequem zum südl. gelegenen Sattel hinauf.

● **647** **Passo del Fo, 1284 m**

Im Südwestgrat des Monte Resegone liegt dieser Sattel mit dem kleinen Rif. Passo del Fo, über den die Wege vom Val Comera und der Bocca d'Erna zum Rif. Monzesi und nach Erve im Valle di Galaveso führen. Etwas oberhalb des Passes beginnt der leichte Klettersteig „Centenario".

● **648** **Vom Rif. Monzesi** (1173 m)
1/4 Std., markiert.

Von der Hütte steigt man auf dem Weg Nr. 7 rasch zum nordwestl. gelegenen Sattel hinauf.

● **649** **Von der Bocca d'Erna** (1291 m)
1 1/2 Std., markiert.

Vom Sattel folgt man dem Weg Nr. 7, der abwärts an den Hütten von Piazzole della Valle (1200 m) vorbei in das Val Comera führt. Unterhalb quert man die Bachrinne, kreuzt später den vom Rif. Stoppani kommenden Weg Nr. 1 und gelangt zum Piano del Fieno (1167 m). Bei den Wegteilungen in der Nähe des Felsblocks mit Kreuzen geht man flach weiter und folgt den Pfeilen und senkrechten Strichen, die auf einem schmalen, leicht ansteigenden Pfad bis zur Einmündung des Weges Nr. 6 führen. Mit Kehren führt der Weg im Wald zum Aussichtspunkt Cornisella (1202 m), danach steiler weiter und mit einer letzten Querung zum Paß. Oder auf dem Weg Nr. 5, der unterhalb der Bocca d'Erna vom Weg Nr. 7 links abzweigt und oberhalb den Talkessel des Val Comera querend über den Hügel „Beduletta" (1300 m, Wegkreuz) zum Passo del Fo hinüberführt.

● **650 Vom Rif. Stoppani** (890 m)
1 Std., markiert.

Von der Hütte auf dem Weg Nr. 1 bis zur Abzweigung des Weges Nr. 6. Man folgt nun letzterem, der nach Querung der Bachrinnen in den von den Piani d'Erna kommenden Weg Nr. 7 einmündet und zum Paß hinaufführt.

● **651 La Passata, 1244 m**

Sattel mit Eisenkreuz zwischen dem Resegone und dem Corna Camozzera, der einen Übergang vom Valle Imagna zum Valle di Galaveso mit dem Rifugio Monzesi und dem Dorf Erve darstellt. Am Sattel befindet sich die private Hütte „Baita Garzada" und ein Grenzstein von 1781 (Stato di Milano/Stato Veneto).

● **652 Vom Rif. Monzesi** (1173 m)
1/2 Std., markiert.

Von der Hütte folgt man dem Steig mit blauweißer Mark., der nach O den Bachtobel des Valle di Galaveso quert. Dann am Hang nach SO zu einer weiteren Rinne und später an den Resten einer Transportseilbahn, Ruinon von Knappenunterkünften und einem Stolleneingang vorbei den bewaldeten Talkopf queren. Schließlich leicht ansteigend zu einer Quelle und zum nahen Sattel.

● **653 Von Brumano** (888 m)
1 1/2 Std., markiert.

Wie bei R 324 zu den Bauernhäusern. Dort verläßt man den Weg Nr. 13 und folgt dem mit drei kleinen roten Punkten mark. Weg, der links (nach S) über Wiesen und durch Wald, einen Taleinschnitt querend, zum Passo della Porta (1126 m) führt und dann am steilen Hang zum südwestl. gelegenen Sattel „La Passata" quert.

● **654 Vom Albergo Tesoro** (1313 m)
1 1/2 Std., markiert.

Auf dem Weg Nr. 70 mit blauweißblauer Mark. nach N am meist bewaldeten Grat bzw. westl. darunter an einer Villa mit Kapelle links
vorbei zum Passo del Pertüs (1193 m). Dort auf die Ostseite des
Ocone wechseln und in Auf und Ab zwischen 1100 und 1200 m
Höhe durch Wald und Buschwerk über mehrere Scharten in der
felsigen Flanke des Corna Camozzera schließlich zum Sattel.

In der Gruppe der Grigne:

● **655**   **Colle Valsecchi, 1898 m**

Sattel in der „Cresta Segantini", dem Westgrat der Grigna Meridionale, der zwischen den Torri Moraschini und dem Torrione Dorn
liegt. Er bietet einen Übergang von der Südseite der Grigna Meridionale mit den Hütten im Bereich der Piani Resinelli zum Rif. Rosalba und Val Scarettone. Der Höhenweg „Alta Via delle Grigne"
und der „Sentiero Cecilia" führen darüber.

● **656** **Vom Rif. Carlo Porta** (1426 m)
       2 Std., markiert, Trittsicherheit!

Auf dem leichten Klettersteig „Direttissima", siehe R 336.

● **657** **Vom Rif. Rosalba** (1730 m)
       1/2 Std., markiert, Trittsicherheit!

Von der Hütte folgt man dem „Sentiero Cecilia" mit Mark. Nr. 10,
der nach O zum Colle Rosalba (1830 m) aufsteigt, dann auf der
Südseite der Cresta Segantini zum nahegelegenen Colle Garibaldi
(1824 m) quert und von dort auf der Nordseite der Torri Moraschini
durch leichte Felsen und Rinnen (z. T. Ketten) zum Sattel führt.

● **658** **Von der Bocch. del Giardino** (2004 m)
       1 Std., markiert, leichter Klettersteig.

Siehe dritte Etappe des Grigne-Höhenweges, R 1150.

● **659**   **Bocchetta del Giardino, 2004 m**

Markanter Grateinschnitt am Kopfende des Val Scarettone in dem
langen Grat, der sich von der Grigna Meridionale nach N zur Grigna
Settentrionale erstreckt. Er wird von der „Traversata Alta" berührt
und über ihn führt der Höhenweg „Alta Via delle Grigne".

● **660** **Vom Rif. Rosalba** (1730 m)
       1 1/2 Std., leichter Klettersteig.

Wie bei der dritten Etappe des Höhenweges „Alta Via delle Grigne",
R 1150, nur in umgekehrter Richtung.

● **661 Vom Rif. Brioschi** (2403 m)
2 bis 2¹/₂ Std., markiert, Trittsicherheit!

Wie bei der dritten Etappe des Höhenweges „Alta Via delle Grigne", R 1149.

● **662 Bocchetta di Campione, 1803 m**

Am tiefsten Punkt in dem langen Grat, der sich von der Grigna Meridionale zur Grigna Settentrionale erstreckt, liegt am Fuß der Felsbastion „El Sett" die Bocch. di Campione, auch „Buco di Grigna" genannt. Sie ermöglicht den Übergang vom Rif. Elisa zum Valsassina, und außerdem laufen die Höhenwege „Traversata alta" und „Alta Via delle Grigne" darüber.

● **663 Vom Rif. Elisa** (1515 m)
1 Std., markiert, Trittsicherheit!

Von der Hütte folgt man dem Steig Nr. 14, der durch Bäume und Büsche im Zickzack nach O aufsteigt und dann in den wilden Canalone Tremare führt. Am Gegenhang steigt man durch Buschwerk aus dieser tiefen Rinne heraus und quert am Grashang nach SO und S durch zwei weitere Rinnen zum Rand des Valle del Lareson. Man folgt nun der Mark. und den Ketten, die durch rotbraune, gebänderte Felsen in den Geröllgrund der tiefen Rinne hinabführen. Auf der Gegenseite steigt man durch Birken und Buschwerk zu einem schmalen Grat empor, wendet sich oben nach links (O) und quert, etwas ausgesetzt (Kette), durch die Felsen zum Hauptgrat. Dort trifft man auf den Weg Nr. 7, der zur nördl. unterhalb gelegenen Bocchetta Campione führt.

● **664 Bocchetta della Bassa, 2144 m**

Felsscharte im Südgrat der Grigna Settentrionale, unter der das Bivacco Ugo Merlini liegt. Über die Scharte führt die dritte Etappe des Höhenweges „Alta Via delle Grigne". Zugang vom Rif. Tedeschi wie bei R 355.

● **665 Bocchetta di Releccio, 2263 m**

Flacher Sattel an einer Schulter im Südgrat der Grigna Settentrionale zwischen der Bocch. della Bassa und dem Gipfel. Über ihn führen die Höhenwege „Traversata alta" und „Alta Via delle Grigne" und dort endet die „Via Ferrata CAI Mandello".

● **666 Vom Rif. Bietti** (1719 m)
2 bis 3 Std., Klettersteig, Trittsicherheit!

Siehe dritte Etappe des Grigne-Höhenweges, R 1148.

Blick auf den Lago dell'Inferno.

◀ Vilminore im Valle di Scalve mit der Presolana (von NO).

Rif. Benigni mit Monte Ponteranica, Monte Valletto.

Zu Füßen des Pizzo di Trona liegt der dunkle Lago dell'Inferno mit der eigenartigen Staumauer.

Blick vom Monte Secco in der Pegherologruppe über Piazzatorre auf den fernen Resegone.

Das 1985 gebaute Rif. Tagliaferri am Passo di Venano.

Blick vom Diavolino: Im unteren Bilddrittel das gelbe Biv. Frattini.

Blick vom Biv. Corti über den Gletscher zum Passo di Coca.

Die neue Selbstversorgerhütte Cap. Donati liegt im Valle d'Arigna am Rand eines Felsenkessels unter dem Pizzo di Rodes.

Blick vom Gipfel der Cimone della Bagozza auf die Cima Mengol (links) und Cima della Bacchetta (rechts).

Telenekgruppe: Blick vom Monte Torsoleto auf Ortler und Ötztaler.

Blick über die Laghi Ponteranica nach SO. ▶

Rif. Albani am Fuß der Nordwände der Presolana.

Bivacco Baione in der dolomitenähnlichen Bagozzagruppe.

Pizzo Arera und Corna Piana vom Südwesthang des Monte Zulino.

Rif. Leten in der Areragruppe mit einem Vorgipfel der Cima del Fop.

Blick von Zambla Alta auf den Monte Alben. ▶

Das Rif. Monzesi am Monte Resegone.

Rif. Rosalba mit Comer See und den Schneegipfeln der Westalpen.

Am Nordwestgrat der Grigna Settentrionale liegt das Cappella-Bivacco 89. Brigata.

Durch das einsame Val Bomino führt der Sentiero Bruno Credaro.

Schlüsselstelle im Klettersteig am Sasso dei Carbonari. ▶

Das Bergdorf Morterone im westlichsten Winkel des Val Taleggio.

V. Gipfel

Die Beschreibung der Gipfel erfolgt entsprechend der Einteilung in Gruppen und Untergruppen, beginnt also in der NW-Ecke der B.A. und wird (im Uhrzeigersinn) nach O, S und W fortgesetzt.

In der Legnone-Gruppe:

● **701**   **Monte Legnoncino, 1714 m**

Kleiner Gipfel am westl. Ende der Nordkette der Orobie, hoch über dem Comer See, der ein großartiges Panorama bietet.

● **702**   **Vom Rif. Roccoli Lorla** (1463 m)
       3/4 Std., markiert.

Vom Tümpel unterhalb der Hütte folgt man der „strada militare", die nach SW weit in die Südostflanke des Legnoncino quert und nach einigen Kehren an dessen Nordostgrat endet. Ein guter Steig führt dann dem Grat folgend an der Kapelle San Sfirio vorbei zum Gipfel.

● **703**   **Monte Legnone, 2609 m**

Mächtiger westl. Eckpfeiler der Nordkette der Alpi Orobie, hoch über dem Veltlin und dem Comer See, der ein weites Panorama bietet: Angefangen bei den höchsten Gipfeln der B.A. mit Pizzo di Coca und Redorta sind die meisten bedeutenden Gipfel dieses Gebirges bis zur südl. gelegenen, flachen Pyramide der Grigna Settentrionale erkennbar. In der Ferne reicht der Blick vom Apennin bis zum Gran Paradiso, zu Matterhorn und Monte Rosa, über Bergell, Disgrazia und Bernina bis zum Ortler und Adamello. Am Gipfel großes Metallkreuz und Mariensäule.

● **704**   **Vom Rif. Roccoli Lorla** (1463 m)
       3 bis 3¹/2 Std., markiert, unschwierig.

Wie bei R 164 zur Ca' de Legn' (2146 m). Der Steig führt nun am felsigen Grat weiter zum Vorgipfel (2529 m), gelegentlich in die Südflanke ausweichend, und schließlich über leichte Felsen zum Gipfel.

● **705**   **Von der Bocch. del Legnone** (2238 m bzw. 2300 m)
       1¹/4 bzw.³/4 Std. markiert, unschwierig.

Auf dem Höhenweg „Alta Via della Valsassina", R 1102.

● **706   Von Còlico** (209 m)
5 bis 6 Std., markiert, unschwierig.

Wie bei R 412 zum Passo Colombano (1970 m). Vom Paß mit Ww. führt der rotweißrot mit „1 B" mark. „Sentiero Colombano" am Nordostgrat des westl. Vorgipfels des Monte Legnone bis auf etwa 2100 m. Dann quert er nach SO über dem Talkessel des Val Galida durch Gras und auf Felsbändern um eine Felsrippe (2120 m, Ww.) hinüber zu den Felswänden. Mittels langer Ketten quert der Sentiero auf Platten und Bändern nach O und um eine Gratrippe in eine breite Grasrinne. In dieser führt er ein Stück aufwärts und steigt nach links durch eine Felsrampe auf eine weitere Rippe. Von dieser Rippe führt er nach SW durch eine breite Mulde zu einem Geröllkessel mit Schneefleck (2330 m) und folgt dann den Mark., die rechts am Osthang über Schotter, Grasbänder und blockigen Fels zum Nordgrat des Vorgipfels leiten. An diesem ziemlich schotterigen Grat führt er zur „Antecima" (2529 m) und schließlich am Westgrat über leichte Felsen zum Hauptgipfel.

● **707   Pizzo Alto, 2512 m**
In dem langen Grat, der sich vom Monte Legnone nach SO bis zum Monte Rotondo erstreckt, bildet der stattliche Pizzo Alto die höchste Erhebung. Er entsendet einen massigen Felsgrat nach NO, in dem der Monte Pim Pum und der Pizzo Stavello di Luserna liegen. Über den Gipfel mit großem Metallkreuz, der einen großartigen Panoramablick bietet, führt der Höhenweg „Alta Via della Valsassina".

● **708   Von der Baita del Sugherone** (1826 m)
2 Std., markiert, I.

Von der Baita del Sugherone folgt man dem Steig mit Mark. Nr. 8 über Geröllfelder nach W zu dem breitflächigen Sattel zwischen Monte Pim Pum und Pizzo Alto (etwa 2260 m). Der guten Mark. weiter folgend geht man dann über Felsplatten auf den Gipfel des Pizzo Alto zu (von NW mündet der Weg Nr. 6 von der Casera Luserna ein). In leichter Kletterei über griffige Platten und Blöcke erreicht man schließlich den Gipfel.

● **709   Vom Pizzo Stavello** (2259 m)
1 bis 1¹/₂ Std., markiert, I.

Vom Gipfel gelangt man am Südgrat, der Mark. Nr. 9 folgend, etwas ausgesetzt in griffigem Fels (I) zur Scharte zwischen Pizzo Stavello und Monte Pim Pum (2160 m). Die Mark. führt nun durch die Westflanke des Monte Pim Pum zu dem breitflächigen Sattel im Nordgrat des Pizzo Alto (etwa 2260 m). Weiter wie bei R 708.

● **710   Vom Rif. Pizzo Alto** (1396 m)
3 bis 3¹/₂ Std., markiert.

Wie bei R 416 bis zur Wegteilung auf 1930 m und durch die Südflanke des Pizzo Alto zum Gipfel oder zum namenlosen Sattel im Westgrat der Cima del Cortese (2300 m), wo man auf den Höhenweg „Alta Via della Valsassina" stößt (Tafel mit Kartenskizze). Weiter wie bei R 1102.

● **711   Pizzo Stavello di Luserna, 2259 m**

Lohnender Aussichtsgipfel nördl. des Monte Pim Pum, der die beiden Äste des Val Lésina trennt. Am Gipfel Alu-Kreuz und Steintisch.

● **712   Von der Casera di Mezzana** (1430 m)
2 Std., markiert.

Wie bei R 167 zur Baita del Saldarello (1619 m). Der kurz danach nach W abzweigende Weg Nr. 9 macht im Lärchenwald eine Kehre, führt dann wieder am Grashang aufwärts, etwas eigenwillig zwischen den Mulden hin und her und schließlich auf den Nordostgrat. Über den buckligen, felsdurchsetzten Grat gelangt man zum Gipfel hinauf.

● **713   Pizzo Olano, 2267 m**

Im Nordgrat des Monte Rotondo liegt der Pizzo Olano zwischen Pizzo dei Galli und Monte Combana. Ausgehend von der Casera Mezzana (R 167) bietet sich von hier die folgende Gratüberschreitung als große Rundtour an: Über Monte Combana (2327 m, ³/₄ Std.), Monte Rosetta (2360 m, 20 Min.), Monte Stavello (2416 m, ¹/₂ Std.), Monte Rotondo (2495 m, ³/₄ Std.), weiter auf dem Höhenweg „Alta Via della Valsassina" zum Pizzo Alto (2512 m, 2 Std.) mit Abstieg zur Baita del Sugherone oder über den Pizzo Stavello di Luserna zurück zur Casera Mezzana. Für konditionsstarke Geübte eine rassige Tagestour von 8 bis 9 Std.!

● **714   Von der Casera di Mezzana** (1430 m)
2¹/₂ Std., markiert, am Grat unmarkierte Wegspuren.

Von der Casera geht man zum Bach hinunter und am Gegenhang, der Mark. Nr. 5 folgend, durch Wald und Buschwerk auf schmalem Pfad am Hang weit nach N, wobei man zwei felsige Bachrinnen quert, bis zu den Wiesenhängen der Baita Paglieron (1633 m). Kurz vor der Alm biegt die Mark. Nr. 5 (weiße Ziffer mit rotem Rand) rechts ab und führt in einer langen Kehre zum Grat mit lichtem Lärchenbestand (1760 m, Brunnen). Von dort führen Wegspuren am Grat nach NO zu einem Hügel mit Kreuz (P. 1855), unter dem in

Blick vom Monte Olana auf Pizzo Rotondo (li) bis Pizzo Alto.

einer Mulde mit Weiher die Alpe Piazza liegt. Man folgt weiter dem Grat, weicht den Gratfelsen etwas in die Westflanke aus, gelangt zum Gipfel des Pizzo dei Galli (2217 m, 2¹/4 Std.) und weiter zu einem Sattel und steigt dann steiler zum Gipfelfelsen mit schmiede-eisernem Kreuz hinauf.

● 715 Monte Combana, 2327 m

Dreikantige Pyramide im Nordgrat des Monte Rotondo, zwischen dem Pizzo Olano und dem Monte Rosetta, die man vom Pizzo Ola-no, den Gratfelsen westl. ausweichend, über den Sattel P. 2175 in ³/4 Std. erreicht.

● 716 Von der Bar Bianco (1506 m)
2 bis 2¹/2 Std., markiert – weglos.

Fahrweg bis zur Bar Bianco, die westl. über Rasura liegt (auf etwa 1300 m endet der Asphalt, Parkplatz): Von der Hütte steigt man nach SW zur Baita del Prato (1715 m, Brunnen), quert dann auf dem oberen Weg (Nr. 4) durch lichten Lärchenwald in den Talgrund südl. der Cima della Rosetta und steigt anschließend nach W zum Lago di Culino (1959 m) hinauf. Von der darüberliegenden Baita Culino (2042 m) steigt man weglos über den steilen Hang zu dem Sattel zwischen P. 2304 und Monte Combana (etwa 2230 m). Dem Grat nach NO folgend erreicht man den Gipfel des Monte Combana mit Holzkreuz.

● 717 Monte Rotondo, 2495 m

Prächtiger Aussichtsberg zwischen Bocch. Stavello und Bocch. di

Taéggio, der dominierend über den drei Tälern Valle di Pai, Valle di Fraina und Val Val Lésina aufragt. Am Gipfel überlebensgroße Bronze-Madonna, die 1987 aufgestellt wurde. Der Höhenweg „Alta Via della Valsassina" führt, vom Pizzo Alto kommend, über den Gipfel zur Bocch. Stavello.

● **718   Von der Bocch. di Stavello** (2201 m)
  ³/₄ Std., markiert.

Vom Sattel den rotweißen Mark. folgend zum Gipfel hinauf.

● **719   Von der Baita del Sugherone** (1826 m)
  2 Std., weglos bis zum Grat.

Von der Hütte nach SO über den Bach zu der breiten Grasrinne am Gegenhang. Von deren oberem Ende zieht sich ein Steig nach links (NO) schräg auf den steilen Rücken, über den man zur Hochfläche und den Geröllfeldern unter dem Westgrat des Monte Rotondo gelangt. Vom oberen Geröllkessel, der von Nord- und Westgrat begrenzt wird, steigt man durch eine Schotterrinne nach S zu einem Einschnitt im Westgrat und an diesem nach O zum Gipfel hinauf.

● **720**   **Pizzo Mellasc, 2465 m**

Höchster Punkt in der Mitte des Gratabschnittes zwischen Monte Rotondo und Pizzo dei Tre Signori mit mächtiger Südwestflanke zum oberen Val Varrone. Lohnender Aussichtsgipfel.

● **721   Vom Passo della Càssera** (2075 m)
  2 Std., unmarkiert, unschwierig.

Vom Sattel am Ostgrat entlang, der südseitig begrast ist, zum Pizzo della Càssera (P. 2321), der im Hauptgrat liegt. Von dort nach SO etwas abwärts zu einem Sattel über dem Talkopf des Val Vedrano, dann zu einer Schulter (2338 m) hinauf und über den steileren Rücken zum Gipfel.

● **722**   **Pizzo Varrone, 2325 m**

Markanter Felsgipfel nordwestl. des Pizzo dei Tre Signori bzw. westl. über dem Lago dell'Inferno. Sein Vorgipfel entsendet einen etwa 5 km langen Grat nach W, der in der hufeisenförmigen Cornagieragruppe aufgeht und das Val Varrone vom Val Biandino trennt. Ein schmaler Felsgrat mit tiefer Scharte leitet vom Vorgipfel zur schlanken Felspyramide des Hauptgipfels mit großem Kreuz. Der Hauptgipfel ist von keiner Seite leicht erreichbar, den Vorgipfel „Varrone delle Vacche" erreicht man von der Bocch. di Piazzocco (2252 m) über den Grashang nach NW in 10 Min.

● **723**   **Cimone di Margno, 1801 m**

Der Westgrat des Pizzo Varrone mündet in den hufeisenförmigen Gratkamm, der zwischen dem Valsassina und dem Val Varrone liegt. Die beiden Endpunkte sind der Pizzo d'Alben und die Cima del Laghetto. Die Rundtour über den ganzen Kamm stellt eine reizvolle Höhenwanderung dar.

● **724   Von der Alpe Paglio** (1386 m)
    1 1/4 Std., teilweise markiert.

Von der Verbindung Margno – Premana führt eine gute Straße zu den Skiliften der Alpe Paglio (großer Parkplatz). Von dort auf dem Weg, der am Gratrücken nach SO unter dem Lift zur Piazza del Cùcchero mit Tümpel (1649 m), dann zur Cima del Laghetto (1729 m) und am Grat weiter zur Cimone di Margno führt.

● **725   Von der Bocch. d'Olino** (1640 m), ³/₄ Std.

Wie bei R 435, nur in umgekehrter Richtung.

● **726**   **Pizzo Cornagiera, 2049 m**

Lohnender Aussichtsgipfel südl. des Pizzo d'Alben am Schnittpunkt des Westgrates des Pizzo Varrone mit dem hufeisenförmigen Bergkamm, dessen Endpunkte die Cima del Laghetto und der Pizzo d'Alben bilden. Der Blick reicht über ein Stückchen Comer See auf die Schweizer Berge, zum Monte Legnone und Pizzo dei Tre Signori, über das Valsassina bis zum Resegone und auf die Grigne.

● **727   Von der Bocch. d'Olino** (1640 m)
    1 Std., teilweise markiert.

Auf dem mark. Steig quert man nordseitig nach O, hält sich bei der Wegteilung rechts und steigt durch Buschwerk zur flächigen Bocch. d'Ombrega (1820 m, Ww.). Auf dem mark. Steig bis über die Hochfläche von Salera (etwa 1870 m). Dort verläßt man ihn und steigt auf Wegspuren über den Südgrat zum Gipfel hinauf.

● **728   Vom Rif. Santa Rita** (1988 m)
    1 1/4 Std., markiert, zum Schluß Wegspuren.

Von der Hütte wandert man auf dem mark. Weg am Grat nach W bis zur Cappella Gisolo Barconcelli bei den Laghetti (1980 m), wo der Weg nach SW biegt, verläßt ihn kurz danach und steigt durch die grasbewachsene Ostflanke zum Gipfel hinauf.

● **729**   **Pizzo d'Alben, 1865 m**

Der hoch über dem Val Varrone liegende Aussichtsgipfel bildet den nordwestl. Endpunkt des hufeisenförmigen Gratkammes, der zwischen Val Varrone und Valsassina liegt. Bei der Überschreitung des ganzen Gratkammes, beginnend bei der Cimone di Margno, bildet der Pizzo d'Alben den Endpunkt.

● **730 Vom Pizzo Cornagiera** (2049 m)
3/4 Std., spärlich markiert, unschwierig.

Vom Cornagiera steigt man am Grat nach N zu einem Sattel ab, dann zur Höhe P. 2011 hinauf, geht über zwei weitere Zwischengipfel – der Grat wendet sich allmählich nach NW – zum tiefer liegenden Gipfel des Pizzo d'Alben mit großem Metallkreuz.

● **731 Von der Almsiedlung Lavinol** (etwa 760 m)
3 Std., markiert.

Wie bei R 437 zu den Stalle d' Alben (1151 m). Dort zweigt nach links mit Ww. der Weg ab, der durch Wald zur nördl. gelegenen Alpe Ariale (1330 m) hinaufführt. Der nun nach O weiterführende Weg schlängelt sich im Wald hinauf zu einer Kapelle am Waldrand und führt dann über Wiesen zur Alpe Chiarino (1568 m), die wie auf einem Aussichtsbalkon über dem Val Varrone liegt. Vom Brunnen steigt man in Kehren durch lichten Lärchenwald nach SO, quert nach links (O) zu einer flachen, in den Hang gebauten alten Hütte und steigt ziemlich steil zum südl. gelegenen Gipfel hinauf.

● **732 Pizzo dei Tre Signori, 2554 m**

In der nordwestl. Ecke der Provinz Bergamo liegt ein mächtiger Gebirgsstock, der teilweise schon zu den Provinzen Sondrio und Como gehört. Der Pizzo dei Tre Signori ist der höchste und meistbesuchte Gipfel dieser Gruppe und bietet ein unvergleichliches Panorama: Von NW bis O die ganze Kette der Orobie, deutlich erkennbar die Scàis-Redorta-Gruppe, im SW die Arera-Alben-Gruppe, im S Zuccone dei Campelli, Resegone und beide Grigne, in der Ferne die Walliser Alpen mit Monte Rosa, das Berner Oberland bis Bernina und Ortler.

● **733 Von Ornica** (922 m)
4 1/2 bis 5 Std., markiert, unschwierig.

Wie bei R 441 zur Bocch. dell'Inferno. Vom Sattel schlängelt sich der gut mark. Steig nach SW über Geröll, kleine Firnfelder und leichten Fels durch die Nordostflanke zum Gipfel mit großem Metallkreuz (3/4 Std.).

● **734 Vom Rif. Benigni** (2222 m)
2 1/2 Std., markiert.

Auf dem „Sentiero delle Orobie Occidentali", R 1112, bis ins Valle d'Inferno, wo man den Weg Nr. 106 kreuzt. Dort wendet man sich nach rechts (NW) und steigt zur Bocch. dell'Inferno. Weiter wie bei R 733.

● **735   Vom Rif. Grassi** (1987 m)
2 Std., markiert, I-, Trittsicherheit!

Auf dem „Sentiero delle Orobie Occidentali", R 1111, zur Bocch. Alta (2235 m). Hier verläßt man den Weg Nr. 101 und folgt dem mark. Steig am Grat, der über einige Felsstufen zu einer Schulter führt. Durch den „Caminetto", einen schluchtartigen tiefen Riß, der die folgende Felswand spaltet, gelangt man wieder zum Grat, und oberhalb zum Vorgipfel und über eine kleine Scharte zum Gipfel.

● **736   Von der Bocch. di Piazzocco** (2252 m)
1 Std., markiert, unschwierig.

Vom Sattel folgt man der rotweißen Mark. Nr. 7 nach SO über zwei Kuppen und runde, rauhe Felsrippen an der Cresta di Piazzocco bzw. etwas östl. davon. Zum Schluß über grobkörnige, schräge Platten zum Gipfel mit großem Kreuz.

● **737   Pizzo di Trona, 2510 m**

Nordöstl. des Pizzo dei Tre Signori erhebt sich die mächtige, zweigipfelige Pyramide des Pizzo di Trona über den vier Seen Lago di Trona, Lago Zancone, Lago Rotondo und Lago dell'Inferno. Ein tiefer Einschnitt trennt den Hauptgipfel vom südl. gelegenen „falso Trona", der 20 m niedriger ist. Großartige Gipfelschau.

● **738   Von der Bocca di Trona** (2224 m)
1½ bis 2 Std., markiert – unmarkiert, I-II.

Von der Bocca (Ww.) auf dem rotweißrot mark. Weg Nr. 8 über Geröll nach NW bis etwa 2050 m hinab. Dort zweigt mit Ww. nach links (W) der mark. Steig ab, der über eine Geländestufe zu dem Geröllkessel östl. unter dem Pizzo di Trona führt, dessen Grund vom Lago Rotondo (2256 m) ausgefüllt ist. Den See umgeht man auf der Südseite und steigt über Gras und durch die Schuttrinne zum tiefen Einschnitt zwischen „falso Trona" und Hauptgipfel (etwa 2440 m) hinauf. Nun entweder ein wenig auf die Westseite abklettern und dann etwas ausgesetzt unterhalb des Grates zum Gipfel hinauf oder in der Schuttrinne nur bis knapp 2400 m, wo eine Felsrinne im spitzen Winkel nach rechts abzweigt. Dieser ziemlich steilen Rinne, deren griffige Felsen mit Gras durchsetzt sind, bis unter den Grat folgen. Dann entweder zum Grat hinauf und über Blockgestein zum Gipfel oder rechts unter den Gratfelsen über Platten bis unter den Gipfel und nach links hinauf zum Kreuz.

● **739 Von der Bocch. del Varrone** (2126 m)
1½ Std., schwach markiert, I.

Vom Sattel geht man zur Staumauer des Lago dell'Inferno (2085 m) und überquert sie. Etwa 5 Min. folgt man nach S dem Steig zur Bocch. dell'Inferno und steigt dann nach O über Gras und Schotter zu dem flachen Gratstück zwischen den Dentini di Trona (Gratzacken östl. über dem Staudamm) und dem Nordwestgrat des Pizzo di Trona. Dann am teilweise schmalen Grat nach SO zum Fuß der schrägen Platten „lastroni" mit einem deutlichen Längsriß. Über diese kleingestufte, griffige Schräge turnt man etwa 100 m leicht hinauf zu einem Zwischengipfel. Danach bleibt man noch ein Stück am Grat und folgt dann den verblaßten, orangefarbigen und weißen Punkten, die durch ein Rinnensystem zum Gipfel führen.

● **740 Torrione di Giacomo, 2254 m**

Als südl. Umrahmung des obersten Talkessels des Val Salmurano erstreckt sich die klotzige Felsmauer des dreigipfeligen Giacomo von W nach O, das Val Pianella vom Val Salmurano trennend. Großartiger Gipfelblick!

● **741 Von der Bocch. di Piazzotti** (2190 m, R 446 bzw. 1112)
½ Std., unmarkiert, I.

Von der Scharte geht man südl. des Grates über Gras zum P. 2261 hinauf, dann weiter nach O zu einem Sattel hinab, folgt nun in leichter Kletterei dem gezackten Grat und gelangt schließlich über den breiten Rücken zum Gipfel.

● **742 Vom Rif. Benigni** (2222 m)
1 Std., teilweise markiert, I-II.

Von der Hütte auf dem Weg Nr. 101 nach SW bis zum tiefsten Punkt des Weges im Kar vor der Bocch. di Piazzotti (2150 m). Dort steigt man bei einer Felsrippe in den Talkessel ab und quert unter einem Felsblock auf die südl. Talseite, wo ein alter Steig, mark. mit kleinen blauen Punkten, unter der dunklen Nordwand des Torrione über zwei Geröllterrassen zur Sella di Giacomo führt. Zum Torrione biegt man schon vorher nach S ab und steigt zum Fuß des Ostgrates des Torrione hinauf. Etwas rechts unterhalb des Grataufschwunges durch eine Rinne und über griffige Felsstufen, die von Grasbändern durchsetzt sind, in der Nordostflanke zum Gipfel.

● 743 Cima Occidentale di Piazzotti, 2349 m

Leicht erreichbarer Aussichtsgipfel mit großem Kreuz nördl. über der Bocca di Trona. Er bildet den ersten Gipfel in dem Grat, der sich über die Mezzaluna- und Tronella-Türme nach N erstreckt und das Valle di Trona vom Valle di Tronella trennt.

● 744 Vom Rif. Benigni (2222 m)
1/2 Std., spärlich markiert.

Von der Hütte steigt man nach SW an dem breiten Gratrücken zu einer Mulde und weiter zum Gipfel hinauf.

● 745 Dente di Mezzaluna, 2282 m

In dem Grat, den der Pizzo di Mezzaluna nach O entsendet, liegt nördl. des Lago Piazzotti der das Rif. Benigni nur um 60 m überragende Dente di Mezzaluna, auch Dente dei Piazzotti genannt. Er ist von S leicht erreichbar, bricht jedoch nach N zum Valle di Tronella in einer kompakten Felswand ab. Durch diese Nordwand und über den Ostgrat führen Kletterrouten, die in dem Buch „Orobie, 88 immagini per arrampicare" von Calegari/Radici beschrieben sind.

● 746 Monte Valletto, 2371 m

Dieser Gipfel, auch Cima di Salmurano genannt, liegt zwischen dem Passo Salmurano und dem Monte Ponteranica Centrale. Vom Paß schwingt sich der südseitig begraste Westgrat in einer eleganten „S"-Kurve zum Gipfel auf und bietet den einzigen leichten Zugang. Der von den Laghi Ponteranica aus imposant wirkende Gipfel gewährt ein großartiges Panorama.

● 747 Vom Passo Salmurano (2017 m)
1 Std., unmarkiert, unschwierig.

Vom Paß folgt man dem geschwungenen Grat nach O über eine Gratkuppe bis zum Sattel P. 2269, biegt dann nach rechts, sich etwas unter dem Grat haltend, und steigt schließlich am Grat ziemlich steil über grasdurchsetzte Felsen unschwierig zum Gipfel hinauf.

● 748 Monte Ponteranica Centrale, 2372 m

Der Hauptgrat der Orobie läuft vom Passo Salmurano über den Monte Valletto nach NO zu dem hufeisenförmigen, nach N geöffneten Gratbogen, in dem die drei Ponteranica-Gipfel liegen. Am Schnittpunkt der Grate liegt der Monte Ponteranica Centrale, der eine großartige Rundschau gewährt.

● 749 Von der Ca' San Marco (1830 m)
2 bis 2¹/₂ Std., teilweise markiert, unschwierig.

Auf dem „Sentiero delle Orobie Occidentali", R 1114, in das Val Ponteranica. Dort, wo sich auf der Hochfläche der Baita Foppe der Weg
nach SO wendet, zweigt nach NW der mark. Steig zu den Laghi di
Ponteranica ab (Ww.). Vom nördl. der beiden Seen steigt man noch
ein Stück nach W, bis man auf die Wegspuren trifft, die nach N über
die Wiesenhänge zum Steinmann am P. 2353 führen. Von dort am
Grat nach W bis zu einem kleinen Sattel und weiter nach NW zum
Felsaufbau des Gipfels. Nach wenigen Metern leichter Kletterei erreicht man die Gipfelterrasse (von den Laghi ³/₄ Std.).

● **750   Vom Rif. Monte Avaro** (1704 m)
       2 Std., teilweise markiert.

Von den Piani dell'Avaro auf Weg Nr. 109 nach N, bis man südl. des
Triomen auf den Weg Nr. 101 trifft. Man folgt diesem nach O, umrun-
det den Ostgrat des Triomen und steigt vom Val Ponteranica zu den
Laghi di Ponteranica hinauf. Weiter wie bei R 749.

● **751   Monte Ponteranica Orientale, 2378 m**

Der höchste der drei Ponteranica-Gipfel liegt nordöstl. des Centrale
an dem Punkt, an dem der Hauptgrat einen Knick nach N macht.
Dem Grasgipfel ist auf der Nordseite, nur wenige Meter entfernt,
ein abgespaltener, massiger Felsblock vorgelagert. Großartiger
Panoramablick!

● **752   Von der Ca' San Marco** (1830 m)
       2 bis 2¹/₂ Std., teilweise markiert, Trittsicherheit!

Wie bei R 749 zu den Laghi di Ponteranica. Vom obersten der Seen
steigt man auf Wegspuren nach N den steilen Wiesenhang hinauf
und durch eine Grasrinne zum Grat. Dort wendet man sich nach
rechts und quert auf der Südseite, unter den Felsrippen des Orientale, auf einem Steiglein mit guten Tritten am sehr steilen Grashang
nach NO. Danach steigt man durch eine Grasrinne zu einer Schulter hinauf und über den Südosthang zum Gipfel.

● **753   Vom Passo di Verrobbio** (2026 m)
       1 Std., Wegspuren unmarkiert, Trittsicherheit!

Vom Paß geht man nach S über abgerundete Felsrippen an den
Gumpen vorbei und steigt durch rauhfelsiges, grasdurchsetztes Gelände an einem Steinmann vorbei auf das linke Schneefeld zu. Die
Felsrippen oberhalb rechts umgehend gelangt man zum Nordostgrat hinauf und am Grat über einige Buckel unschwierig zum flachen, wenig ausgeprägten Gipfel des Monte Colombarolo (2309 m).
Man folgt nun weiter dem Grat nach SW, zunächst fast eben, und
steigt dann am felsdurchsetzten Grat unschwierig zum Gipfel.

● **754** **Monte Verrobbio, 2139 m**

Lohnender Aussichtsgipfel in dem Grat zwischen Passo di Verrobbio und Passo San Marco, unmittelbar nordöstl. über dem Passo di
Verrobbio. Er entsendet einen langen Grat nach NW, der das Valle
di Bomino vom Valle del Bitte di Albaredo trennt.

● **755 Vom Passo di Verrobbio** (2026 m)
1/2 Std., unmarkiert, I, Trittsicherheit!

Am Paß führt ein Pfad von den Schützengräben nach NO zu den
Gratfelsen, über die man leicht bis zu einer Gratschulter gelangt.
Die folgenden Grathöcker überklettert bzw. umgeht man etwas ausgesetzt im brüchigen Gestein auf der Ostseite. Danach steigt man
über Schotter und Gras zum Gipfel hinauf.

● **756 Vom Passo San Marco** (1992 m)
1 Std., unmarkiert, unschwierig.

Vom Paß folgt man dem Steig, der am Grat nach W in Auf und Ab
über den Cimetto (2099 m) und mehrere Gratbuckel zum Gipfel
führt.

● **757** **Pizzo Berro, 1847 m**

Letzte Erhebung im langen Nordwestgrat des Monte Verrobbio,
der das Valle di Bomino vom Valle del Bitto di Albaredo trennt
und schließlich zum Dorf Bema abfällt. Schöner Aussichtspunkt
über den Tälern. Die Überschreitung dieses einsamen Grates
(3 Std.) über den Pizzo Dosso Cavallo und Pizzo Val Carnera
bis zum Monte Verrobbio weist für Geübte keine besonderen
Schwierigkeiten auf.

● **758 Von Ronchi** (1170 m)
1 3/4 Std., markiert.

Ronchi ist von Bema mit Fahrzeug erreichbar. Dem gelben Ww. folgend geht man von dort nach S an der eisenhaltigen „Sorgente Acqua Ferruginosa" vorbei und biegt kurz danach (Ww.) rechts ab.
Durch die Almen von Pegolotta und über einen Hang mit niedrigen
Büschen führt die verblaßte Mark. zur obersten Alm und zu einem
Brunnen, bei dem sich der Weg wieder nach S wendet. Durch Wald
steigt man zur Località Fracino (1520 m) und an der Jagdhütte vorbei weiter nach SW. Der gute, ausreichend mit Ww. versehene Steig
verzweigt sich auf 1670 m nochmals und führt schließlich etwas
schmaler und steiler zum Gipfel mit Kruzifix und großem Kreuz aus
Eisenrohren.

In der Pegherolo-Stella-Gruppe:

● **759**   **Monte Fioraro, 2431 m**

Im Hauptgrat der Orobie, der vom Passo San Marco aufsteigend am Pizzo delle Segade nach N biegt, liegt an dem Punkt, an dem der Grat wieder einen Knick nach O macht, der Monte Fioraro, der auch Monte Azzarini genannt wird. Bei klarer Sicht gewährt der frei stehende Gipfel unvergleichliche Sicht über die B.A. bis zum Ortler, zum Apennin und über die Schweizer Viertausender bis zum gegenüberliegenden Bergell.

● **760**   **Vom Passo San Marco** (1992 m)
      1¹/₂ bis 2 Std., markiert – unmarkiert.

Auf dem „Sentiero delle Orobie Occidentali", R 1115, geht man bis zu dem Grat, der sich vom Pizzo delle Segade nach N zieht. Der Weg folgt dem Grat noch ein kurzes Stück nach N und biegt dann nach SO ab. Zum Monte Fioraro bleibt man jedoch weiterhin am Grat und steigt in Richtung NO zu drei hohen, schlanken Steinmannderln hinauf (nach der Wegteilung ist die Mark. erst grau überpinselt, dann wieder frei und hört beim P. 2212 endgültig auf). Hier macht der grasige Grat einen Knick nach NW und führt über einen Vorgipfel zum flachen Doppelgipfel.

● **761**   **Monte Pedena, 2399 m**

Der Monte Fioraro entsendet einen mächtigen, langen Grat nach N, der sich über den Passo di Pedena zum Monte Pedena und Monte Lago fortsetzt. Der Monte Pedena ist ein schöner Gipfel mit ausgeprägten Felsgraten nach S, W und N, der nach O in steilen Felsrippen abfällt und von keiner Seite ohne Klettern erreichbar ist. Vom Gipfel großartiger Panoramablick!

● **762**   **Vom Passo di Pedena** (2234 m)
      1 Std., unmarkiert, I-II.

Vom flachen Sattel geht man nach N westseitig an zwei Gratbuckeln vorbei über Blockgestein zu einem Grateinschnitt. Dann klettert man am Grat über rauhe Felsplatten zu einem aus großen Felsblöcken aufgeschichteten Gratturm, den man ostseitig umgehen kann. In gleicher Weise weiter, ostseitig an kleineren Gratzacken vorbei oder über diese, zum Grasbuckel des ersten Vorgipfels. Über einen zweiten erreicht man schließlich leicht den höchsten Punkt.

● **763**   **Monte Lago, 2353 m**

Im Nordgrat des Monte Fioraro, der das Val di Budria vom Valle del

Bitto di Albaredo trennt, liegt nördl. des Monte Pedena der schöne
Aussichtsgipfel Monte Lago. Auf den sanften Wiesenhängen seiner
Westflanke liegt eine Reihe bewirtschafteter Almen.

● **764 Von der Straße zum Passo San Marco** (auf 1445 m)
2¹/₂ Std., markiert.

In spitzem Winkel zweigt auf 1445 m nach N eine Straße ab. Dort
beginnt nach wenigen Metern der rotweiß mark. Saumpfad Nr. 12
(Ww.), der in angenehmer Steigung durch Wald auf einen Rücken
und über Lichtungen nach O zu den weiten Almflächen von „Baitridana" führt. Am oberen Rand der Wiesen flach nach SO und im Bogen nach S zum Hügel der Alpe Tacher (1929 m). Man geht nun
flach nach S zum Westgrat des Monte Lago weiter (Ww.) und steigt
am Grat, an den Steinmännern entlang, zum breiten Gipfel hinauf.

● **765 Vom Monte Culino** (2322 m)
¹/₂ Std., unmarkiert.

Vom Gipfel geht man am Grasrücken nach SW zum tiefsten Punkt
im Grat hinab und danach ein Stück in der Südflanke zu dem Sattel,
an dem der Grat einen Knick nach S macht und mit steilen Felswänden nach NW abbricht. Von dort führt ein deutlicher Steig am Grat
zum breiten Grasgipfel des Monte Lago hinauf.

● **766 Monte Culino, 2322 m**

Zwischen Monte Lago und Monte Pisello liegt dieser bescheidene
Gipfel, der weniger als Einzelziel, sondern vor allem in der Überschreitung betreten wird.

● **767 Von der Straße zum Passo San Marco** (1445 m)
*2¹/₂ Std., markiert, ab Alpe Pedroria unmarkiert, un-
schwierig.*

Wie bei R 764, bis vom Nordrand der Almflächen von Baitridana mit
Ww. ein Weg nach NO abzweigt und über einen Rücken zur Alpe
Pedroria (1929 m) mit Tümpel führt. Dort wendet man sich nach O
und steigt zum Sattel (2220 m) zwischen Monte Culino und Monte
Pisello auf. Vom Sattel steigt man nach S über plattige Felsen, die
man entweder direkt überklettern oder ost- und westseitig umgehen
kann, und erreicht schließlich am Grasgrat den Gipfel.

● **768 Monte Pisello, 2272 m**

Nördl. des Monte Culino liegt der Monte Pisello, der mit Metallkreuz, Altar und Gipfelbuch (!) versehen ist.

● **769 Von der Straße zum Passo San Marco** (1445 m)
  2¹/₄ Std., markiert, zum Schluß unmarkiert.

Wie bei R 764 und R 767 zum Sattel (2220 m) zwischen den Gipfeln. Dort wendet man sich nach N und erreicht auf dem Steig am Grat in wenigen Min. den Gipfel.

● **770   Monte Tartano, 2292 m**

Gipfel in der Nordkette der Orobie, östl. der Bocch. di Budria, der vom Passo di Pedena aus gesehen die Form einer kleinen Felspyramide zeigt, sich beim Betreten jedoch als flächiger Grasgipfel entpuppt.

● **771 Von Tartano** (1210 m)
  3¹/₂ bis 4 Std., markiert, zum Schluß unmarkiert, unschwierig.

Wie bei R 459 zur Almruine (2024 m). Von dort auf dem „Sentiero Bruno Credaro" (R 1158) zur Mulde mit den Tümpeln und nach S über Geröll zur Bocch. di Budria mit Steinmann (2190 m), von der ein Pfad am felsigen Grat in ¹/₂ Std. nach W zu dem lohnenderen, namenlosen P. 2319 führt. – Von der Bocchetta überschreitet man am flachen Grat nach O zwei langgestreckte Felsbuckel und steigt schließlich über rauhes Blockgestein unschwierig zum Gipfel des Monte Tartano hinauf.

● **772   Pizzo Rotondo, 2266 m**

Aussichtsgipfel südöstl. des Monte Tartano an dem Punkt, bei dem vom Hauptgrat der Orobie jener Grat nach S abzweigt, der sich über den Passo San Simone zur Pegherolo-Gruppe erstreckt.

● **773 Vom Passo di Lemma** (2137 m)
  ¹/₂ Std., unmarkiert, unschwierig.

Vom Sattel folgt man dem Grat nach SW zum Gipfel.

● **774   Monte Cavallo, 2323 m**

Der Monte Cavallo südl. des Passo San Simone ist der nördlichste Gipfel der Pegherolo-Gruppe. Vom Gipfel mit großem Metallkreuz großartige Rundschau.

● **775 Vom Passo San Simone** (2005 m)
  1 bis 1¹/₂ Std., markiert.

Vom Paß führt ein mit roten und weißen Punkten mark. Steig ziemlich flach nach SO um den Nordostgrat herum in das große Kar östl. des Monte Cavallo. Dort folgt man dem rot mark. Steig über Geröll zu einer Scharte (2210 m) im Südostgrat, von der man über den steilen Grasgrat zum Gipfel gelangt.

● 776 **Monte Pegherolo, 2369 m**

Südöstl. des Monte Cavallo liegt dieser helle, dominierende Felsgipfel mit auffallenden Horizontalbändern. Der von keiner Seite ganz leicht zu erreichende Gipfel mit großem Kreuz und Gipfelbuch bietet aufgrund seiner freien Lage ein großartiges Panorama.

● 777 **Vom Passo San Simone** (2005 m)
   2½ bis 3 Std., teilweise markiert, II-, Trittsicherheit!

Wie bei R 775 zur Scharte auf 2210 m. Dort wendet man sich nach links (S), umgeht einen Zwischengipfel westseitig, steigt wieder zum Grat auf und folgt diesem in Auf und Ab, manchmal etwas ausgesetzt, aber unschwierig, zum dreigipfeligen Monte Cavallino (2284 m, Steinmannderl). Von dort nach SO zu einer Felsscharte hinab, drüben wieder zum Grat hinauf und am Grat bzw. etwas östl. davon über zwei Zwischengipfel und danach hinunter zum flachen Felsgrat. Über diesen fast horizontalen, splittigen Grat etwas ausgesetzt gerade hinüber, bis er am Passo della Piodessa (etwa 2190 m) einen Knick nach O macht und wieder ansteigt. Über zwei felsdurchsetzte Grasbuckel zum Fuß des Gipfelaufbaues. Von dort entweder gerade über die Gratfelsen oder auf der Südseite flach unter den Felsen zu der Rinne, die durch ein vorgelagertes Türmchen gebildet wird. Durch diese Rinne und auf schuttigen Felsbändern wieder zum Grat hinauf. Beim Steinmannderl auf die Nordseite und unschwierig auf einem Felsband zur tiefen Scharte, die den Vorgipfel vom Gipfel trennt. Nun entweder am griffigen Grat hinauf oder über eine Rippe nach rechts (südseitig) in eine ausgewaschene, breite Rinne, die wieder zum Grat führt. Über Gras und durch eine gut gestufte, enge Felsrinne schließlich zum Gipfel.

● 778 **Monte Secco, 2293 m**

Der Monte Secco liegt südöstl. des Monte Pegherolo und fällt nach O und W in zerklüfteten Kalkfelsen ab, während er über den Südgrat gut zugänglich ist. Das 1986 errichtete Alu-Gipfelkreuz beinhaltet eine Kuriosität: Dort wo sich die Balken kreuzen, befindet sich der Behälter für das Gipfelbuch, weiter unten ein größerer Behälter mit Schnapsflaschen und einer angeschweißten Spardose mit der Aufschrift: „Se vuoi, fai un' offerta per la chiesetta di San Massimiliano Kolbe" (Wenn du willst, gib eine Spende für das Kirchlein S. M. K.).

● 779 **Vom Passo di Monte Colle** (1938 m)
   1 Std., markiert, unschwierig.

Vom flachen Sattel steigt man am Grat der Mark. folgend nach NW zu einer Gratschulter, bei der der Grat nach N biegt. Bei den ersten Felstürmen im Grat weicht man ziemlich tief in die Ostflanke aus und steigt durch eine schuttige Rinne wieder zum Grat hinauf. Dann folgt man dem Grat über leichte Felsen und Gras zum Gipfel.

● **780** **Pizzo Badile, 2044 m**

Kleiner Felsgipfel im Südgrat des Monte Secco, der zwischen dem Passo di Monte Colle und dem Forcolino di Torcola liegt. Wenig besuchter Gipfel mit schöner Aussicht, der vom Passo di Monte Colle in 1/4 Std. und vom Forcolino di Torcola in 1/2 Std. auf mark. Pfaden unschwierig erreichbar ist.

● **781** **Monte Torcola, 1636 m, 1789 m und 1785 m**

Langgestreckter Grasrücken in der Verlängerung des Südgrates des Monte Pegherolo, der sich leicht geschwungen nach S und SW über Monte Secco, Pizzo Badile, Torcola Vaga, Torcola Soliva (Sessellift von Piazzatorre) und Monte Torcola bis zum unscheinbaren Monte del Sole erstreckt und dann nach Piazza Brembana abfällt. Während der Torcola über die Nordwestflanke bequem erreichbar ist, schlängeln sich einige Steige auf der felsigen, wenig begangenen Südostseite durch das steile Gelände mit interessanter Vegetation.

● **782** **Von Valnegra** (581 m)
    2¹/₂ Std., markiert.

In der Via Lorenzo Oberti, 50 m östl. der Kirche, beginnt mit Ww. der gut mark. Weg N. 119 und führt am bewaldeten Osthang des Monte Sole in vielen Kehren nach N zum Sattel „Ol Grass" (1180 m, Einmündung der Wege von Piazza Brembana und von Pizzatorre) und weiter am breiten Rücken durch Wald und über Almlichtungen zum nordöstl. gelegenen Monte Torcola mit Alm und Brunnen.

● **783** **Von Moio de Calvi** (654 m)
    2¹/₂ bis 3 Std., markiert.

Oberhalb der Kirche führt in der Via Costa der Saumpfad Nr. 6 (laut Karte 124) zur neuen Straße hinauf. Jenseits der Straße, links vom Bach, zunächst ohne Mark. am Wasserbehälter vorbei bis zur Wegteilung am Bach (756 m, Brunnen). Dort nach links (W) und im Wald im Bogen nach NO (auf etwa 800 m roter Punkt am Baum), danach wieder nach links (NW) und am Rand eines breiten Grabens (hier erste Mark. Nr. 6) zu einem Hügel hinauf. Am folgenden Rücken nach W zu den freien Flächen „Prato Piazza" (937 m, kleine Kapelle und Almhütten auf 960 m und 1080 m). Danach wendet sich der nunmehr gut mark. Steig allmählich mehr nach N und schlängelt sich am bewaldeten Hang (erst Buchen und Koniferen, von 1150 m bis 1350 m überwiegend Eichen!) über kleine, gerippte Felsstufen zum obersten Waldgürtel mit mächtigen Fichten. Vom Waldrand steigt man am Grasrücken zu den schönen Wiesenflächen des Torracchio und auf dem breiten Rücken, der sich vom Torcola Soliva nach S erstreckt, über einen Grassattel zum Gipfel mit Liftstation hinauf.

● **784** **Cima di Lemma, 2348 m**

Zwischen Passo di Lemma und Passo di Tartano liegt der Grasrücken der Cima di Lemma, von dem nach NW der Grat zum höheren Pizzo Scala abzweigt.

● **785** **Vom Passo di Tartano** (2108 m)
1/2 Std., markiert.

Vom Sattel steigt man auf dem mit roten Punkten mark. Steig nach W über die Wiesen zum Gipfel.

● **786** **Pizzo Scala, 2427 m**

Lohnender Aussichtsgipfel nordwestl. der Cima di Lemma mit großartigem Panoramablick.

● **787** **Von der Cima di Lemma** (2348 m)
1/2 Std., unmarkiert, I bzw. unschwierig.

Vom Gipfel geht man nach NW zum Passo di Scala (etwa 2300 m) hinab und steigt am Grat erst flach und dann steiler durch Felsen, wobei man entweder am Grat klettert oder leichter, die Steilstufen westseitig umgehend, zum Gipfel mit Steinmann gelangt.

● **788** **Monte Valegino, 2415 m**

Im Südwestgrat des Monte Cadelle erhebt sich südl. vom Passo di Porcile dieser reizvolle Aussichtsgipfel. Durch seine abweisende Nordostflanke gelangt man überraschend leicht zum Gipfel.

● **789** **Vom Passo di Porcile** (2290 m)
20 Min., unmarkiert, I, Trittsicherheit!

Südwestl. oberhalb der Gratscharte überklettert man eine Felsstufe mit Rinne im steilen, aber griffigen Fels und steigt dann über sehr steiles Gras und leichte Felsen zum Gipfel.

● **790** **Monte Cadelle, 2483 m**

Selten besuchter Gipfel im Hauptkamm zwischen Passo di Porcile und Passo di Dordona. Von ihm erstreckt sich einer der markantesten hohen Grate nach N bis zum Monte Seleron (2519 m!), der das Valle Lunga und Val Tartano vom Valmadre trennt.

● **791 Vom Passo di Porcile** (2290 m)
   1 Std., Wegspuren unmarkiert, I.

Von der Felsscharte steigt man auf Wegspuren über Gras und leichte Felsen zu einer Gratschulter und gelangt, am flachen Grat auf- und abkletternd, zu einem Zwischengipfel. Am Grasgrat weiter zu den Felszacken, die man leicht überklettert, und schließlich leichter am felsdurchsetzten Grat zum Gipfel hinauf.

● **792 Cima Vallocci, 2510 m**

Schöne Felspyramide nördl. des Monte Cadelle, geschmückt mit kleinem, geschmiedetem Kruzifix der Brüder Bianchini. Die Gipfelrundschau übertrifft jene vom Pizzo Scala, da von hier der Blick noch freier ist.

● **793 Vom Rif. Beniamino** (1485 m)
   3 Std., teilweise markiert, unschwierig.

Von der Hütte geht man an der Alm mit der Kapelle S. Antonio vorbei zum Talschluß des Valle Lunga und biegt vor dem Wasserfall links ab. An einer Baita vorbei steigt man in einer Talmulde nach O auf, quert kurz nacheinander die beiden Bacharme und steigt schließlich am Hang nach SO in großen Kehren durch Buschwerk zur Casera Dordona (1989 m) auf. Im weiten Talbecken nach NO an der Alm mit großem Stall (2050 m) vorbei zur Baita della Cima (2175 m). Nun auf Steigspuren ohne Mark. nach O zum tiefsten Punkt im Felsgrat empor, wobei man wenige Meter unterhalb des Grates einen alten Saumpfad kreuzt. Von dem flachen Felssattel steigt man dann über den Südgrat erst flach und im oberen Teil steiler, aber unschwierig auf guten Tritten im Gras zwischen den Felsen zu einer Gratschulter und zum Gipfel hinauf.

● **794 Monte Seleron, 2519 m**

Der lange Felsgrat, der sich von der Cima Vallocci nach N erstreckt, erreicht an dem weit zum Addatal vorgeschobenen Monte Seleron seinen höchsten Punkt, der sogar die Hauptkette der Orobie in diesem Abschnitt überragt. Großartiges Panorama mit Blick auf das Nordende des Comer Sees, die Schweizer Alpen vom Wallis bis zur Bernina, auf fast alle Gipfel der Orobie, und dahinter im S faszinierend der gesamte Grat der Pegherolo-Gruppe vom Cavallo bis zum Pizzo Badile.

● **795 Von Sant'Antonio** (1443 m)
3 Std., teilweise markiert.

Von Sant'Antonio im Valle Lunga steigt man auf rot mark. Weg im Wald nach O zu den Almen auf 1805 m und nochmals durch Lärchenwald zur Casera Canale (1994 m). Von hier weiter nach N zur großen obersten Alm mit verwinkelten Dächern (2150 m). In weitem Bogen nach N ausholend umgeht man dann die Felsbarrieren, die sich vom Grat nach NW herabziehen, und steigt zum Sattel (2410 m) südl. des Monte Seleron hinauf. Dort wendet man sich nach links (N) und gelangt am Grasgrat zu einer Gratschulter und im Bogen nach O am felsdurchsetzten Wiesengrat zum Vorgipfel mit Steinmann und weiter zum Ostgipfel.

● **796 Monte Toro, 2524 m**

Zwischen Passo di Dordona und Passo di Valcervia liegt der dominierende Monte Toro, der nach N einen langen Grat entsendet, der das Val Madre vom Val Cervia trennt. In die Karmulden südl. des Gipfels sind die beiden Laghetti delle Foppe und der Lago delle Trote eingebettet. Großartige Gipfelrundschau!

● **797 Vom Passo di Valcervia** (2319 m)
³/₄ Std., markiert, unschwierig.

Vom Paß steigt man nach W zu der Gratschulter, an der der Seitengrat zum Montebello ansetzt und wo auf der Nordseite ein guter Steig abwärts in eine kleine Felsscharte führt. Von dort geht man am anfangs felsigen, dann grasigen Grat flach zum ersten Zwischengipfel und über Fels zu einer Scharte und zum zweiten Zwischengipfel. Von der darauffolgenden Gratsenke steigt man mäßig steil über den stufigen Felsgrat mit zwei leichten Kletterstellen zum einfachen Eisenkreuz am Gipfel hinauf.

● **798 Sponda Camoscera, 2452 m**

In dem Grat, den der Monte Toro nach N entsendet, liegt dieser langgestreckte Grasgipfel zwischen dem Passo di Valbona und der Cima Vitalengo. Die Überschreitung vom Passo di Valbona über die Cima Vitalengo bis zum Passo Vendullungo, die lediglich Trittsicherheit verlangt, ist eine reizvolle Höhenwanderung in großer Einsamkeit mit imposanten Panoramablicken.

● **799 Vom Passo di Valbona** (2324 m)
³/₄ Std., unmarkiert, unschwierig, Trittsicherheit!

Vom Sattel steigt man etwas steil am gestuften Grasgrat zu einem Zwischengipfel und weiter am felsigen Grat zu einer Gratschulter.

Dort biegt der Grat nach W und führt dann im Bogen nach N über mehrere Gratbuckel, über die man unschwierig, aber etwas ausgesetzt zum Grasgipfel gelangt.

● **800**   **Cima Vitalengo, 2407 m**

Von N abweisend wirkender, helmförmiger Felsgipfel im Nordgrat des Monte Toro, südl. des Passo Vendullungo, der sich nach S in einem flachen Grat fortsetzt.

● **801**   **Vom Passo Vendullungo** (2117 m)
        1 1/4 Std., unmarkiert, unschwierig, Trittsicherheit!

Vom Paß steigt man nach S westseitig zum felsigen Grat und über mehrere kleine Gratbuckel zu einem Sattel auf etwa 2240 m. Am Grat bleibend gelangt man zum Fuß des helmförmigen Gipfelturmes und steigt danach westl. der Felswand durch eine grasdurchsetzte Geröllrinne mit Felsblöcken zum Nordwestgrat der Cima Vitalengo. Dort wendet man sich nach links und steigt auf steilen Grasstufen zum Gipfel hinauf.

● **802**   **Von der Sponda Camoscera** (2452 m)
        1 bis 1 1/2 Std., unmarkiert, unschwierig, Trittscherheit!

Vom Gipfel am breiten Grasgrat nach NO abwärts und nach N über einen langen Rücken. An dessen Nordseite steil zwischen Felsplatten auf Gras und lockeren Steinen zur nächsten Scharte hinab. Über weitere Erhebungen im Grat zum tiefsten Punkt (2360 m) und danach über einen steilen Grasrücken zur Cima Grassone, P. 2414, hinauf. Nun am felsigen Grat zu einer Scharte hinab und über einige Gratbuckel schließlich zur Cima Vitalengo.

● **803**   **Monte Valguressa, 2183 m,**
            und Pizzo del Vescovo, 2176 m

Schöne Aussichtsgipfel südöstl. des Talbeckens von Foppolo. Zum Monte Valguressa, den man vom Passo della Croce in 1/2 Std. erreicht, führt von Foppolo ein Sessellift hinauf. Den südwestl. vom Monte Valguressa gelegenen Pizzo del Vescovo erreicht man von Foppolo auf dem Weg Nr. 206, der von der Talstation des Liftes zum Valguressa nach SO zum Sattel zwischen beiden Gipfeln (etwa 2010 m) und von dort unschwierig zum südwestl. gelegenen Gipfel führt (von Foppolo 1 1/2 Std.).

● **804**   **Corno Stella, 2620 m**

Dieser vielbesuchte Gipfel liegt etwa in der Mitte der Nordkette der Orobie, zwischen dem Passo di Publino und dem Passo di Valcervia. Er sendet einen langen Grat nach N aus, der das Valle del Livrio vom Val Cervia trennt. Vom Gipfel mit schmiedeeisernem Kreuz genießt man einen fabelhaften Rundblick, der über die Ketten der Orobie und Prealpi bis zu Bernina, Bergell und den Viertausendern der Westalpen reicht.

● **805 Von Foppolo** (1508 m)
   2¹/₂ Std., markiert.

Wie bei R 485 zum Lago Moro. Vor der Staumauer des Sees wendet man sich nach rechts und steigt auf dem mit Nr. 2 mark. Weg über eine Schulter zum Westgrat des Corno Stella und am Grat bzw. etwas in der Südflanke zum Kreuz am langgestreckten Gipfelgrat.

● **806   Cima Tonale, 2544 m**

Der auf der Karte „Le Orobie" des CAI Bergamo mit „Dosso Ruinato", ansonsten aber mit Cima Tonale bez. Gipfel liegt etwas nördl. des Passo del Tonale in dem langen Grat, der sich vom Corno Stella nach N erstreckt und das Val Cervia vom Valle del Livrio trennt.

● **807 Vom Passo del Tonale** (2352 m)
   ¹/₂ Std., unmarkiert, unschwierig.

Vom Paß steigt man über den Grasgrat zu einer Gratschulter und über einen Vorgipfel zum Gipfel hinauf.

● **808   Cima Sasso Chiaro, 2395 m**

Schöner, einsamer Aussichtsgipfel im Nordgrat des Corno Stella, der seinen Namen (heller Stein) einem weißen Felsen in der Ostflanke unter dem Gipfel verdankt.

● **809 Von der Cima Tonale** (2544 m)
   1¹/₂ Std., unmarkiert, unschwierig, Trittsicherheit!

Von der Cima Tonale am teilweise felsigen Grat bzw. auf den Wegspuren westseitig darunter zum tiefsten Punkt und danach an leichten, griffigen Felsen zum P. 2466 hinauf. Am folgenden flacheren Grat weiter über drei Grasbuckel, dann am wieder felsigen Grat zu einer Scharte (etwa 2370 m) hinab und zur Punta Cerech (2412 m) hinauf. Weiter am felsigen Grat nach NO ziemlich steil hinab und dort, wo der plattige Felsgrat brüchig wird, in die Ostflanke ausweichen. Etwas unangenehm und ausgesetzt zur Scharte P. 2320 queren, wo sich der Grat nach NW biegt. Zum Zwischengipfel P. 2370 leicht hinaufklettern und danach zur Bocch. Querciada (etwa 2350 m). Schließlich an dem nun wieder nach NO ziehenden Grat über quarzdurchsetztes Gestein zum flächigen Gipfel hinauf.

● **810   Von Costa** (1425 m)
2¹/₂ bis 3 Std., Wegspuren unmarkiert, Trittsicherheit!

Von Costa steigt man am Hang nach W zur Alm (1642 m) und quert von dort auf alten Wegspuren nach S zur Baita (1717 m). Nun folgt man dem alten Steig, der im Zickzack nach SW durch lichten Wald und Buschwerk zur verlassenen Alm (1967 m) führt. Von hier entweder in gleicher Richtung weiter, oberhalb des tiefen Grabens zur Baita Querciada (2090 m) queren und nach W über den steilen Grashang zur gleichnamigen Bocch. (2350 m) und zum Gipfel, oder direkt nach W etwas mühsam über den sehr steilen, oben etwas felsdurchsetzten Grashang direkt zum Gipfel.

● **811   Monte Masoni, 2663 m**

Massiger Berg mit zwei gleich hohen Gipfeln, die etwa 100 m voneinander entfernt sind. Er liegt am südlichsten Punkt des Gratbogens zwischen Pizzo Zerna und Cima di Venina über dem Lago di Publino.

● **812   Vom Rif. Longo** (2026 m)
2 Std., markiert, ab 2450 m unmarkiert.

Von der Hütte auf der Fahrstraße abwärts, bis bei P. 1992 der mark. Weg zur Baita Masoni abzweigt. Über den Südhang steigt man dann auf den Spuren einer mark. „strada militare", an der Baita Masoni (2093 m) vorbei, bis auf 2450 m ein Steig kreuzt, der horizontal, südl. unter der Cima di Venina und dem namenlosen P. 2637 nach W zum Monte Masoni führt, dessen Gipfel man über den schuttigen Nordwesthang erreicht.

● **813   Vom Passo di Publino** (2368 m)
³/₄ Std., spärlich markiert.

Vom Paß etwas absteigend quert man nach SO unter den Felsen des Pizzo Zerna vorbei und gelangt in gleicher Richtung weitersteigend zum flächigen Gipfel hinauf.

● **814   Cime dello Scoltador, 2573 m und 2562 m**

Doppelgipfel südl. des Passo dello Scoltador. Westl. darunter liegt im Valle del Livrio der Lago di Publino, und im O erstreckt sich das Valle di Venina mit den Abraumhalden des ehemaligen Erz-Abbaues und dem weiter nördl. gelegenen Stausee.

● **815   Vom Passo dello Scoltador** (2454 m)
20 Min., unmarkiert, unschwierig.

Vom Sattel steigt man am etwas felsigen Nordgrat rasch zum höheren Nordgipfel hinauf.

● **816**   **Pizzo Meriggio, 2346 m**

In dem Grat zwischen Valle del Livrio und Valle di Venina bildet der Pizzo Meriggio den nördlichsten und lohnendsten der ausgeprägten Gipfel. Er dominiert mit seinem großen Kreuz südl. von Sondrio in der Bergkulisse über dem Veltlin. Nordwestl. des Gipfels liegen bezaubernde Hochflächen mit idyllischen kleinen Seen. Besonders reizvoll ist die Überschreitung des Grates vom Passo dello Scoltador bis zum Pizzo Meriggio, die faszinierende Ausblicke gewährt.

● **817**   **Von Campelli di sopra** (1434 m)
2¹/₂ bis 3 Std., teilweise markiert.

Wie bei R 498 zum namenlosen Sattel auf etwa 2000 m. Von dort hat man zwei Möglichkeiten: Entweder geht man wie bei R 498 weiter zur Alpe La Tromba, steigt von dort nach SO zu einem breiten Grassattel hinauf und am Wiesengrat nach SW zum Vorgipfel mit großem Kreuz und weiter zum höchsten Punkt. Oder man geht nach S auf der Ostseite der bewaldeten Punta della Piada zur Baita Meriggio (2107 m), die etwas unterhalb des breiten Grassattels liegt, und dann weiter am Wiesengrat wie oben.

● **818**   **Vom Passo dello Scoltador** (2454 m)
4 Std., unmarkierte Wegspuren, unschwierig, Trittsicherheit!

Vom Sattel steigt man am felsigen Grat leicht zur zweigipfeligen Graterhebung des Pizzo Baitelli (auch Cime di Sulghera genannt, 2525 m und 2496 m). Von dort am flachen Grasgrat zum Passo di Sulghera (2412 m), weiter zur Cima Zocca (2512 m) und dann etwas ausgesetzt am felsigen Grat bzw. westl. darunter zu den Cime Biorche (2456 m) mit Strommasten. Am nun wieder flachen Grasgrat zum Pizzo Campaggio (2502 m) mit schönen Tiefblicken auf den Lago di Venina und auf die darüberliegenden Gipfel der Redorta- und Cocagruppe. Am steileren Grasgrat, der nur in der Mitte mit brüchigen Felsen durchsetzt ist, hinab zum flacheren Grat. Weiter nach NO am Grasgrat über mehrere Gratbuckel, die man teilweise ostseitig umgehen kann, zum Pizzo Meriggio.

In der Pradella-Gruppe:

● **819**   **Monte Spondone, 2445 m**

Höchste Erhebung in dem Grat, der sich zwischen dem Valle Brembana und den Laghi Gemelli erstreckt, westl. über dem Passo di Mezzeno. Lohnender Aussichtsgipfel, der nach W steil abbricht.

● **820   Vom Passo di Mezzeno** (2142 m)
3/4 Std. unmarkierte Wegspuren, unschwierig.

Vom Paß steigt man nach W über felsige Gratbuckel und dann am Hang ziemlich steil in einer Grasrinne hinauf bis zu den Felsen. Dort entweder steil gerade hinauf oder auf Steigspuren etwas nach S ausweichend zum Gipfel. Am Vorgipfel ragt ein hochkant stehender schmaler Stein auf, der einer Statue ähnelt.

● **821   Pizzo dell'Orto, 2276 m**

Zu Unrecht wenig besuchter Aussichtsgipfel westl. über dem Nordende der Laghi Gemelli, der den nördl. Endpunkt des Grates bildet, der sich vom Monte Spondone nach NW erstreckt.

● **822   Vom Rif. Gemelli** (1968 m)
1½ Std., unmarkiert, unschwierig.

Von der Hütte nach W durch die schmale Grasmulde südl. der schlanken Kapelle etwas abwärts, und dann auf deutlichem Steig am Hang durch Latschen zu einer großen Wiesenfläche queren. Von deren linkem (östl.) oberen Rand führt ein guter Steig nach SO durch den Felsgürtel zu den freien Flächen der Baita „Le Orobie" (2007 m, handbehauene Schieferplatten auf Stallruine!). Von der Alm steigt man nach NW ausholend zu den Wiesen östl. unter dem Pizzo dell'Orto, wendet sich nach S und geht auf den Passo di Val Vegia (2184 m) zu, der zwischen einem schaufelförmigen Felsgipfel und dem Pizzo dell'Orto liegt. Vom Paß steigt man nach N am Grat unschwierig zum dem aus rotviolettem Verrucano- Konglomerat bestehenden Gipfel hinauf.

● **823   Monte Corte, 2493 m**

Mächtiger Gipfel östl. über dem Südende der Laghi Gemelli, zwischen dem Passo dei Laghi Gemelli und dem Passo del Farno. Vom Gipfel prächtige Aussicht auf die Stauseen im NW, das Valsanguigno, das Val Canale und das Gipfelmeer darüber.

● **824   Vom Passo dei Laghi Gemelli** (2139 m)
1 bis 1½ Std., unmarkiert, II- bzw. unschwierig

Vom Paß folgt man den Wegspuren nach O, die nördl. an einem Felsbuckel vorbei zum Südwestgrat des Monte Corte führen. Am Felsgrat, der jäh nach N abbricht, steigt man am besten immer am Grat (dem man auch nach S ausweichen kann) über drei kleine Erhebungen im Grat in leichter und kurzweiliger Kletterei, manchmal ausgesetzt, aber griffig, zu einem Vorgipfel und unschwierig weiter zum Gipfel.

● 825 Monte Zulino, 1751 m

Im Südostgrat des Monte Corte, der sich über den Forcellino di Zulino nach O weiterzieht, ist der Monte Zulino die zweite Erhebung östl. des Sattels.

● 826 Vom Forcellino di Zulino (1750 m)
knapp ¹/₂ Std., Wegspuren unmarkiert.

Den Sattel erreicht man vom Parkplatz beim Ristorante Concorde in Valcanale: Rechts vom Bach zum Waldrand. Im Wald in Kehren zum Gebäude der ENEL am Druckleitungsrohr (1380 m). Von dort schlängelt sich ein Pfad an den Almen Baita bassa di Zulino (1441 m) und Baita di mezzo (1600 m) vorbei zum Sattel hinauf (links oberhalb die kleine Baita alta di Zulino 1750 m). Vom Sattel folgt man den Wegspuren, die nach O die Felsen des namenlosen P. 1780 umgehend zum Gipfel führen.

● 827 Cima di Bani, 1784 m

Die Cima di Bani bildet den östl. Endpunkt des Grates, der das Val Sanguigno vom Val Canale trennt, und bietet als vorgeschobene Bastion hoch über dem Valle Seriana eine prächtige Gipfelschau. Die Überschreitung des Grates vom Monte Zulino über den einsamen Monte di Zanetti ist landschaftlich sehr reizvoll (2 bis 2¹/₂ Std., teilweise mark., unschwierig).

● 828 Von Bani (1026 m)
2 bis 2¹/₂ Std., markiert, ab P. 1429 unmarkiert.

Das Bergdorf Bani am Fuß der Cima di Bani erreicht man auf der Straße, die etwa in der Mitte des Val Canale von der Talstraße nach NO abzweigt. Vom Platz vor der Kirche folgt man dem Saumpfad mit weißen Pfeilen, der zwischen den Häusern am Hang nach W aufsteigt und bald in einen anderen Saumpfad mündet. Diesem folgt man nach N und geht bei der kurz darauf folgenden Wegteilung am Hang geradeaus flach weiter zur felsigen Bachrinne, die man quert. Danach teilt sich bei einer kleinen Quelle der Weg und man folgt dem linken Steig, der nach langer Querung vor einem kleinen Wasserbehälter zum erstenmal eine Kehre macht. Mit vielen weiteren Kehren führt der Steig dann mit verblaßter orangefarbiger Mark. über den steilen Südhang zu einer Hütte mit Brunnen auf der bewaldeten Schulter (P. 1429), südöstl. der Cima di Bani. Von dort steigt man auf Trittspuren nach NW am Grasrücken rechts der tiefen Rinne zur Gratschulter P. 1695 und auf dem Pfad durch die Latschen zum Gipfel hinauf.

● **829**   **Pizzo Farno, 2506 m**

Dreieckige Pyramide nördl. des Monte Corte, deren Gipfel (mit Metallkreuz) großartige Aussicht gewährt.

● **830**   **Vom Passo del Farno** (2320 m)
    1/2 Std., Wegspuren unmarkiert.

Vom Paß umgeht man westseitig die Grat- und Gipfelfelsen und steigt zum Schluß nach O biegend zum Gipfel hinauf.

● **831**   **Monte Pradella, 2626 m**

Der Monte Pradella liegt in dem Grat, der sich zwischen dem Val Sanguigno und dem Val d'Aviasco erhebt, und ist der höchste Gipfel der gleichnamigen Gruppe, die den Bereich der zahlreichen Stauseen zwischen dem Valle Brembana und dem Valle Seriana umfaßt. Der Gipfel, dessen Aufbau aus Verrucano-Konglomeraten besteht und den ein Metallkreuz schmückt, bietet ein traumhaftes Panorama.

● **832**   **Vom Lago d' Aviasco** (2070 m)
    1 1/2 bis 2 Std., teilweise markiert, unschwierig.

Vom Südende der Staumauer (R 1140) steigt man schräg nach SW auf Trittspuren über den Schotterhang bis zu einem Sattel hinauf. Dort quert man nach links (SO), gelangt zum höchsten Punkt einer breiten, V-förmigen Rinne und geht von dort abwärts zu der engen Bachrinne, die sich von W herabzieht. Durch diese Rinne steigt man nun etwas mühsam bis zu einer Hochfläche auf. Weiter nach S steigend trifft man an einer Felsrampe auf gelbe Mark., die über mehrere Rampen und Rücken mit plattigem Schiefer zum Ostgrat des Monte Pradella führen. Über den steilen Grashang steigt man dann nach W zum Vorgipfel und quert am Drahtseil zum Aufbau des Hauptgipfels, den man rasch erreicht.

● **833**   **Pizzo Salina, 2495 m**

Dem Monte Pradella im SO vorgelagert liegt der zu Unrecht selten besuchte Pizzo Salina über sieben kleinen Seen. Der Gipfel gewährt einen großartigen Rundblick.

● **834**   **Von Valgoglio** (929 m)
    4 bis 5 Std., markiert, ab Baita di mezzo unmarkiert.

Wie bei R 1137 zur Ruine der Baita Vecchia di sotto. Bald danach zweigt man bei einem Felsblock rechts ab und steigt nach N an der verfallenden Baita Salina di sotto (1606 m) vorbei, rechts (orogr. links) des Baches, zur Baita di mezzo (1888 m). Dort wendet man sich nach rechts und steigt auf deutlichen Spuren zum Südostgrat des Pizzo Salina hinauf und über diesen bzw. teilweise durch die Südwestflanke zum breiten Gipfel hinauf.

● **835**   **Pizzo del Becco, 2507 m**

Breite Felsmauer nordöstl. der Laghi Gemelli bzw. nördl. des Lago Colombo, die sich südöstl. von Carona über dem Valle Brembana erhebt. Der in dieser Region meist von Schiefern überlagerte Verrucano tritt am Pizzo del Becco in Konglomeraten zutage. Der rauhe Fels bietet interessante Klettermöglichkeiten sowohl in der Nord- als auch in der Südwand. Der Normalweg durch die Südwand wurde durch die Via Ferrata (einige Drahtseile) besser gangbar gemacht. Großartige Gipfelrundschau über die sechs Seen hinweg auf ein Meer von Gipfeln.

● **836 Vom Rif. Gemelli** (1968 m)
  2 bis 2½ Std., markiert, I.

Man überquert die Staumauer der Laghi Gemelli, wendet sich dann nach N und folgt dem Saumpfad Nr. 214, der im Bogen nach O zum Lago Colombo (2046 m) führt. Am Nordende der Staumauer biegt man nach links (W) ab und folgt dem mark. Steig, der sich am grasigen Südhang bis zu einer Hochfläche mit riesigen Felsblöcken hinaufzieht. Von dort steigt man steiler zu einer Rinne unterhalb des viereckigen Felsturmes, die weiter oben westl. an ihm vorbeiführt. Auf etwa 2220 m beginnen die Ketten der sogenannten „Via Ferrata", mit deren Hilfe man zwei Rinnen durchsteigt. Danach gelangt man unschwierig zur Scharte am Grat (2380 m), wendet sich dort nach W und folgt den Wegspuren, die südl. vom Grat mit einem Stück Drahtseil und danach am Grat zum Gipfel mit Kreuz führen.

● **837**   **Monte Cabianca, 2601 m**

Der massige Felsrücken des Monte Cabianca liegt südl. des Lago Fregaboglia zwischen dem Monte Valrossa und dem Monte Madonnino. Dieser lohnende Aussichtsberg stellt ein beliebtes Skitourenziel dar. Er ist der letzte Gipfel auf der Route des Trofeo Parravicini, eines alljährlich stattfindenden Wettkampfes der Skibergsteiger.

● **838 Vom Rif. Calvi** (2015 m)
  2 Std., teilweise markiert, unschwierig.

Von der Hütte folgt man dem Weg Nr. 226 nach S bis zum Pian dell'Asino, biegt dort nach rechts ab und geht nördl. am Lago dei Curiosi (2112 m) vorbei in Richtung W zu einem Wiesensattel. Dort wendet man sich nach S und steigt, unter Felsen querend (rechts unten der Lago Cabianca), an einem Felskopf vorbei zu einem

Schneefeld, an dessen linkem Rand sich orangefarbige Mark. finden. Weiter nach SO steigend kommt man zu dem Rücken, der sich vom Ostgrat des Monte Cabianca nach N absenkt. Auf diesem zum Ostgrat aufsteigend und dann dem Steig nach W folgend gelangt man zum Gipfel mit Glocke.

● **839**   **Monte Madonnino, 2502 m**

Leicht erreichbarer, reizvoller Aussichtsgipfel südl. des Rif. Calvi, der zwischen dem Passo di Portula und dem Monte Cabianca liegt.

● **840**   **Vom Rif. Calvi** (2015 m)
      1¹/₂ bis 2 Std., markiert.

Wie bei R 511 bis zum Passo di Portula. Der Mark. 230 folgend umgeht man westl. einen Felskopf zur südl. gelegenen Scharte „Portulino". Nun weiter auf dem rot mark. Steig durch die Nordostflanke über lockeres Gestein, etwas steil und mühsam, zum Gipfel hinauf.

● **841**   **Monte Grabiasca, 2705 m**

Mit seiner Nordwestwand dominiert der massige Monte Grabiasca im Gebiet östl. des Rif. Calvi. Ein kurzer Grat nach N verbindet ihn mit dem Pizzo Poris. Der Monte Grabiasca ist der erste Gipfel im Verlauf des Trofeo Parravicini (siehe R 837), der weiter über den Madonnino bis zum Monte Cabianca verläuft.

● **842**   **Vom Rif. Calvi** (2015 m)
      2 Std., Wegspuren unmarkiert, Vorgipfel unschwierig,
      dann I.

Von der Hütte geht man zum Ostende des Lago Rotondo, steigt nach O zu den Laghi del Poris (2176 m), wendet sich dort nach N und steigt dann in weitem Bogen nach O zum Passo di Grabiasca (etwa 2450 m), der Scharte am Fuß des Südgrates des Monte Grabiasca. Nun folgt man dem stufigen Grat in leichter Kletterei (man kann ihm auch westseitig ausweichen) zum Vorgipfel mit ausgeprägtem Westgrat. Eine kurze kaminartige Rinne abkletternd und über einen kleinen, ostseitig umgehbaren Zwischengipfel gelangt man über griffige Felsplatten zum Hauptgipfel mit Steinmannderl.

● **843**   **Pizzo Poris, 2712 m**

Dunkler, abweisender Felsgipfel nordöstl. des Monte Grabiasca bzw. unmittelbar südl. über dem Passo di Valsecca. Vom wenig besuchten Gipfel mit großem Kreuz genießt man einen prachtvollen Panoramablick, in dem die Redorta-Gruppe jenseits des gewaltigen Talkessels von Fiume Nero dominiert.

● **844 Vom Rif. Calvi** (2015 m)
3 Std., markiert, nach der Hochfläche unmarkiert, unschwierig.

Wie bei R 1124 bis zur Hochfläche westl. des Passo Valsecca. Dort wendet man sich nach SO zu der großen Rinne, die sich rechts der ausgeprägten Felskante vom Gipfel des Pizzo Poris nach W herabzieht. Durch diese steigt man über steiles Geröll (im unteren Teil meist Schnee) gerade, etwas mühsam bis zu einem Grateinschnitt (etwa 2650 m) hinauf und von dort nach links (N) zum Gipfel mit Metallkreuz.

In der Diavolo-Redorta-Gruppe:

● **845** **Monte Aga, 2720 m**

Massiger Doppelgipfel südöstl. des Passo di Cigola, dessen Nordgipfel auf der Veltliner Seite Corno d'Ambria genannt wird. Er bildet den Endpunkt des Grates, der sich vom Pizzo del Diavolo di Tenda nach W erstreckt. Schönes Gipfelpanorama!

● **846 Vom Rif. Longo** (2026 m)
2 Std., markiert, unschwierig.

Wie bei R 514 bis unter den Passo di Cigola. Unterhalb des Passes zweigt nach SO der gut mark. Steig (roter Punkt mit weißem Rand) zum Monte Aga ab. Über Geröll und Felsbarrieren steigt man etwas mühsam zu dem Verbindungsgrat der beiden Gipfel hinauf. Meist wird nur der Südgipfel besucht, der eine schöne Aussicht auf das weite Talbecken des obersten Valle Brembana mit seiner imposanten Umrandung und gute Fernsicht bietet. Der Nordgipfel wird selten betreten. Man erreicht ihn, indem man auf der Westseite etwa 100 m absteigt, nach rechts quert und dann auf rotbraunen Felsbändern zu einer kleinen Scharte und zum nahen Gipfel aufsteigt.

● **847** **Pizzo del Diavolo di Tenda, 2914 m**

Formschöne, regelmäßige Felspyramide mit vier Graten, zwischen der Bocch. di Podavit und dem Passo di Valsecca. Ihr südl. vorgelagert ist die kleinere, ebenso wohlgeformte Pyramide des Diavolino. Der Pizzo del Diavolo di Tenda beherrscht sowohl das oberste Becken des Valle Brembana als auch den weiten Talkessel über dem Fiume Nero mit dem Rif. Brunone. Vom Gipfel faszinierender Blick hinab in das Veltlin, dann über das weite Talbecken des Fiume Nero zur Scàis-Redorta-Gruppe, über das Valle Seriana zur Presolana, zur Arera-Gruppe und nach W über das Valle Brembana und den Monte Pegherolo bis zum Pizzo Tre Signori und Resegone. Die Fernsicht reicht vom Ortler bis zum Montblanc und Apennin.

● **848   Vom Rif. Calvi** (2015 m)
3¹/₂ Std., markiert, I.

Wie bei R 1124 bis zur langgestreckten Hochfläche westl. unter dem Passo di Valsecca. Dort steigt man nicht rechts zum Passo di Valsecca, sondern vom Steinmann mit Ww. direkt nach NO weiter. Über einen Grasrücken gelangt man zu den teils schotterigen, teils felsigen Hochflächen, die sich stufenweise bis zur Bocch. di Podavit (2624 m) erstrecken. Kurz vor dem Sattel wendet man sich nach O, steigt entweder in Gratnähe oder über das Schneefeld bis nach S zu den Felsen hinauf und über diese in leichter Kletterei, stets rechts vom Grat, und schließlich flacher zum Gipfel mit Kreuz.

● **849   Vom Diavolino** (2810 m)
³/₄ bis 1 Std., unmarkiert, Genußkletterei II.

Vom Gipfel des Diavolino steigt man in der plattigen, schuttigen Nordostflanke zur Scharte zwischen Diavolino und Diavolo ab, wobei man das letzte Gratstück, das senkrecht zur Scharte abbricht, direkt überklettert (3 m, griffig). Von der Scharte in schräger, griffiger Rinne etwa 8 m hinauf und dann am Grat, der mehrere Möglichkeiten bietet, in gut gestuftem, festem Fels recht kurzweilig zum Gipfel.

● **850   Il Diavolino, 2810 m**

Elegante Pyramide, die sich nördl. des Passo di Valsecca erhebt und durch einen tiefen Einschnitt vom höheren Pizzo del Diavolo di Tenda getrennt ist. Der in leichter, reizvoller Kletterei erreichbare Gipfel wird beim Südgrat-Anstieg zum Pizzo del Diavolo di Tenda überschritten.

● **851   Vom Passo di Valsecca** (2496 m)
³/₄ bis 1 Std., unmarkiert, II-.

Am Paß wendet man sich nach N und steigt über den zunächst begrasten Südgrat an einem Steinmann vorbei zu den Felsen. Dort in grasiger Rinne den deutlichen Spuren folgen und dann im gestuften, griffigen Fels erst rechts, dann etwas links vom Grat und schließlich am Grat zum Gipfel.

● **852   Pizzo del Salto, 2665 m**

Der Grat, der vom Pizzo del Diavolo di Tenda über den Pizzo dell'Omo nach N läuft, teilt sich am Pizzo del Salto in zwei Äste, die das Valle di Vedello umrahmen. Der schöne, pyramidenförmige Gipfel beherrscht mit seiner mächtigen Nordwand den Talschluß des einsamen Valle di Vedello. Außerdem bietet der kompakte Fels der Nordwand reizvolle Kletterrouten (siehe Calegari/Radici „Orobie, 88 immagini per arrampicare").

● **853 Vom Passo del Salto** (2410 m)
   3/4 Std., unmarkiert, unschwierig, Trittsicherheit!

Den Sattel erreicht man vom Höhenweg „Sentiero delle Orobie" (R 1125), indem man östl. der tiefen Rinne des Valle del Salto auf Wegspuren nach W aufsteigt, sich auf etwa 2000 m nach N wendet, eine Felsrampe östl. umgeht und über den Grashang nach NW hinaufsteigt (vom Rif. Brunone 2 Std.). Nun am Ostgrat bzw. südl. darunter über Gras und Geröll zum Gipfel.

● **854 Cima Soliva, 2710 m**

Der wenig besuchte Felsgipfel am Nordrand des Talkessels von Fiume Nero liegt dort, wo der vom Pizzo del Salto nach NO laufende Hauptgrat der Orobie einen Knick nach O macht. Vom Gipfel großartige Aussicht und besonders schöne Fernsicht nach N und W.

● **855 Vom Rif. Brunone** (2295 m)
   2 Std., markiert – unmarkiert, unschwierig.

Von der Hütte geht man auf dem Höhenweg „Sentiero delle Orobie" mit Mark. Nr. 225 knapp 1/2 Std. nach W bis zu einem flachen Sattel (links Trümmerhaufen). Nun nach rechts den Wegspuren folgen, die steil über Wiesen zum namenlosen Sattel östl. des Pizzo Gro (2549 m) führen. Dann rechts vom Südwestgrat über felsdurchsetzte Graspolster zu der Schotterterrasse zwischen dem Turm des Vorgipfels und dem Gipfelaufbau und weiter zu zwei Rinnen links oberhalb. Dort in leichter Kletterei durch die rechte Rinne und nach links zum Gipfel hinauf.

● **856 Pizzo Brunone, 2724 m**

Der flächige Höhenrücken nordöstl. über dem Rif. Brunone bzw. östl. des Passo Scaletta entsendet einen massigen Grat nach NW, dessen markanter Höhepunkt mit Pizzo Brunone bezeichnet wird. Er gewährt gute Einblicke in die Westflanken von Redorta und Scàis und den darunterliegenden Gletscher.

● **857 Vom Rif. Brunone** (2295 m)
   1 1/2 Std., teilweise markiert, unschwierig, Trittsicherheit!

Wie bei R 521 zum Passo Scaletta (2530 m) und wie bei R 524 zum Passo della Brunone. Zu dem nordöstl. gegenüberliegenden Gipfel umgeht man weglos den Geröllkessel und steigt am felsdurchsetzten Grat zum Pizzo Brunone hinauf.

● **858**   **Pizzo di Redorta, 3038 m**

Im O über dem Talbecken des Val Fiumenero liegt der massige, stark gegliederte Pizzo della Redorta, der gemeinsam mit der nördl. gelegenen Punta di Scàis den zweithöchsten Gipfel der B.A. darstellt. In der Nordwestflanke fließt der Vedretta di Scàis in das Val di Caronno ab, auf der Ostseite bricht das Massiv in gewaltigen Felswänden zum Valle di Coca ab. Vom Gipfel grandioser Panoramablick auf die meisten Gipfel der B.A. und in der Ferne auf die Alpengipfel von den Dolomiten bis zum Montblanc. Er ist von W ohne Schwierigkeiten erreichbar und der erste der sechs Gipfel der klassischen „Traversata delle Sei Cime" (beschrieben in „Orobie, 88 immagini per arrampicare" von Calegari/Radici, CAI Bergamo).

● **859**   **Von der Bocch. di Scàis** (2900 m)
         1/2 Std., Normalweg, schwach markiert, unschwierig.

Von der Scharte steigt man nach rechts (S) die ersten Meter leicht über gestuften Fels hinauf, dann auf Wegspuren rechts vom Grat an mehreren Steinmännern vorbei und zum Schluß flach auf Schotter zum Gipfel mit Kreuz.

● **860**   **Punta di Scàis, 3038 m**

Im Hauptgrat der Orobie, der zwischen Pizzo di Redorta und Pizzo di Coca einen Halbkreis nach N und O beschreibt, liegt die Punta di Scàis zwischen Pizzo di Redorta und Pizzo di Porola. Sie ist der zweithöchste Gipfel der B.A. und der abweisendste von allen. Nach O zum großen Kessel des Val di Coca bricht er in hohen, stark gegliederten Felswänden ab, während sich im W die Geröllfelder und schuttbedeckten Felsen über dem Gletscher bis etwa 100 m unter die Gipfelfelsen emporziehen. Nach NW entsendet er einen mächtigen Felsgrat, die „Cresta Corti", die die beiden Gletscher Vedretta di Scàis und Vedretta di Porola trennt und über die die längste und lohnendste Gratkletterei der B.A. führt. Die Punta di Scàis ist der zweite Gipfel der klassischen Überschreitung der sechs Gipfel vom Pizzo di Redorta bis zum Pizzo di Coca (siehe „88 immagini per arrampicare"). Es gibt keinen leichten Weg auf den Gipfel. Das traumhafte Panorama ähnelt dem vom Pizzo di Redorta aus.

● **861**   **Vom Rif. Mambretti** (2003 m)
         3 bis 4 Std., unmarkiert, Gletscher, „Via Baroni", III-IV.

(Auch für den Abstieg geeignet, da gut mark. Abseilhaken vorhanden). Wie bei R 526 und 527 auf dem Gletscher bis unter die Steilstufe (etwa 2700 m), dann nach links (O) und über geröllbedeckten Fels zur Mündung der deutlichen Rinne, die sich in Richtung Gipfel emporzieht. Dort über guten Fels auf der linken Seite der Rinne, bis sie sich verengt und einen Kamin bildet, den man an guten Tritten und Griffen etwa 20 m durchklettert (am oberen Ende Haken). Man bleibt in der sich wieder verbreiternden, nach NO biegenden Rinne und steigt über teilweise lockeres Blockgestein bis zum Grat, auf den man nördl. des Torrione Curò trifft. Dort nach links (W) am brüchigen Grat etwas ostseitig bis zu einer senkrechten Felsstufe mit guten Griffen, die man direkt überklettert. Am Fuß der nächsten Stufe, die von einer schrägen Plattenwand gebildet wird, quert man nach links (SW) zu einer Rinne, über die man zur Verschneidung der Platte mit den Gipfelfelsen gelangt. Über diese griffige Platte klettert man zum Grat zurück und erreicht schließlich über Blockgestein den Gipfel mit kleinem Metallkreuz.

- **862 Vom Rif. Brunone** (2295 m)
  3 bis 3¹/₂ Std., markiert - Gletscher, III-IV.

Von der Hütte wie bei R 527 bis zum obersten Gletscherbecken, wo bei P. 2810 der Ostgrat des Pizzo Brunone ausläuft. Dort quert man etwas nach N absteigend zu den schotterbedeckten Felsen über dem Gletscher, die im Frühsommer mit Schnee bedeckt sind, und steigt zur Mündung der deutlichen Rinne, die sich in Richtung Gipfel emporzieht. Weiter wie bei R 861.

- **863** **Pizzo di Porola, 2981 m**

Markanter Gipfel im Hauptgrat der Orobie, nordöstl. der Punta di Scàis. Er entsendet einen mächtigen Felsgrat nach NW über den fast gleichhohen Pizzo di Scotes bis zum Pizzo di Rodes, wo er sich in drei Äste teilt. Zu Füßen des Pizzo di Porola liegt im SO der große Geröllkessel mit dem Lago di Coca, im W fließt die Vedretta di Porola in das Valle di Caronno, im N der Vedretta del Lupo in das Valle d'Arigna hinab.

- **864 Von der Bocch. Settentrionale di Porola** (2880 m)
  ¹/₂ Std., unmarkiert, II-.

Vom Sattel steigt man über brüchige und plattige Felsen zum nördl. Vorgipfel, den man rechts (westl.) umgeht, und erreicht vom dazwischen liegenden Sattel unschwierig den Gipfel.

- **865** **Pizzo di Scotes, 2978 m**

Markanter, formschöner Gipfel zwischen der Cima di Caronno und dem Pizzo degli Uomini (= P. 2895 auf der IGM-Karte), westl. über dem Bivacco Corti in dem mächtigen Grat, der sich vom Pizzo

Porola nach NW in Richtung Sondrio erstreckt. Der selten besuchte Gipfel bietet aufgrund seiner Höhe ein grandioses Panorama und interessante Einblicke in die Nordwestflanke des Pizzo di Coca und in das Valle d'Arigna.

● **866   Vom Bivacco Corti** (2499 m)
   1¹/₂ Std., unmarkiert, II.

Von der Hütte nach NW über steiles Geröll und leichte Felsen aufwärts zur großen Schneefläche und über diese flach zum breiten Passo della Pioda (2788 m). Von dort steigt man östl. vom Grat durch eine Schuttrinne bis zum steileren Mittelstück, wo man am linken Rand einer kleinen, etwas brüchigen Rinne zum Grat klettert und an ihm, in festerem Fels, zum Gipfel gelangt.

● **867   Pizzo di Rodes, 2829 m**

Schöne Pyramide westl. des Rif. Donati in dem mächtigen Grat, der am Pizzo di Porola vom Hauptgrat der Orobie nach N abzweigt und das Val Caronno vom Valle d'Arigna trennt. Vom Gipfel einzigartige Rundschau auf Adamello und Dolomiten, Bernina und Bergell, die Bergamasker Gipfel, den Apennin und die Viertausender des Wallis und des Berner Oberlandes (siehe Abb. auf S. 259).

● **868   Von der Cap. Donati** (2500 m)
   ³/₄ bis 1 Std., unmarkiert, unschwierig.

Von der Hütte geht man nach W zu dem Grashang, der sich zu einer Rinne südl. des Pizzo di Rodes hinaufzieht. Auf etwa 2/3 der Höhe folgt man einem schrägen Grasband nach rechts und steigt zum felsdurchsetzten Grat hinauf, über den man zum schuttbedeckten Gipfel mit Steinmann gelangt.

● **869   Von der Bocch. del Reguzzo** (2600 m)
   ³/₄ Std., unmarkiert, I.

Vom tiefsten Punkt zwischen der Punta di Santo Stefano und dem Pizzo di Rodes steigt man westl. des Grates über Geröll (meist Schneereste) nach NW aufwärts und wendet sich dann dem Grat zu, an dem man die letzten 100 Hm leicht hinaufklettert.

● **870   Vom Rif. Mambretti** (2003 m)
   3 Std., teilweise markiert, Wegspuren, Trittsicherheit!

Wie bei R 1168 bis zu einem Buckel auf knapp 2200 m. Nun quert man in Richtung der grauen (dritten) Rinne, die sich fast bis zum Gipfel hinaufzieht (auch gangbar), weiter bis unter die schrägen Felsen und von dort nach N bis zu dem dunkleren Grat. An diesem

Grat steigt man so weit aufwärts, bis die Spuren zum Laghetto (2596 m) queren. Der Pfad am Südrand des kleinen Sees führt dann nach N bis unter die Gratfelsen und unter diesen (vereinzelt rote Punkte!) nach NO zum Grat hinauf, über den man unschwierig zum Gipfel mit Steinmann gelangt.

● 871 **Punta di Santo Stefano, 2683 m**

Lohnender Aussichtsgipfel nördl. des Pizzo di Rodes. In dem Kessel, der vom Nordost- und Nordwestgrat der Punta di S. Stefano umfaßt wird, liegen die drei bezaubernden Seen von S. Stefano. Der Gipfel ist vor allem interessant im Rahmen der Rundtour von Briotti über die Alpe Quai zum Rif. Donati, von dort über den Pizzo di Rodes und und di Punta di S. Stefano zur Bocch. di S. Stefano und zurück zu den Seen.

● 872 **Von der Bocch. del Reguzzo** (2600 m)
   20 Min., unmarkiert.

Vom tiefsten Punkt zwischen dem Pizzo di Rodes und der Punta di S. Stefano steigt man problemlos am Südgrat zum Gipfel hinauf.

● 873 **Von der Bocch. di Santo Stefano** (2378 m)
   1 Std., unmarkiert, unschwierig, Trittsicherheit!

Vom Sattel, den man vom obersten der drei Seen über ein Geröllfeld im Zickzack erreicht, steigt man am Nordwestgrat der Punta in leichter Kletterei über einige Felsstufen, denen man auch in die grasige Westflanke ausweichen kann, zum Gipfel.

In der Barbellino-Umrandung:

● 874 **Dente di Coca, 2924 m**

Markante Felsspitze östl. des Passo di Coca in dem Grat, der sich vom Pizzo di Coca über die Cima d'Arigna nach W erstreckt. Der Westgrat bietet eine kurzweilige Kletterroute, und außerdem führt die klassische Überschreitung „Traversata delle Sei Cime" über den Dente di Coca.

● 875 **Vom Passo di Coca** (2645 m)
   1¹/₂ Std., unmarkiert, II-III.

Vom Paß folgt man dem Grat nach NO bis oberhalb eines Steinmannes und quert dann die Schotterhänge auf der Südseite bis zu dem Einschnitt hinter dem kleinen Felszacken, der vor dem Dente liegt. Von dort in leichter Kletterei am Grat zu einer Terrasse. Dann durch eine Rinne ein wenig rechts vom Grat und danach wieder am steiler werdenden Grat bis zum Gipfelaufbau. Hier entlang dem Riß über eine steile Platte und oberhalb leicht zum Gipfelkreuz.

● 876　　　　　　**Pizzo di Coca, 3052 m**

Er ist der höchste Berg der B.A. Dieser markante, formschöne Felsgipfel in dem massigen Gebirgsstock ist aus Orthogneisen und tonhaltigen Schiefern aufgeschichtet und stellt sich mit imponierenden Graten und braunen Felswänden dar. In seiner Nordwestflanke fließt der steile Gletscher „Vedretta del Marovin" auf die Veltliner Seite ab. Der Hauptkamm der Orobie, der von W über den Dente di Coca kommend am Pizzo di Coca einen rechtwinkligen Knick macht, läuft danach über die einsamsten Gipfel der B.A. im Bogen nach O weiter zum Pizzo del Diavolo di Malgina. Der Pizzo di Coca ist der letzte Gipfel in der klassischen Überschreitung „Traversata delle Sei Cime", die am Pizzo di Redorta beginnt und den großen Geröllkessel des Lago di Coca umrundet. Der Normalweg (I) folgt dem weniger ausgeprägten Südostgrat, während die anderen Grate interessante Kletterrouten, nicht schwieriger als III+, bieten. Wenig Beachtung fand über Jahrzehnte der Aufstieg durch die Nordwestrinne, die sich vom Vedretta del Marovin zum Gipfel emporzieht, der nun wieder öfters vom Bivacco Resnati aus (auch als Winterbegehung und von Extremen sogar mit Ski) gemacht wurde. Begeisternd schön ist die Rundschau vom Gipfel: Im O liegt das grüne Bacino di Barbelli-

Vom Pizzo di Coca: Barbellino-Stausee und Monte Gleno.

zu Füßen, umgeben vom Kranz der Gipfel vom Recastello bis zum Pizzo del Diavolo di Malgina, im S dominiert die helle Kalkmauer der Presolana, und direkt gegenüber westl. des Valle di Coca ragen die Felswände von Redorta und Scàis auf. Den Hintergrund bilden die Viertausender im Wallis, die Zentralalpen, Bergell und Bernina, Ortler und Ötztaler Alpen, bis hinüber zu Presanella und Adamello.

● **877 Vom Rif. Coca** (1892 m)
3 bis 3¹/₂ Std., markiert, I.

Von der Hütte wandert man am Torrente Coca aufwärts bis zu einer Hochfläche. Dort quert man den Bach (Mark. am Felsblock), steigt über Grashänge nach NO der roten Mark. folgend auf den Rücken, der sich vom P. 2687 nach SW herabzieht, und weiter zum deutlichen Einschnitt der Bocch. del Polledrino (2670 m) im Südgrat des Pizzo di Coca. Danach quert man am oberen Rand des Geröllkessels des Val del Polledrino nach NO zur Bocch. del Camoscio (2719 m). Dort beginnt der Normalweg: Vom Sattel folgt man den roten Punkten am Südostgrat, die geschickt Rippen und Wandstücke umgehend durch die Felsen hinauf zum höheren der beiden Gipfel leiten, der dem Hauptgrat etwas südl. vorgelagert ist.

● **878 Vom Rif. Curò** (1915 m)
3 bis 3¹/₂ Std., markiert, I.

Von der Hütte wandert man zur Staumauer des Bacino del Barbellino, quert von der Station der ENEL-Seilbahn (Ww.) unter der Mauer durch und steigt über Geröll am Gegenhang zum rotweiß mark. Weg Nr. 323, der nach W über eine schwarze Geröllzunge zu einer Felsbarriere führt, die man in Kehren durchsteigt. Danach wendet sich der Weg nach N und führt in den weiten Talkessel des Valmorta (2145 m). Bei dem Ww. am Felsblock wendet man sich nach SW und steigt über Geröll und felsdurchsetzte Hänge zum oberen Geröllkessel zwischen Ost- und Südostgrat des Pizzo di Coca (etwa 2450 m). Dann in gleicher Richtung auf die dunkle, meist feuchte Rinne zu, durch die man in leichter Kletterei zur Bocch. del Camoscio (2719 m) gelangt. Weiter wie bei R 877.

● **879 Vom Bivacco Resnati** (1950 m)
4 bis 5 Std., unmarkiert, Gletscher, nur für Geübte.

Über den Vedretta del Marovin und durch den Canalone Nord-Ovest ist die Aufstiegsroute, die keine besonderen technischen Schwierigkeiten aufweist, bis zum Ausstieg zwischen N- und S- Gipfel vorgegeben. Die Neigung erreicht auf etwa 2900 m für ein kurzes Stück 50°, ansonsten nicht mehr als 45°. Bei reichlich Schnee im Frühsommer kann sie von einer guten Seilschaft in 3¹/₂ bis 4 Std. durchstiegen werden.

● 880 **Pizzo Cantolongo, (2826 m),**
Pizzo del Druet (2868 m),
Cime di Cagamei (2912 und 2913 m)
und Cima di Valmorta (2873 m)

Diese vier Gipfel in dem Gratbogen, der sich vom Pizzo di Coca
nach N und O bis zum Pizzo del Diavolo della Malgina erstreckt,
sind sicherlich die wildesten und am seltensten betretenen Gipfel
der B.A. Die Anstiege zum Pizzo Cantolongo und zur Cima di Valmorta vom Talkessel des Valmorta (R 878) sind für Geübte mit gutem Orientierungsvermögen unschwierig. Die durchaus reizvolle
und etwas abenteuerliche Überschreitung der dazwischenligenden
Gipfel Pizzo del Druet und Cime di Cagamei (3 Std.) verlangt im
meist brüchigen Gestein große Trittsicherheit und weist am Spunto-
ne im Westgrat der Cime di Cagamei in festem Fels die größten
Schwierigkeiten (III-IV) auf (detaillierte Beschreibung siehe „Alpi
Orobie" von Saglio/Corti/Credaro).

● 881 **Pizzo del Diavolo della Malgina, 2926 m**

Formschöner, leicht erreichbarer Gipfel in der Nordkette der Orobie,
nördl. des Barbellino-Stausees bzw. des Pizzo di Cavrel. Vier
Hauptgrate geben ihm die regelmäßige Form, die vor allem von der
Veltliner Seite zur Geltung kommt. Prächtige Gipfelrundschau mit
interessantem Einblick in das Valmorta, in die Nordostflanke des
Coca-Massivs, mit schönem Tiefblick in das Veltlin und großartiger
Fernsicht.

● 882 **Vom Passo della Malgina** (2670 m)
³/₄ Std., markiert, unschwierig.

Vom Sattel steigt man auf mark. Steig ein Stück am Ostgrat empor,
weicht dann in die Südflanke aus, durchsteigt eine Felsrinne und
folgt den roten Punkten, die das letzte Stück im festen Fels des Grates zum Gipfel führen.

● 883 **Cime di Caronella, 2796 m und 2871 m**

Einsamer Gratrücken in der Nordkette der Orobie zwischen dem
Passo di Caronella und dem Monte Torena, der im Ostgipfel der
Cime di Caronella den höchsten Punkt erreicht. Vom Gipfelgrat
großartige Aussicht. Die selten betretenen Gipfel sind vor allem
interessant in der Überschreitung von Caronella und Torena und
werden hier auch in diesem Sinn beschrieben.

● 884 **Vom Passo di Caronella** (2610 m)
1 Std., unmarkiert, unschwierig.

Vom Paß geht man nach NO durch Felsblöcke in die Südflanke der Cime di Caronella und steigt unter den Gratfelsen zu dem waagrechten Gratstück hinauf. Von dort folgt man dem Grat zum Westgipfel. Nun entweder am Grat leicht abklettern oder südl. davon zum tiefsten Punkt des Grates. Dann quert man südseitig unterhalb des Grates bis zu den Gipfelfelsen und erreicht unschwierig den höheren Ostgipfel.

● **885 Zum Passo del Serio** (2694 m), 1/2 Std.

Bei der Überschreitung steigt man auf der Südseite über Geröllfelder ab und durch eine steile, mit Felsbrocken und roter Erde bedeckte Rinne hinab in das flache Kar unter dem Passo del Serio, zu dem man nach links (NO) hinüberquert.

● **886   Monte Torena, 2911 m**

In der Gipfelumrahmung des Talbeckens von Barbellino liegt der massige Monte Torena an dem Punkt, an dem der Hauptgrat der Orobie, östl. der Cime di Caronelle, nach S biegt, um dem tiefen Graben des Lago di Belviso auszuweichen. Der Doppelgipfel bietet über die Seen zu seinen Füßen ein phantastisches Panorama, das von den Westalpen bis zu den Dolomiten reicht.

● **887 Vom Passo del Serio** (2694 m)
1 1/4 Std., unmarkiert, unschwierig.

Vom Sattel steigt man nach O etwas mühsam in der steilen, breiten Geröllrinne hinauf zum Grat und weiter zum Westgipfel. Von diesem geht man fast eben zum Hauptgipfel mit Kreuz und Metallsäule hinüber.

● **888 Vom Passo Grasso di Pila** (2513 m)
1 bis 1 1/2 Std., unmarkiert, unschwierig, Trittsicherheit!

Vom flächigen Sattel quert man mäßig steigend nach NNW zwischen Felsplatten und Rippen in das große Geröllbecken westl. vom Südgrat des Monte Torena. Von dort steiler nach NNO und durch eine unangenehme, blockige Schuttrinne, die im Frühsommer mit Schnee bedeckt ist und wenige Meter nordöstl. des Gipfels endet, zum Gipfel mit Kreuz.

● **889   Monte Gleno, 2882 m**

Der nach N vergletscherte Gipfel, der eine prächtige Rundschau bietet, bildet die Wasserscheide zwischen Veltlin, Val Camonica und Valle Seriana. Er hat zwei Gipfel, von denen der niedrigere Nordostgipfel (2852 m) auch Glenino genannt wird. Eine schöne

Rundtour vom Rif. Curò ergibt die Überschreitung vom Recastello über den Tre Confini zum Monte Gleno und zur Hütte zurück.

● **890 Vom Rif. Curò** (1895 m)
3 bis 3¹/₂ Std., markiert – Gletscher, I.

Von der Hütte wandert man auf der Militärstraße über dem Südufer des Bacino di Barbellino nach O, quert den Torrente della Cerviera und biegt danach in das Val del Trobio. Über Gras und Geröll am Fuß der Corni Neri in der Nordwestflanke des Recastello steigt man zur Moräne des Vedretta del Trobio. Dann auf dem Gletscher nach SO empor, im oberen Teil mehr nach O haltend zum Sattel zwischen beiden Gipfeln. Zunächst westseitig am Nordgrat über Geröll und leichte Felsen und anschließend am Felsgrat zum Gipfel mit großem Metallkreuz. Den niedrigeren Glenino erreicht man unschwierig vom Sattel über den Nordgrat.

● **891 Vom Rif. Tagliaferri** (2328 m)
2 Std., markiert – unmarkiert, unschwierig, Trittsicherheit!

Von der Hütte wie bei R 1133 zum Passo del Belviso (2518 m). Von dort steigt man am felsigen Südostrücken zum P. 2724 und dann zum Sattel zwischen beiden Gipfeln. Weiter wie bei R 890.

● **892 Vom Pizzo dei Tre Confini** (2824 m)
1 Std., unmarkiert, unschwierig, I.

Vom Tre Confini geht man am Grat nach NO, stellenweise etwas ausgesetzt, über kleine Graterhebungen mit feinblättrigem Schiefer und zum Gipfelaufschwung des Monte Gleno. Im gestuften, kleingriffigen Fels klettert man dann leicht zum Vorgipfel hinauf und gelangt zum Gipfel mit großem Metallkreuz.

● **893   Pizzo dei Tre Confini, 2824 m**

Bescheidener Gipfel am südlichsten Punkt des Gratbogens zwischen Monte Gleno und Pizzo Recastello, der meist nur bei der Überschreitung der genannten Gipfel berührt wird. Den Namen verdankt er der Tatsache, daß die Grenzlinien der drei Gemeinden Vilminore, Lizzola und Bondione auf seinem Gipfel zusammentrafen (inzwischen wurde Lizzola beim Zusammenschluß zur neuen Gemeinde Valbondione eingemeindet). Vom Gipfel großartige Aussicht!

● **894 Vom Rif. Curò** (1915 m)
3¹/₂ Std., markiert - Wegspuren unmarkiert.

Wie bei R 896 in das Valle del Cornello Rosso und von dort etwas mühsam über die Geröllhänge zwischen den Felsrampen nach O zum flächigen, schotterigen Gipfel mit Glocke.

● **895** **Pizzo Recastello, 2886 m**

Markanter Felsgipfel, der südöstl. über dem Bacino di Barbellino dominiert. Über die gezackten Grate und kurzen Wände führen mehrere Kletterrouten im mittleren Bereich (beschrieben in „Orobie, 88 immagini per arrampicare" von Calegari/Radici). Großartige Aussicht auf Ortler, Adamello, Valle di Scalve, Presolana, auf die höheren Gipfel der Prealpi und in die Ostflanken des Redorta- und Coca-Massivs.

● **896** **Vom Rif. Curò** (1915 m)
3 bis 3¹/₂ Std., Normalweg markiert, I.

Auf dem Höhenweg „Itinerario Naturalistico Antonio Curò", R 1132, in das Valle della Cerviera. Bei der ersten Hochfläche quert man den Bach und steigt im Valle del Cornello Rosso bis zu einer zweiten, kleineren Hochfläche auf. Zwischen den Punkten 2458 und 2536 wendet man sich nach N und steigt über Geröll zum Fuß der Südwand. Durch die ausgeprägteste von mehreren nach NW gerichteten Rinnen (Drahtseil) und über leichte Felsen erreicht man den Westgrat. Über diesen gelangt man dann unschwierig zum Gipfel.

● **897** **Monte Sasna, 2229 m**

Der Monte Sasna liegt in dem langen Grat, der sich vom Pizzo Tre Confini nach SW erstreckt und danach zum Passo della Manina ab-

Pizzo Tornello vom Rifugio Tagliaferri.

fällt. Der vom Paß leicht erreichbare Gipfel bietet prächtige Ausblicke über das Val Bondione auf die Gipfel der Redorta- und Coca-Gruppe und über das Valle di Scalve auf die hellen Kalkwände der Camino-Gruppe.

● **898 Vom Passo della Manina** (1799 m)
  1¹/₄ Std., markiert.

Vom Paß folgt man ein kurzes Stück dem breiten, mark. Weg nach O, bis er in die Nordwestflanke des Monte Sasna biegt. Am Grat bleibend steigt man bis zu einem Hügel, quert dann in die Südflanke, um dem tiefen Graben (den man keinesfalls durchqueren darf!) und den Abbaulöchern, die den Grat zerfurchen, auszuweichen. Über den steilen Wiesenhang kehrt man oberhalb wieder zum Grat zurück, folgt ihm bis in eine große Mulde und erreicht am Grat Vor- und Hauptgipfel, beide mit Kreuz.

In der Telenek-Gruppe:

● **899 Pizzo Tornello, 2687 m**

Höchster Punkt in dem massigen Grat, der sich vom Monte Gleno über den Passo del Belviso nach SO erstreckt und das Valle di Vo vom Val di Gleno trennt. Durch seine freie Lage und beachtliche Höhe bietet er eine prächtige Rundschau, die jenseits der Täler und nahen Gipfel, die das Valle di Scalve umrahmen, bis zum Monte Rosa, Bergell, Disgrazia, Bernina und Adamello reicht.

● **900 Vom Rif. Tagliaferri** (2328 m)
  1¹/₂ Std., unmarkiert, unschwierig.

Von der Hütte geht man zunächst etwa 20 Min. auf dem Weg Nr. 413 nach S zu der Hochfläche „I Solegà", dann halbrechts über Felsrippen und Schotter aufwärts bis auf etwa 2400 m und hält auf die langgestreckte Geröllwanne östl. des Pizzo Tornello zu. Dort trifft man auf einen Steig, der unter den Felsen zum Ostgrat des Pizzo Tornello führt, über den man dann den Gipfel mit großem Kreuz aus Eisenrohren erreicht.

● **901 Von Vilmaggiore** (1058 m)
  4 bis 4¹/₂ Std., markiert, landschaftlich sehr reizvoll!

An der Straße von Vilmaggiore nach Vilminore zweigt an der Kurve im Val del Tino der Weg Nr. 412 rechts ab. Als kurzer Ziehweg und dann als Steig führt er rechts (orogr. links) vom Bach im Val del Tino nach N zu den freien Flächen der „Cascinetti" (1719 m). Danach steigt man durch felsdurchsetztes, kupiertes Gelände, quert auf etwa 2025 m den östl. Bacharm und gelangt zu einem Hügel mit riesigem Steinmann (etwa 2120 m, dahinter Wegteilung Lago Cornalta und Lago di Varro, Ww.). Nun steigt man nach NO durch die Felsrampe zum Lago di Varro (2236 m), umrundet ihn auf der West- und Nordseite und findet oberhalb die Quelle mit Hinweis „BAR". Man steigt nach O weiter durch eine Rinne und erreicht über Schotter und etwas Felsen den Sattel zwischen Tornello und Tornone (2512 m). Mit reichlich weißrotweißer Mark. führt der Steig nun durch die steinige Ostflanke nach N und schließlich am Südgrat zum Gipfel mit großem Kreuz.

● **902** **Monte Tornone, 2577 m**

Der südl. des Pizzo Tornello gelegene Monte Tornone ist die letzte Erhebung in dem Grat, der sich vom Monte Gleno nach SO erstreckt, ehe er in Richtung Vilmaggiore zum Valle di Scalve abfällt. Zu Füßen der Westwand des Monte Tornone liegt der idyllische Lago di Varro. Vom Gipfel mit weißer Madonna auf gemauertem Sockel sehr schöner Rundblick.

● **903** **Vom Sattel zwischen Tornello und Tornone** (2512 m)
  ¹/₂ Std., unmarkiert, Steigspuren, II-.

Wie bei R 901 zum Sattel. Von dort quert man auf Steigspuren wenige Meter in die Ostflanke des Tornone und klettert dann am Grat im teilweise brüchigen Gestein ein Stück steil und etwas ausgesetzt empor. Über mehrere Gratzacken danach leichter zum Gipfel.

● **904** **Vom Lago di Varro** (2236 m)
  1 Std., markiert, unschwierig.

Wie bei R 901 zum See. Von dessen Abfluß am Südende folgt man dem Steig, der mit verblaßter roter Mark. nach O auf einen Hügel, dann weiter nach SO über einen Rücken mit Blockgestein und über Geröll auf dem Südwesthang des Monte Tornone zu der felsigen Gratschulter im Südgrat (P. 2321) führt. In flachen Serpentinen (Mark. roter Punkt mit weißem Rand) steigt man dann am breiten Grasgrat zum Gipfel hinauf.

● **905** **Monte Demignone, 2587 m**

Dieser vom Rif. Tagliaferri leicht erreichbare, großartige Aussichtsgipfel liegt etwa in der Mitte zwischen dem Passo di Venano und dem Passo del Venerocolo, hoch über dem blauen Lago di Belviso.

● **906** **Vom Rif. Tagliaferri** (2328 m)
  1 Std., teilweise markiert, unschwierig.

Von der Hütte wandert man auf dem Weg Nr. 416 nach NO zum Passo del Vo (2368 m). Von dieser Felsscharte folgt man noch ein wenig dem Weg, bis man links (ONO) über den grasdurchsetzten Hang auf Steigspuren aufsteigen kann. Unter dem Grat durch die Südflanke steigend gelangt man dann zum Gipfel, der sich aus Felsblöcken und Platten auftürmt.

● **907** **Monte Venerocolo, 2590 m**

Der auch Monte Tre Confini genannte Gipfel, an dem die Grenzen der drei Provinzen Bergamo, Sondrio und Brescia zusammenlaufen, liegt westl. des Passo del Venerocolo. An ihm teilt sich der von W kommende Hauptgrat der Orobie in zwei Äste. Der mächtige, lange Nordgrat bildet die östl. Begrenzung des Talbeckens von Belviso und endet über dem Passo d'Aprica.

● **908 Vom Passo del Venerocolo** (2314 m)
1 Std., unmarkiert, Wegspuren, I.

Vom Paß folgt man dem Weg Nr. 416 nach O, bis er nach S biegt. Dort führen Wegspuren links aufwärts über einen Geröll- und Grasrücken zum Westgrat des Monte Venerocolo. Über einen Gratbuckel gelangt man dann am Felsgrat, gelegentlich in die Flanken ausweichend, mit leichter Kletterei zum Gipfel.

● **909 Vom Passo del Sellerino** (2412 m)
1/2 Std., unmarkiert, unschwierig.

Vom Sattel (zu dem man vom oberen der Laghi di San Carlo, siehe R 1135, in 20 Min. oder aus dem Val del Sellero auf dem Weg Nr. 160 in 1 1/4 Std. aufsteigt) folgt man dem Pfad nach NW, der am felsigen Grat bzw. westl. darunter zum Gipfel führt.

● **910** **Monte Sellero, 2744 m**

Prächtiger Aussichtsgipfel im Nordgrat des Monte Venerocolo, der östl. über dem Südende des Lago di Belviso bzw. westl. des Passo del Sellero liegt. Eine reizvolle Rundtour ergibt die Überschreitung von Monte Sellero, Monte Colombaro und Monte Venerocolo zum Passo del Sellerino mit Abstieg entweder nach O auf dem Weg Nr. 160 in das Val del Sellero oder nach W zu den Laghi di San Carlo (2294 m), wo man auf den Höhenweg „Itinerario Naturalistico Antonio Curò" (R 1135) trifft, der über den Passo del Gatto zum Passo del Vivione führt.

● **911 Vom Passo del Sellero** (2421 m)
1 Std., unmarkiert, unschwierig bzw. I.

Vom Sattel steigt man zunächst am Grat und dann in die Südflanke ausweichend zur Felsschulter P. 2439. Nun entweder leicht am Grat kletternd oder durch die Südflanke zu einer weiteren Gratschulter und unschwierig zum Gipfel.

● **912   Vom Monte Venerocolo** (2412 m)
2 bis 2¹/₂ Std., unmarkiert, unschwierig.

Vom Gipfel steigt man ostseitig ein wenig ab, geht an den Gratfelsen vorbei und dann mehr oder minder am Grat über zwei Zwischengipfel (Jagdverbotsschilder) zum Gipfelaufbau des Monte Colombaro und über Blockgestein zu dessen Gipfel (2687 m) hinauf. Vom Monte Colombaro steigt man am Grat zum tiefsten Punkt ab (2625 m, Gedenkkreuz), geht am Grat oder östl. darunter zum letzten Grateinschnitt und schließlich zum Gipfel des Monte Sellero hinüber.

● **913   Monte Telenek, 2754 m**

Der höchste Gipfel der gleichnamigen Gruppe liegt in dem langen Grat, der sich vom Monte Venerocolo bis zum Passo d'Aprica erstreckt und das Valle Belviso vom Valle di Campovecchio trennt. Von dem selten besuchten Gipfel genießt man eine großartige Rundschau.

● **914   Von der Brücke „Ponte Frera"** (1373 m, R 35)
4 bis 4¹/₂ Std., meist unmarkiert, unschwierig.

Vom Ostrand der Hochfläche unter der Staumauer „diga di Frera" führt ein guter Steig durch Wald zur Malga Nembra (1807 m). Von dort steigt man weglos weiter nach SO über Wiesen voller Steinbrocken hinauf zu den Resten der „strada militare" (etwa 1960 m), die flach am Westhang verlaufend zum Passo del Venerocolo führt und spärlich mit einer „6" auf gelbem Grund mark. ist. Man umwandert auf diesem teilweise verfallenen Weg in großem Bogen nach S und O den Monte Frera bis zu einer Almruine. Dort verläßt man den Weg und steigt auf einem Pfad über die Grashänge des Valgello di Pisa, links (orogr. rechts) vom Bach, zum nördl. gelegenen Lago di Pisa (2446 m) hinauf. Vom Südufer des Sees steigt man dann nach O am grasigen Steilhang zwischen den Geröllfeldern zu einem Sattel (etwa 2600 m) hinauf und gelangt am Südgrat über lockeres Gestein zum Gipfel.

● **915   Dosso Pasò, 2575 m**

Formschöner, lohnender Aussichtsgipfel in dem langen Grat, der sich vom Monte Telenek nach N erstreckt und der das Valle Belviso vom Val di Campovecchio trennt.

● **916　Vom Colle di Pasò** (2240 m)
³/₄ bis 1 Std., spärlich markiert.

Vom Sattel steigt man in Kehren zu der Geröllmulde zwischen dem Nordgrat des Dosso Pasò und der Bergstation des Schlepp-liftes. Am Umlaufrad des Liftes (2338 m) vorbei steigt man in Richtung SW zu einer weiteren Mulde und auf ein Grasband zu, das sich schräg nach rechts mit roten Mark. zu einem flacheren Stück im Fels des Westgrates des Pasò hinaufzieht. Ein wenig durch Felsen kletternd gelangt man leicht auf die Südseite (2500 m) und steigt auf gut mark. Pfad durch die grasige Südwestflanke zum Gipfel hinauf.

● **917　　　　Monte Sellerino, 2506 m**

Wenig besuchter Doppelgipfel nördl. des Passo del Gatto in dem Grat, der sich vom Monte Venerocolo über den Passo del Sellerino nach SO und vom Monte Sellerino weiter nach O bis zum Monte Pertecate erstreckt. Schöner Blick auf die Camino-Bagozza-Kette, das Adamello, die Gipfel von Monte Borga bis Monte Venerocolo, die Laghi del Venerocolo, die Gleno-Gruppe, in das Val Venerocoli-no, das Valle di Scalve und auf die Presolana.

● **918　Vom Passo del Sellerino** (2412 m)
¹/₂ Std., unmarkiert, unschwierig.

Auf dem Höhenweg „Itinerario Naturalistico Antonio Curò" (R 1135) zum oberen der Laghi di San Carlo und von dort auf einem Pfad über Geröll und etwas Felsen zum Schotterfeld unter dem Passo del Sellerino und leicht zu ihm hinauf. Vom Paß steigt man dann nach SO über eine felsige Gratschulter zu einem weiteren Sattel und am felsdurchsetzten Grat zum Nordwestgipfel hinauf.

● **919　Vom Monte del Matto** (2403 m)
1 bis 1¹/₂ Std., Überschreitung unmarkiert, I, Trittsicherheit!

Vom Monte del Matto geht man über zwei weitere, gleich hohe Gras-gipfel nach W zum tiefsten Punkt im Grat hinab, an dem die Costa di Valbona beginnt. Über zwei Zwischengipfel führt dort ein Pfad zu einer Scharte (2360 m), zu der man über leichte Felsen absteigt und in der eine Abzweigung der „strada militare" endet, die unterhalb in Richtung Passo del Gatto quert. Oberhalb am Grat kleines Eisen-kreuz. Hier steigt man am grasdurchsetzten Felsgrat weiter, weicht bei einer Steilstufe ein wenig südseitig in die Felsen aus und klettert so bald wie möglich wieder zum Grat (I, ausgesetzt). Oberhalb geht man dann am flacheren Grasgrat zum Gipfel hinauf.

● **920** **Monte Pertecata, 2268 m,**
und Monte del Matto, 2403 m

Ersterer ist ein schöner Aussichtspunkt nördl. über dem Passo del Vivione und zudem Endpunkt des Grates, der sich vom Monte Sellerino über den Monte del Matto nach O und SO erstreckt und das Val di Valbona vom Valle del Sellero trennt.

● **921 Vom Passo del Vivione** (1828 m)
1¹/₄ bzw. 1¹/₂ Std., unmarkiert, unschwierig.

Auf einem Wiesenpfad nach NW bis in die Mulde, die sich nach N zum Grassattel zwischen Monte Pertecata und Monte del Matto hinaufzieht. Vom Sattel nach rechts (SO) zum Felsgipfel des Monte Pertecata und der Aussicht wegen zum grasigen Ostgipfel (Blick u.a. in das Val Paisco und das Valle del Sellero mit den Wasserfällen) bzw. vom Sattel auf dem Steig nach NW zum Gipfel des Monte del Matto, der nach NO zum Valle del Sellero mit rotbraunen Felswänden abbricht.

● **922** **Monte Cuvegla, 2618 m**

Leicht erreichbarer Aussichtsgipfel östl. des Passo del Sellero.

● **923 Vom Passo del Sellero** (2421 m)
¹/₂ Std., markiert.

Vom Sattel folgt man der rotweißen Mark., die am Grat entlang zur östl. gelegenen Gipfelhöhe führt.

● **924 Punkt 2716,** lokal **Pizzo Alto** genannt, **2716 m**

Höchster Punkt östl. des Monte Sellero, von dem sich ein mächtiger Grat nach N über den Monte Borga erstreckt, der das Val di Campovecchio vom Val Brandet trennt. Großartiges Panorama mit Blick auf den Lago di Piccolo!

● **925 Vom Monte Cuvegla** (2618 m)
³/₄ Std., markiert, unschwierig.

Vom Gipfel geht man am etwas felsdurchsetzten Grat der verblaßten roten Mark. nach, über einen Hügel zur Bocch. Cuvegla (2566 m) hinab und steigt dann an dem nach W in Felsen abbrechenden Südgrat über einen Felsbuckel und Gras unschwierig zum Gipfel mit Steinmann hinauf.

● **926 Vom Passo del Torsoleto** (2578 m)
¹/₂ Std., spärlich markiert, unschwierig.

Vom flachen Sattel geht man teils am Grat, teils südl. darunter zum felsigen Gipfel hinauf.

● **927** **Cima di Forame und Corno dell'Agna,**
beide 2468 m

Aussichtsgipfel nördl. des Monte Borga in dem langen Grat, der das
Valle di Campovecchio vom Val Brandet trennt. Beide Gipfel liegen
zwischen dem Passo Cavalcafiche und dem Passo di Forame.

● **928** **Von Brandet** (1287 m)
³/₄ Std., markiert, ab Malga dell'Agna unmarkiert, un-
schwierig.

Im Tal noch etwa 20 Min. weiter aufwärts und auf dem Weg, der
rechts abzweigt, am bewaldeten Hang zur Malga dell'Agna
(1926 m). Oberhalb wendet man sich nach rechts (N) und folgt den
Wegspuren, die erst steil und dann flacher in weitem Bogen nach
W drehend zum Passo di Forame (2234 m) führen. Vom Sattel führen Wegspuren in der Flanke östl. des Felsgrates über Gras und
Geröll bis zum Ostgrat der Cima di Forame und über diesen zum
bescheidenen Gipfel. Weiter nach S läuft ein Pfad am ziemlich flachen Grat (links unten der Lago dell'Agna) zum Gipfel des Corno
dell'Agna. Zum Passo Cavalcafiche (2396 m) steigt man unschwierig in ¼ Std. am Südgrat ab. - Zu diesem Paß führt ein mark. Steig
sowohl von der Malga Forame (1882 m) im Val di Campovecchio als
auch von der Malga di Piccolo (1896 m) im Val Brandet.

● **929** **Monte Torsoleto, 2708 m**
Schöner Aussichtsgipfel in der Verlängerung des Val Brandet nach
S zwischen dem Passo del Torsoleto und dem Piz Svolt. Nach N
sendet er einen massigen Felsgrat aus, der den Talkopf des Val
Brandet spaltet.

● **930** **Vom Passo del Torsoleto** (2578 m)
20 Min., teilweise unmarkiert, unschwierig.

Vom Sattel folgt man erst ein Stück der „strada militare" mit verblaßter roter Mark. und steigt dann am Grat zum Gipfel.

● **931** **Palone del Torsolazzo, 2670**

Zu dem südwestl. des Passo di Cadino bzw. östl. über dem Laghetto
di Torsolazzo dominierenden, mächtigen Felsgipfel gibt es keine
leichte Aufstiegsroute.

● **932** **Monte Zinglo Bernù, 2594 m**

Markanter Gipfel in dem Grat, der sich vom Palone del Torsolazzo
nach NO erstreckt. Er entsendet nach NW einen massigen Felsgrat,
der zusammen mit dem Grat zum Monte Palone und dessen eben-

falls stark ausgeprägtem Nordwestgrat ein großes, einsames Steinkar umfaßt. Vom Gipfel prächtiger Panoramablick, vor allem auf Bernina, Ortler und Adamello.

● **933 Vom Passo di Cadino** (2490 m)
1/2 Std., Wegspuren unmarkiert, unschwierig.

Vom Paß quert man auf Wegspuren nach N in den Westhang und steigt über den steilen, steinigen Grashang gerade zum Gipfel hinauf.

● **934 Monte Palone del Sopressà, 2583 m**

In dem Grat, der sich vom Palone del Torsolazzo nach N erstreckt, erhebt sich zwischen dem Zinglo Bernù und dem Passo Salina dieser von drei Graten gebildete schöne Aussichtsgipfel.

● **935 Vom Passo di Cadino** (2490 m)
1/2 bis 3/4 Std., unmarkiert, unschwierig.

Vom Paß folgt man der „strada militare" nach N durch die Ostflanke des Zinglo Bernù, steigt zum tiefsten Einschnitt zwischen den Gipfeln hinauf und gelangt über den felsigen Südgrat in leichter Kletterei zum Gipfel.

● **936 Vom Passo Salina** (2433 m)
1/2 Std., Wegspuren unmarkiert.

Vom Sattel folgt man der alten „strada militare" nach S bis zu einer breiten Grasrippe, verläßt sie dort und steigt über diese Rippe bis zu einem Geröllfeld. Dort hält man sich rechts und gelangt am Rand des Grashanges zum Gipfel.

● **937 Monte Palone di Bondena, 2530 m**

In dem Grat, der das Val Brandet auf der Ostseite begrenzt und der sich über mehr als 3 km Länge vom Monte Palone del Torsolazzo in nahezu gleichbleibender Höhe nach N erstreckt, bildet nordwestl. des Passo Salina der Monte Palone di Bondena den Knotenpunkt, an dem sich der Grat in zwei Äste teilt. Der linke zieht sich nach NW über die Porta di Barbione zum Corno di Barbione, der rechte findet im Piz Tri seinen Endpunkt.

● **938 Vom Passo Salina** (2433 m)
3/4 Std., unmarkiert, unschwierig.

Vom Paß folgt man dem Grat nach NW über ein Geröllfeld, dann über leichte Felsen und Buckel bis zum Gipfelhang, über den man gerade zum Gipfel aufsteigt.

● **939 Von der Porta Barbione** (2348 m)
1¹/₂ Std., unmarkiert, unschwierig.

Vom Sattel folgt man dem Grat nach S, der beim ersten Zwischengipfel einen Knick nach O macht und dann wieder nach NO weiterläuft. Über zwei weitere Erhebungen gelangt man teilweise leicht
kletternd schließlich zum Gipfel.

● **940 Vom Piz Tri** (2308 m)
1 Std., unmarkiert, unschwierig.

Vom Piz Tri folgt man immer dem Verbindungsgrat, der nach S ausholt, und erreicht über leichte Felsen den Gipfel.

● **941   Corno di Barbione, 2385 m**

Im Nordwestgrat des Monte Palone di Bondena bildet der nördl. der
Porta di Barbione liegende Corno di Barbione den letzten ausgeprägten Gipfel.

● **942 Von der Porta Barbione** (2348 m)
¹/₂ Std., teilweise markiert, unschwierig.

Vom Sattel umgeht man auf der Westseite den ersten Grataauf-
schwung und gelangt über den Nordgrat zum Gipfel, oder man geht
auf dem besseren Weg tiefer in die Westflanke und steigt von W
über den Grashang zum Gipfel hinauf.

● **943   Piz Tri, 2308 m**

Vom Monte Palone ziehen zwei Gratäste nach N, die ein großes Kar
mit mehreren kleinen Seen umschließen. Der nach NO gerichtete
Zweig findet im Piz Tri seinen letzten Höhepunkt, ehe er ziemlich
gleichmäßig 1600 Hm zum Val Camonica abfällt. Diese exponierte
Lage gewährt eine großartige Gipfelrundschau.

● **944 Vom Passo Salina** (2433 m)
1 Std., teilweise markiert, unschwierig.

Vom Paß folgt man der alten „strada militare", die durch die Ostflanke des Monte Palone verläuft, bis zu den Hochflächen südl. des
Gipfels, dessen Kreuz man über leichte Felsen erreicht.

● **945 Von Santicolo** (900 m)
3¹/₂ bis 4 Std., teilweise markiert, unschwierig.

Wie bei R 569 zur Alpe Plinaz (1421 m, 1¹/₂ Std.). Von hier hat man
zwei Möglichkeiten:

a) Man folgt dem Wirtschaftsweg, der nach SO an den Häusern der

Alpe Plinaz vorbeiführt, und steigt bis zum großen Bach im Valle di Trivigno, auf den man auf etwa 1580 m trifft, den man aber nicht überquert. Auf Steigspuren nun etwa 150 Hm nach S im Valle di Trivigno durch Wald und Buschwerk zu den freien Flächen der Malga Valle (1802 m, auf der IGM-Karte fälschlicherweise mit 1002 m angegeben). Auf einer der vielen Wegspuren steigt man dann durch Alpenrosen zu dem breiten Sattel südwestl. des P. 1971, wo man jenseits auf die neu mark. „strada militare" (rotweiß mit Nr. 95) stößt, die von Edolo über die Cascina Bruno (1506 m) heraufkommt. In angenehmer Steigung führt die „strada" dann durch die Ostflanke bis unter die Gipfelfelsen des Piz Tri. Schließlich klettert man leicht zum Gipfelkreuz hinauf.

b) Unterhalb der Kapelle von Plinaz zweigt ein mark. Waldweg nach W ab, der zu einem Picknick-Platz (auf etwa 1500 m) und dann etwas abwärts zu dem Ziehweg führt, der bei der Malga Barec (1867 m) endet. Von dort im lichten Wald nach SO in die große Mulde westl. unter dem Piz Tri, auf Wegspuren zu dessen Nordgrat, auf diesem zu einem Vorgipfel mit Schützengräben und schließlich zum Gipfel mit Kreuz.

In der Camino-Bagozza-Gruppe:

● **946**   **Monte Elto, 2148 m**

Nordöstl. Eckpfeiler in dem Grat, der sich östl. des Passo del Vivione vom Monte Campione nach NO erstreckt, sich als Bollwerk über dem Val Camonica erhebt und dieses vom Val Paisco trennt. Die exponierte Lage des Gipfels gewährt ein großartiges Panorama.

● **947   Vom Passo dei Campelli** (1892 m)
2 bis 2¹/₂ Std., unmarkiert, unschwierig.

Auf der Almstraße geht man nach NO zur Malga Campione inferiore (1707 m) hinab, noch ein Stück abwärts und dann auf der weithin sichtbaren „strada della Praella" in mäßiger Steigung über die Osthänge des Monte Cuel zum Passo del Garzeto (2029 m, Kreuz) hinauf. Vom Sattel steigt man auf Wegspuren in der Südflanke, die Felsen im unteren Teil des Grates umgehend, über den schotterigen Grat zum nordöstl. gelegenen, breiten Gipfel hinauf.

● **948**   **Monte Cuel, 2190 m**

Massiger Gipfel mit ausgeprägtem Nordwestgrat zwischen dem Monte Campione und dem Monte Elto, an dessen Südgrat sich eine ungemein artenreiche Flora angesiedelt hat.

● **949 Vom Passo d'Erbigno** (1990 m)
³/₄ Std., unmarkiert, unschwierig.

Vom Sattel geht man auf der Nordseite unterhalb des Grates nach NO durch die Felsen und steigt dann an dem sich nach N biegenden Wiesengrat über eine Gratschulter zum Gipfel mit Steinmann.

● **950 Monte Campione, 2174 m**

Südwestl. des Monte Cuel liegt zwischen Passo d'Erbigno, Passo Giovetto und Passo dei Campelli der lohnende Aussichtsgipfel Monte Campione, der von diesen Pässen und über die Ost- bzw. Südwest-Hänge leicht erreichbar ist.

● **951 Cima della Bacchetta, 2549 m**

Die Cima della Bacchetta ist der höchste Gipfel der Camino- Bagozza-Gruppe. Er bildet in dem hufeisenförmigen Gratbogen, der bei der Cimone della Bagozza beginnend das wilde Val di Baione umschließt, den südöstl. Endpunkt. Aufgrund seiner exponierten Lage über dem Val Camonica ein großartiger Aussichtspunkt!

● **952 Vom Sommaprada** (1045 m)
3¹/₂ bis 4 Std., markiert, I.

Vom oberen Ortsrand steigt man auf einem Karrenweg etwa 200 m nach N, wo der rotweiß mark. Steig Nr. 81 nach NW zur Kapelle S. Cristina abzweigt. Bei der Kapelle (1155 m) wendet man sich nach N und steigt in dem breiten Tal am rechten Talrand bis unter die Felsbarriere (etwa 1400 m), die man links (westl.) umgeht. Der gut mark. Steig hält sich weiterhin links bis zu einer Tropfquelle unter der Felswand (1720 m, mit Rinnensystem aus Kanteisen). Danach steigt man in der Mitte des Tales und auf der rechten Seite bis zur Wegteilung auf etwa 1920 m unterhalb eines Sattels. Der mark. Steig biegt hier nach SO und führt unter den Felsen des Westgrates der Bacchetta zu einer breiten Rinne. Nun nach O über Schotter zum Ende der Rinne und 100 Hm weiter in gleicher Richtung zu einer zweiten Rinne, auf deren linker Seite der Steig kurz durch Fels führt. Dann links der Rinne über Felsstufen hinauf zum Südwestgrat, auf den man bei etwa 2380 m gelangt. Über zwei Vorgipfel erreicht man schließlich den nördl. gelegenen Gipfel mit Alu-Kreuz.

● **953 Vom Biv. Val Baione** (etwa 1950 m)
2 Std., unmarkiert – markiert, I.

Von der Hütte geht man im Val Baione nach S bis auf 1920 m talabwärts, bis der Steig unterhalb eines Sattels zur Cima della Bacchetta abzweigt. Weiter wie bei R 952.

● **954**   **Cima dei Ladrinai, 2403 m**

Nördl. der Cima della Bacchetta liegt der ungemein zerklüftete Fels-gipfel der Cima dei Ladrinai, der interessante Einblicke in die Re-gion der Gipfel über dem urwüchsigen Val di Baione gewährt und außerdem ein großartiges Panorama mit Ortler, Adamello und den Brescianer Bergen jenseits des Val Camonica bietet.

● **955**   **Vom Rif. Iseo** (1335 m)
       3 bis 3¹/₂ Std., markiert, I.

Von der Hütte wie bei R 580 zur Wegteilung auf 1425 m. Dem blau-rot mark. „Sentiero Cristini" folgend steigt man von dort im Lär-chenwald nach SW an einem Tümpel voller Felsblöcke vorbei über einen Rücken zu einem Hügel (etwa 1710 m). Nun quert man schräg nach rechts über Geröll und steigt am grasdurchsetzten Hang zu ei-nem breiten Einschnitt zwischen den Felsen gerade hinauf. Bei et-wa 1880 m legt sich der Hang zurück, man geht im Kar mit Blockge-stein auf einen Felsturm zu und steigt zum Sattel rechts davon hin-auf (etwa 2150 m). Dort links durch die Felsen hinauf (Drahtseil, nur noch rote Mark.) zum Grat über dem Conca di Baione (2230 m). Hier wendet man sich nach links, quert unter dem Grat zur nächsten Scharte und steigt im Geröll aufwärts nach SO, die Grattürme um-gehend, zu einem breiten Sattel (2260 m), von dem sich der Grat nach S aufschwingt. Über diesen steigt man, einen weiteren Grat-turm umgehend, zum Gipfelaufbau der Cima dei Ladrinai. In leich-ter Kletterei (Drahtseilstücke) gelangt man in eine Scharte, von der aus der bislang versteckte Gipfel sichtbar wird. Über einige Türme, erst nach S und dann nach O, erreicht man den Schottergipfel, des-sen großes Metallkreuz etwas östl. unterhalb steht.

● **956**   **Vom Biv. Baione** (etwa 1950 m)
       1¹/₂ Std., unmarkiert – markiert, I.

Von der Hütte, geht man im buckligen Gelände nach NO zu der großen Mulde unter dem breiten Sattel (2260 m), von dem sich der Grat zur Cima di Ladrinai nach S aufschwingt. Weiter wie bei R 955.

● **957**   **Cima Mengol, 2421 m**

Wenig besuchter Gipfel nordöstl. der Cimone della Bagozza in dem Grat, der das Valle dei Teiassi vom Val di Baione trennt.

● **958**   **Von der Madonnina dei Campelli** (1730 m)
       2 bis 2¹/₂ Std., teilweise markiert, I.

a) Wie bei R 960 zur Scharte östl. der Cimone della Bagozza. Dort wendet man sich nach links (NO) und quert auf Wegspuren, sich meist in der Ostflanke haltend, zum Schluß durch eine Rinne abwärts zu dem Grashang, der sich von der Scharte vor dem Gipfelaufschwung zur Cima Mengol herabzieht. Von der Scharte gelangt man dann in leichter Kletterei durch die Ostflanke und am Grat zum Gipfel. b) Wie bei R 960 bis unter den Felssporn, der den Geröllhang spaltet. Dort verläßt man den mark. Weg, der westl. des Sporns zur Cimone della Bagozza führt, und steigt etwas mühsam auf Trittspuren im Geröll, die letzten Meter über Felsen, direkt zur Scharte am Fuß des Gipfelaufbaues der Cima Mengol hinauf. Weiter wie bei a).

● 959 **Cimone della Bagozza, 2409 m**

Schlanke Felspyramide mit großem Kreuz östl. von Schilpario in dem Grat, der das Valle di Scalve und das Val Camonica voneinander trennt. Vom Gipfel, zu dem auch einige interessante Kletterrouten führen (siehe Calegari/Radici „Orobie, 88 immagini per arrampicare"), genießt man ein prächtiges Panorama, in dem die westl. gelegene Presolana dominiert.

● 960 **Von der Madonnina dei Campelli** (1730 m)
2 bis 2¹/₂ Std., markiert, unschwierig.

Wie bei R 579 zur Madonnina. Dort zweigt nach rechts (SO) der mit Nr. 417 mark. Normalweg ab. Durch Felsrippen und Latschen schlängelt er sich zum Lago di Campelli (1680 m) und weiter durch kupiertes Gelände zu den langen Geröllhängen zwischen der Cimone della Bagozza und der Cima Mengol. Etwas mühsam steigt man über die allmählich steiler werdende Schuttreiße, die sich zu einer Rinne verengt, zur schmalen Scharte östl. der Cimone della Bagozza hinauf (2237 m). Dort wendet man sich nach rechts und folgt dem mark. Steig, der durch die steile Nordostflanke zum Gipfel führt.

● 961 **Cima Ezèndola, 2174 m**

Aussichtsgipfel nördl. des Passo di Ezèndola, den man vom Paß, den Felsrampen in die Südflanke ausweichend und dann am Grat aufsteigend, in ¹/₂ Std. leicht erreichen kann.

● 962 **Monte Sossino, 2398 m**

Gipfel zwischen Cimone della Bagozza und Pizzo Camino, der nach N und NW in Felswänden abbricht, während sich die Süd- und Ostflanken in felsdurchsetzten Grashängen absenken. Vom Gipfel guter Einblick in die Felsen der Nordflanke des Pizzo Camino und schöner Rundblick.

● **963 Vom Rif. G. Laeng** (etwa 1750 m)
1¹/₂ Std., unmarkierte Wegspuren, unschwierig.

Von der Hütte folgt man dem Weg Nr. 82 A nach W bis zu dem Wiesenrücken, der sich vom Monte Sossino herabzieht. Dort verläßt man den Weg und steigt auf Trittspuren rechts (nordöstl.) der übereinander gestaffelten Felsrampen nach NW bis zum Grat empor und an diesem zum südwestl. gelegenen Gipfel.

● **964 Pizzo Camino, 2491 m**

Beliebter Kletterberg südöstl. von Schilpario in dem Grat, der sich von der Cimone della Bagozza nach W und SW zum Corna di San Fermo erstreckt und das Valle di Scalve vom Val Camonica trennt. Vom Gipfel besonders schöner Blick über das Valle di Scalve zur Presolana und großartiges Panorama.

● **965 Vom Rif. G. Laeng** (etwa 1750 m)
2 bis 2¹/₂ Std., Normalweg markiert, I.

Von der Hütte geht man nach SW und folgt bei der Wegteilung nach 5 Min. der rotweißroten Mark. Nr. 1 nach W. Unter den Felsen steigt man schräg empor bis in eine breite Rinne und dort über Schotter und Schrofen rechts hinaus auf eine kleine Rippe. Ein Stück daran hinauf, dann wieder nach links in die Flanke queren und in der nächsten Rinne empor. Danach rechts in den Südhang und hier zum Ostgrat (Blick in tiefe Felsenklamm und zerklüftete Wände). Hier nach links (SW) über eine kleine Scharte zu einer Steilrinne (im Frühsommer Schnee) und in ihr hinauf bis zu einer Scharte im Südgrat, von der der Steig zum westl. gelegenen Gipfel mit großem und kleinem Eisenkreuz führt.

● **966 Cima Moren, 2418 m**

Zu Unrecht wenig beachteter, reizvoller Kalkgipfel zwischen dem Pizzo Camino und dem Corna di San Fermo. Vom Gipfel interessante Einblicke in die zerklüfteten Südwände des Pizzo Camino und großartiger Panoramablick.

● **967 Vom Rif. San Fermo** (1868 m)
2 Std., markiert, unschwierig.

Vom Wiesensattel nördl. der Hütte folgt man dem Steig Nr. 82 nach NO, der ungefähr auf der Höhenlinie 1900 verlaufend den Südosthang des Corna di San Fermo quert. Nachdem man den Ostgrat des Corna umgangen hat, gelangt man in einen großen Kessel, in dem beim P. 1937 ein spärlich mark. Steig nach W an einer verfallenen Alm vorbei in den oberen Geröllkessel zwischen Corna di San

Fermo und Cima Moren führt. Von dort quert man den Kessel am rechten (nördl.) Rand und steigt nach NW über Geröll und Schrofen auf eine Gratscharte zu. An dieser wendet man sich nach rechts (NO) und steigt am Grat über Schrofen leicht, aber steil, zum Vorgipfel. Dann ein paar Meter auf Grasstufen recht steil in eine kleine Scharte hinunter und unschwierig zum Gipfel hinauf.

● **968 Vom Rif. G. Laeng** (etwa 1750 m)
2 Std., markiert, unschwierig.

Von der Hütte auf dem Weg Nr. 82 nach S zu dem Sattel am Monte Arano (etwa 1930 m) hinauf und dann durch die Ostflanke der Cima Moren bis zum P. 1937 in dem Kessel östl. des Corna di San Fermo queren. Weiter wie bei R 967.

● **969 Corna di San Fermo, 2329 m**

Am südlichsten Punkt des Grates, der sich von der Cimone della Bagozza über den Pizzo Camino erstreckt, liegt dieser lohnende, selten besuchte Aussichtsgipfel.

● **970 Vom Rif. San Fermo** (1868 m)
1¼ Std., teilweise markiert, unschwierig.

Wie bei R 592 zum Passo del Costone (1937 m). Nun nach rechts (NO) weglos über den Wiesengrat, der im oberen Teil felsdurchsetzt ist, bis zum kleinen Vorgipfel und dann rechts vom Grat unschwierig zum mehrgipfeligen Corna.

● **971 Monte Vigna Soliva, 2356 m**

Mächtiger Bergkegel mit den drei Gipfelpunkten Pizzo della Corna, Monte Vigna Soliva und Monte Calvera, der östl. über dem Valle Seriana liegt und durch das Valle Sedornia, das Val Bondione und den Passo della Manina von den Nachbargipfeln getrennt ist. Großartiges Panorama von allen Punkten des Gipfelgrates.

● **972 Von Lizzola** (1258 m)
2½ bis 3 Std., unmarkiert, unschwierig.

Vom Friedhof am Südrand des Dorfes steigt man auf der Skipiste nach S zur Mittelstation des Liftes, wendet sich dann nach rechts und folgt der westl. Piste, bis sie einen Bogen nach links macht. Dort findet man einen Steig, der über Gras und durch Buschwerk nach SSW durch das Valle Grande zum Passo di Valle Grande (1983 m) führt. Von dem breiten Grassattel führen dann Steigspuren an dem nach NO jäh abbrechenden Grat nach NW zum P. 2256. Anschließend folgt man dem S-förmig geschwungenen Gipfelgrat nach SW und gelangt über den Pizzo della Corna (2351 m) und den P. 2352 zum Grasgipfel mit windschiefem kleinem Holzkreuz.

● **973 Von Tezzi Alti** (969 m)
   4 bis 4¹/₂ Std., teilweise markiert, unschwierig.

Am Ende der Asphaltstraße zweigt der Weg Nr. 309 nach SO in das Valle Sedornia ab und führt im Wald zur Kapelle S. Carlo (1163 m). Bei der Wegteilung danach (Wasserbehälter) folgt man dem alten Saumpfad mit verblaßter roter Mark., der am Südhang in gerader Linie nach O aufsteigt. Auf etwa 1400 m biegt man nach N, quert später das obere Ende einer felsigen Schlucht und gelangt zu den freien Flächen der Baita bassa Vigna Soliva (1608 m). Durch den Südosthang des Monte Vigna Soliva steigt man über Wiesenbuckel zur Baita alta Vigna Soliva (1910 m) hinauf, die auf der Westseite des tiefen Schiefergrabens liegt. Von dort gelangt man über die Wiesenhänge weglos zum nördl. gelegenen Passo di Valle Grande (1983 m). Weiter wie bei R 972.

● **974   Monte Vigna Vaga, 2332 m**

Lohnender Aussichtsgipfel nordwestl. des Monte Ferrante. Durch die Ostflanke verläuft der „Sentiero delle Orobie" auf der Etappe vom Rif. Curò zum Rif. Albani.

● **975 Von Colere bzw. von der Malga Polzone** (1571 m)
   2 bzw. 4 Std., teilweise markiert, unschwierig.

Die Malga Polzone erreicht man von Còlere (1017 m) auf dem Weg Nr. 404. Von dort geht man mit gleicher Mark. durch das Val Conchetta an der Malga Conchetta (1796 m) vorbei und steigt über Schotter unter den schräg gebänderten Felsen der Cima di Fontana Mora zum Passo di Fontana Mora (2253 m) hinauf. Am Sattel trifft man auf den Höhenweg „Sentiero delle Orobie", der von NO kommend hier auf die Westseite wechselt. Man verläßt den mark. Weg und folgt dem Pfad, der am Südgrat bzw. etwas westl. davon über Gras und Geröll zu einer Gratschulter und dann flacher zum etwas weiter westl. liegenden Gipfel mit Steinmann führt.

● **976   Cima di Timogno, 2172 m**

Zwischen dem Valle di Valzurio und dem Valle Sedornia, beides östl. Seitentäler des Valle Seriana, liegen drei reizvolle Wandergipfel, deren höchster die lokal auch Cima di Benfit genannte Cima di Timogno ist.

● **977 Von Spiazzi di Boario** (1200 m)
   2¹/₂ bis 3 Std., markiert, unschwierig.

Vom Parkplatz bei der Talstation des Liftes steigt man auf der Skipiste, der Mark. Nr. 312 folgend, nach SO zur Bergstation (1437 m)
hinauf und gelangt an einem Wasserloch vorbei zum Colle di Vodala (1680 m). Dort wendet man sich nach NO, steigt am Grat zum
Monte Vodala (2099 m) hinauf und geht bequem am Wiesengrat zur
weiter nördl. gelegenen Cima di Timogno hinüber. Am Grat nach N
weitergehend gelangt man, ein paar Meter über gut gestuften Fels
absteigend, über einen Sattel mit Eisenkreuz (2029 m) rasch zum
Gipfel des Monte Avert (2085 m, 20 Min.).

● **978**   **Monte Ferrante, 2427 m**

Der vielbesuchte Monte Ferrante liegt nordwestl. der Presolana und
bildet den Talschluß des Valle di Valzurio. Als Kontrapunkt zur Presolana mit ihren senkrechten Wänden erheben sich seine Gipfelfelsen aus breitflächigen, hellen Fels- und Schotterfeldern. Großartiger Aussichtsgipfel.

● **979**   **Vom Rif. Albani** (1939 m)
         2 Std., markiert, unschwierig.
Von der Hütte folgt man dem „Sentiero delle Orobie" mit Mark. 401
über den Passo Scagnello (2092 m) nach NW bis zum Fuß des Monte Ferrante. Dort verläßt man den „401" und geht auf dem rot mark.
Steig über den Südgrat auf Grasbändern und über leichte Felsen
zum mehrgipfeligen Monte Ferrante mit großem Eisenkreuz etwas
südl. des höchsten Punktes. Besondere Blickpunkte: Monte Secco,
Redorta-Gruppe, die Staudammruine von Gleno, Camino-Gruppe
(und in stillen Sonnenstunden Gipfelmäuse!).

● **980**   **Pizzo della Presolana, 2521 m**

Im SO der B.A. dominiert das Massiv der Presolana in Form einer
mächtigen von W nach O gestreckten, 2,5 km langen Kalkfelsmauer. Die Wände der Presolana, die überwiegend aus festem Dolomit
bestehen, weisen auf der stark gegliederten Südseite 120 bis 500 m
und auf der großenteils senkrechten Nordseite 350 bis 700 m Wand-
höhe auf. In dem Führer „Il Massiccio della Presolana" hat Walter
Tomasi 104 Kletterrouten beschrieben (siehe auch Calegari/Radici:
„88 immagini per arrimpicare"). Außer ihrer Attraktivität als Kletterparadies bieten die Gipfel der Presolana großartige Panoramablicke
auf die Gipfel der Nordkette der Orobie, auf die „Dolomiten des Valle di Scalve", auf den Iseosee und die „Prealpi bergamasche".

● **981**   **Presolana Occidentale, 2521 m**

In ihrem Westgipfel erreicht die Presolana die größte Höhe. An den
senkrechten Wänden der Presolana Occidentale finden sich die

schwierigsten Kletterrouten und an ihrem Nordwestgrat, der sich wie ein Schiffsbug in das Ferrantegebiet vorschiebt, verläuft die bekannteste und luftigste der vielen Kletterrouten: „Spigolo Nord-Ovest" (V). Der Normalweg führt mit mäßig schwieriger Kletterei durch die Südseite. Vom Gipfel genießt man einen traumhaften Panoramablick, wobei das nördl. unterhalb liegende Rif. Albani mit seinem roten Dach gut erkennbar ist.

● **982   Vom Biv. Clusone** (2085 m)
   1½ Std., markiert, II.

Vom Bivacco Clusone führt der Weg Nr. 315 (Mark.: zwei rote Punkte), nach NW zum Einstieg östl. der Grotta dei Pagani (2224 m, Quelle in der Höhle). Über gutgestufte Felsen steigt man nun in eine Rinne und in dieser bis nahe unter die Felswand mit schwarzen Flecken und der Öffnung der oberen großen Höhle. Dort wendet man sich nach links zu einer kleineren Rinne, die sich kaminartig verengt. Mit einem Spreizschritt nach links quert man zu einer Felsrippe, die oberhalb über Gras und Schotter wieder bis unter die Felswand führt. Auf breitem Band geht man dann weiter nach links (W) in die nächste weite Schlucht, die sich zwischen den Felswänden bis zum Gipfelgrat emporzieht. Erst am linken Rand der Schlucht und dann in der Mitte über ein griffiges 3-m-Wandstück steigt man über weitere kleine Felsstufen bis zur Verzweigung der Schlucht. Hier folgt man der linken Rinne und gelangt in Felsgeherei zum Grat, wo man sich nach rechts (O) wendet und über Felsblöcke leicht den Gipfel mit großem Kreuz erreicht.

● **983   Presolana Orientale, 2490 m**

Der Ostgipfel der Presolana ist der am leichtesten zu erreichende der Presolanagipfel und bietet den berühmten Presolana-Rundblick.

● **984   Von der Bocch. del Monte Visolo** (2315 m)
   ¾ Std. markiert, I, Trittsicherheit!

Wie bei R 1130, 1131 oder 598 zur Bocchetta. Von der Scharte steigt man nach SW am Beginn des „Sentiero della Porta" (Ww.) vorbei, den gelben Mark. folgend, an einer Rippe etwa 50 m hinauf. Dort wendet man sich nach rechts und quert auf einem splittigen Band schräg durch die Südostwand zum Ostgrat. Nun führt der Steig über Schotter zu einem kleinen Felsgrat, dem man zunächst folgt. Wo die Felsen schwieriger werden, weicht man südseitig aus, gelangt zu einer Rinne mit Grasbüscheln (und Schneeresten), die man in Richtung des Vorgipfels quert, und erreicht schließlich am Grat den Gipfel.

● **985**   **Monte Visolo, 2369 m**

Im Südwestgrat der Presolana Orientale liegt der einzige leicht zugängliche Gipfel des Massivs. Über ihn führt die letzte Etappe des Höhenweges „Sentiero delle Orobie", die den an der Scharte unterhalb des Gipfels endenden Klettersteig „Sentiero della Porta" beinhaltet. Zugänge siehe Höhenwege R 1130 und 1131. Vom Gipfel besonders schöner Blick auf das Talbecken von Clusone und den Iseosee.

● **986**   **Cima di Bares, 1974 m**

Von der Presolana erstreckt sich ein langer Grat nach SW, der parallel zum Valle di Valzurio über eine Reihe von Gipfeln bis zum Valle Seriana verläuft. Auf der Wanderung über diese einsamen Gipfel überrascht der große Blumenreichtum. Der erste Gipfel, die Cima di Bares, besteht aus mehreren Felstürmen, die man leicht erklettern kann.

● **987**   **Vom Passo Olone** (1850 m)
$^1/_2$ Std., Wegspuren unmarkiert, unschwierig, Trittsicherheit!

Vom Sattel steigt man am Grat nach SW und auf Steigspuren, die man schon von weitem erkennt, zwischen den Felstürmen aufwärts. In leichter Kletterei gelangt man auf den dritten Turm, dann über Schrofen zum nächsten Grasgipfel und zu den beiden kleinen Gipfeln der Cima di Bares, die durch Felsscharten voneinander getrennt sind.

● **988**   **Monte Campo, 1952 m,
bis Cima Blum, 1297 m**

In dem Grat, der sich vom Passo Olone nach SW erstreckt, liegen die nur für die Überschreitung erwähnenswerten Gipfel Monte Campo, Monte Valsacco, Monte Parè und Cima Blum.

● **989**   **Von der Cima di Bares** (1974 m)
$2^1/_2$ Std., teilweise markiert, unschwierig.

Vom Gipfel umgeht man die nächsten Felstürme auf Steigspuren ostseitig und steigt zu einem engen Sattel auf, in dem zwei kleine zerzauste Fichten stehen. In Richtung eines kleinen Kessels steigt man dann wenige Meter ab und quert auf deutlichem Steig unter einer Felswand hindurch zum nächsten Sattel. Den folgenden steilen Grasbuckel übersteigt man und quert dann ostseitig absteigend unter den Felsen, bis man auf den rotweißrot mark. Weg Nr. 317 trifft, der von links unten heraufkommt und zum Grasgipfel des Monte

Campo (1952 m, ³/₄ Std.) führt. Danach geht man am schmalen und etwas ausgesetzten Grat hinüber zum Gipfel des Monte Valsacco (1772 m, ½ Std.) mit Gedenkkreuzen. Zum Monte Parè (1642 m) läuft man am Grat weiter über die Punkte 1766 und 1715 (³/₄ Std.), und zur Cima Blum (1297 m) gelangt man an der Cappella Alpina (1250 m) vorbei in ½ Std.

● **990 Abstieg nach Rovetta** (644 m)
   1½ bis 2 Std., markiert.

Von der großen Cappella Alpina (etwa 1250 m) geht man auf dem Fahrweg am Südosthang bis etwa 1075 m hinunter, wo mit Ww. der Pfad „Sentiero del Bot" nach SO ziemlich steil durch Wald hinabführt. Beim P. 828 mit Wegkreuz stößt man wieder auf die Fahrstraße, auf der man den Nordrand des Dorfes Rovetta erreicht. (Oder vom Monte Parè weiter auf Weg Nr. 317 über die Cima Blum nach Clusone hinab.)

● **991   Monte Scanapà, 1669 m**

Kleiner Felsgipfel mit großem Kreuz südwestl. über dem Passo della Presolana, in dessen Nähe ein Sessellift führt. Südöstl. des Monte Scanapà breiten sich zwischen den Felsen schöne Wiesenmulden aus, an deren unterem Rand das große, verlassene Gebäude der „Capanna Antonio Maj" (1401 m) liegt. Vom Gipfel großartiger Blick auf die Presolana!

● **992 Vom Passo della Presolana** (1297 m)
   1 Std., markiert, unschwierig.

Vom Parkplatz bei der Skischule etwas westl. der Paßhöhe beginnt bei der Bar „Rododendro" der Wirtschaftsweg, der über den Nordhang in enger werdenden Kehren und unter den Felsen den Sessellift kreuzend in den Sattel östl. des Monte Scanapà mit Liftstation und Hütte (1600 m) führt. Dort wendet man sich nach rechts und steigt über den Südostgrat zum großen Gipfelkreuz hinauf.

● **993   Monte Pora, 1880 m**

Schöner Aussichtsgipfel südöstl. von Bratto bzw. Dorga. Die Nordwestseite des Berges ist durch Skilifte und eine Straße erschlossen, während sich die Ostflanke mit jäh abfallenden Steilhängen zum Val d'Angolo und Val Camonica zeigt.

● **994 Vom Rif. Magnolini** (1612 m)
   1 Std., unmarkiert.

Von der Hütte über einen Wiesenrücken nach N zu einem Sattel mit einer Pozza und dann nach O am Südrand des Pian del Termen im Bereich der Skipisten über die Grashänge zum Gipfel.

● **995** **Monte Colombina, 1459 m**

Dieser auch Monte Valtero genannte Gipfel, der nordöstl. über dem Nordende des Iseosees liegt, gewährt eine prächtige Gipfelrundschau.

● **996** **Von Bòssico** (848 m)
1¹/₂ bis 2 Std., markiert.

Von der Kirche San Pietro am Dorfplatz in Bòssico auf der Fahrstraße nach O über den Südhang zur Hochfläche Monte di Lòvere (Parkplatz). Von dort folgt man der rotweißen Mark. Nr. 552, allgemeine Richtung N, bis nach etwa 35 Min. bei einem Brünnlein, wenige Meter vor einem kleinen Sattel, nach SW der Weg Nr. 554 zum Monte Colombina abzweigt. Durch lockeren Wald steigt man bis zu einem Grasrücken und über diesen nach N zum Vorgipfel mit Kreuz (1438 m) und zum höchsten Punkt (1459 m).

In der Endine-Umrandung:

● **997** **Pizzo Formico, 1637 m**

Der dominierende Gipfel südl. von Clusone ist der Pizzo Formico, der mit seinen breit ausgreifenden Graten das Talbecken im S abriegelt. Während die bewaldete Nordseite ziemlich abweisend wirkt und vor allem der Westgrat in stark zerklüfteten Kalkfelsen abbricht, öffnen sich nach S weite, sanfte Almflächen. Am Gipfel befinden sich ein großes Kreuz und eine runde Metalltafel, die mit Richtungsweisern die Höhepunkte des traumhaften Panoramas mit mehr als 30 Gipfeln anzeigt.

● **998** **Vom Rif. San Lùcio** (1027 m)
2 Std., markiert, unschwierig.

Wie bei R 603 zur Forcella Larga (1470 m) und von dort etwas südlich des felsigen Grates zum westl. gelegenen Gipfel hinauf.

● **999** **Monte Sparavera, 1369 m**

Schöner Aussichtsgipfel nördl. über dem Lago di Endine bzw. westl. von Gandino, der vom Valle Piana gut erreichbar ist.

● **1000** **Von der kleinen Kirche im Valle Piana** (1023 m)
1¹/₄ Std., teilweise markiert, unschwierig.

Von der Kapelle geht man zu Fuß auf der Straße Richtung Tal ¹/₄ Std. bis zu der Bachrinne vor den Kehren, kenntlich durch ein dickes, rundes Betonrohr in der bergseitigen Böschung. Von hier auf deutlichem Steig nach OSO, die ersten Min. durch Wald, dann über Wiesen zu einer von Bäumen umstandenen Alm. Weiter zwischen zwei Waldstücken hindurch und oberhalb an einer Laubbaumgruppe vorbei zu einer zweiten Alm (1210 m). Nun folgt man dem mark. Weg zum Weiher „Pozza dei Sette Termini" und steigt von dort zum westl. gelegenen Gipfel hinauf.

● **1001**   **Monte Torrezzo, 1378 m**

Höchster Punkt in dem Höhenrücken zwischen Lago d'Iseo und Lago di Endine am Kopfende des schönen Valle di Fonteno. Vom Gipfel prächtige Aussicht.

● **1002**   **Von Fonteno** (517 m), 2 Std.

Wie bei R 606 zum Wiesenrücken „Il Colletto" (1281 m). Dort wendet man sich nach N und geht zu einer Gedenkstätte für die Opfer des Partisanenkrieges. Am Grasgrat gelangt man dann zum Gipfel, der nordseitig bewaldet ist, jedoch von den Graten weite Sicht auf die Gipfel der Orobie und von der Westschulter auf den Lago di Endine gewährt.

● **1003**   **Monte Bronzone, 1334 m**

In dem Grat, der sich vom Monte Torrezzo erst nach SO und dann nach S erstreckt, bildet der Monte Bronzone den ausgeprägten Endpunkt. Seine Ost- und Südflanken fallen zum Lago d'Iseo ab, dessen Südende einen Knick nach W macht. Vom Gipfel prächtiger Panoramablick.

● **1004**   **Von „Il Colletto"** (1281 m)
      2 Std., teilweise markiert, unschwierig.

Man geht über den Wiesenrücken nach S, bis man auf den Fahrweg am Grat stößt, der zu Ferienhäusern führt. Auf ihm umgeht man den nächsten Wiesenrücken westseitig zu einem weiteren Sattel, quert dann auf der Ostseite den folgenden Höhenrücken und erreicht mit zwei Kehren abwärts wieder den Grat, von dem der Fahrweg nach W in das Valle di Adrara hinabführt. Am Grat bleibend weiter nach S zum tiefsten Punkt des Grates (etwa 990 m, links unten der Iseosee). Nun auf dem Wiesenpfad rechts von einer Hecke aufwärts und steiler durch Stangenwald und Buschwerk zur Punta Piagnole (1227 m). Dann mal links, mal rechts vom stellenweise felsigen Grat zum letzten Sattel vor dem Monte Bronzone (rechts Pozza, links die

Baita Gombo). Von dort auf rot mark. Steig zum Gipfel mit Metallkreuz hinauf.

● **1005** **Monte Misma, 1166 m**

Nordöstl. über Bergamo bildet der zwischen dem Valle Seriana und
dem Val Cavallina liegende Monte Misma die höchste Erhebung.
Der freistehende Gipfel gewährt einen großartigen Rundblick über
die Bergamasker Gipfel von der Presolana bis zum Resegone und
über Bergamo in die lombardische Tiefebene. Eine schöne Rundtour ergibt die Wanderung auf dem Südgrat des Monte Misma, der
sich allmählich nach W biegt und als „Costone di Gaverno" zum
P. 655 (Kreuz) erstreckt, von dem dann ein Weg nach Cornale
hinabführt.

● **1006 Vom Santuario della Forcella** (627 m)
    1¹/₂ Std., markiert.

Zufahrt: Von Albino im Valle Seriana über den Serio und mit vielen
Kehren zum Santuario della Madonna della Neve alla Forcella und
weiter nach SO zum Steinbruch (Parkplatz). Nun zu Fuß auf der
Schotterstraße weiter und in einer langgezogenen „S"-Kurve zum
südwestl. gelegenen Punkt „Mesolt" (778 m) und bis zum Ende des
Fahrweges nach einem Hügel mit Antennenmast. In die Südflanke
querend trifft man dann auf den Weg Nr. 539. Dem Ww. entsprechend folgt man nun den gelben Mark., die nach der Querung im
Wald wieder zum Grat und nach N zu den freien Flächen einer reno-
vierten Almhütte unter dem Südgrat des Monte Misma führen. Dann
quert der Steig nochmals in die Flanke und führt durch Buschwerk
endgültig zum Wiesengrat, an dem man zum Gipfel mit großem
Kreuz gelangt. (Oder von Cornale auf dem Weg Nr. 539: An der
Westwand der Kirche am Hang [355 m] beginnt mit Ww. der Steig
durch die Südwestflanke nach Mesolt. Weiter wie oben.)

In der Arera-Alben-Gruppe:

● **1007** **Cima di Menna, 2300 m**

Die Cima di Menna, die mit ihrem langen Westgrat das Val Parina
vom Val Secca trennt, bildet in der Umrahmung des Val Vedra das
westl. Pendant zum Pizzo Arera. Von dem frei stehenden, mächtigen Kalkgipfel mit stark gegliederten Felswänden nach N und O und
massigen Graten genießt man eine großartige Rundschau.

● **1008 Von Zorzone** (1016 m)
    3 bis 3¹/₂ Std., markiert, unschwierig.

Wie bei R 278 zum Rif. Palazzi. Von hier nach O über eine Grasrippe zum Südgrat der Cima di Menna und über diesen zum Gipfel mit Kreuz aus Eisenrohren.

- **1009 Von Roncobello** (1007 m)
  3 bis 3¹/₂ Std., markiert, unschwierig.

Wie bei R 612 zum Passo della Menna. Von dort führt der Steig mit roter Mark. am Westgrat bzw. südl. davon zum Gipfel.

- **1010   Monte Vaccaregio, 1474 m**

Südwestl. der Cima di Menna erhebt sich südl. über dem tief eingeschnittenen, wilden Val Parina der Monte Vaccaregio, der leicht erreichbar ist und ein schönes Gipfelpanorama mit faszinierenden Tiefblicken in das Val Parina bietet.

- **1011 Von Dossena, Ortsteil La Villa** (1069 m)
  1¹/₂ Std., teilweise markiert.

In der Kurve bei der kleinen Kapelle zweigt nach NO aufwärts ein Saumpfad ab, der sich im Wald nach NW wendet. Vor einem Bauernhof biegt man rechts ab und steigt am Waldrand nach N gerade hinauf, bis man wieder auf den größeren Weg stößt. Dieser führt dann über Wiesen zu einem zweiten Bauernhof, hinter dem man den Fahrspuren nach O zu einer Alm folgt. Von dort auf einem Wiesenpfad nach NO, rechts von einem Hügel über schöne Wiesen zu einer weiteren Alm. Nun nach N direkt über den Gratrücken, der durch den früheren Abbau von Zinkkarbonaten zerwühlt ist, zum Vorgipfel und dem nordwestl. dahinter liegenden höchsten Punkt. (Recht kurzweilig ist dann der zuerst weglose Übergang zum gleich hohen Monte Castello und weiter auf gutem Steig zum Corna Medile [1336 m] mit Abstieg zur Straße Dossena – Valpiana, 1¹/₂ Std.)

- **1012   Corna Piana, 2302 m und 2226 m**

Im Nordwestgrat des Pizzo Arera erhebt sich die helle, von W nach O verlaufende Felsmauer des Corna Piana, die von ihrem Hauptgipfel einen ausgeprägten Felsgrat nach N in das Kopfende des Val Canale entsendet. Haupt- und Ostgipfel tragen Kreuze.

- **1013 Vom Passo della Corna Piana** (2130 m)
  ¹/₂ Std., markiert, unschwierig.

Vom Sattel steigt man nach N auf einen Grashügel mit Steinmann und weiter zum Grasgrat. Dort wendet man sich nach links (W) zu den ersten Gratfelsen (großes, rotes C.P.) und gelangt über leichte Felsen, teils in der Südflanke, teils am Grat rasch zum Gipfel mit großem Eisenkreuz und Gipfelbuch. Zum Ostgipfel geht man unterhalb der Felsen fast eben zum P. 2226 mit gedrungenem Alu-Kreuz vom Sciclub Altopiano Casnigo (^{1}/$_4$ Std.).

● **1014**   **Pizzo Arera, 2512 m**

Mächtiges Kalkmassiv im Süden der B.A. zwischen Valle Brembana und Valle Seriana, nördl. des Col di Zambla, der es vom Monte Alben trennt. Der Pizzo Arera entsendet in alle vier Himmelsrichtungen markante Grate, die sich noch mehrfach verzweigen. Die Südflanke, auf der die beiden Hütten Rif. Ca' d'Arera und Rif. Capanna 2000 liegen, ist durch den früheren Abbau von Zinkkarbonaten und die Anlage von Skiliften stark verkarstet. Von Botanikern gerühmt wird der Pizzo Arera wegen seiner artenreichen, einzigartigen Flora, die man am besten auf dem „Sentiero dei Fiori" in der Westflanke des Pizzo Arera sehen kann. Der alle seine Nachbarn überragende Gipfel bietet eine unvergleichliche Rundschau, die neben fast allen Gipfeln der Orobie und der Prealpi den Apennin und den Montblanc umfaßt.

● **1015   Vom Zambla Alta/Plassa** (1169 m)
    3^1/$_2$ bis 4 Std., markiert, unschwierig.

Wie bei R 280 und 282 zum Rif. Capanna 2000. Am grasigen Grat steigt man nun auf mark. Steig ziemlich steil weiter bis zu einem Vorgipfel und danach auf Grasstufen abwärts zu einer Felsschlucht, an deren Gegenseite man mit Ketten leicht hinaufklettert. Durch eine kleine Rinne gelangt man dann auf das Geröll des Gipfelaufbaues und in Kehren zum Gipfel mit großem Metallkreuz hinauf.

● **1016   Von Zorzone/Pian Bracca** (1122 m)
    4 bis 4^1/$_2$ Std., markiert, unschwierig, Trittsicherheit!

Wie bei R 610 bis zur Casera di Vedro (1674 m). Nun entweder weiter bis zum Passo Branchino oder noch 10 Min. nach N weiter, dann den Wegspuren nach SO folgend und den Weg Nr. 222 kreuzend in der Mulde „Mandrone" zwischen Corna Piana und Pizzo Arera so weit nach O ansteigen, bis man auf den Weg Nr. 218 trifft, der vom Passo Branchino über die Bocch. Piana kommt. Auf dem mark. Weg steigt man dann über Felsbuckel zum nordwestl. Ast des Nordgrates des Pizzo Arera. An ihm bzw. im Geröll östl. davon steigt man zum Nordwestgrat zurück, quert nach links (O) zu einer ersten Rinne am Nordgrat, die man mit Hilfe von Ketten leicht durchklettert, und quert dann in eine zweite Rinne, die sich oben zu einem Geröllfeld verbreitert, das zu den Gipfelfelsen führt. In einer Verschneidung schuttiger Platten und über leichte Felsen gelangt man schließlich zum Gipfel mit großem Eisenkreuz.

● **1017   Vom Passo Branchino** (1821 m)
   2 Std., markiert, unschwierig, Trittsicherheit!

Vom Paß folgt man dem Weg Nr. 218 (Ww.) nach S durch das Kar
westl. unter den Felswänden des Corna Piana zur Bocch. di Corna
Piana (2078 m), durch die Mulde „Mandrone" nach O und weiter
wie bei R 1016.

● **1018   Vom Passo Valmora** (1996 m)
   1¹/2 Std., markiert, unschwierig.

Vom Sattel folgt man den roten Mark. mit Nr. 244 nach SW immer
sanft steigend über gerölldurchzogene Wiesenhänge auf eine Grasrippe zu. Vor dieser Rippe biegt man nach NW zu dem kleinen Geröllkessel ab, in dem an einem großen Felsblock ein A mit Pfeil auf-
gemalt ist. Oberhalb steigt man durch die Rinne rechts (großes
gelbes Kreuz am Felsen) und weiter in der Grasmulde, der gelben
und roten Mark. nach, zum Ostgrat. Man folgt nun dem Grat, der auf
etwa 2230 m erst einen Knick nach SW macht und oberhalb nach
NW biegt. Unter dem folgenden Gratbuckel quert man durch die
schuttige Westflanke, steigt dann über leichte Felsen am Grat zum
Vorgipfel mit Metallfahne und schließlich zum Hauptgipfel mit
großem Kreuz.

● **1019   Cima di Grem, 2049 m**

Leicht erreichbarer Gipfel südl. des Pizzo Arera, von dem man eine
großartige Aussicht vor allem auf das Massiv des Monte Alben
genießt.

● **1020   Vom Col di Zambla** (1290 m)
   2¹/2 Std., markiert, unschwierig.

Vom Parkplatz mit Brunnen und Kreuz geht man nach NO durch eine Senke zum Weg Nr. 223, dessen rechter Ast zum Rif. Alpe Grem
und dessen linker zur Cima di Grem führt. Auf letzterem quert man
im Wald den Talkessel des Torrente Riso und steigt nach SO zum
freien Südrücken der Cima di Grem hinauf. Über die Wiesen in der
Südostflanke steigt man an der Baita di Mezzo (1447 m) und Baita
Alta (1631 m) vorbei zum Südgrat und gelangt über diesen, das letzte Stück ziemlich flach, zum Gipfel mit Kreuz.

● **1021   Vom Rif. Alpe Grem** (1098 m)
   2¹/4 Std., markiert.

Auf dem Fahrweg oberhalb der Hütte geht man nach W zum nächsten Rücken und steigt den Mark. folgend über den Grasrücken,
westl. an den „Miniere di calamina" vorbei, zur Baita di Mezzo

(1447 m), wo man auf den vom Col di Zambla kommenden Steig trifft. Weiter wie bei R 1020.

● **1022 Von der Bocch. Camplano** (etwa 1840 m)
  ³/₄ Std., markiert.

Von der Bocch. Camplano (R 290) quert man oberhalb der Baita Camplano auf dem Weg Nr. 237 nach S und W um den Hügel des Cimetto zum Sattel (1930 m) nördl. der Cima Foppazzi (dieser Gipfel, P. 2097, ist vom Sattel in ¹/₂ Std. auf Wegspuren nach SO erreichbar). Vom Sattel quert der mark. Weg durch die Westflanke der Cima Foppazzi zum Sattel zwischen den Gipfeln (1970 m) und führt am Nordostrücken der Cima di Grem zum Gipfel hinauf.

● **1023   Cima Valmora, 2198 m**

Aussichtsgipfel östl. der Forcella Valmora, der in der Verlängerung des Ostgrates des Pizzo Arera liegt und dessen Nordwände jäh zum Val Canale abbrechen.

● **1024 Von der Forcella Valmora** (1996 m)
  ¹/₂ Std., markiert, unschwierig, ein kurzes Stück I.

Vom Sattel folgt man dem Steig mit verblaßter roter Mark. durch die Südwestflanke zu einem flacheren Gratstück und dann am Grat, nur gelegentlich in die Flanke ausweichend, bis zu einer Felsstufe. Dort führt der Steig rechts (südl.) vom Grat durch den gestuften Fels zu einem Eisenstab (Rest einer ehemaligen Drahtseilsicherung) und unschwierig weiter am Grat zum Gipfel.

● **1025   Cima del Fop, 2322 m**

In der Reihe der Gipfel zwischen Pizzo Arera und Monte Secco ragt als stolzester Gipfel die Cima del Fop auf, das Kopfende des Valle Nossana beherrschend. Sie bricht nach N in mächtigen Kalkfelswänden zum Val Canale ab, während sie sich nach S in welligen und mit Felsbarrieren durchsetzten Wiesenhängen absenkt. Großartiges Gipfelpanorama.

● **1026 Vom Passo del Re** (1997 m)
  1 bis 1¹/₂ Std., unmarkiert, II-.

Vom Paß steigt man nach O auf der Südwestseite unter dem Grat zu einem ersten Zwischengipfel und danach am felsigen Grat etwas abwärts. Auf einem ausgesetzten Felsband quert man nordseitig das folgende schmale Gratstück zu einer engen Scharte. Dann klettert man in gutem Fels (auch rechts umgehbar) zu einem weiteren Zwischengipfel, steigt zu einer kleinen Scharte ab und zum letzten, grasigen Zwischengipfel hinauf. Von der darauffolgenden Scharte quert man eine Felsrinne etwas abwärts und steigt dann direkt nach NO zu der langgestreckten Gipfelhöhe mit Steinmann hinauf.

● **1027 Von der Baita del Fop** (1597 m)
   1¹/₂ bis 2 Std., Wegspuren unmarkiert, unschwierig.

Die Baita del Fop erreicht man auf dem Verbindungsweg (R 293) zwischen Rif. Leten und Rif. Vaccaro (³/₄ bzw. 1 Std.). Von dort steigt man auf dem Wiesenrücken westl. der Baita del Fop auf Wegspuren erst nach NO und dann nach N zum Ostgrat der Cima del Fop hinauf und erreicht von dort in wenigen Min. den Gipfelrücken. Dieser Weg ist vor allem zum Abstieg geeignet, wobei das Dach der großen Baita del Fop richtungweisend ist.

● **1028   Monte Secco, 2266 m**

Östl. der Cima del Fop liegt der Monte Secco als Eckpfeiler über dem Val Canale und dem Valle Seriana. Lohnender Aussichtsgipfel!

● **1029 Vom Rif. Vaccaro** (1519 m)
   2¹/₂ Std., unmarkiert, unschwierig.

Von der Hütte steigt man auf Wegspuren nach N zur obersten Alm mit großer Pozza (1649 m), geht dann schräg nach rechts auf erdigem, breitem Viehweg zum Ostgrat und steigt südl. unter diesem zur Cima Vaccaro (1957 m) mit kleinem Kreuz hinauf. Dann folgt man auf gutem Steig dem Grat nach NW über einen Gratbuckel zum P. 2108, wo der Grat nach N biegt. Über mehrere Gratbuckel steigt man weiter, nur selten in die Ostflanke ausweichend, bis zum P. 2216 mit großem Eisenkreuz etwas nördl. unterhalb. Hier macht der Grat einen Knick nach W. Etwa 50 Hm steigt man nach W ab und jenseits des flachen Sattels wenige Meter leicht durch gestuften Fels und über Gras zur Kuppe des ersten der beiden gleich hohen Gipfel des Monte Secco. Zum zweiten steigt man etwa 25 Hm in eine Scharte ab und drüben durch die grasdurchsetzte Südwestflanke zum Gipfel hinauf.

● **1030   Monte Alben, 2019 m**

Der südlichste Zweitausender der B.A. ist eine mehrgipfelige Kalkfelsbastion mit mächtigen, zerklüfteten Graten, die zwischen dem Val Serina und dem Val del Riso liegt. Der gern besuchte, freistehende Gipfel bietet eine großartige Gipfelrundschau.

● **1031 Vom Col di Zambla** (1290 m)
   2¹/₂ bis 3 Std., markiert, unschwierig.

Auf der Fahrstraße vom Col di Zambla nach SW zum Passo della Crocetta (1267 m, etwa 1 km). Etwas westl. davon beginnt der Steig (Ww.), der mit roter Mark. erst durch Laubwald und Büsche, dann über gerölldurchsetzte Grashänge nach NW aufsteigt. Auf etwa 1530 m vereinigt er sich mit dem Weg vom Col di Zambla und führt ziemlich steil zum Col dei Brassamonti (1755 m) hinauf. Danach quert man in den Talkopf des Val Piana und steigt nahe an dem etwas südl. gelegenen, verschlossenen Biv. Nembrini (1700 m) vorbei zum Passo la Forca (1848 m). Hier zweigt nach rechts der Weg zum Nordgipfel „La Croce" (1978 m) ab, während der Steig zum Hauptgipfel nach S recht kurzweilig auf und neben dem Grat, einmal durch ein Loch unter einem Klemmblock hindurch, zum Hauptgipfel mit Kreuz führt.

● **1032 Vom Bivacco Testa** (1490 m)
1½ Std., markiert, unschwierig.

Von der kleinen Hütte am Monte Secretondo führt der Steig Nr. 530 „Sentiero d'Alben" (Ww.) recht kurzweilig am Südostgrat über mehrere Felsbuckel und Scharten und über einen Wiesenhang auf der Ostseite bis zu einem massigen Felsturm, den man westseitig umgeht. Den nächsten Gratfelsen umgeht man ostseitig und steigt zu einer tieferen Scharte hinab. Über mehrere kleine Buckel gelangt man zum Gipfelaufbau und steigt nach rechts (O) zum Kreuz hinauf.

● **1033 Monte Suchello, 1541 m**

Pyramidenförmiger Aussichtsgipfel im verlängerten Südgrat des Monte Alben.

● **1034 Von Aviatico** (1022 m)
1½ bis 2 Std., markiert, unschwierig.

Von der Kirche in Aviatico zu den obersten Häusern und auf dem Weg Nr. 525 nach N zur „Forca di Aviatico" (1160 m). Man folgt weiterhin dem Steig Nr. 525 (Ww. „Monte Alben"), der nach N an mehreren Roccoli vorbei meist auf der Ostseite des Grasgrates zum Sattel „Forcellino" (1203 m) führt. Danach läuft der Steig am Grat zu einem weiteren Sattel mit den Hütten der „Stalla Suchello" (1352 m, links). Am grasigen Grat gelangt man dann über den Vorgipfel (1505 m) zum letzten Grateinschnitt und schließlich über etwas Fels leicht zum Gipfel.

● **1035 Monte Cornagiera, 1312 m**

Schöner Felsgipfel westl. über Gazzaniga im unteren Valle Seriana bzw. nordöstl. von Selvino. Dem mit leichter Kletterei erreichbaren

Hauptgipfel sind ostseitig markante Felstürme vorgelagert, die kurze Kletterrouten bieten.

● **1036 Von Aviatico/Cantul** (1012 m)
   1 Std., markiert, I.

Im Ortsteil Cantul am südl. Ortsrand von Aviatico zweigt nach O die Straße nach Amora und Ganda ab. Im Zwickel zwischen den Straßen beginnt mit einer Treppe der rotweiß mark. Weg Nr. 537 und führt nach O. Nach einer Alm und einer Jagdhütte hält sich die Mark. bei der ersten Wegteilung an den Weg nach links (N), der über Geröll an den Klettertürmen vorbei in eine Blockmulde unter den Wänden des Cornagiera führt. In dieser Mulde erst nach N weiter und dann über eine griffige Felsstufe zum Nordgrat. Auf diesem etwa 100 m nach S bis zu einer Scharte, danach durch eine Rinne etwas abwärts und schließlich zum Gipfel hinauf.

● **1037   Canto Alto, 1146 m**

Unmittelbar nördl. von Bergamo erstreckt sich ein Grat von W nach O, dessen markante Eckpunkte der Canto Alto und das Corna di Filaressa bilden. Diesen Hausberg von Bergamo kann man auf vielen Wegen erreichen, z.B. auf dem Weg Nr. 533, der vom Ortsteil Monterosso in Bergamo durch die Südflanke aufsteigt, oder schattiger und kürzer von Poscante aus, das auf der Nordseite liegt. Vom Gipfel überschaut man die meisten Gipfel der B.A. und blickt über Bergamo und die Tiefebene bis zum Apennin.

● **1038 Von Poscante** (440 m)
   2¹/₂ bis 3 Std., markiert, unschwierig.

Vom Dorfplatz in Poscante (Zufahrt von Zogno) auf der Straße 3 Min. nach O bis vor die Brücke. Dort rechts über eine Seitenbrücke (gelber Pfeil) und geradeaus im Hohlweg und auf zerfurchtem Saumpfad nach S aufwärts. Später ein Stück flach am rechten (orogr. linken) Rand einer Schlucht bis zu deren Ende und weiter nach SO aufwärts, erst im Wald und dann an einer Alm (760 m) vorbei, zum Sattel mit Kapelle und Ww. (890 m). Dort wendet man sich nach rechts (W) und folgt dem Pfad, der in Auf und Ab am Grat zum Monte del Cavallo (991 m) und weiter zum Canto Basso (901 m), zu dem man vom Sattel auch nordseitig queren kann, führt. An den Stalle di Braghizza (1095 m) vorbei gelangt man schließlich zum Gipfel des Canto Alto mit großem Kreuz.

● **1039   Corna di Filaressa, 1133 m**

Im Ostgrat des Canto Alto, der etwas nach S ausholt und dann nach

NO weiterläuft, liegt der leicht erreichbare Felsgipfel des Corna di Filaressa.

● **1040 Von Poscante** (440 m)
 2 Std., markiert, unschwierig.

Wie bei R 1038 zum Sattel mit Kapelle. Nun nach links (NO) über Wiesen an einer Alm und einer Pozza vorbei zu einem weiteren Sattel und von dort den blauen Mark. folgend am Grat bzw. südl. davon zum Felsgipfel mit großem Metallkreuz.

● **1041 Von Monte di Nese** (800 m), 1 Std.

Den Weiler Monte di Nese erreicht man auf der Straße von Alzano im Valle Seriana. Von dort steigt man auf einem Saumpfad zu dem nordwestl. gelegenen Sattel mit Kapelle. Weiter wie bei R 1040.

In der Campelli-Resegone-Gruppe:

● **1042 Monte Venturosa, 1999 m**

Westl. über dem Valle Brembana erstreckt sich zwischen dem Val Torta und dem Val Taleggio von N nach S ein Felsgrat, der seinen Höhepunkt im Monte Venturosa erreicht. Vom Gipfel großartiger Panoramablick.

● **1043 Von Pianca bzw. den Case Buffalora** (810 m und 1070 m)
 2¹/₂ bzw. 3¹/₂ Std., markiert, unschwierig.

Zufahrt: Von San Giovanni Bianco etwa ¹/₂ km nach W ins Val Taleggio und dann rechts (Ww.) zum nordwestl. gelegenen Pianca. Bei der Kirche Parkplatz und Brunnen. Von Pianca folgt man der Schotterstraße zu den Häusern von Brembella, davor in einer Kehre nach links hinauf und an der Casera Piazzo vorbei bis oberhalb der Häuser von Buffalora (bis hierher, 3¹/₂ km, fahrbar). Dort, wo die Straße sich senkt, zweigt an einer scharfen Linkskurve der rot mark. Weg links ab, der im Wald nach NW zur Baita della Vecchia (1380 m) führt. Danach steigt man wieder im Wald in Kehren nach W zum Passo Grialeggio hinauf (1707 m). Nun nach N der gelben Mark. folgend östl. des Grates an der Baita Venturosa (1834 m) vorbei über die Grashänge zum Gipfel mit Eisenkreuz.

● **1044 Vom Monte Cancervo** (1835 m)
 1 Std., markiert, unschwierig.

Vom Gipfel nach N der gelben Mark. folgend über einen Vorgipfel und dann westl. des Grates bis zu einer breiten Rinne, die steil zum Passo Grialeggio (1707 m) hinabführt. Weiter wie bei R 1043.

● **1045 Vom Passo Baciamorti** (1540 m)
  1½ Std., markiert.

Vom Sattel nach SO auf dem Steig Nr. 102 unter der Hochspannungsleitung querend in die Westflanke des Venturosa und dort über zwei Felsscharten, durch eine breite, steile Grasrinne und über zwei kleine Rippen schließlich nach O zur großen Alm mit Wellblechdach (1834 m). Von hier entweder auf einem Pfad (Pfeil) nach N direkt zum Gipfel oder nach O durch kupiertes Gelände zur Baita Venturosa und von dort zum Gipfel.

● **1046   Monte Cancervo, 1835 m**

Der Südgrat des Monte Venturosa erreicht am Monte Cancervo seinen Höhepunkt, ehe er sich zerteilt und in ungemein zerklüfteten Felswänden zur tiefen, engen Schlucht „Orrido d'Enna" abfällt. Im O breiten sich unter den Gratfelsen wunderschöne Almflächen mit mehreren kleinen Bergdörfern aus. Eine reizvolle Tagestour ergibt der Rundweg von Pianca auf den Monte Cancervo mit Übergang zum Monte Venturosa und Abstieg nach Buffalora/Pianca.

● **1047 Von Pianca** (810 m)
  1½ Std., markiert, unschwierig.

Wie bei R 1043 nach Pianca. Von dort auf dem Weg Nr. 102 durch die oberen Häuser des Dorfes nach NW über Wiesen an einer Alm vorbei zum Wald. Nun nach W über eine Grasrippe bis unter die Felswände und in einer steilen Grasrinne bis zum Fuß eines Turmes. Dort nach links queren und (bei Wegteilung rechts) den Steilhang empor bis zu einer Scharte. Am Fels Sicherheitsketten. Bei einer kleinen Madonna gelangt man auf den Südgrat (etwa 1500 m) und damit auf die buckligen Wiesenflächen mit schöner Flora. Bei der Wegteilung in der Mulde hält man sich rechts und steigt an einer grünen Blechhütte vorbei durch niederen Wald und kupiertes Gelände nach NO zu einem Sattel. Von diesem erreicht man in Kürze das Metallkreuz auf dem nördl. gelegenen Gipfel.

● **1048   Pizzo Grande, 1571 m**

Südl. des Val Taleggio erstreckt sich von N nach S über dem Valle Brembana ein langer mehrgipfeliger, zu Unrecht bergsteigerisch vernachlässigter Felsgrat, dessen nördlichste Erhebung den Namen Pizzo Grande trägt. Der Pizzo Grande beherrscht mit seinen nach N und O abbrechenden, stark zerklüfteten hellen Felswänden die Kulisse von San Giovanni Bianco. Vom Tal ist das große Gipfelkreuz, das etwas nordöstl. des Gipfels auf einem Sporn steht, gut zu sehen. Großartiger Gipfelblick! Die reizvolle, einsame Überschreitung vom Pizzo Grande über den Monte Sornadello und Monte Foldone bis zum Castello della Regina und zum Rif. dei Lupi di Brembilla am Grat bzw. östl. darunter ist unschwierig und erfordert lediglich Orientierungsvermögen (nur auf der Nordseite des Sordanello und am Gipfelaufschwung des Castello della Regina schlägt man sich weglos durch die Büsche, den Monte Foldone umgeht man westseitig auf einem guten Steig).

● **1049 Von Cornalita** (563 m)
   3 Std., teilweise markiert, Trittsicherheit!

Cornalita liegt westl. über San Giovanni Bianco und ist mit Fahrzeug erreichbar. 100 m vor der Kirche zweigt rechts der Weg ab, der durch die Häuser und dann über Wiesen nach W zum Brunnen am Waldrand führt. Auf der Wiese bleibend geht man zur Baita auf 650 m hinauf, quert dort in die bewaldete Schlucht und kreuzt oberhalb den Bach. Bei den folgenden Pfadteilungen immer links halten und in den Talschluß steigen. Der Steig wird nun markanter und ist mit roten Punkten mark. Über unwegsames Gelände schlängelt er sich recht steil und etwas ausgesetzt durch die wilden Felsklippen des „Vagome". Auf etwa 1200 m betritt man die freien Flächen südöstl. des Pizzo Grande, wo sich an Birken und Kalkfelsen große Mark. befinden, die für den Abstieg wichtig sind. Von hier weist das große Metallkreuz des Gipfels den weglosen Aufstieg durch den Waldgürtel und über den Grashang nach oben.

● **1050   Castello della Regina, 1424 m**

Schöner Aussichtsgipfel südl. des Monte Foldone, der einen mächtigen Felsgrat nach W entsendet, in dem der Felsturm des Corno Camoscera (1343 m) ein großes Kreuz trägt.

● **1051 Vom Rif. Lupi** (1260 m)
   3/4 Std., markiert, unschwierig.

Am zunächst noch flachen Grasgrat geht man nach N und steigt dann über einige leichte Gratfelsen zum Gipfel hinauf.

● **1052   Monte Zucco, 1232 m**

Markanter Aussichtsgipfel, der zwischen Zogno und San Pellegrino westl. über dem Valle Brembana dominiert.

● **1053 Von Sant'Antonio Abbandonato** (987 m)
   1 1/2 Std., markiert, unschwierig.

Östl. der Kirche beginnt der gelb mark. Weg, der nach NO durch Wald zur Casa di Prisa Bassa (1023 m) führt. Dann schlängelt er sich flach nach NO nach Foppi (1120 m) mit Kapelle und dem Rif. CAI di Zogno. Anschließend gelangt man über eine mit Felsbrocken übersäte Wiese auf die freie Fläche mit dem privaten Rif. GESP (Gruppo Escursionisti San Pellegrino) und geht weiter zum Westgrat des Zucco, an dem man auf den Weg trifft, der von San Pellegrino heraufkommt, und gelangt am etwas felsigen Grat zum Gipfel mit riesigem Kreuz, Kapelle und kleiner Schutzhütte.

● **1054**　　　　　**Monte Ubione, 895 m**

Nordwestl. über der Mündung des Valle Imagna in das Valle Brembana liegt der schöne Aussichtspunkt Monte Ubione.

● **1055　Von Sopra Corna** (544 m)
　　　1 Std., markiert, unschwierig.

Von Ubiale am Westufer des Brembo führt eine schmale Straße zum südwestl. gelegenen Ortsteil Sopra Corna. Von dort folgt man dem flachen, mark. Steig nach W zu dem Sattel unter den Roccoli della Passata (727 m). Hier wendet man sich nach links (S) und steigt am bewaldeten Gratrücken, zum Schluß steiler, zum Gipfel mit Aussichtspavillon hinauf.

● **1056**　　　　　**Monte Magnòdeno, 1234 m**

Schöner Aussichtsgipfel südöstl. über Lecco, der im verlängerten Südwestgrat des Monte Resegone liegt. An seinem Gipfel befindet sich ein großes Metallkreuz und das Biv. Magnòdeno, eine aus zwei Räumen bestehende Hütte, von denen der immer zugängliche Raum mit Tisch, Bänken und Betten ausgestattet ist. Zisternenwasser.

● **1057　Von Lecco, Ortsteil Maggiànico** (244 m)
　　　2½ Std., markiert.

200 m südl. der Kirche zweigt von der Via Pietro Mascagni ein gepflasterter Saumpfad nach O ab (von dem wenig oberhalb der Weg Nr. 28 links abzweigt) und führt als Weg Nr. 29 weiter nach NO durch Stangenwald aufwärts. Bei der Wegteilung auf 640 m zweigt der mit roten Punkten mark. Klettersteig „Via Attrezzata Geremia Ghislanzoni" links ab. Der Weg Nr. 29 führt danach zu einem Gratrücken, hinter dem die kleine Hütte „Bivacco Mario Corti" (900 m) liegt. Auf diesem Gratrücken läuft der mark. Steig nach N zur Schulter „la Forra" (etwa 1000 m) und zum Punkt „Tre Croci". Am folgenden Sattel mündet der Weg Nr. 28 und an der nächsten Schulter (etwa 1100 m) die Via Attrezzata ein. Die Felstürme am Grat ostseitig

umgehend gelangt man schließlich zum Gipfel mit Kreuz und Hütte. (Auch der Weg Nr. 28, der weit nach N ausholend die Felsrampen umgeht und an der Quelle am Corna Marcia (770 m) vorbeiführt, ist ausgezeichnet mark.)

● **1058   Monte Resegone, 1875 m**

Der Resegone ist ein langgezogener, von Nord nach Süd gerichteter Höhenrücken, der östl. über Lecco liegt. Dieser mehrgipfelige, gezackte Felsgrat aus Dolomitkalk bietet interessante Wege und Klettermöglichkeiten, die durch sechs Klettersteige ergänzt werden. Den höchsten Punkt bildet die Punta Cermenati, auch Monte Serrada genannt. Unmittelbar darunter liegt das Rif. Azzoni und etwas südöstl. unterhalb die Ruine des Rif. Daina. Vom Gipfel großartiger Panoramablick über die Seen und die lombardische Tiefebene bis zum Apennin und zu den südlichen Alpengipfeln Monviso bis Monte Rosa, auf die Grigne und die herausragenden Gipfel der B.A., Corno Stella, Pizzo del Diavolo di Tenda, Pizzo Arera und Monte Alben. Anstiege siehe Rif. Azzoni (R 319 und 1206-1209).

● **1059   Monte Due Mani, 1657 m**

Bergrücken nordöstl. von Lecco, an dessen Südgrat ein Klettersteig installiert ist. Am Gipfel mit großem Kreuz steht ein kuppelförmiges Plastik-Bivacco (siehe R 316). Vom Gipfel unvergleichliche Tiefblicke in die Täler und auf die Seen der Tiefebene und ein Bergpanorama, das von den Bergamasker Gipfeln über den Apennin und Gran Paradiso bis zu den markanten Felsgipfeln der benachbarten Grigna reicht.

● **1060 Von den Casere di Maggio** (800 m)
2¹/₂ Std., teilweise markiert, unschwierig.

Von den Casere (östl. von Balisio, Straße) wandert man auf einem Saumpfad nach SO durch Wald zur Capanna Riva Foppa (980 m) und in Kehren am Osthang bis zur großen Wiesenmulde „Foppa" mit mehreren Almgebäuden in der Nordflanke des Zucco di Desio. Nach NW weitergehend gelangt man auf etwa 1250 m auf den Nordgrat, wo der Weg Nr. 31 von W kommend einmündet. Am Grat steigt man nun nach S durch Buschwerk und über Lichtungen zum Nordgipfel, dem Zucco di Desio (1655 m), hinauf. Von dort nach S zu einem kleinen Sattel hinunter und hinüber zum Gipfel mit großem Metallkreuz und Bivacco.

● **1061 Von der Straße nach Morterone** (860 m)
2¹/₂ Std., markiert, von 980 bis 1340 m Klettersteig (R 1205).

20 m vor dem Kilometerstein 5 beginnt ein versteckter Pfad und führt von der Ausweichstelle steil hinauf zum Hochspannungsmast und ab den Felsen mit roter Mark. durch eine steile Grasrinne zu einem kleinen Sattel (980 m). Dort quert man nach rechts zum Einstieg an einem schönen Felsturm und klettert den Ketten nach, ziemlich anspruchsvoll und luftig, durch die Westwand hinauf. Es folgt dann eine Reihe von kurzen Rippen, die von Rinnen und steilen Grashängen unterbrochen sind (auf 1150 m links vom Weg die „Grotta"). Auf 1250 m erreicht man eine Gratschulter und auf etwa 1340 m endet der versicherte Steig. Von dort steigt man unschwierig am Grat zum Vor- und Hauptgipfel hinauf.

● **1062 Von der Straße nach Morterone** (1100 m)
 1¹/₄ Std., markiert, unschwierig.

Von der Straße nach Morterone zweigt nach 9,3 km, vor einer Linkskurve, mit Ww. ein Steig ab, der mit roter Mark. am Südhang querend nach NW zur Bocch. di Desio (1325 m, mit Alm und Ww.) führt. Von dort steigt man über den Osthang erst durch Buschwerk und dann am steilen Grashang zum Sattel nördl. des Gipfels und über den Grasgrat zum Gipfel mit großem Kreuz und Bivacco.

● **1063 I Canti, 1563 m**

 Der Kamm, der das Valle Imagna vom Val Taleggio trennt, erreicht in „I Canti" seinen höchsten Punkt, der ein lohnendes Panorama auf die Bergketten über den angrenzenden Tälern und besonders nach SW auf die Felsmauer des Resegone gewährt.

● **1064 Von Fuipiano** (1019 m)
 1¹/₂ Std., markiert.

Vom Dorfplatz in Fahrtrichtung weiter, dann die Via Milano in Kehren hinauf, die nach etwa 100 Hm endet. Dort beginnt der Weg Nr. 579, der zunächst dem Almweg nach NNW folgt. Oberhalb der Gebäude auf der ausgedehnten Almfläche zweigt in einer Kehre vor der Querung der Schotterfelder ein mark. Steig ab, der ziemlich steil nach N zur Bocca del Grassello (1390 m) führt. Dort nach rechts (O bis SO) auf dem Weg Nr. 571 durch Niederwald und über einen Wiesenhang zum grasigen Grat und zum Doppelgipfel mit Bronze-Madonna auf Natursteinsockel.

● **1065 Monte Aralalta und Pizzo Baciamorti,
   2006 m und 2009 m**

Zwillingsgipfel in dem Höhenzug, der sich vom Monte Venturosa nach W bis zum Zuccone dei Campelli erstreckt. Im Gegensatz zur felsigen, stark gegliederten und zerklüfteten Nordseite über dem Valtorta zeigt sich die sanft in das Val Taleggio abfallende Südseite als bezaubernde Almlandschaft. Von den Gipfeln großartige Aussicht.

● **1066   Vom Passo di Baciamorti** (1540 m)
1¹/₂ Std., teilweise markiert, unschwierig.

Auf dem Höhenweg „Sentiero delle Orobie Occidentali", R 1108, zum Plateau mit der Baita Cabretondo (1869 m). Dort verläßt man den mark. Weg und steigt nach N am Grasgrat zum Monte Aralalta und zum nordöstl. gelegenen 3 m höheren Pizzo di Baciamorti.

● **1067   Vom Rif. Gherardi** (1650 m)
1¹/₂ Std., markiert – unmarkiert, unschwierig.

Wie bei R 634 zur Bocch. di Regadur. Dort trifft man auf den „Sentiero delle Orobie Occidentali" mit Mark. Nr. 101, dem man nach NO zur Baita di Cabretondo (1869 m) folgt. Weiter wie bei R 1066.

● **1068   Monte Sodadura, 2010 m**

Leicht erreichbarer Aussichtsgipfel zwischen Monte Aralalta und Zuccone dei Campelli unmittelbar westl. über dem Passo Sodadura. Am Gipfel Bronze-Madonna auf moderner Eisenplastik.

● **1069   Vom Passo Sodadura** (1867 m)
20 Min., spärlich markiert, unschwierig.

Vom Sattel steigt man am schuttigen Grat etwas mühsam zum Gipfel hinauf.

● **1070   Zuccone dei Campelli, 2161 m**

Massiges Kalkmassiv im O über den Piani di Bobbio bzw. südl. des Pizzo dei Tre Signori, das am Zuccone dei Campelli die größte Höhe erreicht. In seinem Westgrat liegt der Zucco di Pesciola (2092 m), durch dessen Wände interessante Kletterrouten und ein anspruchsvoller Klettersteig führen. Ein Stück weiter nördl. zweigt vom Hauptgrat nach W der Grat zum Zucco Barbesino ab, der ebenfalls eine Reihe von Kletterrouten aufweist. Den nördl. Endpunkt bildet das Corna Grande, dessen Südgrat vom Höhenweg „Sentiero delle Orobie Occidentali" überquert wird.

● **1071   Vom Rif. Lecco** (1777 m)
1¹/₄ Std., markiert, unschwierig.

Von der Hütte geht man nach O in das Valle dei Camosci und steigt in diesem auf dem immer steiler werdenden mark. Steig durch eine breite Schuttrinne, die nach SO zum Vorgipfel führt und etwas links (nördl.) davon in der Bocch. dei Camosci (2130 m) endet. Rechts auf dem Vorgipfel P. 2159 Kreuz. Den Hauptgipfel erreicht man über einen Gratbuckel (nordseitig Kette). Großartige Sicht auf Grigna, Monte Legnone, Tre Signori, Ponteranica, das oberste Valle Brembana mit seinen Gipfeln (herausragend Pizzo del Diavolo di Tenda, Cima di Menna, Monte Alben usw.)

In der Gruppe der Grigne:

● **1072**   **Monte Coltignone, 1479 m**

Höchste Erhebung zwischen Lecco und den Piani dei Resinelli. Der nach NW flache Gipfel bricht nach S und O in stark gegliederten Felswänden ab, die unzählige Klettermöglichkeiten bieten. Auf der Nordseite weist der vom TCI eingerichtete Parco Valentino mit schönem Blumengarten auf die artenreiche Flora hin.

● **1073**   **Von den Piani dei Resinelli** (1278 m)
        1 1/4 Std., markiert.

Vom Kirchplatz geht man nach S am Rif. S.E.L. und dem Hochhaus vorbei weiter nach SW zum Museo della Grigna (1364 m). Bei der folgenden Straßenteilung hält man sich rechts und gelangt sanft steigend, wobei die Straße in einen Saumpfad übergeht, zum „Belvedere" genannten Klippenrand über dem Lago di Lecco. Dort wendet man sich nach links (O), wandert über den Felswänden zum Roccolo di Coltignone und zum südöstl. gelegenen Gipfel hinauf. Ein hübscher Rundweg ergibt sich, wenn man absteigend vom Roccolo nach NO zur Cima Calolden quert und über deren Nordhang zum Museo zurückgeht (insgesamt 2 1/4 Std.).

● **1074**   **Grigna Meridionale, 2184 m**

Über dem Ostufer des Comer Sees erhebt sich die reizvolle Gruppe der Grigne, deren Gipfel den See um 2000 Hm überragen. Der auch Grignetta genannte Südgipfel entsendet vier interessante Grate: Über den Nordgrat führt die „Traversata Alta" bis zur 4 km entfernten Grigna Settentrionale. Der Südostgrat, die Cresta Sinigaglia mit den Torrioni Magnaghi und dem Sigaro, grenzt zusammen mit dem Südgrat, der Cresta Cermenati, den tiefen, wilden Canalone Porta ein. Den schönsten Felsgrat bildet die Cresta Segantini, die sich nach W zum Comer See hin erstreckt. In der Südwestflanke zwischen Cresta Cermenati und Cresta Segantini liegen zahllose bizarre Felstürme, die Bergwanderer und Kletterer gleichermaßen anzie-

hen. Der Klettersteig „Direttissima" führt diagonal durch diesen ein-
zigartigen, überdimensionalen Klettergarten. Vom Gipfel mit dem
Bivacco Ferrario wunderbare Rundschau vom Monte Legnone über
Pizzo dei Tre Signori, Zuccone dei Campelli und Resegone, auf die
Tiefebene mit ihren Seen und in der Ferne zeigen sich die Apenni-
nen und die höchsten Gipfel der Alpen.

● **1075 Vom Rif. Carlo Porta** (1426 m)
   2 Std., Normalweg markiert, unschwierig.

Über die Cresta Cermenati: Von der Hütte steigt man auf dem Weg
Nr. 7 (Ww.) nach N durch Wald zu einer Wiesenfläche und weiter zu
einem Rücken mit Latschen hinauf. Über den felsdurchsetzten
Grasrücken aufwärts an der Wegteilung zur Cresta Sinigaglia vorbei zur Einmündung des Sentiero Cecilia (2090 m). Danach gelangt
man durch eine breite Rinne bis zum kurzen felsigen Gipfelgrat,
dem man nach rechts zum Gipfel folgt.

● **1076 Von den Piani dei Resinelli** (1278 m)
   2¹/₂ bis 3 Std., Klettersteig markiert, Trittsicherheit!

Auf dem Höhenweg „Alta Via delle Grigne", R 1145.

● **1077 Vom Rif. Rosalba** (1730 m)
   2 Std., markiert, unschwierig, Trittsicherheit!

Wie bei R 657 zum Colle Valsecchi (1898 m). Von dort entweder auf
dem „Sentiero Cecilia", Weg Nr. 10, südl. unter der Cresta Segantini
nach O zur Cresta Cermenati und wie bei R 1075 zum Gipfel, oder
Über die Bocch. del Giardino: Auf der „Alta Via delle Grigne",
R 1150 (in Gegenrichtung), zur Bocchetta (2004 m), wo man auf die
„Traversata Alta" trifft. Dort wendet man sich nach rechts (SO),
steigt auf dem Weg Nr. 7 an dem Landeplatz für Rettungshubschrauber vorbei und quert östl. des Grates nach links zum Canalino Federazione, einer Felsrinne, die zur Cresta Sinigaglia hinaufführt. Nach rechts (SW) hinauf erklimmt man dann mit Hilfe von
Ketten den gestuften Gipfelaufbau.

● **1078 Von der Bocch. del Giardino** (2004 m)
   ¹/₂ Std., unschwierig.

Wie bei R 1077.

● **1079   Grigna Settentrionale, 2410 m**

Dieser auch Grignone genannte Nordgipfel der Grigne, dessen drei
ausgeprägte Grate eine schöne Pyramide bilden, ist die höchste Erhebung in der Gruppe der Grigne. Wenige Meter unterhalb des Gipfels steht auf der Südseite das große Gebäude des Rif. Brioschi.

Über den langen Südgrat, der die Verbindung zur niedrigeren Grigna Meridionale herstellt, verläuft der Panoramaweg „Traversata Alta". Die freie Lage des Gipfels gewährt ein unvergleichliches Panorama: Über 400 Gipfel kann man in der Runde sehen von den Konturen des Apennin über den Monviso, vom Monte Rosa zum Matterhorn, vom Berner Oberland zum Adula, vom Splügen über Bergell, Disgrazia und Bernina bis zum Adamello, und in der Nähe Monte Legnone, Pizzo dei Tre Signori, die weiteren Gipfel der Orobie bis zum Pizzo di Coca und Diavolo, die Bergamasker Gipfel bis zur benachbarten Grigna Meridionale, während sich in der Tiefe die Seen der Brianza, der untere Teil des Lago Maggiore, der Comer See und das dicht besiedelte Valsassina ausbreiten. Die Anstiege von den 6 umliegenden Hütten sind beim Rif. Brioschi (R 348 bis 355) beschrieben.

● **1080   Pizzo della Pieve, 2257 m**

Der Nordostgrat der Grigna Settentrionale endet in dem massigen Pizzo della Pieve, auch Grigna di Primaluna genannt, der zum Valsassina in gewaltigen Felswänden abbricht. Für Geübte ist der Gipfel ohne besondere Schwierigkeiten erreichbar.

● **1081   Von der Bocch. di Nevaio** (2315 m)
   20 Min., unmarkiert, unschwierig.
Von der Scharte folgt man dem Steig, der nach NO teils am Grat, teils auf der Südseite über drei Gratbuckel leicht abwärts zum unscheinbaren Grasgipfel führt.

● **1082   Cima del Palone, 2089 m**

Der Pizzo della Pieve entsendet nach NW einen mächtigen Felsgrat, der sich jenseits des Passo di Val Cügnoletta zur Cima del Palone aufschwingt. Danach fällt er, sich massig nach N ausbreitend und zerteilend, zum Valsassina ab. Vom Gipfel schöne Aussicht auf den Lago di Como, die Westalpen, auf Monte Legnone und Tre Signori, die Orobie bis zur Redorta-Gruppe und auf den gegenüberliegenden Zuccone dei Campelli.

● **1083   Vom Rif. Bogani** (1816 m)
   ³/₄ Std., teilweise markiert, unschwierig.
Von der Hütte folgt man dem Weg zum Passo di Val Cügnoletta (mark. mit zwei roten Strichen und roten Punkten) nach SO durch buckliges Gelände bis zur Hochfläche der Foppe. Etwa unterhalb der Mitte des Westhanges des Palone biegt in einer Mulde ein Steig nach links ab und quert den gerölldurchsetzten Grashang ziemlich

flach nach N zur Bocch. del Palone und führt dann über den Nordwestgrat zum Gipfel.

● **1084**   **Monte Pilastro, 1826 m**

In der Verlängerung des Nordwestgrates der Grigna Settentrionale liegen nahe beieinander die leicht erreichbaren, schönen Aussichtsgipfel Monte Pilastro und Monte Croce (1779 m). An letzterem befindet sich ein großes Kreuz und eine Schutzhütte.

● **1085 Vom Rif. Cainallo** (1241 m)
    1 Std., markiert, unschwierig.

Wie bei R 359 bis zum Wegkreuz (1525 m), an dem der Weg zu den Hütten in das Valle dei Molini wechselt. Man verläßt vorher den Weg und folgt dem mit roten Dreiecken mark. Steig, der auf der Westseite der Costa Grumelone nach SWS führt, hält sich bei der folgenden Wegteilung links und gelangt zur breiten Kuppe des Monte Pilastro. Empfehlenswerter Abstieg: Nach SW zum großen Kreuz des Monte Croce (1779 m) und an der kleinen Schutzhütte „Baitello dell'Amicicia" (1750 m) vorbei zum Monte Saetta (1604 m). Danach Abstecher zur Grotta Cànoa (1404 m) und an der Quelle „Sorgente di Orscellera" vorbei zum Parkplatz unter der Bocch. di Moncòdeno (1436 m). Für den ganzen Rundweg 3 Std.

Blick vom Pizzo di Rodes auf die Pyramide des Pizzo del Diavolo di Tenda.

VI. Höhenwege

In der Zeit von 1972 bis 1988 wurden in den zum Wandern hervorragend geeigenten B.A. insgesamt acht Höhenwege empfohlen. Das Angebot reicht vom Vierstunden- bis zum Zehntageweg, vom durchgehend einheitlich mark. Wanderweg von Hütte zu Hütte bis zum Trekking auf gedachter Linie durch teilweise schwieriges Gelände. Soweit die Ausgangs- und Endpunkte der Höhenwege nicht identisch sind, kann man die Verbindungsstrecken mit öffentlichen Verkehrsmitteln (meist Autobus) bewältigen. Bei der Planung sollte man die sehr unterschiedlichen Öffnungszeiten der Hütten beachten und im Zweifelsfall Biwakausrüstung mitnehmen, da nicht alle Hütten über Winterräume verfügen! Die vier Höhenwege, Alta Via della Valsassina, Sentiero delle Orobie Occidentali, Sentiero delle Orobie und Itinerario Naturalistico „Antonio Curò", kann man miteinander zu einer Durchquerung der B.A. vom Monte Legnone bis zum Passo del Vivione bzw. Passo d'Aprica verbinden.

Alta Via della Valsassina

Dieser 1986 eingerichtete, mit Mark. und großen Hinweis-Tafeln versehene Höhenweg im westlichsten Teil der Orobie umfaßt drei bis vier Tages-Etappen. Er verläuft als interessanter Panoramaweg vom Monte Legnone bis zu den Piani di Bobbio größtenteils auf den Graten und erreicht am Pizzo dei Tre Signori seinen Höhepunkt. Das Begehen dieses Höhenweges ist unschwierig und verlangt lediglich Ausdauer und Trittsicherheit. Die erste, sehr lange Etappe läßt sich durch den Abstieg zum Rif. Pizzo Alto (R 416) und den Aufstieg zum Pizzo Alto (auf R 416 + 710) in zwei Tagesetappen mit 6 Std. bzw. 7 bis 8 Std. aufteilen.

1. Etappe: Rif. Roccoli Lorla – Rif. Varrone
9 bis 10½ Std.

● **1101 Vom Rif. Roccoli Lorla zum Monte Legnone**
3½ Std., markiert, unschwierig.

Von der Hütte (1463 m) folgt der gut mark. Weg dem Westgrat des Monte Legnone nach O und verläuft meist in der Südflanke, erst durch lichten Lärchenwald und dann über Wiesen zu den Almen der Piazza Agrogno (1675 m und 1845 m). Danach etwas steiler zum Felsendurchlaß „Porta dei Merli" (2129 m) hinauf und von dort auf der Südseite unter dem Grat zum Bivacco Ca' de Legn' (2146 m) queren. Der Steig führt nun am felsigen Grat weiter, gelegentlich in die Südflanke ausweichend, zum Vorgipfel (2529 m) und schließlich über leichte Felsen zum Gipfel (2609 m).

● **1102 Vom Monte Legnone zum Pizzo Alto**
2¹/₂ bis 3 Std., markiert, unschwierig.

Vom Gipfel (2609 m) führt der mark. Steig nach SO über etwas Blockgestein und Schotter hinab zu dem Sattel auf 2300 m und dann an den „gallerie" vorbei (an ausgesetzten Stellen kurze Ketten) zur Bocch. del Legnone (2238 m). Am Grat weiter über die Cima del Moncale (2306 m) zur Bocch. del Deleguaccio (etwa 2200 m). Von dort nach S am Bivacco del Lago (Minibiwak auf 2150 m) vorbei zum unteren der Laghetti di Deleguaccio (2096 m) hinab, danach durch eine steile, erdige und schuttige, mit Ketten gesicherte Rinne zum oberen See aufsteigen und über Blockgestein zum namenlosen Sattel im Westgrat der Cima del Cortese (2300 m, Übersichtstafel) hinauf. Nun der rotweißen Mark. folgend über Blockgestein durch die Nordseite der Cima del Cortese zur nächsten Scharte, bei der man wieder auf die Südseite wechselt. Nun in Auf und Ab über mehrere Rippen in der Südflanke bis unter den Gipfel des Pizzo Alto queren und zu dessen Gipfelkreuz (2512 m) hinaufsteigen.

● **1103 Vom Pizzo Alto zum Monte Rotondo**
2 bis 2¹/₂ Std., markiert, unschwierig.

Vom Pizzo Alto (2512 m) der rotweißen Mark. folgend an einer ersten Scharte vorbei und zu einer zweiten, engeren mit Übersichtstafel hinab. Von dort mittels Ketten zum P. 2457 hinauf, dann über Felsen abwärts und südseitig zu einem Rücken, an dem der Grat einen Knick nach NO macht. Teils am Grat, teils südl. darunter, an ausgesetzten Stellen mit Ketten versichert, zum P. 2309 mit großem Steinmann hinab. Danach über einen weiteren Gratrücken zur Bocch. di Taéggio (2293 m, Ww. nach S zum Baitello). Nun wieder aufwärts, meist in der Südflanke, und nach einem Zwischengipfel wieder zum Grat aufsteigen (nochmals Übersichtstafel) und am Grat bleibend zum Gipfel des Monte Rotondo (2495 m) mit großer Madonna.

● **1104 Vom Monte Rotondo zum Rif. Varrone**
2 bis 2¹/₂ Std., markiert.

Am Grat bzw. etwas südl. davon führen die Mark. zur südöstl. gelegenen Bocch. Stavello (2201 m) hinunter. Von dort auf der „strada militare" ein Stück nach S, bis der rotweiß mark. Höhenweg nach links abzweigt und leicht abwärts den weiten Talschluß des Valle di Fraina umrundet. Wieder ansteigend unterhalb der Bocch. di Colombana (2227 m) queren, von der eine andere „strada" herabkommt, der man absteigend ein Stück folgt. Danach führt der Steig durch den Nordwesthang des Pizzo della Cassera (P. 2321) bis zum Passo della Cassera (2075 m). In das Val Varrone wandert man über die Almwiesen erst nach S, dann O, zu den Casere Larec (1840 m) hinab, geht vom dahinterliegenden Sattel noch ein Stück nach O und schließlich zum Rif. Varrone (1672 m) hinunter.

2. Etappe: Rif. Varrone – Rif. Grassi
3 bis 4¹/₂ Std.

● **1105   Vom Rif. Varrone zur Bocch. di Piazzocco**
1¹/₂ bis 2 Std., markiert.

Von der Hütte (1672 m) links (orogr. rechts) vom Bach talaufwärts am Südhang des Pizzo Mellasc in Kehren nach O aufsteigen, unterhalb der Bocch. di Trona vorbei und nach SO auf mark. Steig durch einige Felsmulden zum Rif. Falc (2120 m) und zur darüberliegenden Bocch. del Varrone (2126 m). Dort nach S wenden und durch die Ostflanke des Pizzo Varrone zur nahen Bocch. di Piazzocco hinauf (2252 m).

● **1106   Von der Bocch. di Piazzocco zum Rif. Grassi**
2¹/₂ Std., markiert, unschwierig bzw. I-, Trittsicherheit!

Von der Bocch. di Piazzocco (2252 m) folgt man den rotweißen Mark. mit Nr. 7 nach SO, die über zwei Kuppen und gerundete Felsrippen an der Cresta di Piazzocco bzw. etwas östl. davon aufwärts leiten. Zum Schluß steigt man über grobkörnige schräge Platten zum Gipfel mit großem Kreuz. Traumhaftes Panorama (siehe R 732)! Dann am Westgrat auf der „Via del Caminetto" über leichte Felsen und durch einen schluchtartigen tiefen Kamin zur Bocch. Alta (2235 m, siehe R 735) hinab und am flachen Grat nach W über die Cima di Camisolo (2157 m) zum Rif. Grassi (1987 m). Bei schlechtem Wetter kann man von der Bocch. di Piazzocco direkt zum Westgrat des Monte dei Tre Signori queren, siehe R 432, nur in umgekehrter Richtung!

3. Etappe: Vom Rif. Grassi zu den Piani di Bobbio
2 bis 2¹/₂ Std., markiert.

Hier entspricht der Verlauf der Alta Via della Valsassina dem des Sentiero delle Orobie Occidentali, nur in entgegengesetzter Richtung. Siehe R 1110.

Sentiero delle Orobie Occidentali

Der 1975 vollendete Höhenweg Sentiero delle Orobie im Zentrum der B.A. hat durch die Einrichtung des „Occidentali" im westl. Teil eine sehr schöne Ergänzung erhalten. Er umfaßt sechs Etappen, beginnt bei Cassiglio im Val Torta, läuft durchgehend mit Nr. 101 mark. in weitem Bogen nach W ausholend zum Pizzo dei Tre Signori, dann auf der Südseite des Hauptkammes der Orobie nach O und endet am Rifugio Calvi. Der Weg ist unschwierig und verlangt lediglich etwas Ausdauer und Trittsicherheit.

1. Etappe: Von Cassiglio zum Rif. Cazzaniga
4¹/₂ bis 5¹/₂ Std.

● **1107   Von Cassiglio zum Passo di Baciamorti**
2 bis 2¹/₂ Std., markiert, unschwierig.

Auf der Fahrstraße am See (620 m) vorbei in das Valle di Cassiglio und zu den Ferienhäusern hinauf (etwa 750 m). Der folgende Steig Nr. 101 führt auf etwa 900 m nach SW in das felsige Bachbett und steigt am Gegenhang nach NW ausholend im Wald nach S weiter an. Bei knapp 1300 m am Nordhang des Monte Venturosa nach W zu einer Felsscharte und im nächsten Talkessel zu einer Felsrinne. Jenseits der Rinne durch Latschen und Buchen um eine Rippe zu einer weiteren Rinne (oberhalb mächtiger Felsturm), diese ebenfalls queren und anschließend nach NW an einem Hochspannungsmast vorbei zum Wiesensattel (1540 m) hinauf.

● **1108   Vom Passo di Baciamorti zum Rif. Cazzaniga**
2¹/₂ Std., markiert.

Vom Paß nach W, nicht auf dem Pfad, der direkt in den Hang führt, sondern am Wiesengrat ein wenig hinauf zu den Mark. Nr. 101 und diesen folgen. In der Südflanke sanft ansteigend an der Baita Rudera (1613 m) und einer Pozza vorbei, danach über zwei Rinnen und allmählich steiler zum Plateau mit der Baita Cabretondo (1869 m).

Über felsdurchsetztes Gelände nach SW zur Bocch. di Regadur (1853 m), dann teilweise nordseitig zu einem namenlosen Sattel, von dem man über weite Wiesenflächen zum Passo Sodadura (1867 m) wandert. Durch die Nordflanke des Monte Sodadura querend zu den ausgedehnten Flächen des Piano d'Artavaggio und zum nordwestl. gelegenen Rif. Cazzaniga (1889 m).

2. Etappe: Vom Rif. Cazzaniga zum Rif. Grassi
4¹/₂ bis 5¹/₂ Std.

● **1109   Vom Rif. Cazzaniga zu den Piani di Bobbio**
   2¹/₂ bis 3 Std., markiert, unschwierig.

Von der Hütte nach N zur Bocca di Campelli (1913 m) am Fuß des Ostgrates des Zuccone dei Campelli. Unter den Felswänden des Zuccone auf gut mark. Steig in ständigem Auf und Ab nach NW und zur Bocch. Corna Grande (2008 m) empor. Absteigend hält man sich an den rechten Rand der felsdurchsetzten Mulde, durch die man zu den Skiliften auf den Piani di Bobbio und auf der Lifttrasse zur Cappella della Madonna delle Nevi (1650 m) hinabgeht.

● **1110   Von den Piani di Bobbio zum Rif. Grassi**
   2 bis 2¹/₂ Std., markiert.

Von der Kapelle auf den Piani di Bobbio (1650 m) nach N der Mark. Nr. 36 folgend, der sich später die „101" zugesellt, auf gutem Steig am Passo di Cedrino vorbei zum Passo Gandazzo (1700 m, Wegteilung zum Rif. Buzzoni). Am folgenden Rücken ziemlich steil hinauf und am Osthang des Zucco del Corvo zum Passo del Toro (1920 m). Danach am oberen Ende zerklüfteter Rinnen nach links, etwas durch Felsen und den Wiesenbuckel des Monte Foppabona umrundend zur Bocch. di Foppabona (1985 m) am Südrand des Talkessels des Val Foppabona. Von hier sieht man bereits die Hütte (1987 m) liegen, zu der man noch in die Mulde absteigen, den Graben queren und am Gegenhang aufsteigen muß.

3. Etappe: Vom Rif. Grassi zum Rif. Benigni
3¹/₂ bis 4 Std.

● **1111   Vom Rif. Grassi zur Bocch. Alta**
   1 Std., markiert.

An den ehemaligen Abbaustätten von Bleiglanz vorbei nach NO zum Westgrat des Pizzo dei Tre Signori und am Grat nach O über die Cima di Camisolo (2157 m). Danach wandert man an dem steinübersäten Plateau des „Castel Reino" vorbei, findet am nächsten Grateinschnitt einen Grenzstein von 1776 mit der Aufschrift „Stato Veneto/Stato di Milano" und gelangt zur Bocch. Alta (2235 m).

● **1112   Von der Bocch. Alta zum Rif. Benigni**
2¹/₂ bis 3 Std., markiert, unschwierig.

Der Weg zum Gipfel des Pizzo dei Tre Signori bleibt hier am Grat, während die Sentiero delle Orobie Occidentali rechts abzweigt und über die Wiesenhänge oberhalb der gewaltigen Felsrampen durch die Südflanke nach O bis zum Südostgrat führt. Absteigend wendet man sich dann nach N und quert das Valle dell' Inferno auf etwa 2050 m, wobei man den Weg Nr. 106 kreuzt (Quelle). Die Mark. 101 führt nun am Gegenhang nach NO über zwei steile Grasrippen, über Wiesenhänge und Geröll und einen kleinen Grasgipfel zur Bocca di Trona (2224 m) am Fuß der Cima Orientale di Piazzotti (Ww.). Am Ende der folgenden Hochfläche von der Bocch. di Piazzotti (2190 m) in Richtung NO zur Wegteilung (Ww.) und auf Grasbändern zum nördl. gelegenen Rif. Benigni (2222 m).

4. Etappe: Vom Rif. Benigni zur Ca' San Marco
3¹/₂ bis 4 Std.

● **1113   Vom Rif. Benigni zum Passo Salmurano**
¹/₂ Std., markiert, unschwierig.

Von der Hütte folgt man der Mark. 101 zu einer Mulde, steigt nach SO darin ab, durch die folgende Felsrinne ziemlich steil hinunter und quert vom unteren Ende der Rinne zum nordöstl. gelegenen Passo Salmurano (2017 m, Ww.) mit Kreuz, Madonna und Hochspannungsleitung.

● **1114   Vom Passo Salmurano zur Ca' San Marco**
3 bis 3¹/₂ Std., markiert.

Vom Paß nach O am Grat des Monte Valletto etwas aufwärts, dann im Bogen nach S zu einer Grasrippe queren, auf dieser ein Stück absteigen, nach O weiter über einen Graben und hinab in einen Talkessel mit Unterstand unter großen Felsblöcken. Danach über einen Grassattel mit Tümpel zu den weiten Hochflächen des Monte Avaro (rechts unterhalb das Rif. Albergo Monte Avaro mit Skiliften). Nun umwandert man den Triomen (von der Ostschulter faszinierender Blick über den Passo San Marco auf die Disgrazia!) bis zur Hochfläche der Baita Foppa unterhalb der Laghi di Ponteranica (Ww., der Abstecher zu den Seen ist empfehlenswert!). Am Ostrand der Hochfläche führen die Mark. über den Bach und im Valle Ponteranica ein Stück abwärts. Dann nach N den Monte Colombarolo umrunden und hinab zum Piano dell'Acqua nera (etwa 1760 m). Über die Südhänge der Alpe Cul läuft der Steig schließlich nach O zur Ca' San Marco (1830 m).

5. Etappe: Von der Ca' San Marco nach Foppolo
7¹/₂ bis 8 Std.

● **1115   Von der Ca' San Marco zur Forcella Rossa**
4 bis 4¹/₂ Std., markiert, unschwierig.

Auf dem alten Saumpfad zum Passo San Marco (1992 m) und auf der Straße etwa 100 m nach NO zur Abzweigung des Weges Nr. 101. Die reichliche Mark. führt nach O durch den Talkopf des Valle d'Orta zum Südgrat des Monte Fioraro, folgt diesem nach N bis zum tiefen Einschnitt und auf der Ostseite über die Grashänge zur nordöstl. gelegenen Casera Fioraro. Nun oberhalb von Bachrinnen nach SO zur deutlichen Scharte des Passo della Porta (2028 m), danach zu einer Weidefläche mit Stallgebäude und weiter in die große Mulde mit mehreren Almhütten (1970 m). Jenseits des Baches auf den gezackten Felsgrat zu und nach SO über Blockgestein in die Scharte links vom südlichsten Felskopf (P. 2112 = Südgipfel des Monte Azzaredo, schöner Aussichtspunkt!). Dann zur Baita Piedevalle (1944 m) absteigen und oberhalb der Almhütte nach SO über einen Wiesenrücken auf die Hänge unter dem Monte Rotondo. Beim nächsten Sattel zweigt der Weg Nr. 111 ins Tal ab, während der Nr. 101 am Laghetto di Cavizzola (1920 m) und dem Cascinetto dei Siltri vorbei zur Forcella Rossa (2055 m) führt, die zwischen dem Pizzo Rotondo und Cima dei Siltri liegt.

● **1116   Von der Forcella Rossa zum Passo di Tartano**
1 bis 1¹/₂ Std., markiert.

Von der Forcella führt die Mark. Nr. 101 nach NO abwärts an einem Tümpel oberhalb der Baita Camoscio (1824 m, R 199) vorbei und sanft steigend im Bogen nach O auf der Zufahrt zu den drei Almhütten von Sant'Antonio. Danach auf schmalerem Weg um eine Felsnase, kurz durch lichten Wald und nach N über die Wiesen zur Alm auf 1791 m und in angenehmer Steigung zum Passo di Tartano (2108 m) mit Kreuz und Schützengraben.

● **1117   Vom Passo di Tartano zum Passo di Porcile**
1 Std., markiert.

Vom Paß der Mark. 201 am Grat nach O folgen, am Ende des flachen Gratstückes etwas steil in die Nordwestflanke des Monte Valegino hinab und oberhalb des Geröllfeldes und des obersten der drei Laghi di Porcile nach SO queren. Auf etwa 2170 m wendet sich der Steig nach O, quert ein Geröllfeld und felsiges Gelände und führt dann wieder in Richtung SO zum Passo di Porcile (2290 m).

● **1118   Vom Passo di Porcile nach Foppolo**
1¹/2 Std., markiert.

Auf der Südseite quert der mit Nr. 201 mark. Steig erst nach O und führt dann über grobes Geröll nach S hinunter zur großen Baita di Cadelle (2059 m). Auf etwa 1800 m wechselt er auf die linke Bachseite, läuft ein Stück durch Nadelwald und führt schließlich zu den absurden Appartementhäusern von Foppolo (1508 m, am Kirchplatz Fremdenverkehrsbüro, Geschäfte und Albergo).

6. Etappe: Von Foppolo zum Rif. Calvi
5¹/2 bis 6 Std.

● **1119   Von Foppolo zum Lago del Prato**
4 bis 4¹/2 Std., markiert.

Vom Ostrand des Ortes auf dem breiten, mit Nr. 205 mark. Weg nach O zu dem deutlichen Einschnitt des Passo della Croce (1953 m). Vom Paß führt der Saumpfad (Mark. 208 und 101) erst nach NO, umrundet dann immer auf der Höhe bleibend den ganzen Talkessel des Valle di Carisolo und erreicht als schmaler Steig mit kurzem Steilanstieg den Südwestgrat des Monte Chiarico. Nun folgt der Steig dem Grat ein kleines Stück aufwärts, quert nach O die Wiesenhänge in der Südflanke des Monte Chiarico, führt allmählich abwärts und über einen kleinen Sattel durch Wald nach NO in das Valle di Sambuzza hinab. Jenseits des Baches zur Baita vecchia (1862 m) und links vom Bach talwärts bis zu einem Stall (1750 m), bei dem sich die Wege 208 und 209 trennen. Vorsicht: Am Ende des Gebäudes zweigt der mit Nr. 208 mark. Steig im rechten Winkel nach links (O) ab und führt durch lichten Wald, über Wiesen und durch eine nasse Rinne zur Casera dei Dossi (1704 m, an den Wochenenden bewirtschaftet) und bequem weiter zur obersten Kehre des Fahrweges zum Rif. Longo. Rechts am Waldrand zur Straßenteilung hinunter und auf der Schotterstraße, die von Carona kommend zum Staudamm des Lago Fregaboglia führt, talaufwärts über den Bach zur großen Kurve am Lago del Prato (1650 m).

● **1120   Vom Lago del Prato zum Rif. Calvi**
1¹/2 Std., markiert.

In der Kurve am Lago del Prato zweigt der Weg Nr. 101 (Ww.) nach N ab und zieht sich dann als gut mark. Pfad rechts (orogr. links) oberhalb des Torrente Brembo durch die bewaldeten Hänge nach O. Später schlängelt er sich nach NO durch Buschwerk und lichten Lärchenwald den Hang hinauf, führt auf freier Fläche an den aufgelassenen Unterkünften des Staudammbaues vorbei und eine Almzufahrt kreuzend zur Fahrstraße zum Staudamm. Vom Parkplatz, der wenige Min. weiter östl. unter der Staumauer liegt, hinauf zum Nordende des Staudammes und am Hang über dem Nordufer des Lago di Fregaboglia bequem zum Rif. Calvi (2015 m), das ein Stück hinter dem See über dem kleinen Lago Rotondo liegt.

Sentiero delle Orobie

Abwechslungsreicher Höhenweg im Zentrum der B.A., der 1975 eingerichtet wurde. In sieben Tagesetappen wandert man von Hütte zu Hütte aus dem südl. Kalkgebirge durch die seenreichen Regionen über dem Valle Brembana bis unter die höchsten, kristallinen Gipfel der Orobie (höchster Punkt des Weges 2712 m) und kehrt schließlich östl. des Valle Seriana in den Bereich des Kalkes zurück. Den reizvollen Abschluß bildet der Klettersteig „Sentiero della Porta", der durch die Nordwände der Presolana führt und am Passo della Presolana endet.

1. Etappe: Von Valcanale zum Rif. Laghi Gemelli
4¹/₂ bis 5¹/₂ Std.

● **1121 Von Valcanale zum Rif. Corte und zum Rif. Gemelli**
4 bis 5¹/₂ Std., markiert.

Beim Parkplatz (etwa 1050 m) oberhalb Valcanale beginnt der Saumpfad mit Mark. Nr. 220, der nach W bequem zum Rif. Alpe Corte (1410 m) führt. Der folgende Weg Nr. 216 quert 10 Min. weiter talaufwärts den Bach und führt über Geländestufen zu den Almböden der Baita Corte di Mezzo (1669 m) und Baita Corte alta (1885 m). Unter der Ostwand und dem Nordwestgrat des Monte delle Galline aufsteigend führt er dann zum Passo dei Laghi Gemelli (2139 m), an dem die geologisch bedingten landschaftlichen Gegensätze deutlich werden: Im S dominieren die lichten Kalkgipfel der Areragruppe und im N dagegen die dunkleren kristallinen Berge mit ihrem großen Wasserreichtum. Vom Paß führt der Weg Nr. 216 zum nördl. gelegenen Stausee Laghi Gemelli hinab, vereint sich über dem Westufer mit dem Weg Nr. 215 und läuft über Blumenwiesen (purpurner Enzian!) zum Rif. Laghi Gemelli (1968 m), das nordwestl. über der Staumauer liegt.

2. Etappe: Vom Rif. Laghi Gemelli zum Rif. Calvi
4 bis 5 Std.

● **1122   Vom Rif. Laghi Gemelli zum Dosso dei Signori**
   2½ bis 3 Std., markiert.

Von der Hütte (1968 m) führt der mit Nr. 213 mark. Weg nach NW zum Lago Casere (1784 m) hinab und zum Westufer des Lago Marcio (1841 m). Hinter dessen Staumauer abwärts bis zur Wegteilung auf etwa 1750 m (Ww.), von der der weiterhin mit Nr. 213 mark. Weg mit Brücken und Tunneln nach N und in Auf und Ab im Bogen nach O zum Lago Sardegnana führt. Dort jenseits der Staumauer am Gegenhang (Ww.) durch Lärchenwald hinauf zum nördl. gelegenen, namenlosen Sattel (1860 m) östl. des Monte Sardegnana. Auf der Nordseite führt der Steig 130 Hm abwärts und schlängelt sich dann am Hang nach O zum Sattel (1770 m) beim Dosso dei Signori. Kurz vorher mündet der von Carona kommende Weg Nr. 247 ein.

● **1123   Vom Dosso dei Signori zum Rif. Calvi**
   1½ bis 2 Std., markiert.

Vom schmalen Sattel weiter nach N zum Abfluß des Lago dei Frati, nach dem der Weg Nr. 236 in das Valle dei Frati abzweigt. Bei dem folgenden kleinen Stauwehr wendet sich der Weg nach NO und führt oberhalb der Baita della Capra zum Fahrweg am Gegenhang hinauf. Ein Stück weiter östl. mündet der Sentiero delle Orobie Occidentali (Nr. 101) von N ein, und gemeinsam mit diesem (R 1120) zum Nordende der Staumauer und über dem Nordufer des Lago Fregaboglia zum Rif. Calvi (2015 m).

3. Etappe: Vom Rif. Calvi zum Rif. Brunone
4 bis 5 Std.

● **1124   Vom Rif. Calvi zum Biv. Frattini**
   2½ bis 3 Std., markiert, unschwierig.

Von der Hütte (2015 m) zum Lago Rotondo hinab und der Mark. 225 folgen, die vom Abfluß des Sees über Felsplatten (Ww.) nach O in Auf und Ab weiterführt und nach den beiden Almhütten (1958 m) das Schotterbett des Brembo quert. Am Gegenhang steil aufwärts die Wasserfälle umgehen und später nach NO am Bach entlang.

Dort, wo das Gelände flacher wird, den Bach kreuzen und an einem
Tümpel vorbei in den Felsenkessel unter den Felswänden des Pizzo
Poris und des Diavolino. Am linken Rand des Kessels führt die
Mark. zu einer schwarzen Schuttreiße und zum südwestl. gelegenen, markanten Passo di Valsecca (2496 m, R 516) hinauf. Auf der
Ostseite durch kleine Rinnen, über Schotter und Gras schräg abwärts und zum Schluß wenige Meter aufwärts zu dem vom Paß bereits gut erkennbaren orangefarbenen Bivacco Frattini (2125 m) am
schmalen Grat zwischen Diavolino und Pizzo Tendina.

● **1125   Vom Bivacco Frattini zum Rif. Brunone**
1¹/₂ bis 2 Std., markiert, unschwierig.

Von der Biwakschachtel führt der Steig nach N über Schotter abwärts, quert zwei Bachrinnen und führt auf einem Felsband in die
tiefe Schlucht des Valle del Salto (1900 m; die bis in den Sommer
mit Schnee gefüllte Rinne weit oben queren!). Nach kurzem Gegen-
anstieg durchläuft der Sentiero in leichtem Auf und Ab die langen
Südostflanken des Pizzo Gro und der Cima Soliva bis zur Bachrinne, die sich von der Bocch. di Cantonasc herabzieht, und führt zusammen mit dem von Fiumenero kommenden Hüttenanstieg (Weg
N. 227) zum nahen Rif. Brunone (2295 m) hinauf.

4. Etappe: Vom Rif. Brunone zum Rif. Coca
4 bis 5 Std.

● **1126   Auf dem „Tracciato alto"**
markiert, unschwierig, Trittsicherheit!

Von der Hütte (2295 m) führt der Steig Nr. 302 nach OSO am Hang
entlang und über Geröll zu den Felsen in der Westflanke des Pizzo
di Redorta. Dort nach S durch eine Schuttrinne zu einer Terrasse
hinauf (Steinmann). Danach weniger steil über Platten und Bänder
auf eine Gratrippe und oberhalb der Abstürze in das Valle dei Secreti nach O zu einem Sattel und dicht unter den Felswänden, die
den kleinen Gletscher Vedretta dei Secreti begrenzen, zum Gletscher (große Mark. an der Felswand). Nun entweder den Gletscher
überqueren oder auf der Stirnmoräne (Steinmann) umgehen und
über die Felsrampe hinauf nach S zum großen Grateinschnitt der
Sella dei Secreti (etwa 2650 m, zwischen P. 2802 und P. 2686). Danach das Geröll des Valle Antica nach O queren und über hellen
Schotter zum „ol simàl", dem höchsten Punkt des Weges (2712 m,
Steinmann). Jenseits durch die lange, steile Schuttrinne nach NO
in das große Kar des Val del Fosso absteigen und dort eine Schutt-
barriere und eine blockige Rinne (meist Schnee) nach N bis zum

Gegenhang queren. Vom Kar nach NO durch eine Felsrinne zum Sattel „Forcellino" (2575 m) empor, den östl. die wilden Felsen des P. 2616 überragen. Nun führen die Mark. in kurzweiligem Auf und Ab nach N über mehrere Scharten (an heiklen Stellen Drahtseile) zum Ostgrat des P. 2737. An einer Gratrippe ein Stück abwärts, dann nach NW in den großen Geröllkessel unter der Ostwand des Pizzo Redorta und schließlich durch eine Rinne nach O zum Lago di Coca hinunter (Ww.). Von dessen Abfluß dem Bachlauf folgend zum südöstl. gelegenen Rif. Coca (1892 m) hinab.

5. Etappe: Vom Rif. Coca zum Rif. Curò
3 bis 3¹/₂ Std.

● **1127** *markiert, Trittsicherheit erforderlich!*

Von der Hütte 10 Min. am Bach aufwärts und bei dem Felsblock mit Mark. den Bach queren. Der Steig Nr. 303 quert dann am Hang nach O an den Resten einer merkwürdigen kleinen Rundhütte vorbei zu einem Felsenkessel und weiter nach SO zur Scharte nördl. des Corno (2220 m). Von dort quert der Steig nach NO am Hang, steigt zu einer Rinne mit Drahtseil hinauf, umgeht oberhalb einige Felsen und führt zu einem Gratrücken (2325 m). An dem Rücken und in der Nordflanke nach O zum kleinen Stausee hinab, der vom Valmorta gespeist wird. Über dessen Staumauer zum Staudamm des großen Bacino del Barbellino hinauf und am Südufer des Sees zum Rif. Curò (1959 m).

6. Etappe: Vom Rif. Curò zum Rif. Albani
7 bis 8 Std.

● **1128** **Vom Rif. Curò zum Passo della Manina**
   3¹/₂ bis 4 Std., markiert.

Von der Hütte auf dem Weg Nr. 304 nach S abwärts bis zur Wegteilung bei der ersten Kehre (1747 m). Hier zweigt der Sentiero delle Orobie mit Mark. 304 nach S ab. Er quert nun über Geröll und durch einige Rinnen auf den Westhang des Monte Cimone, trennt sich auf etwa 180 m vom Weg Nr. 306, der nach Lizzola führt, und steigt zu einem flachen Sattel (etwa 2200 m) zwischen Monte Cimone und Monte Pomnolo hinauf. Auf der Ostseite führt der Weg über die Grashänge nach S zum Torrente Bondione hinab und kreuzt diesen auf etwa 1600 m. Am Gegenhang schlängelt sich der Weg dann teilweise durch Buschwerk und an einer Alm und ehemaligen Knappenhäusern vorbei nach SW zum Passo della Manina, der südl.

unterhalb einer weithin sichtbaren Kapelle liegt und der den Übergang vom Urgestein zum Kalk darstellt.

● **1129   Vom Passo della Manina zum Rif. Albani**
3¹/₂ bis 4 Std., markiert.

Durch die Nordflanke des Pizzul führt der nun mit Nr. 401 mark. Weg nach SW zur Sella dell'Asta (1968 m). Von dem folgenden Grasplateau mit Tümpel quert man nach S in den weiten Talkessel unter dem Monte Barbarossa, umgeht den Westgrat des Pizzo di Petto und steigt zur östl. gelegenen Scharte (2230 m) zwischen den beiden Gipfeln des Petto hinauf, die letzten Meter durch eine Felsrinne mit Drahtseil. Auf der Ostseite unter dem Monte Vigna Vaga zum Passo di Fontana Mora (2253 m, Ww.) und dann auf der Westseite nach SO bis knapp unter den Gipfel der Cima di Fontana Mora (P. 2354). Dort wechselt der Weg endgültig auf die Ostseite und führt ziemlich flach unter der Ostwand des Monte Ferrante entlang zum Südostgrat des Monte Ferrante. An diesem flachen Grat zum Passo Scagnello (2080 m, Ww.) und schließlich zum östl. darunter liegenden Rif. Albani (1939 m).

7. Etappe:
Vom Rif. Albani zum Passo della Presolana
4¹/₂ bis 5¹/₂ Std.

● **1130   Zum Monte Visolo auf dem „Sentiero della Porta"**
3 bis 3¹/₂ Std., markierter Klettersteig, Trittsicherheit

Von der Hütte auf dem Weg Nr. 402 nach SO am Laghetto di Polzone vorbei über den Colle della Guita (1901 m) zur Schlucht mit dem Einstieg zum Klettersteig. An der rechten Felswand (Bronzetafel) über drei Leitern fast senkrecht hinauf, nach links die Schlucht queren (Vorsicht bei Schnee) und am schrägen Drahtseil zu weiteren Leitern und Drahtseilen, die zu einer Rinne führen, die in den Passo della Porta mündet. Von dort weiter aufwärts zu den Wänden oberhalb, am Steilstück eine 16-m-Leiter, dann etwas ausgesetzt mit weiteren Leitern, Eisenstiften und Drahtseilen, zum Schluß durch einen Kamin zur kleinen Scharte zwischen Gratturm und Felswand. Danach auf einem Band eine Steilrinne queren und mittels Eisenstufen in eine zweite Scharte und durch eine Felsrinne auf den Sporn gegenüber der Nordostwand der Presolana Orientale. Jenseits zu einem Kar hinab, das man meist über Schnee queren muß, und unschwierig um mehrere Rippen allmählich nach S biegend an Drahtseilen zur Bocch. del Visolo (2315 m) hinauf. Von dort nach links

(SO) durch eine Rinne zum nahen Gipfel des Monte Visolo
(2369 m).

● **1131   Vom Monte Visolo zum Passo della Presolana**
  1¹/₂ bis 2 Std., markiert.

Vom Gipfel folgt man der Mark. Nr. 316, die am Südostgrat des Monte Visolo zur Gratschulter P. 1898 führt, dort nach SW in die Flanke
biegt und über die Wiesen des Südhanges zur Malga Cascinelli
(1522 m) hinabläuft. Hier endet der Sentiero delle Orobie offiziell.
Nun entweder auf dem Almweg weiter zum südöstl. gelegenen Passo della Presolana (1297 m) oder von der Malga wie bei R 265 zum
Paß.

Itinerario Naturalistico „Antonio Curò"

Dieser im Herbst 1987 vollendete, ungemein reizvolle Höhenweg
beginnt beim Rif. Curò und führt in zwei Tagen durch eine Gebirgs-
landschaft voller Naturschönheiten über luftige Grate und fünf Pässe nach O zum Rif. Passo del Vivione bzw. nach Schilpario. In den
wechselnden, großartigen Panoramen dominiert im S die mächtige
Kalkfelsmauer der Presolana und im N bis O beherrschen die
Schneegipfel von Bernina, Ortler und Adamello das Bild.

1. Etappe: Vom Rif. Curò zum Rif. Tagliaferri
5¹/₂ bis 6 Std.

● **1132   Vom Rif. Curò zum Passo di Bondione**
  3¹/₂ Std., markiert, unschwierig.

Von der Hütte am Südufer des Lago Barbellino nach O zum Taleinschnitt des Valle della Cerviera. Dort auf dem Weg Nr. 321 nach SO
über Felsrampen an der Wegteilung zum Pizzo Recastello vorbei
und im Valle del Corno weiter über die steinigen Hänge nach O. Der
Steig weicht den folgenden Felsrampen nach S aus, steigt nach SO
zum P. 2581 hinauf, wendet sich dort nach ONO, quert in den Geröllkessel, der vom Südwest- und Südgrat des Pizzo dei Tre Confini
gebildet wird, und führt zur Felsscharte des Passo di Bondione
(2700 m) hinauf.

● **1133   Vom Passo di Bondione zum Rif. Tagliaferri**
  2 bis 2¹/₂ Std., markiert, unschwierig, Trittsicherheit!

Auf der Ostseite leiten die rotweißen Mark. mit Nr. 416 ein Stück in
das Val di Gleno hinab, queren mehrere Felsrippen und führen

dann zum nordöstl. gelegenen Passo del Belviso (2518 m). Von dort quert der Steig Nr. 416 auf der Nordseite des Gratkammes zu einem namenlosen, fast gleich hohen Sattel und führt schließlich südseitig zum Rif. Tagliaferri (2328 m) hinab. Ist auf der Nordseite der Schnee zu hart gefroren, kann man auch auf der Südseite auf mark. Steig zum Passo dei Lupi (2560 m, im Südgrat des P. 2632) queren und absteigen, bis man wieder auf den Weg Nr. 416 trifft.

2. Etappe: Vom Rif. Tagliaferri nach Schilpario
7 bis 7¹/₂ Std.

● **1134   Vom Rif. Tagliaferri zum Passo del Venerocolo**
2 bis 2¹/₂ Std., markiert, unschwierig, Trittsicherheit!

Von der Hütte auf dem rotweiß und mit Nr. 416 mark. Saumpfad bequem zum nordöstl. gelegenen Passo del Vo (2368 m). Erst flach weiter, dann auf der Südseite mit einer großen Kehre zu einem Steinmann hinauf und bis unter den Südostgrat des Monte Demignone (auf etwa 2480 m). Am folgenden Gratstück mit brüchigem Gestein im sehr steilen Gelände Drahtseilsicherung. Danach einen kleinen Felskopf nordseitig umgehen und knapp südl. unter dem Grat leicht abwärts zum Passo del Demignone (2485 m). Weiter unten vom Grat kurz nach links (N) in die große Mulde über den Laghetti di Venerocolo queren, eine Rinne in festem Fels durchklettern und am Hang im Zickzack nach S absteigen, bis man nach NO zum Passo del Venerocolo (2314 m) hinüberqueren kann.

● **1135   Vom Passo del Venerocolo zum Rif. Passo del Vivione**
3 Std., markiert.

Vom Paß weiterhin auf dem Weg Nr. 416 nach SO, erst etwas abwärts, dann ein langes Stück am Hang unter dem Monte Venerocolo zur breiten Mulde unter dem Passo del Sellerino mit den Laghi di San Carlo (2294 m). Danach den Felssporn des Monte Sellerino umgehen und im folgenden großen Kar am Südrand in wenigen Kehren hinauf zum östl. gelegenen Passo del Gatto (2416 m), einer Felsscharte im gezackten Südgrat des Monte Sellerino. Vom Paß führt der breite Saumpfad an den Hängen der Costa di Valbona nach O, umrundet in dem kraterartigen Geröllkessel mit einem Dreiviertelkreis den Lago di Valbona (2055 m), führt durch das Valbona nach S in den Talgrund und läuft flach zum südöstl. gelegenen Rif. Passo del Vivione (1828 m) an der Paßstraße.

● **1136   Vom Rif. Passo del Vivione nach Schilpario**
2 Std., markiert.

Vom Paß nach SW an der Malga di Gaffione (1825 m) vorbei in die Talmulde und auf dem rotweiß mark. Steig Nr. 415 am Grashang hinauf zur schönen Hochfläche mit den Laghi delle Valli zwischen Monte Gaffione und Monte Busma. Vom Südrand dieser Hochfläche führt der Steig durch den Nordhang des Monte Busma nach SO zu den Almwiesen der Capanna bassa del Busma (1782 m), wendet sich dort nach W und quert nochmals die Bachrinne. Danach führt er ziemlich steil nach S am bewaldeten Hang hinab, wendet sich auf etwa 1300 m nach SW und läuft flacher zum Dorf Schilpario, wo er in der Via Sponda endet.

Giro dei Laghi

Der Giro dei Laghi führt in zwei Tagesetappen durch die wasserreiche Region zwischen Valle Brembana und Valle Seriana. Zu dieser gehört eine Reihe meist in Felsen gebetteter malerischer Bergseen, die zur Energiegewinnung aufgestaut wurden. Durch den Bau der Staumauern wurde dieses schöne Wandergebiet erschlossen, ohne seinen romantischen Charakter zu verlieren.

1. Etappe: Von Valgoglio zum Rif. Gemelli
4¹/₂ bis 6 Std.

- **1137   Von der Centrale Aviasco zum Passo del Farno**
  3¹/₂ bis 4¹/₂ Std., streckenweise spärlich markiert.

Von Valgoglio (929 m) auf der Fahrstraße zur westl. gelegenen Centrale Aviasco der ENEL (946 m). Beim Gebäude der Centrale über die Brücke und auf dem mit Nr. 232 mark. Weg in weitem Bogen nach SW und W durch Buchenwald in das Val Sanguigno. Der über dem rechten (orogr. linken) Bachufer verlaufende Steig führt über freie Flächen zur Ruine der Baita Vecchia di Sotto (1412 m), steigt etwas den Hang hinauf, quert eine Bachrinne und umgeht, weiter nach W ansteigend, die Felsausläufer des Monte Crapel. Bei den Hütten der Baita Bindagola (1745 m) wendet sich der Weg nach N, führt zu einer Hochfläche mit Tümpel (etwa 1850 m) und dann nach NW über zwei Geländestufen zur Baita Presponte (2097 m) im obersten Talkessel mit mäanderndem Bach. Von dort führen die allmählich spärlicher werdenden Mark. nach N ausholend zum tief eingeschnittenen Hauptbach, kreuzen ihn und führen über schotterige Rücken und Hänge zum nordwestl. gelegenen, markanten Passo del Farno (2320 m) zwischen Monte Corte und Pizzo del Farno.

Lago del Belviso vom Passo del Vo.

● **1138 Vom Passo del Farno zum Rif. Gemelli**
1 bis 1½ Std., markiert, unschwierig.

Beim besser mark. Abstieg folgt man der Geröllrinne bis sie zu eng und steil wird, quert nach SW hinaus und wandert über die Wiesen an Tümpeln vorbei zum Südende der Laghi Gemelli hinunter. Dann am Ostufer der Laghi Gemelli nach N zur Staumauer und über diese zum weithin sichtbaren Rif. Laghi Gemelli (1968 m).

2. Etappe: Vom Rif. Gemelli nach Valgoglio
5 bis 6 Std.

● **1139 Vom Rif. Gemelli zum Passo d'Aviasco**
1½ bis 2 Std., markiert.

Von der Hütte über den Staudamm (Ww.) und auf dem Weg Nr. 214 nach N und W, den Fuß des Pizzo del Farno umrundend, zum Lago Colombo (2046 m). Vom nördl. Ende der Staumauer führt der Steig nach O am See entlang, wendet sich etwa in der Mitte der Seelänge nach NO über Felsrippen zu der Grasmulde, die sich nach O bis zum Sattel über dem Valle dei Frati hinaufzieht, und quert weiter zum nahen Passo d'Aviasco (2289 m).

● **1140 Vom Passo d'Aviasco zum Rif. Baita Cernello**
2 bis 2½ Std., markiert, unschwierig.

Von der Paßhöhe führt der Weg Nr. 229 nach O in das Talbecken des Lago d'Aviasco (2070 m) hinab, nordseitig an ihm vorbei, überquert danach eine Felsrampe und führt über dem Westende des Lago Nero zum Lago Campelli alto. In Auf und Ab schlängelt sich der Weg dann am Lago Campelli vorbei und nach NO zu einer weiteren Felsrampe hinauf. Über eine sehr steile Treppe (beidseitig Drahtseil) hinab in den Talkessel des Lago Cernello und über dessen Staudamm zum Rif. „Baita Cernello" (1970 m).

● **1141   Von der Baita Cernello nach Valgoglio**
1¹/₂ Std., markiert.

Von der Hütte geht man auf dem Weg Nr. 228 nach S zum Lago Sucotto (1854 m) hinunter, an den Gebäuden der ENEL mit der Materialseilbahn vorbei und kann bei der Wegteilung entweder ziemlich steil auf der Ostseite des Baches direkt zur Centrale d'Aviasco absteigen oder mit Mark. 228 in Kehren nach SO zu den Almwiesen von Foppa (1216 m) und auf einem alten Saumpfad nach Valgoglio (929 m).

Sentiero dei Fiori
4 Std.

Um den Bergfreund in die einzigartige Welt der Bergamasker Alpenblumen einzuführen und den Respekt vor der Schönheit der Natur zu wecken, wurde der „Blumenweg" angelegt. Es ist ein Rundweg auf etwa 2000 m Höhe durch die Westflanke des Pizzo Arera, an dem ein Großteil der artenreichen Flora der B.A. mit nur dort vorkommenden Exemplaren wächst (siehe Flora S.). In Zusammenarbeit mit der Gruppe „Flora Alpina Bergamasca" hat die Provinz Bergamo (Assessorato al Turismo, Via Fratelli Calvi 10, 24100 Bergamo) ein Büchlein mit der Beschreibung des Weges, den Standorten der verschiedenen Arten und farbigen Abbildungen herausgebracht.

● **1142   Vom Rif. Capanna 2000 über die Bocch. di Corna Piana zum Passo Branchino**
2 Std., markiert.

Der Höhenweg beginnt auf dem Grashügel oberhalb der Bergstation des Sesselliftes (Ww.). Mit Nr. 244 mark. quert er das Kar des Val d'Arera zum nordwestl. gelegenen Passo Gabbia (2050 m) im Westgrat des Pizzo Arera und führt im weiten Becken „Mandrone" zur Wegteilung auf einem Hügel. Von dort folgt man dem Weg Nr. 218 (links) abwärts, der zur Bocch. di Corna Piana (2078 m) hinaufführt. Dann nordseitig ziemlich steil abwärts durch das Geröll in der Westflanke des Corna Piana zum Passo Branchino (1821 m) mit dem darunterliegenden, gleichnamigen See.

● **1143 Vom Passo Branchino durch das Val Vedra zur Capanna 2000**
2 Std., markiert.

Auf dem Weg mit Mark. Nr. 222 zu den südwestl. gelegenen Baite Branchino (1844 m) und, ohne viel Höhe zu verlieren, im Val Vedra nach S. Nach etwa 2 km biegt der Weg nach O in das Val d'Arera und führt wieder zur Hütte hinauf.

Alta Via delle Grigne

Durch den als Kletterparadies bekannten Gebirgsstock der beiden Grigne, der an den Comer See grenzt und durch die Valsassina von den übrigen B.A. getrennt ist, führt ein landschaftlich, geologisch und botanisch unvergleichbar reizvoller, durchgehend mark. Höhenweg. In vier Etappen von Hütte zu Hütte steigt er aus der üppigen Vegetation über dem See hinauf in die Region der bizarren Kalkfelstürme an der Grigna Meridionale, führt durch Felsrinnen und auf Klettersteigen zum höchsten Gipfel, der Grigna Settentrionale, und bietet mit der „Traversata alta" über den Verbindungsgrat beider Gipfel einen zauberhaften Panoramasteig, fast 2000 Hm über dem Comer See.

1. Etappe: Von Maggiana zu den Piani dei Resinelli
3¹/₂ bis 4 Std.

● **1144** Vom Parkplatz in Maggiana (340 m, R 122) 50 m nach N (auf den Torre del Barbarossa zu), dann rechts der Mark. folgen, die für den ganzen Höhenweg gilt: blauer Punkt in rotem Quadrat. Auf gutem Weg nach SO zu den Häusern von Lombrino und fast eben weiter an Almen vorbei durch den Kastanienwald von Perla zu den Hütten von Caleggio. Nach kurzem Anstieg quert der Weg im Val Monastero nach O bis zur Brücke über den Torrente Zerbo (531 m) und steigt am Gegenhang zur Wegkreuzung „La Croce" (630 m; vorher quert eine Straße) hinauf. Dort geht der Weg geradeaus eben weiter, quert dicke Druckleitungsrohre, schlängelt sich durch lichten Wald, quert das Val Rialba und führt über eine erste Almlichtung zur zweiten Alm „Sagomet" (850 m, schöne Aussicht!). Weiter in Südostrichtung am Rand der Felsrampe Pendoliva zur Cascina

Giordanoni (1030 m), danach erst durch welliges Gelände, dann steiler auf schmalem Pfad durch Birken zur Bocch. di Cascée (1169 m) und schließlich zum Gratrücken hinauf und nach links (NO) zur Bocch. di Val Verde (1287 m), der zum See hin eine Aussichtskanzel vorgelagert ist. Kurz vorher mündet der Weg Nr. 52 ein, der von Lecco durch das Val Verde heraufkommt. Der folgende Saumpfad führt vom Sattel nach NO, flach durch Wald und über Wiesen, und mündet etwa 200 m vor dem Hochhaus in die Via Campelli. Am Hochhaus und dem Rif. Rocca vorbei zum Kirchplatz von Resinelli (1278 m). Von dort (Ww.) zum Rif. Carlo Porta (1426 m), wie bei R 332, 20 Min.

2. Etappe: Von den Piani dei Resinelli zum Rif. Bietti
5¹/₂ bis 7 Std.

● **1145   Von den Piani dei Resinelli zur Grigna Meridionale**
   2¹/₂ bis 3 Std., Klettersteig markiert, Trittsicherheit!

Rechts neben der Kirche (1278 m) auf der Straße (Ww. und Mark.: blauer Punkt in rotem Quadrat) nach N aufwärts an einer Schranke vorbei und bei der ersten Kehre nach N abzweigen. Der Weg läuft dann auf das schuttige Ende des „Canalone Caimi" zu, wo man auf den Weg Nr. 8 trifft (1530 m), der vom Rif. Porta kommt. Nun zieht sich der Klettersteig „Direttissima" (R 336) schräg nach NW über den Südhang der Grigna Meridionale, dem man bis zum Canale d'Angelina (etwa 1750 m, unverkennbar durch den unterhalb stehenden „Fungo" = Pilz), folgt. Dort verläßt man die Direttissima (Ww.), steigt rechts die Rinne hinauf, teils über leichte Felsen, teils etwas mühsam über Geröll, an den eleganten Türmen der Guglia Angelina und Ago Teresita vorbei, bis an den Fuß der Felsen der Cresta Segantini, wo man auf den „Sentiero Cecilia" (Nr. 10) stößt. Diesem folgt man nach rechts (O), umgeht die Felsrippen unter der Cresta Segantini und steigt, zum Schluß ziemlich steil, hinauf zum Südgrat der Gignetta, der „Cresta Cermenati" (2090 m; hier trifft man auf den Weg Nr. 7, R 1075). Diesem Weg folgt man nach N durch eine breite Rinne bis zum kurzen, felsigen Gipfelgrat, der nach rechts zum Gipfel mit großem Kreuz und dem Bivacco Ferrario (2184 m) führt. Großartiges Panorama!

● **1146   Von der Grigna Meridionale zum Rif. Elisa**
   1 bis 1¹/₂ Std., markiert, Trittsicherheit!

Über die nach NO in Felsstufen abfallende Cresta Senigaglia mittels einiger Ketten zum Knick des Grates nach SO und zur darunterliegenden Scharte (2150 m), von der sich der Canalino Federazione

Laghi Campelli am Giro dei Laghi.

nach N hinabzieht. Der Weg Nr. 7 folgt dieser Fels- und Schotterrinne, quert unterhalb zum Grat und führt an dem Landeplatz der Rettungshubschrauber vorbei zur Bocch. del Giardino (2004 m). Dann halbrechts in eine Moränenmulde hinab, die Wiesenhänge queren und wieder zum Grat. Vor dem Einschnitt der Bocch. di Campione (1803 m) Wegteilung zum Rif. Elisa. Mit Mark. Nr. 14 erst auf einer felsigen Rippe abwärts (Kette), dann nach rechts in die Flanke und durch Buschwerk und Birken zur Geröllrinne hinab (1650 m). Am Gegenhang durch geschichtete braune Felsen (Ketten) etwa 40 Hm hinauf und am folgenden Rücken nach NW queren. Von hier zum wilden Canalone Tremare absteigen, nach W hinausqueren und schließlich hinab zu dem unter Bäumen versteckten Rif. Elisa (1515 m), das auf einer Rippe über der tiefen Schlucht des Val del Cornone steht.

● **1147   Vom Rif. Elisa zum Rif. Bietti**
2 bis 2½ Std., markiert, Trittsicherheit!

Von der Hütte auf dem Weg Nr. 16 ein Stück über die Costa dei Chignoli nach N aufwärts und nach NW die Wiesenhänge „Prati alti di Val Meria" und einige Rinnen unter den Felsen des Sasso dei Carbonari querend zu dem von Birken umstandenen Cascinello Michelin (1498 m), das unter den gewaltigen Felswänden des Sasso Cavallo steht. Hinter der kleinen Hütte über eine Rippe in den Canalone di Val Cassina und durch diese wilde Felsrinne über leichte

Felsen und mit Hilfe von Leitern und Ketten nach N zur Bocch. di Val Cassina (1823 m) hinauf. Von hier sieht man bereits das Rif. Bietti (1719 m), zu dem man erst schräg nach rechts auf einem breiten Band durch die Felsrampen absteigt und dann in weitem Bogen, mehrere Rinnen querend, hinübergeht. Dort wunderbar freie Sicht nach W und stimmungsvolle Sonnenuntergänge.

3. Etappe: Vom Rif. Bietti zum Rif. Rosalba
5¹/₂ bis 7 Std.

● **1148 Vom Rif. Bietti zum Rif. Brioschi**
2¹/₂ bis 3 Std., Klettersteig markiert, Trittsicherheit!

Vom Rif. Bietti den Weg des Vortages zurück bis zum Canale della Neve, nach dem sich die Wege Nr. 15 und 16 trennen. Nun der Mark. Nr. 15 folgen, die nach einer weiteren Wegteilung nach S zum Fuß der Felsen des Sasso dei Carbonari und unter diesen nach rechts (SW) zum Grat hinaufführt. Am Grat nach links (O) und zur Scharte (1850 m) mit dem Einstieg zur Via Ferrata „CAI Mandello". Mittels Ketten, einer Leiter und einigen Eisentritten überwindet man den anspruchsvollsten Teil der Ferrata. Danach steigt man über eine steile Rippe durch Latschen und Gras, folgt dann wieder ein Stück dem Grat, erreicht das „Finestra di Sengg" und den zweiten mit Ketten versicherten Abschnitt. Danach hält man sich etwas links unter dem Grat, dem der an schwierigen Stellen versicherte Klettersteig im weiteren Verlauf bis zur Bocch. di Releccio (2263 m) folgt. Von dort auf dem Weg Nr. 33 nach N zum Gipfel des Grignone mit dem weithin sichtbaren Rif. Brioschi (2403 m) hinauf. Vom Gipfel traumhafter Panoramablick!

● **1149 Vom Rif. Brioschi zur Bocch. del Giardino**
2 bis 2¹/₂ Std., markiert, Trittsicherheit!

Der Höhenweg folgt nun dem Panoramaweg „Traversata alta" am Verbindungsgrat zwischen Grignone und Grignetta. Zunächst wieder zur Bocch. di Releccio hinab und weiter nach S zur Bocch. della Bassa mit dem Bivacco Ugo Merlini (2144 m, Wegteilung). Geradeaus auf dem Weg Nr. 7 flach durch die Ostflanke des Zucco di Chignoli bis zu einem Felsbuckel. Dort rechts hinunter und über brüchiges Gestein zu einer Verschneidung, durch die man an Ketten absteigt. Von der nächsten Graterhebung durch Latschen zum Grasgrat des Tremare (1948 m) hinab, von dessen nördl. Ende der Steig zu den Felsen „La Lingua" führt, über die man an Ketten leicht abklettert. Über ein kurzes steiles Grasstück zur Gratschulter „El Sett", die man über brüchige braune Felsen und Geröll ab-

steigend westseitig umgeht. Vom Fuß des Sett über eine Rampe
hinauf zur Bocch. di Campione (1803 m), dem tiefsten Einschnitt
des langen Grates. Oberhalb trifft man auf die Wegteilung zum
Rif. Elisa und geht in umgekehrter Richtung die bereits bekannte
Strecke zur Bocch. di Giardino (2004 m).

● **1150   Von der Bocch. del Giardino zum Rif. Rosalba**
   1 bis 1¹/₂ Std., markiert, teilweise Klettersteig.

Vom Sattel führt der Weg Nr. 11 über leichte Felsen (Kette) und den
steilen Grashang nach SW in das Val Scarettone hinab, biegt auf etwa 1800 m nach links und führt in die Felsen. Auf kurzweiligem Klettersteig mit Ketten und Eisenstufen zum Colle Valsecchi (1898 m).
Dort auf dem Weg Nr. 10, dem „Sentiero Cecilia" rechts weiter und
über Felsbänder auf der Nordseite der Grattürme mit Hilfe einiger
Ketten zum Colle Garibaldi (1824 m). Dann zum nahen Colle Rosalba (1830 m) queren und über Geröll zum Rif. Rosalba (1730 m)
hinab.

4. Etappe: Vom Rif. Rosalba nach Maggiana
2¹/₂ bis 3 Std.

● **1151   Vom Rif. Rosalba**
   markiert, Trittsicherheit!

Vom Rif. Rosalba führt der Weg Nr. 13 nach NW über den Grasrücken der Costa di Pioeucc (gesprochen 'Piötsch' = Läuse) etwa
150 m hinab, bis sich dieser zu einer Rippe verengt. Unterhalb läuft
die Mark. etwa 20 m auf einem schrägen Felsband an den Felsen
abwärts und quert auf etwa 1350 m nach links zum Randrücken des
Val Scarettone. Nach N über diesen zu einem tiefen Seitental, das
man nach links quert, bis man über einen Buckel zu einer steilen
Rinne kommt (Ww.), der man etwa 90 Hm ziemlich steil abwärts
folgt. Aus ihr nach links (NW) heraus, dann durch Wald abwärts, bis
der Weg auf etwa 815 m breiter und flacher wird. Nun nach W an
der Cappella del Signore (810 m) und den Almen von Versarico vorbei zu einer Hochfläche mit Kastanienbäumen. Dort wendet man
sich nach links, steigt kurz in steilen Kehren in welliges Gelände ab
und geht flacher, ein Stück durch Wald, zur Località di Magular
(Holztransport-Lift). Danach führen die Mark. nach links, queren einen Taleinschnitt und führen durch die Nordwestflanke des Zucco
di Manavello zum Roccolo di Val Biga (wo der Weg Nr. 13b von Rongio heraufkommt). Allmählich nach S biegend trifft man auf den
Weg Nr. 12, der durch den Ortsteil Masso nach Maggiana hinabführt. Vom Torre del Barbarossa nach links (S) zum Ausgangspunkt.

Sentiero Bruno Credaro

Der Sentiero Bruno Credaro fällt aus dem Rahmen der bisher beschriebenen Höhenwege heraus und ist besser mit dem Begriff „Trekking" charakterisiert. Er verläuft auf der einsamen Nord- bzw. Veltliner Seite des ganzen Hauptkammes der Orobie, gegenüber den bekannten Bergeller Kletterbergen, 100 km weit über 18 Pässe und Joche von Andalo nahe dem Comer See bis zum Passo d'Aprica. Rund 11.000 Hm sind dabei in zehn Tagesetappen zu überwinden. Die „Veltliner Orobie" sind gekennzeichnet durch kurze, tiefeingeschnittene, wasserreiche Täler zwischen hohen Nordgraten, die mit Ausnahme des Valle del Bitto di Gerola und Albaredo und des Val Tartano verkehrsmäßig nicht erschlossen sind. Der Weg hat keine durchgehende Mark., umfaßt Strecken mit guten, mark. Steigen, aber auch weglose Abschnitte in teilweise wildem, unübersichtlichem Gelände (eine Passage II-) und es liegen nur drei Hütten am Wege. Bei einem Wettersturz ist der Abstieg ins Tal immer möglich. Gute Kondition, Trittsicherheit, Orientierungsvermögen und geeignete Ausrüstung vorausgesetzt, kann dieser Weg zu einem einzigartigen Erlebnis in großer Bergeinsamkeit werden.

1. Etappe: Von Andalo zur Baita del Sugherone
4 bis 5 Std., markiert, mühsam.

● **1152 Von Andalo zur Casera Mezzana**
3 bis 3¹/₂ Std., markiert.

Östl. oberhalb der Piazetta della Chiesa in Andalo (232 m) beginnt der breite, sorgfältig gepflasterte Saumpfad, der mit Mark. Nr. 2 nach S in das Val Lesina hinaufführt und weiter im östl. Zweig des Tales zur großen „Sennerei" Casera di Mezzana (1430 m) aufwärts leitet. Siehe auch R 167.

● **1153 Von der Casera Mezzana zur Baita del Sugherone**
1 bis 1¹/₂ Std., markiert.

Im weiten Talkessel des Val Mezzana, auf der gleichen Bachseite bleibend, mit Mark. Nr. 8 nach S weiter an den Baite del Saldarello vorbei zur Baita del Sugherone (1826 m, R 166, ausführliche Beschreibung bei R 167).

2. Etappe:
Von der Baita del Sugherone nach Ravizze
4 bis 5 Std., teilweise weglos und unmarkiert, Trittsicherheit!

● **1154** Von der Baita Sugherone nach SO über den Bach zu einer breiten Grasrinne. Von deren oberem Ende zieht sich ein Steig nach links (NO) schräg auf den steilen Rücken, über den man zu der Hochfläche und den Geröllfeldern unter dem Westgrat des Monte Rotondo gelangt. Vom oberen Geröllkessel, der vom West- und Nordgrat des Monte Rotondo begrenzt wird, weglos nach O auf den felsdurchsetzten Nordgrat des Monte Rotondo zu und dort über Gras und lockeres Gestein ziemlich steil zum tiefsten Punkt im Grat (etwa 2350 m). Vom Grat nach O absteigen, den Weg zur Bocch. Stavello auf etwa 2100 m kreuzen, auf Wegspuren zur Baita (1906 m) hinab, den Bach in Richtung NO queren und dem mark. Steig bis zur Wegteilung am tiefsten Punkt der Querung (1860 m) folgen. Von dort führt ein rotweißrot mark. Steig im Valle di Pai an den Almen (1726 m und 1597 m) vorbei abwärts, quert auf etwa 1530 m den Bach und führt durch Lärchenwald nach Ravizze (1282 m). (Die kurvenreiche Schotterstraße mündet 2 km nördl. von Gerola Alta in die Talstraße, und 1 km nördl. von Gerola Alta zweigt die Straße ab, die nach Nasoncio am Gegenhang führt, 1½ Std. von Ravizze. Gasthaus in Gerola Alta.)

3. Etappe: Von Nasoncio zur Ca' San Marco
3½ bis 4½ Std.

● **1155** **Von Nasoncio zum Passo di Verrobbio**
3 bis 3½ Std., Weg – Wegspuren, gelegentlich markiert.

Vom Weiler Nasoncio (1080 m), der an dem Höhenrücken liegt, der das Valle di Bomino vom Valle del Bitto di Gerola trennt, führt ein Saumpfad durch Wald nach SO in das Val Bomino. Bei der Wegteilung geradeaus weiter, bis auf etwa 1400 m der Wirtschaftsweg endet. Hier über eine Holzbrücke auf die orogr. rechte Seite des Baches. Nach den letzten Bäumen nicht am Bach bleiben, sondern schräg nach Süden den Wiesenhang hinauf, die Felsenge am Bach umgehend. An einigen Grundmauern von Almen vorbei (die während der kurzen Bewirtschaftungszeit mit primitiven Zeltdächern bedeckt werden) zur Alpe di Bomino (1600 m), wo sich der Talkessel weitet. Unterhalb der Hochleger, immer östl. des Hauptbaches bleibend, auf den Felsenriegel zu, durch den im flacheren, östl. Teil ein alter Saumpfad führt. Weiter auf Wegspuren zum südöstl. gelegenen Passo di Verrobbio (2026 m, links vom Wasserfall), die letzten

Meter auf dem mark. Steig Nr. 161, der vom Lago di Pescegallo kommt.

● **1156 Vom Passo di Verrobbio zur Ca' San Marco**
  3/4 Std., markiert.

Vom Sattel auf dem gut mark. Weg am Südhang der Alpe Cul nach O queren, die letzten 20 Min. auf dem von SW einmündenden Weg Nr. 101 zur Ca' San Marco (1830 m). (Der Urheber des Sentiero Bruno Credaro, Antonio Boscacci/Sondrio, schlägt hier folgenden Übergang vor: „Anstatt zum Passo di Verrobbio steigt man zu einem der beiden Einschnitte im Grat zwischen Monte Verrobbio und Pizzo di Val Carnera. Die Querung des Valle del Bitto di Albaredo ist ziemlich deutlich erkennbar, es sei denn man geht über den Grat, der sich vom Monte Verrobbio nach O erstreckt. In diesem Fall erreicht man problemlos den Passo di San Marco...") Siehe auch R 755 und 756.

4. Etappe:
Vom Passo San Marco zu den Laghi di Porcile
5 bis 5 1/2 Std.

● **1157 Vom Passo San Marco zum Passo di Pedena**
  1 1/2 Std., markiert – unmarkiert, Wegspuren.

(Von der Hütte zum Paß, 1992 m, auf mark. Saumpfad 20 Min.) Vom Paß auf der Fahrstraße 2 km nach N zur ersten Haarnadelkurve (1780 m), von dort erst 75 Hm rechts (orogr. links), dann links vom Bach nach NO zu einem Pfad mit verblaßter roter Mark. und nach O über die Grasrücken zur Alm auf 2010 m. Nun auf Steigspuren hinauf zur Felsscharte Bocch. di Fioraro (etwa 2100 m) rechts des Felstürmchens am rechten (südl.) Ende des horizontalen Gratstückes zwischen Pizzo d'Orta und Monte Fioraro (Azzarini). Auf der Nordseite wenige Meter abwärts, dann auf Wegspuren nach NO queren und über felsdurchsetzte Wiesenbuckel zum flachen Grassattel des Passo di Pedena (2234 m) hinauf. (Boscacci umgeht hier den Nordwestgrat des Pizzo d'Orta, was jedoch recht mühsam und zeitraubend ist.)

● **1158 Vom Passo di Pedena zum Passo del Monte Tartano**
  3/4 bis 1 Std., teilweise markiert.

Vom Passo di Pedena nach SO mit Mark. Nr. 13 über den steilen Grashang (Flora!) hinab zur Almruine (2024 m) im obersten Talkessel des Val di Budria. Von dort auf gutem Steig nach O queren, den ersten Felsgrat umgehen und über den zweiten ein kurzes Stück steil hinauf in die große Mulde mit zwei Tümpeln, nordwestl. des Monte Tartano. Dann nach SO auf den Grat zu, der sich vom Gipfel des Monte Tartano nach N zum Monte Foppone zieht, und zur rechten (südl.) Scharte, dem „Passo del Monte Tartano" (2202 m), hinauf.

● **1159 Vom Passo del Monte Tartano zum Passo di Tartano**
2 bis 2¹/₂ Std., unmarkiert, Wegspuren.

In Richtung SO zu einer Hochfläche absteigen (auf 2100 m) und am Gegenhang, westl. der Bachrinne, auf den Monte Rotondo zu (oben große Steinmannnderln), wo sich im Grat zum Pizzo del Vallone auf 2200 m ein breiter Grassattel nach O öffnet. Über diesen und über die ausgedehnten Hochflächen des Val di Lemma, immer etwas nördl. des Hauptkammes, bis unter den Passo di Lemma (2137 m; von diesem schöner Blick nach S auf die Pegherolo-Gruppe). Auf der Nordseite bleibend, oberhalb der großen Almen des Valle di Lemma, gerade weiter auf die unscheinbare Cima di Lemma bzw. den namenlosen Sattel (2280 m) in ihrem Nordwestgrat zu, der sie mit dem höheren Pizzo Scala verbindet. Auf der Seite des Valle Lunga nach NO bis in die untere Mulde (etwa 2125 m, Steinhütte und Wasserlacke) absteigen und dann nach O leicht abwärts den Grat mit hellen Felswänden umgehend, an zwei Almruinen mit Steinwällen vorbei, bis unter den Passo di Tartano (2108 m). Hier zweigt der Weg zum Rifugio Beniamino im Valle Lunga nach NO ab (R 471).

● **1160 Vom Passo di Tartano zu den Laghi di Porcile**
¹/₂ Std., markiert.

Beim Paß beginnt die gelbe Mark. mit schwarzer Nr. 10, die bis zum Passo di Dordona durchläuft. Zunächst gelangt man auf diesem Weg auf die bezaubernde Hochfläche bei den Laghi di Porcile mit kleinen Almhütten, Wasser und schönen Biwakmöglichkeiten. Ansonsten bietet sich vom Passo di Tartano der Abstieg zum Rif. Beniamino an mit Wiederanstieg zu den Laghi di Porcile (R 475).

5. Etappe:
Von den Laghi di Porcile zum Lago di Publino
5 bis 6¹/₂ Std.

● **1161 Von den Laghi di Porcile zum Passo di Dordona**
1¹/₂ Std., markiert.

Auf dem gelb mark. Steig Nr. 10 am mittleren See (2030 m) vorbei, und nach O auf der linken (orogr. rechten) Seite des Valle dei Lupi zu einer Steinhütte (2135 m). Dann steil hinauf zur engen Scharte der Bocch. dei Lupi (2316 m). Auf der Seite des Val Madre den tiefsten Gratsporn umgehend zum Passo di Dordona (2061 m), der das Val Madre mit Foppolo verbindet. (In Foppolo, 450 m tiefer auf der Südseite, Unterkunft und Proviantkauf möglich, Abstieg s. R 477.)

● **1162   Vom Passo di Dordona zum Passo di Valbona**
1 bis 1¹/₂ Std., teilweise markiert.

Geht man weiter, so quert man nördl. unter dem Passo di Dordona auf Höhe des ersten Hochspannungsmasten (etwa 2000 m), bis man auf einen orangerot mark. Steig trifft, der nach O auf etwa gleicher Höhe bleibend, durch Blockgestein und eine große Felsplatte oberhalb umgehend, in den Kessel „Il Pioder" und zur gleichnamigen Alm (2062 m) führt. Die blasse Mark. verliert sich und man quert nach N die Bachrinne, wo man am Gegenhang auf einen alten Saumpfad stößt, der von der Casera di Valbona nach SO zum Passo di Valbona (2324 m) läuft, dem ersten Einschnitt nördl. eines markanten helmförmigen Felsgipfels (P. 2465).

● **1163   Vom Passo di Valbona zum Passo del Tonale**
1¹/₂ bis 2 Std., unmarkiert, Wegspuren.

Auf der Seite des Val Cervia nach O zu einer Baita (2124 m) und zu einer kleinen Hochfläche hinunter, bei der mehrere Bacharme zusammenfließen. Von dort auf gutem Steig nach NO und rechts von einer tief eingeschnittenen Rinne auf die Hänge unter dem Passo del Tonale, zu dem man über eine mit Geröll durchsetzte Wiese etwas mühsam aufsteigt (linker Einschnitt, 2352 m). Vom Paß schöner Blick auf den Lago del Publino und das Valle del Livrio.

● **1164   Vom Passo del Tonale zum Lago di Publino**
1 bis 1¹/₂ Std., unmarkiert, meist Wegspuren.

Etwa 150 Hm nach O zu einer kleinen nassen Hochfläche hinab und weiter nach S auf gut sichtbarem Steig um einen Felsgrat hinunter zur Casera di Publino (2098 m, zwei offene Hütten auf schönen Wiesen). Nach SO gehend etwas tiefer den Ausfluß des kleinen Lago naturale queren und auf gutem Weg zur Staumauer des Lago del Publino mit der Baita dei Laghi (2093 m, primitive Unterkunft).

6. Etappe: Vom Lago di Publino zum Rif. Mambretti
7¹/₂ bis 8¹/₂ Std.

● **1165   Vom Lago di Publino zum Passo dello Scoltador**
³/₄ Std., unmarkiert, Wegspuren – weglos.

Vom Lago di Publino zunächst nach NO durch die Nordwesthänge der Cime dello Scoltador und weiter nach O, weglos zum Passo dello Scoltador hinauf, der zwischen der nördlichen Cima dello Scoltador und dem Pizzo Baitelli liegt (2454 m, Reste von roter Beschriftung, Aussicht!).

● **1166   Vom Passo dello Scoltador zum Passo del Forcellino**
3¹/₂ bis 4 Std., unmarkiert, teilweise weglos.

Vom Passo dello Scoltador auf der Seite des Valle di Venina mit dem langgestreckten Stausee nach O weglos zu einem Hochplateau mit Quelle und Tümpel hinunter. Nun nicht nach rechts auf die runden Felsrampen, sondern sorgfältig den alten Saumpfad suchen, der elegant in den felsdurchsetzten Hängen zuerst nach O auf die Casera (2017 m) zuläuft und dann flach nach S und SO auf die Hochfläche des obersten Talkessels führt (2100 m). Am Gegenhang unter dem Stolleneingang queren und auf einem alten Steig zum dritten der roten Abraumflecken. Danach schräg nach NO durch den stark gegliederten Hang über Bänder und durch kleine Rinnen hinauf zur Hauptrinne mit Bach, die zum namenlosen Paß (2430 m) zwischen Pizzo di Cigola und Cima Brandà führt. Drüben in Richtung O in das Valle di Ambria zu den Baite Cigola (1874 m) hinab. Von dort nach S und weiter den ganzen Talkessel auslaufen (tiefster Punkt etwa 1800 m). Auf einem Pfad, einen Felssporn umgehend, auf den langen Westhängen des Pizzo del Salto ziemlich weit nach N queren. Dann steigt der Weg allmählich nach NO zu einer Baita (1981 m), quert den Bach und auf Steigspuren nach O über eine Stufe (etwa 2100 m) zum Passo del Forcellino (2245 m).

● **1167   Vom Passo del Forcellino zum Rif. Mambretti**
3 bis 3¹/₂ Std., teilweise markiert.

In das Valle di Vedello ein kurzes Stück über Fels und Geröll nach O absteigen, dann führt ein Steig auf den obersten Wiesenhängen des Pizzo Ceric sanft abwärts, talauswärts bis zur Baita Zocco (1814 m). Von hier nun entweder direkt zur Fahrstraße hinunter oder am Hang weiter bis zur Baita Grasso (1742 m, Blick auf den Stausee, das Val Caronno und das Rif. Mambretti). Ein teilweise verwachsener Saumpfad führt von hier nach SO ebenfalls zur Straße hinunter, auf die man bei etwa 1630 m trifft. 70 m tiefer zweigt von der Fahrstraße mit gelber Hinweistafel und rotgelbroter Mark. der Weg ab, der südöstlich am Lago di Scàis vorbei durch Wald zur Baita Caronno (1812 m) und durch Nadelwald und Latschen über einen Rücken nach SO zum Rif. Mambretti (2003 m) führt, das in großartiger Position unter den Gletschern und Gipfeln der Redortagruppe liegt. (Hüttenschlüssel siehe R 221.)

7. Etappe:
Vom Rif. Mambretti nach Forni im Valle d'Arigna
6 bis 7 Std.

● **1168   Vom Rif. Mambretti zum Rif. Donati**
  3 bis 3¹/₂ Std., markiert.

Von der Hütte den rotgelben Mark. folgend am steilen Grashang nach NO hinauf. Die gute Mark. führt dann über mehrere Wiesenbuckel und Mulden zu einer breiten Felsrinne und durch diese in den großen Kessel mit See unter den Pizzi degli Uomini und Biorco. Im N ist unmittelbar östl. unter dem Pizzo Biorco die Bocch. di Biorco erkennbar, zu der eine unangenehme steile Schotterrinne hinaufführt. Am Sattel (2700 m) gelbes Schild. Der mark. Abstiegsweg auf der Nordseite verläuft durch Blockgestein und Geröll zu einer felsigen Hochfläche hinab und am Lago di Reguzzo vorbei zur Felsrampe mit dem Rif. Donati (1500 m, R 231).

● **1169   Vom Rif. Donati nach Forni**
  3 bis 3¹/₂ Std., teilweise markiert, Trittsicherheit!

Von der Hütte auf dem gelbrot mark. Steig zuerst nach N, dann nach NO zur Baita Quai (1890 m) an der „strada", die nach N zum Lago di Santo Stefano führt. Der Abstiegsweg in das Valle d'Arigna zweigt kurz nach der Baita Quai rechts ab und läuft ein Stück weglos schräg nach NO am Hang abwärts bis auf die linke (nördl.) Seite der tiefen Schlucht. Mit sorgfältiger Suche findet man hier einen Pfad mit spärlicher roter Mark., der sich nach rechts (O) geschickt durch steiles, zerfurchtes, mit Buschwerk bewachsenes Gelände und im unteren Teil durch steile Felsrinnen hinabschlängelt (nicht immer leicht zu finden! Auf dem IGM-Blatt 19 III NO „Castello dell'Acqua", 1:25.000, richtig eingezeichnet). Beim kleinen Stausee gelangt man in den Talgrund des Valle d'Arigna und zu den Häusern von „I Forni" (1296 m).

8. Etappe:
Von Forni zu den Pra' di Gianni im Val Caronella
8 bis 10 Std.

● **1170   Von Forni zum Sattel über der Baita Pesciola**
  2 bis 2¹/₂ Std., teilweise markiert, Wegspuren.

Von Forni erst auf Fahrspuren und dann auf mark. Steig nach S zu den Häusern von Prataccio (1458 m), zu den Baite Michelini (1499 m) und von dort nach SO zur Alpe del Druet (1812 m) hinauf.

Rechts vom Gebäude führen Wegspuren nach NO und O zu einem Grasplateau, weiter nach NO zu einem mit Felsblöcken übersäten Rücken und über einen Grat nach N zur verfallenen Baita Pesciola (2004 m). Nun durch buckliges Gelände zum nördlich gelegenen Sattel am P. 1965, wo ein vom Tal heraufkommender Gratweg endet. Prächtiger Aussichtspunkt mit Blick auf den Gegenhang und auf die schön gelegene Baita Streppaseghel.

● **1171   Vom Sattel über der Baita Pesciola zur Baita Paltani**
1¹/₂ bis 2 Std., unmarkiert, weglos, Trittsicherheit!

Auf der Seite des Val Malgina etwas mühsam auf Jägerspuren (an abgeschlagenen Ästen kenntlich) durch dichtes Buschwerk nach SO zu einem deutlichen Einschnitt oberhalb eines mit Tannen bestandenen Felspornes. Dieser Einschnitt liegt auf 1850 m am Nordwestrand einer steilen Rinne, die direkt in das Val Malgina abfällt. Zwischen der Steinrinne und den Felsen links rauft man sich durch haltgebende Büsche, Himbeersträucher und Brennesseln unangenehm steil, aber sicher hinunter in den Talgrund, in dem man die Baita Paltani mit Forstdiensthütte liegen sieht. Oberhalb des Torrente Malgina ein Stück über Felsblöcke und Baumstämme nach N (talauswärts), um auf den Weg zur Baita Paltani zu stoßen, der bei einem Brunnen den Bach quert (ein verlockender Weg am Steilhang endet bei einem Stolleneingang, man muß aber tiefer hinunter). Auf der orogr. rechten Talseite schließlich zu den etwas südl. oberhalb liegenden beiden Hütten (1215 m).

● **1172   Von der Baita Paltani zur Baita Streppaseghel**
2¹/₂ bis 3 Std., unmarkierte Wildnis, II-.

Von der Baita Paltani auf dem Steig links (orogr. rechts) vom Bach etwa 10 Min. talaufwärts. Genau gegenüber der Rinne, die man von Pesciola herabgekommen ist, zieht sich in deren Verlängerung die Rinne nach O hinauf, zu der man sich das unterste Stück wieder durch die Büsche schlagen muß. In der Felsrinne über Blöcke und schräge Platten (maximal II-), bis sie auf knapp 1800 m oberhalb durch große Felsblöcke versperrt ist. Wenig unterhalb nach links in die Grasrinne queren und zu einer Rippe mit herrlichen alten Lärchen hinauf. Von hier sieht man nordöstl. die Baita Streppaseghel liegen, zu der man auf Wegspuren hinübersteigt (2100 m). Von der Alm, die als Notunterkunft (kein Wasser!) dienen kann, prächtige Rundschau zu den Gipfeln um die Cime di Cagamei und über das Veltlin auf die Bergeller Berge bis zum Monte Disgrazia.

● **1173   Von der Baita Streppaseghel zu den Pra' di Gianni**
2 bis 2¹/₂ Std., teilweise markiert, unschwierig.

Östl. der Baita Streppaseghel am Nordgrat der Cima Cadin zu einer Wiesenfläche hinab und von dort auf spärlich gelb mark. Steig nach NO in mehrfachem Auf und Ab zwischen 2000 und 2100 m im Talkessel des Val Bondone zum Bach mit herrlichen Gumpen, hinter dem auf einer Geländeterrasse mit faszinierendem Panorama die unscheinbare Baita Cantarena (2071 m) steht. Von der Baita führt der Steig mit Resten roter Mark. zunächst nach N über die Wiesen am rechten Rand des Talabbruchs und dann nach NO zu einer steinigen Mulde hinab. Dort nicht nach Bondone hinunter! Vom Nordostrand der Mulde schlängelt sich der Steig durch teilweise unübersichtliches Gelände mit Felssporn am Hang entlang zur Jagdhütte „Casa di Caccia" (1820 m). Oberhalb der Hütte zum breiten Gratrücken, der das Val Bondone vom Val Caronella trennt, und auf diesem in Richtung N durch den Wald hinunter, den viele Pfade durchkreuzen. Auf etwa 1430 m, wo der schmal gewordene Grat einen kleinen Sattel bildet, im rechten Winkel nach rechts zum Val Caronella abbiegen. Auf dem mit roten Strichen mark. verwachsenen Steig über zwei kleine Felsstufen hinab und dann eben nach S am steilen Waldhang zu den bezaubernden Flächen der „Pra di Gianni" (etwa 1350 m; zum Dorf Carona, 1145 m, mit Bar und Geschäft ¹/₂ Std.).

9. Etappe: Von den Pra' di Gianni zum Rif. Tagliaferri
5 bis 6 Std.

● **1174   Von den Pra di Gianni zur Malga Torena am Lago Nero**
2¹/₂ bis 3 Std., markiert.

Beim Almgebäude „Pra di Gianni" (1343 m) mit gelbem Schild „Malga Dosso, Laghi Torena", beginnt der mit roten Strichen mark. Steig Nr. 2, der erst nach SO und dann nach NO durch Wald zu einer großen Lichtung mit Brunnen führt. Dort nach O hinauf und erst im obersten Teil bei einem Stein mit roten Flurnummern wieder zum lichten Wald und nach NO zur freien Fläche der Malga Dosso, die nördl. oberhalb liegt (1856 m). Hinter der Alm ein Stein mit „2", von dem ein guter Saumpfad zum Nordgratrücken des Monte Lavazza und in Auf und Ab nach SO zur Malga Lavazza (1889 m) führt. Zwischen den beiden kleineren Hütten und dem großen Stall biegt der Pfad nach rechts hinauf (SW) und führt etwa 100 Hm aufwärts zu einem alten Saumpfad, der oberhalb kleiner Hochflächen in die „strada militare" mündet, die am Westufer des Lago Nero entlang zur Malga Torena (2054 m) läuft. Über diesem malerischen Winkel dominiert der mächtige Monte Torena.

● **1175   Von der Malga Torena zum Rif. Tagliaferri**
2¹/₂ bis 3 Std., meist markiert.

Beim Materiallift trifft man auf den guten Saumpfad Nr. 7, der vom Valle Belviso heraufkommt. Auf diesem in Richtung Staumauer etwa 120 Hm absteigen, bis ein deutlicher Weg nach rechts (S) abzweigt. Auf diesem abwärts zum Bach mit Holzbrücke und am Gegenhang aufwärts. Auf dem manchmal zugewachsenen alten Saumpfad immer zwischen 1900 und 2000 m hoch über dem Lago di Belviso nach S zur großen Malga Pila (2010 m). Von dort erst rechts am Hang weiter, dann den Bach, der vom Passo di Belviso herabkommt, überqueren und auf dem flach angelegten Saumpfad „S 13" im Zickzack nach SO aufwärts zur Wegteilung. Während der Steig Nr. 12 zum Passo di Belviso abzweigt, führt Nr. 13 weiter nach SO, zum Schluß in Kehren über ein Geröllfeld zum Passo di Venano (2328 m) und zum südl. darunter liegenden Rif. Tagliaferri (R 243).

10. Etappe: Vom Rif. Tagliaferri zum Passo d'Aprica
6 bis 7 Std.

● **1176   Vom Rif. Tagliaferri zum Passo del Venerocolo**
2 bis 2¹/₂ Std., markiert, unschwierig, Trittsicherheit!

Dieses Teilstück des „Sentiero Bruno Credaro" ist identisch mit dem Höhenweg „Itinerario Naturalistico Antonio Curò", siehe R 1134.

● **1177   Vom Passo del Venerocolo zum Passo d'Aprica**
4 bis 4¹/₂ Std., markiert.

Vom Passo del Venerocolo (2314 m) nach N auf dem alten Saumpfad mit spärlicher Mark. Nr. 6 flach über die Westhänge des Monte Colombaro und Monte Sellero, auf nahezu gleicher Höhe bleibend, an einer Steinhütte vorbei zum Talkessel „Foppo alto" mit dem tiefen Wildbacheinschnitt des Valgello di Pisa. Um den Monte Frera auf etwa 2000 m Höhe herum und dann endgültig nach N, immer auf dem verfallenden Saumpfad Nr. 6, hoch über dem Lago di Belviso, zur Malga Magnola (1995 m). Wenig danach Ww. zum 200 Hm oberhalb liegenden privaten „Bivacco Aprica" (Vorsicht! Die Fahne hängt immer draußen, die Hütte ist jedoch verschlossen und nur an schönen Wochenenden bewartet). Der Weg führt weiter zur Malga Magnolta an der Trasse des Sesselliftes (1945 m), an dessen unterem Ende die Seilbahnstation Magnolta liegt, von der aus man auf dem Fahrweg nach Aprica absteigt. Die Seilbahn, die vom Juni bis in den Oktober in Betrieb ist (mindestens dreimal täglich), kann 660 Hm Abstieg ersparen.

VII. Klettersteige

Die Klettersteige, d.h. mit Sicherungen versehene Vie ferrate und einige leichte, sehr reizvolle Kletterrouten werden hier kurz vorgestellt. Die meisten davon sind in dem kleinen Führer „Sentieri e ferrate lecchesi" von Sandro Gandola ausführlich beschrieben. Die Schwierigkeitsbewertung erfolgt wie bei Klettersteigen üblich mit den vier Stufen: leicht, mäßig schwierig, schwierig, sehr schwierig. Sie sind nicht mit den Schwierigkeitsgraden der UIAA beim Freiklettern identisch, lehnen sich aber daran an.

● **1201**   **Sentiero della Porta/Presolana**
2¹/₂ bis 3¹/₂ Std.,

anfangs mäßig schwierig, später leicht. Die siebte Etappe des Höhenweges „Sentiero delle Orobie" schließt diesen Klettersteig ein. Zugang vom Rif. Albani und Verlauf siehe R 1130. Höhendifferenz etwa 400 m, Länge etwa 2000 m.

● **1202**   **Via ferrata/Pizzo del Becco**
1 Std., leicht.

Der Normalweg auf den Pizzo del Becco durch die Südwand ist ab etwa 2220 m für ungefähr 100 Hm mit Drahtseilen gesichert, führt dann am Grat zum Gipfel und wird etwas großspurig „Via ferrata" genannt. Zugang vom Rif. Gemelli und Verlauf siehe R 836. Höhendifferenz 300 m, Länge 750 m.

● **1203**   **Sentiero Colombano/Monte Legnone**
1¹/₂ bis 2 Std., leicht.

Neu angelegter Zugang von N zum Monte Legnone. Mit Drahtseilen gesichert führt er vom Passo Colombano um den Nordostgrat zum westl. vorgelagerten Vorgipfel des Monte Legnone. Wie bei R 412 zum Passo Colombano (1970 m; 3¹/₂ bis 4 Std.) und weiter wie bei R 706. Höhendifferenz 650 m, Länge etwa 1700 m.

● **1204**   **Via Atrezzata Geremia Ghislanzoni/**
     Monte Magnòdeno
1¹/₂ Std., mäßig schwierig.

Versicherter Klettersteig durch die Westflanke des Monte Magnòdeno (1241 m), der südöstl. von Lecco im Südwestgrat des Monte Resegone liegt. Zugang siehe R 1057. Höhendifferenz 550 m, Länge etwa 1200 m.

● **1205   Via ferrata CAI Ballabio/Due Mani**
1½ bis 2 Std., schwierig.

Anfänglich nicht ganz leicht zu findender Klettersteig am Südgrat des Monte Due Mani, der nordöstl. von Lecco liegt. Die Ketten an den ersten Felsen sind nicht benützbar und werden rechts (ostseitig) umgangen. Zugang und Verlauf siehe R 1061. Höhendifferenz 360 m, Länge etwa 1000 m.

● **1206   Via ferrata Gamma/Pizzo d'Erna**
2½ bis 3 Std., schwierig.

Abwechslungsreicher Klettersteig, der auf interessanter Route mit schönen Tiefblicken durch die Felswände des Pizzo d'Erna führt, der westl. über Lecco liegt. Zugang von der Talstation der Seilbahn zum Pizzo d'Erna (35 Min.): Wie bei R 329 zu dem Saumpfad, von dem nach etwa ¼ Std. mit Ww. nach links der Steig zum Einstieg abzweigt. Höhendifferenz 550 m, Länge 1040 m.

● **1207   Via ferrata Gamma/Dente del Resegone**
3 bis 3½ Std., sehr schwierig, ein Stück sehr ausgesetzt.

Die Fortsetzung von R 1206 führt als kühn angelegter Klettersteig elegant über Felswände und Türme zum Dente, dem Nordgipfel des Resegone. Klettererfahrung Voraussetzung! Zugang wie bei R 322/323 zum Wegkreuz am Piano delle Bedoletta (35 Min.). Dort beginnt mit Ww. der Klettersteig. Höhendifferenz 550 m, Länge 900 m.

● **1208   Via ferrata De Franco Silvano/**
           Monte Resegone
1 Std., leicht.

Bei diesem Weg zum höchsten Punkt des Monte Resegone ist die Bezeichnung „Via ferrata" etwas hochgegriffen; es handelt sich um einen Steig, der über steile Grashänge und einige Felsrampen mit Kettensicherungen zum Gipfel führt. Zugang: Von der Seilbahn wie bei R 322/323 zum Baitello di Serrada (1532 m, 1 Std.). Dort verläßt man den Weg Nr. 1 und steigt zum Grat mit dem Einstieg hinauf. Höhendifferenz 280 m, Länge etwa 800 m.

● **1209   Via ferrata Centenario/Monte Resegone**
½ Std., leicht.

Dieser auch „Cinquantenario" genannte Klettersteig ist der älteste des ganzen Gebietes und stellt ein Teilstück des Aufstiegs vom

Passo del Fo zum Resegone dar. Beschreibung siehe R 321. Höhendifferenz 150 m, Länge 400 m.

● **1210 Via ferrata Domenico Rebuzzini/ Zuccone dei Campelli**
2 bis 3 Std., sehr schwierig, kraftraubend.

Der Zuccone dei Campelli umfaßt mit seinen Westgraten das Valle dei Camosci. In dem südl. Westgrat liegt der Zucco di Pesciola, durch dessen Südwestflanke der schwierigste Klettersteig der B.A. zum Gipfel mit Kreuz führt. Er ist nur mit Ketten und Drahtseilen ausgestattet, ohne Leitern und Stufen, und verlangt Klettererfahrung im III./IV. Schwierigkeitsgrad. Zugang wie bei R 308 bis zum Ww. und diesem folgend zum Einstieg (45 Min.). Höhendifferenz 282 m, Länge 500 m.

● **1211 Via Ferrata Gruppo Alpini/Corno Medale**
1¹/₂ Std., schwierig.

Das Corno Medale (1028 m) ist der erste Gipfel im N über Lecco. Durch dessen gewaltige Südwand führt der Alpini-Klettersteig über Rippen und den Grat recht luftig zu diesem lohnenden Aussichtsgipfel. Zugang: Vom Kirchplatz im Ortsteil Rancio (Parkplatz, etwa 350 m) auf der Via Don Bosco nach links zur Schule, von dort in der Via Fumagalli weiter und über die Treppen des von Brogno kommenden Weges zum Weg Nr. 52 (San Martino), dem man ein kurzes Stück folgt. Im Wald zweigt mit Ww. der steile Steig ab, der zum Einstieg führt (1/2 Std.). Höhendifferenz 400 m, Länge 620 m.

● **1212 Canalone Porta/Grigna Meridionale**
2¹/₂ bis 3 Std., markiert, keine Sicherungen, II-.

Durch die wilde Felsschlucht in der Südostflanke der Grigna Meridionale zwischen der Cresta Cermenati und der Cresta Sinigaglia verläuft dieser reizvolle Steig ohne Sicherungen, der schließlich über die Cresta Sinigaglia zum Gipfel führt. (Steinschlaggefahr, vor allem im Frühling). Vom Rif. Porta auf Weg Nr. 2 nach NO zum Auslauf des Canalone Porta (1/4 Std.). Dort zweigt man von dem breiteren Weg ab und steigt über Geröll in den Grund des Canalone. Nun folgt man den teilweise verblaßten Mark. (rote Punkte, Pfeile und verschiedene Schriften) über Blockgestein, Geröll und kurze Wandstücke in kurzweiliger leichter Kletterei, mal links, mal rechts in der sich mehrmals verengenden Schlucht an dem markanten „Finestra" (Fenster, etwa 1630 m) vorbei bis zu dem mit großen Blöcken bedeckten Absatz (etwa 1830 m). Hier mündet der von der Cresta Cermenati kommende Steig Nr. 3 und führt am rechten (orogr. linken) Rand des Canalone in wenigen Kehren zur Bocch. dei Prati,

einem Einschnitt zwischen zwei Türmen. Ein wenig abwärts umgeht man den oberen Turm, steigt dann zu einem kleinen Sattel und über einen Grasrücken zur Einmündung in Weg Nr. 1. Am steilen Hang zur „Passaggio del Gatto" (Kette) und dann über leichte Felsen zur Bocch. dei Venti (2065 m). Etwas unterhalb des Grates quert man einige Rinnen, erreicht über leichte Felsen den Einschnitt des Canalino Federazione (Ww.) und gelangt über Wandstufen, mittels Ketten, zum Gipfel mit dem Bivacco.
Höhendifferenz 750 m, Länge etwa 2800 m.

● **1213** **Sentiero della Direttissima/**
Grigna Meridionale
2 bis 3 Std., mäßig schwierig.

Viel begangener, reizvoller Klettersteig, der durch die Südflanke mit den unzähligen eigenartig geformten Felstürmen in Richtung NW zum Colle Valsecchi im Westgrat der Grigna Meridionale führt. Zugang und Verlauf siehe R 336. Höhendifferenz etwa 370 m, Länge etwa 2400 m.

● **1214** **Sentiero della Val Scarettone/**
Grigna Meridionale
1³/₄ Std., mäßig schwierig.

Auf der Nordseite der Cresta Segantini, dem Westgrat der Grigna Meridionale, verläuft dieser abwechslungsreiche Klettersteig vom Colle Valsecchi in das Val Scarettone und in diesem zur Bocch. del Giardino im Nordgrat der Grignetta. Er bildet ein Teilstück der dritten Etappe des Höhenweges „Alta Via delle Grigne". Zugang siehe R 336, Verlauf R 1150 (in Gegenrichtung). Höhendifferenz -100 und +200 m, Länge etwa 1200 m.

● **1215** **Canalone di Val Cassina/Sasso Cavallo**
1 Std., leicht.

Zwischen dem Sasso Cavallo südwestl. der Grigna Settentrionale und dem Sasso di Carbonari zieht sich nach S eine tiefe Felsschlucht hinab. Durch diese wilde Rinne verläuft der teilweise versicherte Klettersteig, der eine kurze Verbindung vom Rif. Elisa zum Rif. Bietti herstellt. Er bildet ein Teilstück der zweiten Etappe des Höhenweges „Alta Via delle Grigne". Zugang und Verlauf siehe R 1147. Höhendifferenz 300 m, Länge etwa 1300 m.

● **1216** **Via ferrata „CAI Mandello"/**
Grigna Meridionale
1¹/₂ bis 2 Std., mäßig schwierig.

Über den massigen Felsgrat, der sich vom Südgrat der Grigna Settentrionale nach W über den Sasso dei Carbonari zum Sasso Cavallo erstreckt, führt dieser reizvolle Klettersteig. Er ist in den Aufstieg zum Rif. Brioschi auf der dritten Etappe des Höhenweges „Alta Via delle Grigne" integriert und kann auch gut mit R 1215 kombiniert werden. Zugang und Verlauf siehe R 1148. Höhenunterschied 413 m, Länge etwa 2300 m.

Klettersteig im Val Scarettone zur Bocchetta del Giardino.

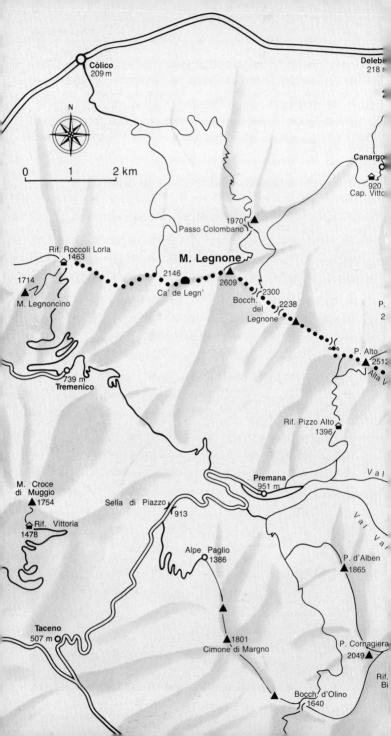

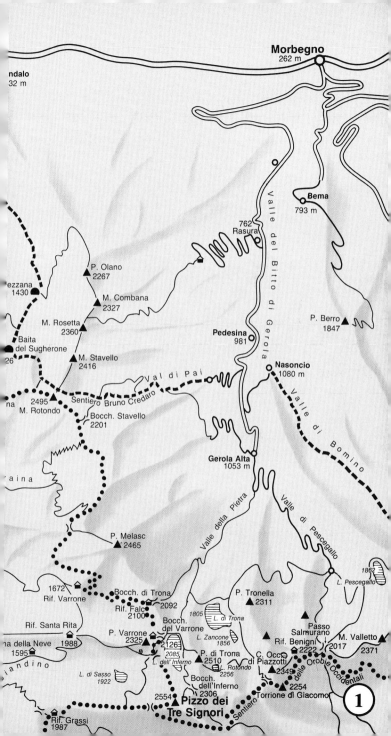

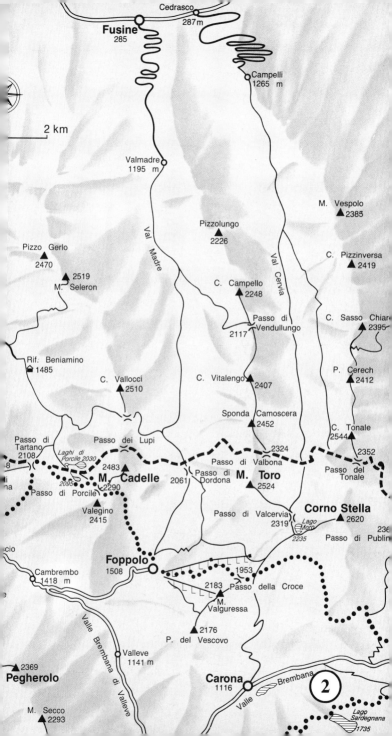

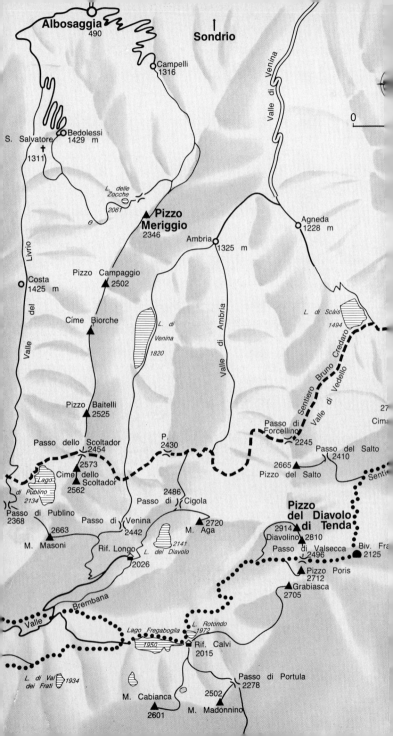

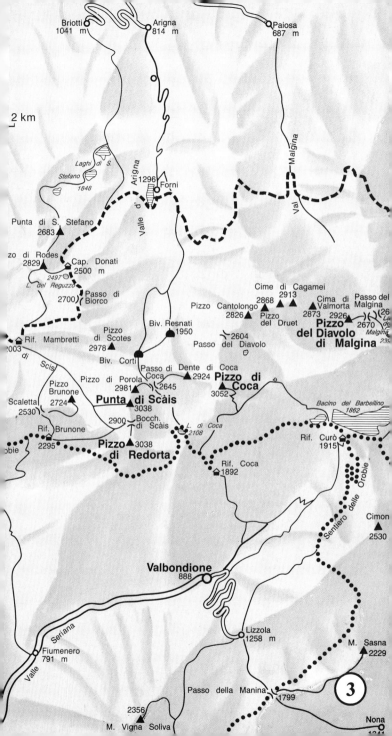

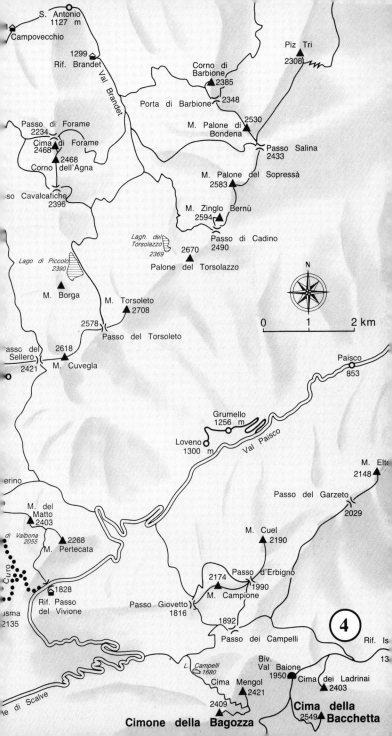

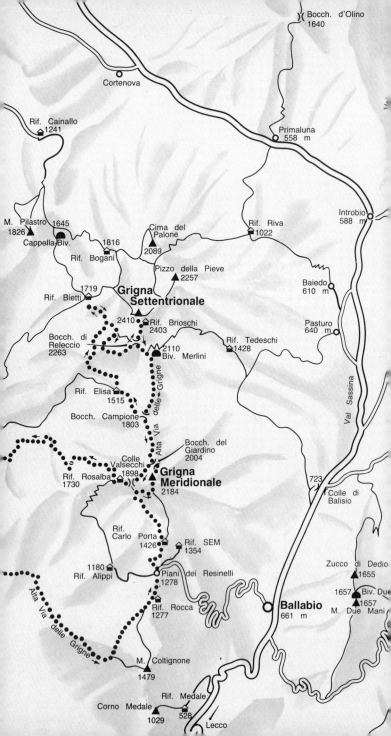

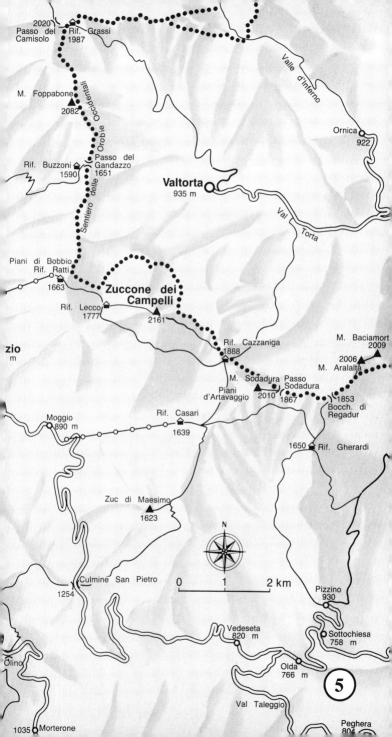

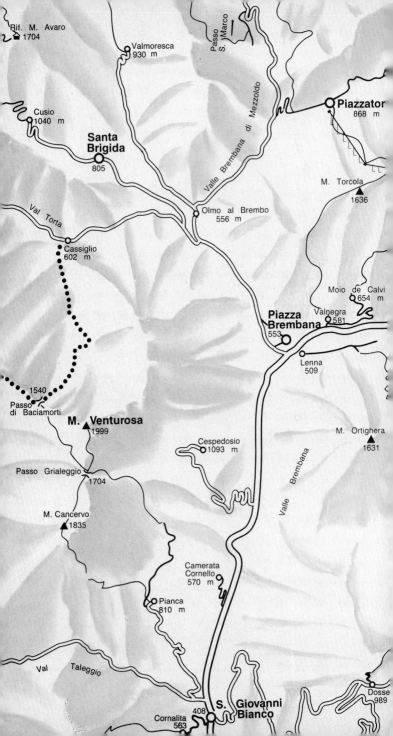

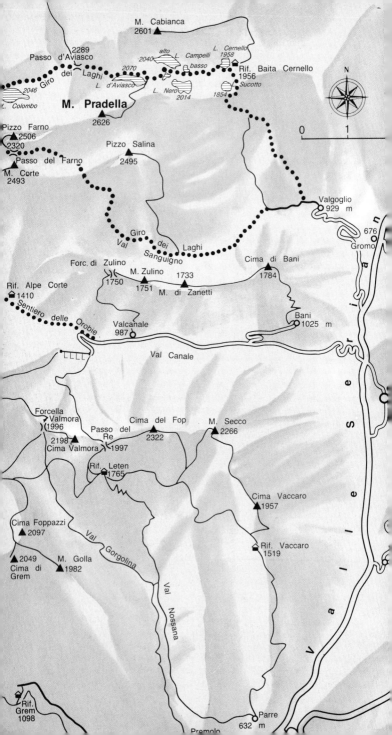

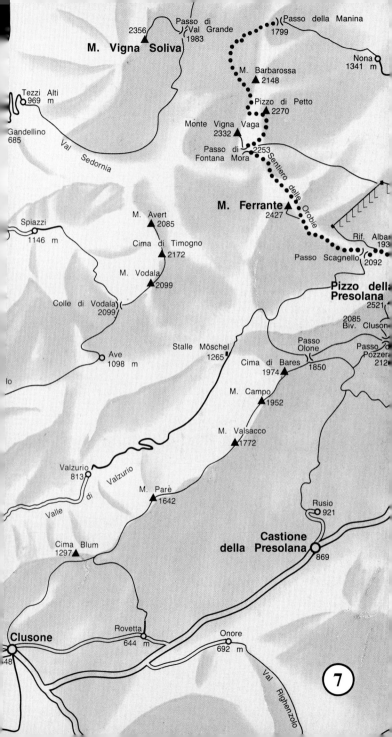

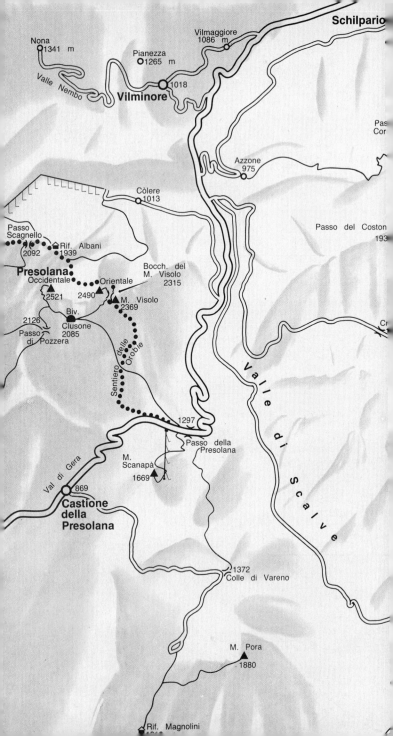

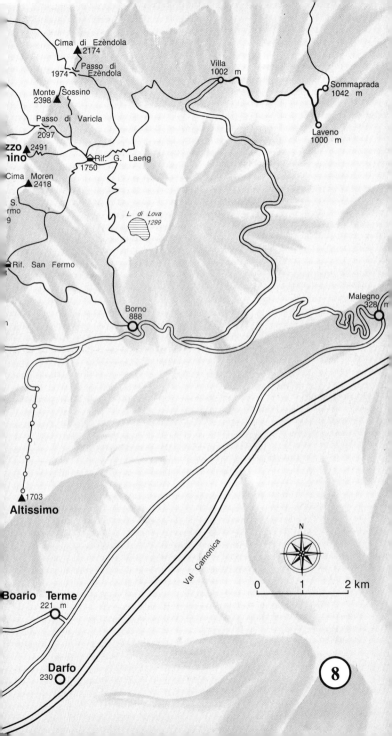

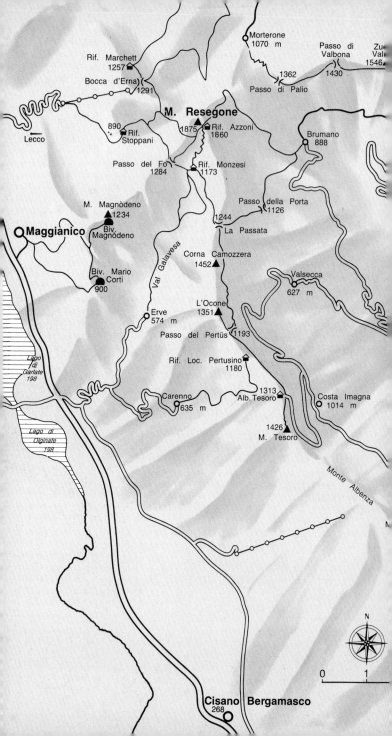

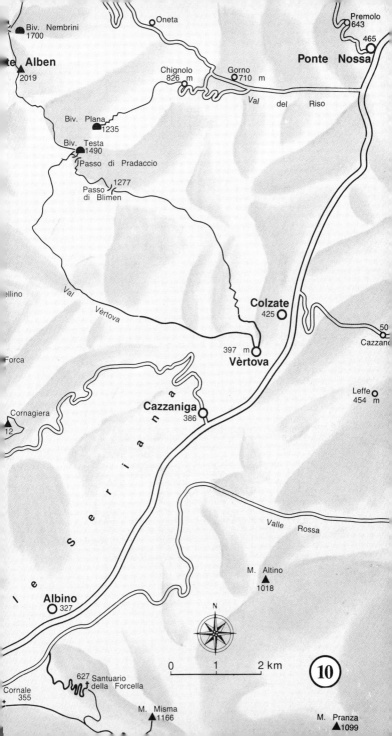

Il Forcellino 1300

Rif. Magnolini

M. Colombina 1459

Ceratello 813 m

Val Borlezza

Bossico 848

Sòvere 346 m

e

a Lunga

Lòvere 208

Lago di Gaiano 341

Lago d'Iseo

(Sebino)

Sotto Collina 449 m

Riva di Solto 200 m

185

M. Boario 1233

Fonteno 517

Valle di Fonteno

M. Bronzone

11

Kleines Lexikon
Italienisch - Deutsch

alta via	Höhenweg	cena	Abendessen
a monte	bergwärts	chiuso	geschlossen
a ovest	westlich	cima	Gipfel
a valle	talwärts	colazione	Frühstück
accesso	Zugang	conca	Becken
acqua	Wasser	coperta	Decke
acqua per il tè	Teewasser	corda	Seil
aggirare	umgehen	cordino	Reepschnur
alarme	Alarmierung	corto	kurz
albergo	Gasthaus	cresta	Grat
albero	Baum	croce	Kreuz
alpe	Alm, Almfläche		
alpi bergamasche	Bergam. Alpen	destra	rechts
alpi orobie	Nordteil der B.A.	difficile	schwierig
alpinista	Bergsteiger	difficoltà	Schwierigkeit
altezza	Höhe	diramazione	Abzweigung
altimetro	Höhenmesser	direzione	Richtung
altipiano	Hochebene	diritto	geradeaus
alto	hoch	discesa	Abstieg
antecima	Vorgipfel	dislivello	Höhendifferenz
aperto	offen		
aquila	Adler	erboso	grasig
arrampicare	klettern	escursione	Wanderung
ascensione	Aufstieg	esposto	ausgesetzt
avanti	vorwärts	est	Osten
		evitare	vermeiden
bagnato	naß		
baita	kleine Almhütte	facile	leicht
basso	tief	faticoso	anstrengend
bel tempo	schönes Wetter	fiume	Fluß
bene	gut	fontana	Quelle
bianco	weiß	forcella	Sattel, Scharte
bivacco	Biwak	frana	Bergsturz
bivio	Wegteilung	freddo	kalt
bocca	Sattel, Scharte	friabile	brüchig
bocchetta	Sattel, Scharte	funivia	Seilbahn
bolletino meteorologico	Wetterbericht		
bosco	Wald	galleria	Tunnel
brutto tempo	schlechtes Wetter	gestore	Hüttenwirt
buono	gut	ghiacciaio	Gletscher
		giallo	gelb
caccia	Jagd	grotta	Höhle
caduta di sassi	Steinschlag	guida	Führer
caldo	warm		
camino	Kamin	incidente	Unfall
camoscio	Gemse	incrocio	Kreuzung
canalone	Rinne	indietro	zurück
carta geografica	Landkarte	inferiore	unterer
cartello indicatore	Wegweiser	itinerario	Weg, Route
casa	Haus		
cascata	Wasserfall	lago	See
cascina	einsame Almhütte	lampadina tascabile	Taschenlampe
casco	Helm	lato	Seite, Flanke
casera	Sennerei	letto	Bett
catena	Kette	locale invernale	Winterraum

località	Ort, Ortschaft	rovina	Ruine
luce	Licht	sacco a pelo	Schlafsack
lungo	lang	saliscendo	in Auf und Ab
malga	Almhütte	salire	aufsteigen
mangiare	essen	salita	Aufstieg
marmotta	Murmeltier	sangue	Blut
montagne	Berge, Gebirge	scarponi	Bergschuhe
monte	Berg	scendere	absteigen
moschettone	Karabiner	schizzo	Skizze
mulattiera	Saumpfad	scorciatoia	Abkürzung
		secco	trocken
nebbia	Nebel	seggiovia	Sessellift
nero	schwarz	segnaletica	Markierung
neve	Schnee	segnato	markiert
nord	Norden	segnavia	Wegweiser
notte	Nacht	sella	Sattel
novuloso	bewölkt	sentiero	Weg, Steig, Pfad
		serpente	Schlange
		sezione	Sektion
ometto	Steinmann(derl)	sicuro	sicher
ovest	West	sinistra	links
		soccorso alpino	Bergrettung
paese	Dorf	sopra	über, oben
parete	Wand	sorgente	Quelle
partenza	Start	sotto	unterhalb
pendio	Hang	sperone	Vorsprung, Sporn
per favore	bitte	spigolo	Kante
percorso	Route, Verlauf	stagione	Jahreszeit
perdere quota	Höhe verlieren	stambecco	Steinbock
pericolo	Gefahr	stella alpina	Edelweiß
pericoloso	gefährlich	strada carrozzabile	Fahrstraße
pernottare	übernachten	strada militare	Militärsaumpfad
piano	eben	stretto	eng, schmal
piazza	Platz	sud	Süden
piccozza	Eispickel	superiore	oberer
pioggia	Regen		
placca	Platte		
ponte	Brücke	telefono	Telefon
posto	Platz	temperatura	Temperatur
pozza	künstl. Tümpel	tempo	Wetter, Zeit
pra, prato	Wiese	tempo di marcia	Marschzeit
pranzo	Mittagessen	temporale	Gewitter
praticabile	gangbar	tenda	Zelt
precipizio	Abgrund	terrazza	Terrasse
prenotazione	Voranmeldung	tornante	Kehre
profondo	tief	torre	Turm
pro loco	Verkehrsbüro	torrente	Bach
pronto soccorso	Erste Hilfe	tracce	Spuren
punta	Spitze	tratto	Abschnitt
quando	wann	traversata	Überschreitung
		val, valle	Tal
		valanga	Lawine
rifiuti	Abfälle	vento	Wind
rifugio	Hütte	verso l'alto	aufwärts
ripido	steil	via	Weg
riva	Ufer	via ferrata	Klettersteig
roccia	Felsen	villaggio	Weiler
roccioso	felsig		
roccolo	Vogelfalle aus		
	Spalierbäumen	zaino	Rucksack
rosso	rot	zigzag	Zickzack
rotto	gebrochen	zigzagando	im Zickzack

321

Deutsch - Italienisch

Abendessen	cena	Gipfel	vetta, cima
Abfälle	rifiuti	Gipfelkreuz	croce della vetta
Abkürzung	scorciatoia	gibt es?	c'è?
absteigen	scendere	Gletscher	ghiacciaio
Abstieg	discesa	grasig	erboso
abwärts	giù, verso il basso	cresta	Grat
Abzweigung	diramazione	gut	buono, bene
Adler	aquila		
Alarmierung	alarme	Hang	pendio
Almhütte	baita, malga	Haus	casa
Almhütte, groß	casera	Helm	casco
anstrengend	faticoso	hoch	alto
aufsteigen	salire	Hochebene	altopiano
Aufstieg	ascensione, salita	Höhe	altezza, altitudine
aufwärts	verso alto	Höhendifferenz	dislivello
ausgesetzt	esposto	Höhenmesser	altimetro
		Höhenweg	alta via
Bach	torrente	Höhle	grotta
Baum	albero	Hütte	rifugio
Bergrettung	soccorso alpino	Hüttenwirt	gestore
Bergstiefel	scarponi		
bergwärts	a monte	kalt	freddo
Bett	letto	Kamin	camino
Biwak	bivacco	Karabiner	moschettone
Blut	sangue	Karte	cartina,
brüchig	friabile		carta geografica
Brücke	ponte	Kette	catena
Brunnen	fonte	klettern	arrampicare
		Klettersteig	via ferrata
danke	grazie	Kreuz	croce
Decke	coperta	kurz	corto
Dorf	paese		
		lang	lungo
eng, schmal	stretto	leicht	facile
Eispickel	piccozza	Licht	luce
Erste Hilfe	pronto soccorso	links	sinistra
Essen	mangiare		
		markiert	segnato, segnalato
Fahrstraße	strada carrozzabile	Markierung	segnaletica
Felsen	roccia	Marschzeit	tempo di marcia
felsig	roccioso	Mittagessen	pranzo
Fluß	fiume	Murmeltier	marmotta
Frühstück	colazione		
Führer	guida	Nacht	notte
		naß	bagnato
Gasthaus	albergo	Nebel	nebbia
Gebirge, Berge	montagne	Norden	nord
gebrochen	rotto		
Gefahr	pericolo	oben	sopra
gefährlich	pericoloso	offen	aperto
gelb	giallo	Ort	località
Gemse	camoscio	Osten	est
geradeaus	diritto		
geschlossen	chiuso	Pfad	sentierino
Gesundheit	salute	Platz, habt ihr	avete posto?
Gewitter	temporale	Platz (Straße)	piazza

Quelle	sorgente	trocken	secco
		Tunnel	galeria
rechts	destra		
Reepschnur	cordino	über	sopra
Regen	pioggia	übernachten	pernottare
Rettungsdienst	pronto soccorso	Überschreitung	traversata
	soccorso alpino	umgehen	aggirare
Richtung	direzione	Unfall	incidente
Rinne	canalone	unten	sotto
rot	rosso		
Route	itinerario	Verkehrsbüro	pro loco
Rucksack	zaino	vermeiden	evitare
		Voranmeldung	prenotazione
Sattel	bocca, sella	Vorgipfel	antecima
Sattel, Scharte	bocchetta, forcella	vorwärts	avanti
Saumpfad	mulattiera	Wald	bosco
Schlafsack	sacco a pelo	Wanderung	escursione
Schlange	serpente		
Schnee	neve	wann	quando
schwierig	difficile	warm	caldo
Schwierigkeit	difficoltà	Wasser	acqua
See	lago	Wasserfall	cascata
Seil	corda	Wegweiser	segnavia
Seilbahn	funivia	Wegteilung	bivio
Seite, Flanke	lato	weiß	bianco
Sessellift	seggiovia	Westen	ovest
sicher	sicuro	westl.	a ovest
Sonne	sole	Weg	via, sentiero
Start, Abfahrt	partenza	Wetter, schön	bel tempo
steil	ripido	Wetter, schlecht	brutto tempo
Steinbock	stambecco	Wetterbericht	bolletino meteorologica
Steinmann	ometto		previsione del tempo
Steinschlag	caduta di sassi	Wiese	prato
Süden	sud	Wind	vento
		Winterraum	locale invernale
Tal	val, valle	wo	dove
talwärts	a valle	wo finde ich?	dove trovo?
Taschenlampe	lampadina tascabile		
Teewasser	acqua per il tè	Zelt	tenda
Telefon	telefono	Zeit	tempo
tief	profondo	Zugang	accesso
		zurück	indietro

Register

Die Zahlen bezeichnen die Randzahlen, nicht die Seiten

Notizen

Notizen

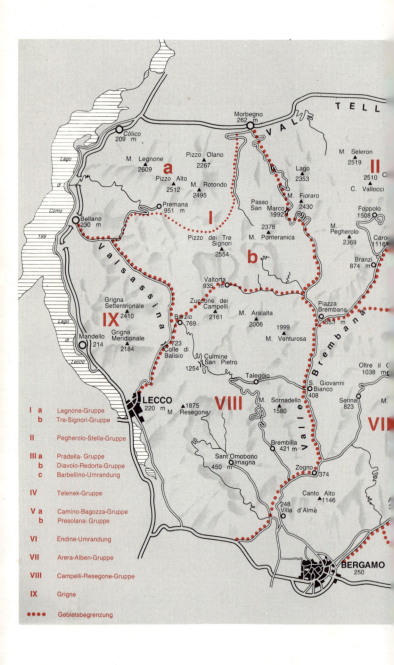

TELL

Morbegno 262 m

Còlico 209 m

Lago di Como

M. Legnone 2609

Pizzo Olano 2267

Pizzo Alto 2512

M. Rotondo 2495

Premana 951 m

Passo San Marco 1992

M. Fioraro 2430

M. Seleron 2519

2510

C. Vallocci

Foppolo 1508

M. Pegherolo 2369

Caro 1116

Branzi 874 m

a

I

2378

M. Ponteranica

Pizzo dei Tre Signori 2554

b

Bellano 230 m

t99

Valtorta 935 m

Piazza Brembana 553

Valsassina

Grigna Settentrionale 2410

Zuccone dei Campelli 2161

M. Aralalta 2006

1999

M. Venturosa

IX

Barzio 769

Grigna Meridionale 2184

Lago di Lecco

Mandello 214

723 Colle di Balisio

Culmine San Pietro 1254

Taleggio

S. Giovanni Bianco 408

Oltre il C 1038 m

Valle Brembana

LECCO 220 m

▲1875 M. Resegone

VIII

M. Sornadello 1580

Serina 823

M.

VI

Ia Legnone-Gruppe
b Tre-Signori-Gruppe

Brembilla 421 m

II Pegherolo-Stella-Gruppe

Sant'Omobono Imagna 450 m

Zogno 374

IIIa Pradella- Gruppe
b Diavolo-Redorta-Gruppe
c Barbellino-Umrandung

Canto Alto 1146

IV Telenek-Gruppe

248 Villa d'Almè

Va Camino-Bagozza-Gruppe
b Presolana- Gruppe

VI Endine-Umrandung

VII Arera-Alben-Gruppe

VIII Campelli-Resegone-Gruppe

BERGAMO 250

IX Grigne

●●●● Gebietsbegrenzung